## TEXTES DE LA RENAISSANCE

sous la direction de Jean-Charles Monferran

245

# La Vie civile

Matteo Palmieri

# La Vie civile

Vita civile

Édition critique par Gino Belloni

Traduction de Serge Stolf

PARIS
CLASSIQUES GARNIER
2022

Serge Stolf, professeur émérite de l'université Grenoble Alpes, a consacré ses travaux à la littérature humaniste italienne et latine, en particulier à E. S. Piccolomini.

Gino Belloni est spécialiste de la littérature humaniste. Outre son édition de la *Vita civile*, il est l'auteur de travaux sur Pétrarque et d'études sur la philologie italienne.

© 2022. Classiques Garnier, Paris.
Reproduction et traduction, même partielles, interdites.
Tous droits réservés pour tous les pays.

ISBN 978-2-406-13309-4 (livre broché)
ISBN 978-2-406-13310-0 (livre relié)
ISSN 1262-2842

# INTRODUCTION

La *Vita civile* du Florentin Matteo Palmieri se présente comme un texte à visée pédagogique – une pédagogie des devoirs – destiné à former des citoyens aptes à gouverner la république et à y remplir les charges civiques. Un des biographes de son auteur, Vespasiano da Bisticci, écrit à son sujet : « Il composa un livre en vulgaire, ouvrage fort digne et nécessaire, où il enseigne à gouverner la république et la famille, et qui a la forme d'un dialogue [...]. Le titre en est *du gouvernement de la république et de la maison*[1]. » La *Vita civile* s'apparente donc à un traité auquel l'auteur aurait donné, très superficiellement en réalité, une structure dialogique. Établir avec précision la date de sa rédaction a incontestablement son importance, mais se révèle problématique, car les preuves alléguées par les critiques ne s'accordent que sur une datation large, entre 1432 et 1440. Gino Belloni, le curateur du texte italien que nous présentons ici en regard de sa traduction française, opte pour une rédaction postérieure à 1437[2], alors que d'autres critiques argumentent pour une période s'étendant de 1433 à 1436 (ou 1437)[3]. Le texte de Palmieri aurait donc été écrit au moment où, après son exil, Côme de Médicis rentre à Florence (octobre 1434), avec le soutien populaire, et liquide le pouvoir oligarchique pour instaurer un

---

1  Vespasiano da Bisticci, libraire et écrivain florentin (1421-1498), est essentiellement connu pour son recueil des *Vies* (*Vite*) d'hommes illustres du XVᵉ siècle. Nous citons de la *Vita di Matheo Palmieri, fiorentino*, dans A. Greco, *Le Vite*, Florence, Instituto nazionale di studi sul Rinascimento, 1970, I, p. 565 ; édition en ligne (*Bivio*), p. 533 : « *Fece un libro volgare, opera molto degna e necessaria, dove insegna governare la republica e la famiglia, e è in forma di dialogo [...]. Il titolo è del governo della republica e della casa.* »
2  G. Belloni, *Intorno alla datazione della « Vita civile » di Matteo Palmieri*, « Studi e problemi di critica testuale », XVI, 1978, p. 49-62.
3  G. Tanturli, *Sulla data e la genesi della « Vita civile » di Matteo Palmieri*, « Rinascimento », XXXVI, 1996, p. 3-48 ; Id., *Tradizione di un testo in presenza dell'autore. Il caso della « Vita Civile » di Matteo Palmieri*, « Studi Medievali », 29, fascic. I, 1988, p. 277-315. Une mise au point est également faite dans A. Mita Ferraro, *Matteo Palmieri. Una biografia intellettuale*, Genova, Name edizioni, 2005.

gouvernement à sa main. Il n'est jamais fait allusion à ces événements dans la *Vita civile*, ce qui semble confirmer l'idée que ce texte a été écrit avec des intentions qui n'étaient pas forcément ni exclusivement liées à la nouvelle donne politique. C'est aussi le moment, faut-il le souligner, où Florence connaît une extraordinaire floraison artistique et littéraire, où Lorenzo Ghiberti renouvelle la sculpture aux portes du Baptistère Saint-Jean, où l'architecte Filippo Brunelleschi ose des projets audacieux, dont celui de la coupole du Dôme (édifiée entre 1420 et 1436), où des intellectuels – tels Leonardo Bruni, Francesco Filelfo, Leon Battista Alberti – promeuvent ce que l'on appellera plus tard l'Humanisme, en lui conférant par leurs écrits ses lettres de noblesse. Les idées neuves portées par les humanistes s'imposent progressivement non seulement dans les programmes pédagogiques et universitaires destinés à former les cadres dirigeants, mais aussi dans le public cultivé. Cette culture se fonde sur un rapport nouveau avec les textes classiques, dont on établit des éditions philologiquement plus sûres, et sur la réappropriation de contenus philosophiques, politiques et moraux que l'on réactualise. Outre les problèmes relevant de l'établissement du texte, dont nous parlerons plus loin, la lecture de la *Vita civile* doit être éclairée non seulement par la formation intellectuelle et civique de son auteur, mais aussi par le contexte où les grandes questions posées par les idéaux de la vie « civile » sont discutées dans la sphère publique. Pour notre propos, il est donc nécessaire de souligner ce contexte culturel dans lequel le jeune Palmieri accomplit de bonnes études et fréquente les meilleurs esprits du moment. Aussi, les principaux éléments biographiques que nous retiendrons concernent essentiellement la période de sa vie jusqu'à l'achèvement de la *Vita civile*, ainsi que les grandes lignes de sa carrière politique ultérieure.

INTRODUCTION

## ÉTUDES ET FORMATION[4]

Matteo Palmieri est né le 13 janvier 1406. Sa famille, originaire du plat pays (*contado*) et de condition modeste[5], installée à Florence en 1379, jouissait d'une certaine aisance, mais n'appartenait pas au patriciat : son père, qui occupa quelques charges publiques, était apothicaire (*speziale*) et, à sa mort, son fils prit sa suite dans cette profession. La corporation (*Arte*) des « médecins et apothicaires » faisait partie des Arts majeurs où étaient choisis six des neuf prieurs constituant la Seigneurie (*Signorìa*), l'organe exécutif du gouvernement de la cité. En 1430, le nom de Matteo est tiré au sort, mais son jeune âge ne l'autorise pas à revêtir cette fonction. Son engagement dans la vie publique remonte à 1432 et, en 1434, il fait partie de la commission restreinte (*Balìa*) qui décide du retour à Florence de Côme de Médicis, condamné à l'exil l'année précédente par le chef des oligarques, Rinaldo degli Albizzi, lequel se voit à son tour exilé. Aucun de ces événements, nous l'avons dit, ne transparaît dans la *Vita civile*. Palmieri n'occupera aucune charge de 1434 à 1437, année où il est élu Gonfalonier de Compagnie pour son quartier, San Giovanni, occasion pour lui de faire un éloge public de la justice, dans le cadre traditionnel du *Protesto* (« proclamation »)[6]. En 1433, il épouse une Serragli, famille non des moindres de la cité. À partir de 1438-1439, années au cours desquelles se tient à Florence le Concile pour l'union des églises latine et grecque (il y est délégué par la République), sa carrière politique sera jalonnée par les nombreuses charges officielles qui lui sont confiées et lui permettront d'acquérir une profonde connaissance des rouages de l'État médicéen, qu'il soutient ouvertement. Certaines d'entre elles sont importantes : en 1453, il est Gonfalonier de justice (sa fonction en faisait le magistrat suprême de la République), et il fera partie aussi des

---

4  Les deux monographies les plus exhaustives sur Giovanni Palmieri sont les suivantes : C. Finzi, *Matteo Palmieri. Dalla « Vita civile » alla « Città di vita »*, Varese, Giuffrè editore, 1984 ; A. Mita Ferraro, *Matteo Palmieri. Una biografia intellettuale*, ouvrage cité. Nous leur empruntons les grandes lignes de cette notice sur les études et la carrière de l'auteur de la *Vita civile*.

5  Vespasiano da Bisticci dit que ses parents étaient « *di mediocre conditione* » (éd. citée, p. 531).

6  Voir l'étude de G. Belloni, *Il « Protesto » di Matteo Palmieri*, « Studi e problemi di critica testuale », XVI, 1978, p. 27-48, qui reproduit le discours tenu publiquement par Palmieri.

10                          LA VIE CIVILE

magistrats (*accoppiatori*) qui choisissent les citoyens éligibles aux charges
communales. Son patrimoine s'enrichit d'une deuxième boutique en
1451, mais aussi de deux maisons en ville et d'une *villa*, propriété à
la campagne. À la mort de Côme, il reste lié à son héritier, Piero, dit
le Goutteux, et au fils de celui-ci, Laurent. Il représentera à plusieurs
reprises la République en qualité d'ambassadeur à Naples, ainsi qu'à
Rome auprès du pape. Palmieri meurt à Florence le 13 avril 1475, et ses
obsèques, en présence de Laurent de Médicis, sont publiques, privilège
assez rare. Alamanno Rinuccini y prononce une oraison funèbre dont le
texte nous est parvenu et qui fait état d'un « homme à juste titre très
cher à ses concitoyens et insigne par les mérites de ses innombrables
vertus[7] ». L'humaniste Poggio Bracciolini (Le Pogge) en avait fait, avec
lui-même et Côme de Médicis, l'un des trois interlocuteurs de son dialogue *De miseria humanae conditionis* (1455).

Quant à ses activités littéraires, outre la *Vita civile*, il écrira plusieurs
ouvrages historiques en latin : une biographie, la *Vita Nicolai Acciaioli*
(*Vie de Niccolò Acciaioli*), un Florentin qui fut grand sénéchal du Royaume
de Naples sous Jeanne I[ère8] , une monographie d'inspiration sallustéenne,
le *De captivitate Pisarum* (*La conquête de Pise*), relation des événements
qui aboutirent à la prise de la ville par les Florentins en 1406[9], un *Liber
de Temporibus*, chronologie universelle de faits mémorables depuis la
naissance du Christ, ainsi que des *Annales*, histoire de Florence, journal
commencé en 1432 et poursuivi jusqu'en 1474, qui alterne latin et langue
vulgaire. Ajoutons le poème théologique *Città di vita* (*La Cité de vie*) en
langue vulgaire, composé en tercets sur le modèle de la *Divine Comédie*,
racontant à partir d'une vision onirique un voyage dans l'au-delà, où sont
manifestes les influences platoniciennes, hermétiques, et origéniennes.

Les années de formation de Matteo Palmieri sont évidemment essentielles pour comprendre comment ce jeune homme a pu concevoir un
texte politique aussi élaboré que l'est la *Vita civile*. L'apprentissage dans
la boutique de son père n'exclut nullement des études poussées auprès
des maîtres qui officiaient à Florence dans les années 1420-1430. Palmieri
dira lui-même avoir étudié la rhétorique et la grammaire – entendons

---

7    Cité par A. Mita Ferraro, ouvr. cité, p. 507 : « *uomo giustamente carissimo ai suoi concittadini
     e insigne per i meriti di innumerevoli virtù* ».
8    M. Palmieri, *La vita di Niccolò Acciaioli*, a c. di A. Mita Ferraro, Napoli, Il Mulino, 2001.
9    M. Palmieri, *La presa di Pisa*, a c. di A. Mita Ferraro, Napoli, Il Mulino, 1995.

INTRODUCTION 11

le latin[10] – auprès de Giovanni Sozomeno (auquel il fait une claire allusion dans le livre I de la *Vita civile*) et de Carlo Marsuppini qui enseignait au *Studio* (équivalent de l'Université) de Florence. Palmieri était un familier de Leonardo Bruni, originaire d'Arezzo (communément désigné comme Leonardo *Aretino*), autre humaniste qu'il cite dans son dialogue, mais surtout il fit partie du groupe qui se réunissait dans le monastère camaldule de Sainte-Marie-des-Anges autour de son prieur Ambrogio Traversari dont l'Église catholique a fait un saint. Ce dernier fut incontestablement une figure exceptionnelle dans le contexte où la rencontre avec la culture grecque va permettre la traduction en latin des Pères de l'Église et de Diogène Laërce dont Traversari se fait le relais. Nous n'avons aucune certitude sur la connaissance que Palmieri pût avoir du grec, et ses références à Platon et à Aristote dans la *Vita civile* sont redevables à des traductions latines. Platon est cité deux fois dans le dialogue comme « le plus grand des philosophes » (livres I et III)[11]. Dans son avant-propos à la *Vita civile*, il déclare ne pas vouloir, contrairement à Platon et à d'autres auteurs, représenter « les qualités imaginaires de citoyens qu'on n'a jamais vus sur terre[12] ». Son propos, en effet, s'enracine dans la réalité très concrète de la vie politique florentine, comme en témoigne les références aux problèmes soulevés par les abus de certains de ses dirigeants. Il n'en reste pas moins que la centralité du bien commun, mise en avant dans ce cercle, marquera Palmieri qui en fera, dans la *Vita civile*, le fondement de l'idéal politique, établissant un lien entre vie civique et vie spirituelle. Par ailleurs, le *Studium*

---

10 Vespasiano da Bisticci, éd. citée, p. 531, écrit : « Il s'adonna avec assiduité aux lettres latines et en acquit une bonne connaissance » (« *Dette opera alle lettere latine assiduamente, et di quelle ebbe buona notizia* »).

11 Sur la pensée politique des humanistes, il existe beaucoup d'ouvrages, parmi lesquels on peut voir : D. Ellero, *Utile, Pubblico e Civile : prime annotazioni sul lessico morale e politico dell'Umanesimo volgare*, in *Etimologia delle parole. Atti del XII Convegno ASLI* (Firenze, Accademia della Crusca, 3-5 Novembre 2016), a c. di Luca d'Onghia e Lorenzo Tomasin, Firenze, F. Cesati, 2018, [Associazione per la Storia della Lingua, 10], p. 319-329 : 327 ; F. Bruni, *La città divisa. Le parti e il bene comune da Dante a Guicciardini*, Bologna, Il Mulino, 2003 ; M. Pastore Stocchi, *Il pensiero politico degli Umanisti*, in *Storia delle idee politiche economiche e sociali*, a c. di L. Firpo, vol. III, Torino, UTET, 1987, p. 3-68 ; N. Rubinstein, *Le dottrine politiche nel Rinascimento*, in AA.VV. *Il Rinascimento. Interpretazioni e problemi*, Roma-Bari, Laterza, 1979, p. 183-237.

12 Machiavel exprimera plus tard, dans *Le Prince* (XV, § 4), une idée analogue : « *E molti si sono immaginati repubbliche e principati che non si sono mai visti né conosciuti in vero essere.* » (« Beaucoup se sont imaginé des républiques et des principautés qu'on n'a jamais véritablement vues ni connues. »)

12 LA VIE CIVILE

confia à Francesco Filelfo, de 1429 à 1434, la chaire de rhétorique et de poétique et, en 1431, celle d'un enseignement sur Dante, dont la finalité est de mettre en avant les vertus civiques du poète. Une école qui semble avoir eu pour élèves les deux personnages qui tiennent, dans le dialogue de Palmieri, le rôle d'interlocuteurs face à Agnolo Pandolfini : Franco Sacchetti et Luigi Guicciardini. Il n'est pas certain que Palmieri ait appartenu au cercle de Niccolò della Luna, humaniste grécisant, qui gravitait autour de la famille Strozzi et de l'école de Filelfo, mais on ne peut exclure les liens qu'il entretenait avec ce milieu où la question de l'engagement civique occupait une place primordiale. Aussi est-il important de souligner combien les problématiques de la *Vita civile* s'enracinent dans un terreau culturel affirmant l'éminente valeur du bien commun et de l'engagement au service de la communauté politique.

## LE CHOIX DE LA LANGUE VULGAIRE

Palmieri choisit toutefois, pour la *Vita civile*, la médiation linguistique du *volgare*, la langue vulgaire, – c'est-à-dire, pour lui, l'idiome toscan ou, mieux, florentin – plutôt que celle du latin, langue traditionnellement utilisée pour traiter de thèmes politiques et philosophiques. Dans son avant-propos, il revendique ce choix comme l'instrument le plus adéquat pour traiter ces sujets et atteindre un public plus large : « considérant [...] que notre langue vulgaire n'avait pas d'auteurs propres à mettre sur la voie d'une bonne vie celui qui voudrait se montrer plus digne que les autres. » C'est donc dans cette langue qu'il restitue les nombreux extraits empruntés à Cicéron et à d'autres classiques ayant traité des problèmes de la vie civique, et pour les auteurs grecs (à cette date, déjà incorporés à la culture humaniste) à partir de leur traduction en latin, alors qu'il réservera cette langue pour ses œuvres historiques, comme nous l'avons signalé. Avec l'emploi de la langue vulgaire, Palmieri entend toucher un public essentiellement citadin, ces *civili* qu'anime l'intention de concourir droitement au bien de la cité. Déplorant la médiocrité de traductions dans lesquelles on ne peut reconnaître les qualités de l'original latin – ce que, de son temps, regrettait Leonardo

INTRODUCTION 13

Bruni, et avant eux, Pétrarque – il opte donc pour la langue vulgaire, plus directe, plus claire aussi pour ses lecteurs. Sa référence aux trois auteurs – la trilogie Dante, Pétrarque, Boccace – qui ont employé l'idiome toscan et lui ont conféré à des titres divers son efficacité et son prestige littéraire, souligne la dignité linguistique du *volgare* dont son contemporain, Leon Battista Alberti, se fait aussi le défenseur et qu'il illustre dans ses dialogues sur la famille (*Della Famigli*a) dont les trois premiers livres datent de 1432-1434. Au début du livre IV, Palmieri pense devoir répondre aux critiques formulées contre ses choix linguistiques au nom d'un très probable élitisme aristocratique. Son choix d'écrire en langue vulgaire risquait d'exposer des matières sérieuses à l'incompréhension de la foule des ignorants, incapables de lui donner crédit et prompts à blâmer la prétention de l'auteur à vouloir dispenser, malgré sa jeunesse et son inexpérience en ce domaine, des préceptes sur la vie civique. Palmieri est conscient que, comme tout auteur, il est exposé à la dépréciation de son ouvrage, mais en se recommandant de saint Jérôme et de Cicéron, « deux excellents amis », il fait appel à des autorités indiscutables, confirmant ainsi que la langue vulgaire ne constitue pas une rupture dans la transmission d'un héritage classique à un public plus large, celui de la « classe » moyenne.

## LE DÉDICATAIRE
## ET LES PERSONNAGES DU DIALOGUE

Dans son avant-propos, Palmieri présente également son dédicataire, Alessandro degli Alessandri, et les interlocuteurs de son dialogue[13]. La dédicace est tardive, reliant la personnalité du dédicataire à cet idéal d'engagement civique que veut illustrer l'ouvrage. Alessandro était né en 1391, quinze ans avant l'auteur de la *Vita civile*. Il fut l'un des personnages les plus en vue dans la Florence de la première moitié du XV$^e$ siècle. Dans sa *Vita* de Côme de Médicis, Vespasiano da Bisticci

---

13 Sur les interlocuteurs et la structure du dialogue, voir N. Bianchi Bensimon, « Une ou plusieurs voix ? La construction dialogique dans la *Vita civile* de Matteo Palmieri », *Arzanà*, n° 9, 2003, p. 195-241.

le cite parmi ceux qui fréquentaient l'école de Roberto de' Rossi, en compagnie des jeunes descendants de la noblesse florentine. L'école sélectionnait et préparait au gouvernement public les jeunes gens qui la fréquentaient. Alessandro, avant cette dédicace, avait siégé parmi les *conservatores legum*, les « gardiens des lois », une magistrature contrôlée par l'oligarchie et dotée de grands pouvoirs, puisqu'elle décidait de l'admission des citoyens aux charges publiques. Gonfalonier de Justice de la République florentine en 1441 et 1448, il sera également, à plusieurs reprises, son ambassadeur. Il mourut en 1460. Il semble avoir été l'héritier spirituel de l'interlocuteur principal de la *Vita civile*, si l'on en croit Vespasiano qui, dans la *Vita* d'Agnolo Pandolfini, le cite parmi les rares à avoir été admis auprès d'Agnolo mourant.

Ce dernier (1360-1446) est en effet la voix prépondérante et presque exclusive du dialogue. Appartenant à la génération précédant celle de Palmieri, il incarne la figure du sage instruisant ses jeunes interlocuteurs avec une bienveillance paternelle. Dans son rôle, il réalise l'idéal de l'*auctoritas* (autorité et ascendant) des cheveux blancs, fondée sur l'expérience des affaires publiques et sur la maîtrise de la culture antique dont il fait preuve par les innombrables exemples puisés aux auteurs classiques abondamment cités tout au long du dialogue. L'homme était une figure de premier plan dans la vie politique florentine, il avait assumé pour le compte de la République de hautes magistratures : gonfalonier de Justice à trois reprises, il avait été également chargé de plusieurs ambassades. Dans son dialogue *Profugiorum ab aerumna* (1441-1442), L. B. Alberti en avait fait l'un de ses interlocuteurs dans un rôle proche de celui que Palmieri lui assigne : celui du père de famille, l'« ancien » dont la parole fait autorité. Face à lui, en réalité effacés, deux jeunes gens. L'un est Franco di Niccolò Sacchetti (1400-1473), camarade d'étude de Palmieri, qui se distinguera par son activité et ses responsabilités publiques au service de la République de Florence, tout comme le second, un autre ami de Palmieri, Luigi Guicciardini (1407-1487), gonfalonier de justice à deux reprises, qui remplira des fonctions diplomatiques pour le compte de la République et du régime des Médicis qu'il soutint indéfectiblement. Ni l'un ni l'autre n'interviennent dans le dialogue pour soulever de véritables objections : ils se limitent tout au plus à demander quelques précisions en soulignant, comme des élèves appliqués, leur désir de bien comprendre le propos du maître. Quant à Palmieri

INTRODUCTION                                                15

lui-même, il dit, au début du livre I, avoir assisté aux entretiens, mais
ne joue aucun rôle en tant qu'interlocuteur. Sa responsabilité d'auteur,
en revanche, est affirmée dans l'avant-propos, ainsi qu'au livre IV où il
répond aux critiques qui lui sont adressées : « Beaucoup calomnieront
mon invention et mon plan ».


## DIVISION DE L'OUVRAGE ET CONTENUS DES LIVRES


La *Vita civile* répond à un plan extrêmement ordonné, annoncé dès
l'entrée en matière : le dialogue est distribué en quatre livres dont le
premier traite de l'éducation du futur citoyen, depuis son berceau jusqu'à
l'âge de sa majorité, les deux suivants de l'« honnêteté » et des vertus
cardinales nécessaires au bon gouvernement – prudence, tempérance
et force d'âme (ou courage) pour le livre II, justice pour la totalité du
livre III –, le quatrième de l'« utile ». Ce dernier livre intègre également,
dans sa partie finale, la vision eschatologique – inspirée pour l'essentiel
du *Commentaire sur le Songe de Scipion* de Macrobe – du bonheur futur
qui récompensera tous ceux qui se seront sacrifiés au bien de la patrie.
    L'ordre adopté, explique Pandolfini, est celui de la « nature » : « [pour]
montrer ce que doivent être les mœurs et les vertus d'un excellent
citoyen durant sa vie mortelle [...] je prendrai un enfant à sa naissance
et je l'amènerai jusqu'à sa vieillesse ». Ce premier livre, qui s'inspire
largement du Livre I de l'*Institution oratoire* de Quintilien, développe les
principes d'éducation du jeune enfant dans lequel existe déjà le citoyen
à venir, le *uir ille uere ciuilis* de Quintilien, « cet homme véritablement
civique », qu'il s'agit de faire s'épanouir. L'attention est donc portée sur
les conditions les plus idoines à favoriser chez l'enfant et l'adolescent la
construction, selon les aptitudes de chacun, d'une personnalité orientée
vers la réalisation du « bien vivre » (*i.e.* « vivre selon le bien »), souvenir
du *bene uiuere* des Latins, qui consiste dans l'« agir » (*operare*) en vue
du bien de la République (*virtuosamente operare, optimamente operare*).
L'instruction ne consiste pas en l'acquisition d'un savoir encyclopé-
dique, impossible à atteindre. Loin de viser à la spéculation, l'objectif
des connaissances acquises se veut pragmatique, orienté vers ce qui est

avantageux (*utile*) pour la cité, par l'exercice des *buone arti* (« bonnes pratiques »). C'est l'expérience qui sert de guide – l'expérience qui est d'abord affaire de transmission (ici, par A. Pandolfini) – pour réaliser cet homme « civique », appelé comme citoyen (*civile*) au gouvernement de la République et à veiller sur le salut de sa patrie. On pourra mettre en regard de ces pages celles de L. B. Alberti consacrées à l'éducation et à la pédagogie (*Libri della Famiglia*, livre I), thèmes qui revêtent une grande importance dans les préoccupations des humanistes. La famille constitue le noyau premier de la vie politique, celui où se constitue déjà le « bon » citoyen en germe. La suite du dialogue montrera l'élargissement à la communauté civile du sentiment communautaire de la famille. Il en est de la bonne et de la mauvaise conduite de la famille comme de celles des républiques et des empires.

Les livres II et III abordent la question de l'« honnête » ou de l'« honnêteté », concept cicéronien s'apparentant à la « beauté morale », et exposent les vertus morales nécessaires à la réalisation de la « bonne vie », c'est-à-dire orientée vers le bien, aboutissement de l'idéal du parfait citoyen (*ottimo cittadino*). Palmieri utilise le *Commentaire au Songe de Scipion*, mais également l'*Éthique à Nicomaque* d'Aristote, traduite en latin en 1417 par Leonardo Bruni, et qui avait fait l'objet d'un cours dispensé par Filelfo à Florence à partir de décembre 1431. Aristote consacrait aux vertus morales de courage et de tempérance le livre III de l'*Éthique* et à celle de prudence le livre VI : nous les retrouvons dans le second livre de la *Vita civile*, où la prudence est vertu de prévoyance, art de « bien délibérer » (*Éthique*, VI, 1141b) et d'éviter les fautes. Palmieri fonde sa répartition des vertus sur les pages de Macrobe où celui-ci expose le système plotinien des « quatre genres de vertus[14] », les premières étant politiques : ce sont celles que Palmieri qualifie de *civili*. La prudence est la vertu de « conseil », dérivé du concept latin de *consilium* qui englobe tout à la fois les sens de délibération, mesure et réflexion. Son application, dit Palmieri par la voix de Pandolfini, est concrète : « Dans la république, on ne conseille pas sur la paix, mais sur les moyens de l'obtenir » (livre II). Quant à la force d'âme (*forteza*), cette vertu s'exerce principalement dans des situations de péril extrême, dont la guerre est l'illustration exemplaire. La tempérance, enfin, permet à Palmieri de démontrer, à grand renfort d'exemples, la nécessité de surmonter les

---

14  Macrobe, *Commentaire au Songe de Scipion*, livre I (8,5).

INTRODUCTION 17

passions désordonnées par l'usage de la raison, laquelle se manifeste dans la modération et le sens de la mesure : « la tempérance exige principalement une juste mesure dans les mots et dans les actes, dans les activités et dans le repos. » Elle constitue le socle indispensable de toute action et de toute attitude du citoyen responsable de ses actes, et sert de transition avec le livre III, consacré à la justice, laquelle repose précisément sur la « raison ».

Ce livre traite en son entier de cette vertu de justice. Dans l'économie du dialogue, elle occupe incontestablement une position centrale, étant le pivot sur lequel repose, comme le dit Cicéron, « la sauvegarde de la société humaine[15] ». Palmieri n'affirme pas autre chose : « Cette vertu seule a le principal empire sur toutes les autres : elle conserve à chacun ce qui lui appartient, elle pourvoit et subvient à tout le corps de la république, conserve chacun de ses membres, maintient étroitement ensemble la paix, l'union et la concorde de la population civile tout entière : ainsi, la cité, saine et pleine de vigueur à la fois, ne vacille pas, mais, puissante et gaillarde, résiste vaillamment et se défend contre tout accident qui naîtrait du dehors ou du dedans. » Irriguant le corps de la cité, la justice en préserve la vitalité et l'union de ses membres. Palmieri la place au plus haut degré des vertus civiques et, comme l'a relevé Gino Belloni, il exprime la même idée dans le *Protesto* : « Cette seule vertu contient en elle-même toutes les autres, car elle commande et exige toutes les œuvres vertueuses[16]. » La justice est un ordre conforme à celui de la nature, ou « vraie raison ». De celle-ci dérive le droit naturel dont le caractère est universel et transcendant : c'est de lui qu'émane le droit positif. Palmieri emprunte assez fréquemment au *De Officiis*[17] dont il incorpore à son texte des extraits plus ou moins longs, mais sa dépendance reste partielle, limitée à certaines parties du livre I dont il ne suit pas l'ordre. Il accorde ainsi une réflexion importante au problème de la guerre juste et à celui de l'injustice dans un développement plus étoffé que chez Cicéron.

---

15  Cicéron, *Les devoirs*, trad. par M. Testard, Paris, Les Belles Lettres, 1974 (I, v, 15).

16  G. Belloni, « Il "Protesto" di Matteo Palmieri », art. cité : « *Questa una sola virtù ogni altra virtù contiene in sé, però che tutte l'opere virtuose ci comanda e vuole.* » (p. 46 [27])

17  L'humanisme florentin du XVᵉ redécouvre chez Cicéron, en particulier dans le *De officiis*, l'idéal romain de l'esprit civique et les valeurs éthiques qui le caractérisent. Sur cette question, voir H. Baron, *La rinascita dell'etica statale romana nell'umanesimo fiorentino del Quattrocento*, « Civiltà moderna », 7, 1935, p. 21-49.

Loin de se cantonner à un débat théorique, ces réflexions touchent à des réalités que ses lecteurs connaissaient bien. Il condamne les guerres déclarées à l'ennemi extérieur sans « un examen diligent » et préalable (allusion à la guerre menée contre Lucques qui aboutit en 1430 à un désastre pour l'armée florentine), mais aussi les luttes internes entre factions rivales – Guelfes et Gibelins – où la volonté de détruire l'adversaire est plus forte que celle de le dominer. Ainsi, aucun intérêt particulier ou partisan ne doit primer sur l'intérêt général dans lequel consiste le bien de la communauté civile, identifiée comme un « corps », entendu comme un organisme dont tous les membres sont solidaires. Palmieri affirme la valeur du bien commun, question alors fort discutée, et dont les prédicateurs dominicains – et même franciscains, comme en attestent les sermons de Bernardin de Sienne – soutenaient la primauté. Le gouvernant doit s'oublier lui-même pour les autres, ce qui demeure difficile à réaliser, souligne Palmieri, tout comme la justice en matière d'imposition, les citoyens cherchant généralement (rien de nouveau sous le soleil !) à frauder le fisc. Enfin, la question de la distribution des dignités soulève celle des mérites et des honneurs, lesquels doivent être conférés « aux plus vertueux [de ceux] qui s'emploient pour l'intérêt public », de préférence à ceux qui se font gloire de la vertu de leurs ancêtres et qui, au contraire, « doivent donner l'exemple d'eux-mêmes et non des leurs, en mettant toujours en avant la noblesse ». À l'appui de cette idée, Palmieri aligne une série d'exemples de personnages de l'Antiquité qui, d'une humble naissance, se sont élevés par leurs mérites personnels (leurs « vertus ») aux plus hautes magistratures. Palmieri croit à la méritocratie : les honneurs vont à ceux qui donnent de leur personne pour l'intérêt général.

Alors que la question de l'« honnête » et des exigences morales avait fait l'objet des livres II et III, le dernier livre traite de l'« utile » où sont placés « l'ornement, la grandeur et la beauté de notre vie, les ressources, les richesses, l'abondance et la quantité de tout ce dont les hommes font usage ». Le *De Officiis* y est de nouveau sollicité, en particulier son livre II qui aborde la question de l'utile. Les développements sur le rôle des arts et des techniques dans l'avancement et les progrès de l'espèce humaine y tiennent une bonne place, mais Palmieri confère aux « parentés » et aux « amitiés » un rôle déterminant dans la solidarité et le resserrement des liens sociaux sur lesquels reposent la vie civique entendue comme harmonie et concorde : « l'amitié est le seul lien qui maintienne la cité », « [sans elle] il ne se trouverait nulle famille si stable, ni république si puissante et si solide qui ne serait, en très peu de temps, défaite et conduite, par sa ruine, à son ultime destruction ». La sociabilité est l'indispensable fondement de toute société politique et de sa conservation, car elle unit les citoyens dans un esprit de « charité », cet « amour » que l'on doit non seulement à sa famille et à ses amis, mais à la patrie. Il s'agit là d'une conviction fondamentale qu'annonçait le livre III : « Les hommes ont été engendrés et faits pour eux-mêmes, c'est-à-dire pour les autres hommes, afin qu'en échangeant entre eux charitablement les services nécessaires, ils puissent être *utiles et profiter à leur propre conservation* ». De la recherche de la « gloire », incitatif à développer les vertus civiques, l'on passe aux « choses recherchées pour le seul profit » : l'argent et les richesses. Ici encore, la morale pose le principe de la juste mesure : autant la cupidité est-elle condamnable, autant est-il légitime de vouloir augmenter son bien, le domaine campagnard (*villa*) étant le meilleur exemple d'un investissement dont un propriétaire vigilant saura accroître le rendement. Revenant sur la question de l'« utilité » (ou intérêt général), Palmieri traite de la justice corrective qu'il aurait dû normalement aborder dans le livre III. Elle doit être appliquée sans passion, mais selon l'équité, son but étant d'inciter au respect de la loi par l'exemple. Palmieri, tant cet idéal lui tient à cœur, réitère les devoirs de ceux qui sont commis aux plus hautes magistratures de l'État : sens de l'intérêt commun contre toute forme d'intérêt personnel, de favoritisme (auquel les meilleurs sont tentés de céder) ou de démagogie. Quant à se fier au jugement du peuple, quand on en exclut la part de la « populace ignorante », une majorité éclairée permettra toujours de dégager cet intérêt commun et supérieur. Palmieri, attaché à l'élitisme politique, revient une fois de plus sur la distribution des honneurs et des dignités : c'est aux « hommes excellents » (*optimi*), à ceux qui « s'y entendent » (*intendenti*) en politique, que l'on doit confier la bonne gestion de la république, et les en écarter serait préjudiciable à la communauté civile.

La dernière partie du livre IV s'ouvre à des considérations eschatologiques sur la destinée ultra-terrestre des bons gouvernants. Palmieri fait référence à ses sources : le mythe d'Er (qui clôt le livre X de *La république de Platon*) et le songe de Scipion, qu'il connaissait peut-être de seconde main, au livre VI de la *République* de Cicéron. Dans ce texte, Scipion Émilien se voit transporté en songe au ciel où son aïeul lui révèle le bonheur dont y jouissent les âmes des citoyens ayant bien œuvré pour la patrie. Palmieri imagine le récit que fait à Dante, sur le champ de la bataille de Campaldino à laquelle le poète participa[18], son compagnon blessé à mort. Transporté dans le monde céleste par Charlemagne, il y découvre les âmes de ceux qui, de leur vivant, ont pourvu au salut de leur cité. Dante reçoit donc ce message qui conclut la *Vita civile* sur la figure du poète combattant et citoyen – bien présente avant Palmieri dans la culture florentine – et sur l'idéal de l'engagement civique qu'elle illustre. La figure de l'intellectuel participant à la défense des idéaux civiques constitue une réponse aux positions d'un Pétrarque faisant le choix du désengagement et du retrait de la vie publique. Celles-ci avaient trouvé leur expression dans son traité latin, intitulé *De vita solitaria* (*La vie solitaire*) auquel pourrait bien répondre le choix de Palmieri d'intituler le sien *Vita civile*, lui opposant ainsi un idéal de participation à la vie de la cité, idéal dont Dante représente une incarnation exemplaire.

La *Vita civile* s'inscrit dans le contexte intellectuel des années 1430-1440 où l'on redécouvre, en particulier par le biais de la traduction de la *Politique* d'Aristote en latin due à Leonardo Bruni (1433), que la politique doit avant tout être considérée comme une pratique où la philosophie s'immerge dans le concret de la cité[19] où l'individu ne réalise pas sa fin en lui-même, mais dans sa participation, comme citoyen, mais aussi comme chef de famille – la famille étant une unité « politique » en soi – à la réalisation du bien commun. Palmieri distingue nettement les vertus contemplatives des vertus actives sur lesquelles fonder l'intérêt général, identifié à l'État, tout en soulignant que les premières

---

18 Ni Boccace dans son *Trattatello in laude di Dante* (*Petit traité à la louange de Dante*), écrit vers 1357-1361, ni Leonardo Bruni dans sa *Vita di Dante* (1436) ne mentionnent cette participation du poète au combat de Campaldino.

19 C. Curcio (*La politica italiana del' 400*, Firenze, Novissima editrice, 1932, p. 101) définit la *Vita civile* en ces termes : « *potrebbe considerarsi come la più tipica manifestazione letteraria di questa comprensione della politica come pratica, come sapienza attiva, come filosofia della vita politica e civile.* » (« On peut la considérer comme la manifestation littéraire la plus typique de cette compréhension de la politique comme pratique, comme sagesse active, comme philosophie de la vie politique et civile. »)

sont ordonnées aux secondes. Si la politique est affaire de science, elle est aussi, prioritairement, affaire de morale. L'insistance sur la justice, comme fondement d'une vie politique conforme à la raison, dérive sans doute chez Palmieri du *De officiis*. L'insistance sur les garanties données par le droit et la loi – confortés par la conviction de l'existence d'une loi naturelle supérieure à la relativité des us et coutumes et s'imposant à tout homme – reflète chez Palmieri le besoin de stabilité et de paix que doit sceller l'idéal de concorde. L'idéal de justice, qui est un leit-motive des écrits humanistes, est ce qui rapproche le plus Palmieri de son modèle cicéronien où cette vertu occupe une place primordiale[20], garante d'un idéal pacifiste. Palmieri condamne les conflits intestins et conçoit les guerres extérieures dans le cadre strict du droit. Enfin, il fait une large place à cette conception de la politique comme amour ou amitié partagée en vue du bien général, héritage de la pensée grecque et de de l'idéal cicéronien.

## TRADUCTION FRANÇAISE

L'unique version française de la *Vita civile* dont on disposait à ce jour est celle de Claude des Rosiers : « La Vie civile par Mathieu Palmier Gentilhomme Florentin Traduit par Claude des Rosiers, Et depuis reveu & corrigé par Claude Gruget. Avec privilège du Roy. À Paris, Par Estienne Groulleau libraire […] 1557. » L'explicit en est le suivant (c. 130v) : « Fin de la Vie civile, imprimé à Paris par Estienne / Groulleau Libraire, pour luy, Jean Longis, & Vincent Sertenas. 1557. » Sur le traducteur, on ne dispose d'autre information que celle donnée dans la notice « DÉROZIERS, et non DÉROSIERS (Claude) » de la *Biographie universelle, ancienne et moderne*[21] : « de Bourges, vivait au milieu du 16ᵉ siècle. On a de lui : I. La Vie civile, traduit de l'italien de Matthieu Palmier, Paris, 1527. » En l'absence du nom de l'imprimeur,

---

20  *De Officiis*, III, 28 : « En effet, cette seule vertu est la maîtresse et la reine de toutes les vertus » (« *haec enim una uirtus omnium est domina et regina uirtutum* »), citation reprise textuellement par Palmieri au livre II.
21  *Biographie universelle, ancienne et moderne*, t. XI, Paris, L. G. Michaud, 1814, p. 126.

cette édition de 1527, en admettant que la référence soit exacte, demeure introuvable. Dans *Les Bibliothèques françoises de La Croix du Maine et de Du Verdier*[22], on ne trouve que la mention de l'édition de 1557 : « Claude des Rosiers, a traduit de l'Italien de Mathieu Palmier, Gentilhomme Florentin, la Vie civile, en quatre Livres pleins de Doctrine, imprimée à Paris, in-8°. Par Jean Longis, 1557. » Groulleau est l'imprimeur-libraire, comme il est indiqué à la fin de la traduction « revue et corrigée » par Claude Gruget (15..-1560 ?), éditeur (*L'Heptaméron*, 1558) et traducteur : « imprimé à Paris par Estienne Groulleau Libraire, pour luy, Jean Longis, et Vincent Sertenas. » Le privilège du roi est daté du 26 août 1547, et l'achevé d'imprimer du 6 octobre 1557. Robert E. Hallowell affirme que le « traducteur français, Claude des Roziers, mourut sans avoir pu publier sa version et [que] c'était l'ami de Jodelle, Claude Gruget[23] » qui entreprit d'en donner une version améliorée. Dans la lettre adressée à sa dédicataire, Mademoiselle Marie Olivier de Raconis, Gruget explique sa démarche. N'ayant pu trouver d'auteur français, dit-il, qui ait donné « par écrit le chemin que devons tenir pour parvenir à l'acquisition de ces bonnes mœurs, je me suis adressé aux étrangers, parmi lesquels j'ai trouvé Mathieu Palmier en avoir si bien et saintement décrit, en la Vie Civile, commençant dès la naissance de l'enfant, et continuant jusques au dernier jour de l'âge décrépit, que le trouvant traduit par Claude des Rosiers, et le conférant [comparant] avec son exemplaire il m'a pris un fort grand désir, en le raccoutrant [remettant en état] en la plupart du sens et des périodes, de le faire Français, pour le bien commun de notre nation[24]. » Le passage présente le double intérêt de nous renseigner, et sur la lecture que fait Gruget de la *Vie civile* – un ouvrage pédagogique destiné aux parents soucieux de former leurs enfants aux « bonnes mœurs » –, et sur les interventions qu'il a opérées dans le texte du traducteur pour en corriger les erreurs de sens et les maladresses de syntaxe. Cette lettre de dédicace est suivie d'une ode du poète Étienne Jodelle, lequel note avec justesse l'actualité du propos politique et l'intérêt de cette traduction : « Si rien n'est or plus nécessaire, / Et aux grands et au populaire / Parmi tant de troubles

---

22  *Les Bibliothèques françoises de La Croix du Maine et de Du Verdier*, t. III, Paris, 1772, p. 363.
23  Robert E. Hallowell, « "J'aime mieux embrasser la gloire des morts" : une ode inconnue de Jodelle », *Bibliothèque d'Humanisme et Renaissance*, t. 30, n° 1, 1968, p. 133.
24  Orthographe modernisée.

INTRODUCTION                                                                 23

divers / Qui vont tempêtant dans nos villes, / Que voir les polices civiles / Seule bride de l'Univers… ».

Des Rosiers disposait probablement d'une de ces éditions italiennes : 1529 (Florence, héritiers de Filippo Giunta), 1529 ? (Florence, sans indication du nom de l'éditeur), 1535 (Venise, G. A. Valvassori). Le *Mattheo Palmieri cittadino fiorentino* du titre original devient, chez des Rosiers « Mathieu Palmier gentilhomme florentin », ennoblissement caractéristique d'un changement de contexte. La version française, privée de l'avant-propos (les considérations sur le choix de la langue ne présentant sans doute que peu d'intérêt pour le public non italophone), commence avec le livre I. Hormis cette amputation, le traducteur respecte l'essentiel de son original italien, même si sa traduction n'est pas, à strictement parler, à la lettre. Malgré plusieurs qualités, mais aussi de flagrantes infidélités, elle ne pourrait figurer en regard du texte italien établi de nos jours par Gino Belloni.

La version française que nous proposons répond évidemment à d'autres critères, en premier lieu celui de rendre compte du texte dans son intégralité et dans une syntaxe épousant, autant que possible, le rythme propre de l'original, en évitant un morcellement arbitraire que ne justifie pas la phrase bien charpentée de Palmieri, où, toutefois, les anacoluthes ne sont pas rares. La difficulté du traducteur s'avère plus redoutable quant aux choix lexicaux. Ainsi en est-il, premièrement, pour la restitution du mot *civile*. L'adjectif est omniprésent dans le dialogue – à commencer par le titre – aux côtés d'un plus rare, mais néanmoins fort embarrassant, substantif pluriel *civili*. Tous deux méritent un bref commentaire. Le mot, issu du latin *civilis* (« qui concerne le citoyen et la vie politique », « digne des citoyens »), conserve cette première acception qui peut osciller entre « civil » (relatif aux rapports entre *citoyens*, relatif à la cité) et « civique », à l'exemple du *civicus* latin, utilisé comme synonyme de *civilis*. Dans le texte de Palmieri, le terme a une composante sociale et politique renvoyant au contexte florentin, à ses institutions républicaines indissociables des mœurs policées (*costumi civili*) qui régissent les liens communautaires. Est *civile* pour Palmieri tout ce qui fait loi commune dans la cité, et le terme s'apparente à ce que Jodelle appelle « les polices civiles ». Les vertus examinées par Palmieri s'insèrent dans la « vie civile » dont elles sont une composante régulatrice essentielle. Bien que le terme condense en italien, avec bien plus d'évidence que son équivalent français moderne, les modalités d'un mode de vie caractéristique d'une société politique, il est préférable de conserver autant que possible la traduction française « civil/e/s », l'adjectif s'imposant depuis toujours dans des expressions telles que « discordes civiles ». Quant au substantif *civili*, employé presque toujours au pluriel chez Palmieri, son emploi en italien reste exceptionnel, et son sens, attesté dans le *Grande Dizionario della Lingua Italiana*, est celui de « [un] particulier » ou simplement de « [un] citoyen ». C'est au sens de membre de la communauté civile dont il vient d'être question plus haut, qu'il faut l'entendre, mais rien ne justifie une traduction par « un civil » ou « les/des civils », le mot recouvrant en français une réalité tout à fait différente, ce qui explique sa neutralisation par « les/ des citoyens ».

Arrêtons-nous encore sur certains termes récurrents qui recouvrent des concepts marqués par une pensée d'inspiration essentiellement éthique (au sens aristotélicien) et pratique : « La vertu réside dans l'action » (livre I). Ainsi en est-il des mots *arte/arti*, très présents dans le dialogue. Le mot recouvre des acceptions multiples et diverses : de l'activité (au sens générique) au métier (« art mécanique »), à l'art (peinture et sculpture dont Palmieri constate la « renaissance » en son temps), au procédé et à la pratique (bonne ou mauvaise). Il en est ainsi des *buone arti*, ces bonnes pratiques, au sens que le latin donne aux *bonae artes*, sans cesse recommandées dans l'apprentissage de l'enfant comme dans l'activité publique du citoyen. Des Rosiers traduit naturellement par « bonnes artz », et s'en tient à la simple transposition. L'on aurait pu s'aventurer à sa suite vers des « bons arts » dont fait foi l'ancienne langue française[25], mais outre le caractère tout à fait désuet de son emploi, il serait peu éclairant compte tenu de l'acception courante du mot dans la langue moderne, celle d'activité à finalité essentiellement esthétique. Pandolfini, dans un passage du livre I, englobe dans les *buone arti* les activités physiques et intellectuelles qui constituent la formation nécessaire au futur citoyen pour agir en vue du bien commun auquel s'identifie le sien propre. À plusieurs reprises, Palmieri insère les *buone arti* dans un environnement au contenu prioritairement moral, distinguant ainsi

---

25 *Dictionnaire* historique *de l'ancien langage françois*, par J.-B. de la Curne de Sainte-Palaye, Niort, L. Favre, 1882, t. 2, art. ART, qui cite Melin de Saint-Gelais.

les « bonnes » et « mauvaises » pratiques. Cette dernière acception éclaire le sens que Palmieri donne à ces *buone arti*, celui de « bonnes pratiques » qui incluent l'idée de règles de conduite guidant une activité orientée vers le « bien faire » pour soi et pour les autres – règles dont tout bon citoyen ne se doit jamais départir.

Il nous a paru nécessaire de conserver à *virtù* (*virtuoso*) sa traduction unique de « vertu » (« vertueux ») dans laquelle le lecteur retrouvera la signification élargie (restreinte aujourd'hui) de qualité d'âme, d'action courageuse et volontaire, publiquement méritante et non pas limitée à la seule sphère privée (en ce cas identifiée par Palmieri comme socialement inutile). De même, il convient de conserver aux deux vertus cardinales de « prudence » (au lieu de « sagesse », son synonyme plus moderne) et de « force d'âme » (plutôt que « courage ») les termes consacrés par la tradition philosophique cohérents avec la terminologie des vertus cardinales utilisée au livre II. Si l'emploi traditionnel de « l'utile » utilisé en relation avec « l'honnête » a été maintenu, ce n'est pas sans avoir concédé une extension de « *l'utile* » vers « l'intérêt », lorsque Palmieri souligne l'opposition entre le particulier et le général où nous percevons précisément des conflits d'« intérêts ». Ce n'est pas altérer la cohérence lexicale que d'élargir l'éventail offert par la langue française là où le contexte ne permet pas une rigidité inutile et peu conforme à la richesse des registres propres à l'une et l'autre langue. Quant au choix de certains mots anciens ou dont l'acception est présentée dans les dictionnaires modernes comme littéraire (ce qui ne signifie nullement qu'ils soient hors du champ du patrimoine linguistique ni de celui de la culture du lecteur), ce choix, dicté par le souci d'une plus grande adhérence aux réalités du temps, est justifié dans les notes.

## ÉTABLISSEMENT DU TEXTE ITALIEN

Le texte italien a été établi par le Professeur Gino Belloni qui a repris, en y apportant des amendements, celui de son édition critique de 1982, publiée dans la collection de l'*Istituto di Studi sul Rinascimento*, dirigée à l'époque par Eugenio Garin[26]. Cette édition venait heureusement remplacer celle publiée auparavant (1944) par Felice Battaglia[27], laquelle ignorait à cette date la tradition d'un manuscrit autographe, signalé en 1954[28]. G. Belloni établissait son texte en tenant compte du manuscrit autographe II.IV.81 de la Bibliothèque Nationale de Florence, ainsi que sur quelques apographes comportant des variantes et sur les corrections que l'auteur avait apportées çà et là sur un autre exemplaire, le Plut. LXXVI, 66 de la Biblioteca Mediceo Laurenziana de Florence. Dans l'introduction à son édition, G. Belloni a fait une description détaillée des manuscrits et a rendu compte de ces corrections plus tardives, lesquelles toutefois ne se rapportaient pas toutes à la leçon du manuscrit autographe, mais s'expliquaient par la volonté de corriger le texte dans sa version erronée. G. Belloni qualifia ces variantes de « *ricostruzioni devianti d'autore* » (« reconstructions déviantes d'auteur »). C'est à elle que nous renvoyons le lecteur, ainsi qu'à l'apparat critique où il pourra trouver le relevé des variantes textuelles que nous ne reproduisons pas dans la présente édition. À ce jour, le texte établi par G. Belloni demeure la référence unique et précieuse pour lire la *Vita civile*, bénéficiant de nombreuses notes philologiques (morphologie, syntaxe), d'un riche répertoire lexical, d'un relevé des sources littéraires identifiables – reprises intégralement ici – dont nous avons extrait ce qui nous a paru le plus essentiel pour une édition bilingue. Nous y avons reporté l'index des noms propres cités dans le texte.

Dans sa mise à jour établie sur la bibliographie critique, G. Belloni est principalement intervenu sur des modifications de signes diacritiques, sur l'emploi de minuscules ou de majuscules, sur celui des virgules,

---

26  Matteo Palmieri, *Vita Civile*, ed. critica a c. di G. Belloni, Firenze Sansoni, 1982.
27  *Della Vita Civile di Matteo Palmieri. De optimo cive di Bartolomeo Sacchi detto il Platina*, a c. di F. Battaglia, Bologna, Zanichelli, 1944.
28  L. Rainaldi, *Notizia sull'autografo della « Vita civile »*, « Rinascimento », V, 1954.

ainsi que sur la ponctuation. Quelques coquilles ont été supprimées. Le lecteur bénéficie donc du tout dernier état du texte italien, établi par son meilleur connaisseur, et que la traduction française s'est efforcée de rendre – tel est son vœu – aussi respectueusement que possible. Quant aux notes qui l'accompagnent, elles doivent également aux suggestions récentes de G. Belloni, que nous remercions, et au souhait du traducteur d'apporter des éclaircissements indispensables sur les événements de l'histoire italienne évoqués par Palmieri dans son dialogue.


Serge STOLF

# VITA CIVILE

# LA VIE CIVILE

# PROEMIO

Comincia il primo libro della Vita Civile composta da Mattheo Palmieri fiorentino et prima il prohemio ad Alexandro degli Alexandri optimo cittadino.

§ 1-3. Molte volte pensando meco medesimo, mio Alexandro amantissimo, in che modo si possa optimamente vivere nella carne mortale, niuna stabilità né constante fermeza d'alcuno stato humano ho potuto conoscere. Per questo non sperando potere trovare in terra alcuna vita in ogni parte perfecta, disposi, quanto le mie inferme forze valevano, tanto di fatica et di tempo attribuire in ricercare se none la perfecta, almeno la meno maculata vita de' mortali. Quinci prolungata examina è stata in me et per lungo tempo ho riconsiderato la memoria delle antiche historie, et l'excellentie de' nobili et gloriosi facti ripetuto, et finalmente più che alcuna altra vita m'è paruta perfecta quella di coloro che in alcuna optima republica tale grado di virtù ritengono che ne' loro facti sanza errore o pericolo, et ociosi, riputati con degnità, possono vivere.

§ 4-21. Da tale parere mosso, ragionevole mi parve dovere con diligentia ricercare con che arti et sotto quali discipline si potesse così facto corso di vita ritenere. Per questo numerate carti di più et più libri rivolgendo, ho trovato molti precepti accommodati a admaestrare la perfecta vita de' civili, i quali, diligentissimamente scripti da varii auctori latini et greci, sono stati lasciati per salute del mondo. Questi spesse volti riconsiderando,

# AVANT-PROPOS

Ici commence le premier livre de la *Vie civile* composée par Matteo Palmieri, florentin, et premièrement le prologue adressé à Alessandro des Alessandri, excellent citoyen.

§ 1-3. Mon très aimé[1] Alessandro, en réfléchissant souvent de quelle manière on pourrait vivre parfaitement bien en notre chair mortelle, j'ai pu constater qu'il n'était aucune stabilité ni constante fermeté dans l'existence humaine. C'est pourquoi, n'espérant pas pouvoir trouver sur terre une vie en tout point parfaite, j'ai décidé de consacrer, dans la mesure de mes faibles forces, et ma peine et mon temps à rechercher quelle vie des mortels serait, sinon la plus parfaite, du moins la moins entachée d'imperfection. Je me suis donc livré à un long examen et j'ai longuement scruté la mémoire des histoires anciennes et parcouru le meilleur des actions nobles et glorieuses, et il m'est apparu finalement que, de toutes les vies, la plus parfaite est celle de ces hommes qui, au sein de la meilleure république, maintiennent un degré de vertu tel qu'ils peuvent mener leurs affaires sans erreur ou sans danger, et se retirer de celles-ci[2], dans une digne considération[3].

§ 4-21. Mû par cette opinion, il me parut raisonnable de rechercher diligemment par quels moyens[4] et par quelles disciplines l'on pouvait maintenir le cours d'une vie tel que celui-là. C'est pourquoi, en feuilletant page à page quantité de livres, j'y ai trouvé plusieurs préceptes propres à enseigner ce qu'est la vie parfaite des citoyens, préceptes que divers auteurs grecs et latins ont écrits très diligemment et qu'ils ont laissés au monde pour son salut. Scrutant ceux-ci plus d'une fois

---

1    *amantissimo* : *amatissimo* ; participe présent avec valeur de passif, dont l'emploi n'est pas rare dans les formules allocutoires de ce type, de la rhétorique ancienne en vulgaire jusqu'au XVe siècle.

2    ociosi : lat. *otiosus* (« en retrait des affaires »).

3    « ces hommes qui… » : reprise du préambule du *De oratore* (I, 1) de Cicéron.

4    *con quali arti* : *in che modo, in qual maniera*. L'expression relève ici d'une phraséologie (voir infra : *sotto quali arti*).

et conoscendogli utilissimi et degni, iudicai seguirne non piccolo fructo alla vita di chi ne potesse avere pure mezanamente notitia; rivolto poi verso i mia carissimi cittadini, in me medesimo mi dolsi, molti vedendone che, disiderosi di bene et virtuosamente vivere, sanza loro colpa, solo per non avere notitia della lingua latina, mancavano d'inumerabili precepti che molto arebbono giovato il loro buono proposito. Examinando quali auctori fussino atti a potere dare a' volgari sufficiente notitia, ne trovai pochi da potere molto giovare alla vita de' virtuosi, però che alquanti ne sono volgarizati che in ne' loro originali sono eleganti, sententiosi et gravi, scripti in latino, ma dalla ignoranzia de' volgarizatori in modo corrotti, che molti ne sono da ridersene di quegli che in latino sono degnissimi. Et viepiù da ridere sarebbe di me, se io volessi dimonstrare che Tullio, Livio o Virgilio et più altri volgarizati auctori in niuna parte fussino simili a' primi, però che non altrimenti gli somigliono che una figura ritratta dalla più perfecta di Jocto per mano di chi non avesse operato stile né pennello s'asomigliasse all'exemplo; ché, avenga Idio avessi naso, ochi, boca et tutti suoi membri, niente dimeno sare' tanto diversa quanto ciascuno in se stesso imaginare puote, et forse, ritrahendo con l'ali Gabriello, nollo conosceresti dallo infernale Lucifero. Altri ne sono composti in lingua volgare, pochi da elevati ingegni. Il primo et sopra a ogni altro degnissimo è il nostro Dante poeta: costui in ogni parte tanto excelle qualunche altro volgare, che non si degna assimigliarsi a essi, però che fuor della lingua poco si truova drieto a' sommi poeti latini. In nelle cose grandi sempre si monstra sublime et alto; nelle piccole è diligente dipintore della vera proprietà; lui si truova lieto, rimesso, jocondo et grave;

LA VIE CIVILE – AVANT-PROPOS       33

et les trouvant dignes et très utiles, je jugeai qu'il en résulterait un profit non négligeable pour la vie de ceux qui pourraient en avoir une connaissance même médiocre ; tourné ensuite vers mes très chers concitoyens, je me désolai de voir que nombre d'entre eux, désireux de bien vivre et de vivre vertueusement, manquaient, non par leur faute, mais uniquement pour n'en avoir pas connaissance, d'innombrables préceptes qui eussent été profitables à leur bonne résolution. Examinant quels auteurs seraient propres à pouvoir donner une connaissance suffisante aux profanes[5], j'en trouvai peu pouvant être fort utiles à la vie des personnes vertueuses, car un certain nombre de ces auteurs, traduits en langue vulgaire, sont dans leurs originaux, écrits en latin, élégants, sentencieux et graves, mais si bien corrompus par l'ignorance des traducteurs que nombre d'entre eux, d'une grande dignité en latin, prêtent à rire[6]. Et je prêterais moi-même d'autant plus à rire si je voulais démontrer que Cicéron, Tite-Live ou Virgile et beaucoup d'autres auteurs traduits en vulgaire eussent quelque ressemblance avec leurs originaux, car ils ne leur ressemblent pas plus qu'une figure, reproduite à partir de la plus parfaite de Giotto par une main qui ne saurait employer ni style de plomb[7] ni pinceau, ne ressemblerait à son modèle ; et si Dieu avait un nez, des yeux, une bouche et tous ses membres, sa figure serait aussi différente que celle dont chacun peut se faire une image, et peut-être qu'en peignant Gabriel avec ses ailes, vous le confondriez avec l'infernal Lucifer. D'autres livres sont composés en langue vulgaire, peu le sont par des esprits élevés. Le premier et le plus digne de tous les auteurs est notre poète Dante : celui-ci dépasse en toutes ses parties n'importe quel autre auteur en vulgaire et ne daigne pas leur ressembler car, mis à part la langue, il se trouve juste derrière les plus éminents poètes latins. Dans les grands sujets, il se montre toujours sublime et élevé ; dans les petits, c'est un peintre appliqué de la vraie propriété des choses ; on le trouve nourri[8], relâché[9], plaisant et grave ;

---

5    *vulgari* : les non-initiés à une science, ici le latin.

6    *da ridersene* : ce motif du ridicule est lié à la comparaison suivante avec les arts visuels et avec Giotto (voir infra, I : « Ainsi, nous voyons qu'avant Giotto… »).

7    *stile* : (techn.) « style de plomb », utilisé d'abord comme outil d'écriture ; puis aussi, pour les dessins et les esquisses des peintres (*cf. Décaméron*, VI, V, 5), et pour les arts en général.

8    *lieto* : *copioso*. Tous les qualificatifs se rapportent au style.

9    *rimesso* : *disteso, piano*. Ce passage doit être lu en regard de la *Vita Dantis* (1436) de Leonardo Bruni. Toutefois, la réserve de Palmieri sur la langue employée par Dante (*fuor dalla*

ora con abondanza, altra volta con brevità mirabile, et non solo di poetica virtù, ma spesso oratore, philosopho et theologo si conosce excellente. Sa lodare, confortare, consolare, et è copioso di tante lode che è meglio tacerne che dirne poco. Ma pe' velami poetici è in modo oscuro ché, dove nonn-è grande ingegno et abondante doctrina, più tosto può dare dilecto che fructo. Dopo lui il Petrarca forse in poche parti inferiore, sua cose volgari sono quanto più possono morali et attissimamente dette. Ver è che perché non sono materie diffusamente per aperto campo dilatate, in loro constrette, non molto giovano a chi non ha da sé materia abondante. Terzo è poi il Boccaccio, assai di lungi da' primi, pel numero dell'opere da·llui composte meritamente lodato; volesse Idio che i suoi libri volgari non fussino ripieni di tanta lascivia et dissoluti exempli d'amore, ché certo credo che, avendo così attamente scripto cose morali et precepti di ben vivere, non meriterebbe essere chiamato Boccaccio ma più tosto Crisostomo. Et oltre a questo grandemente gioverebbono i suoi libri volgari a' nostri costumi, dove in questo modo credo abbino nociuto et nuochino a molti. Per tali cagioni in me stessi più volti considerando nostra lingua volgare non avere auctori atti a inviare il bene vivere di chi si volesse sopra agli altri fare degno, mi disposi comporre questi libri della Vita Civile, coi quali io potessi giovare il bene diritto proposito de' bene disposti civili.

# LA VIE CIVILE – AVANT-PROPOS

admirable tantôt par l'abondance, tantôt par la brièveté, outre son talent poétique, il se révèle souvent excellent orateur, philosophe et théologien. Il sait louer, réconforter, consoler, et il mérite tant d'éloges qu'il vaut mieux se taire qu'en dire trop peu. Mais ses voiles poétiques[10] le rendent si obscur qu'à défaut de posséder une grande intelligence et une riche doctrine, l'on en tire plus de délectation que de profit. Après lui, Pétrarque, inférieur peut-être en quelques endroits ; ses ouvrages en langue vulgaire sont, autant que faire se peut, moraux et à l'expression parfaitement adaptée[11]. Il est vrai que ces matières, n'étant pas amplement développées dans un vaste sujet, mais resserrées sur elles-mêmes, ne sont guère utiles à ceux qui ne possèdent d'eux-mêmes abondance de matière. Puis vient le troisième, Boccace, assez éloigné des deux premiers, méritant d'être loué pour le nombre d'ouvrages qu'il a composés ; plût à Dieu que ses livres en vulgaire ne fussent pas remplis de tant de lasciveté et de tant de récits d'amour obscènes[12], car je crois, assurément, que s'il avait écrit aussi convenablement à propos de sujets moraux et de préceptes pour bien vivre, il ne mériterait pas d'être appelé Boccace, mais plutôt Chrysostome[13]. En outre, ses livres en langue vulgaire seraient grandement profitables à nos mœurs, alors qu'en l'état, ils ont nui et nuisent, je crois, à bon nombre de gens. Pour ces raisons, considérant maintes fois par la pensée que notre langue vulgaire n'avait pas d'auteurs propres à mettre sur la voie d'une bonne vie ceux qui voudraient se montrer plus dignes que les autres, je me résolus à composer ces livres de la *Vie civile* avec lesquels je pourrais aider des citoyens bien déterminés dans leur ferme résolution.

---

*lingua*, « mis à part la langue »), dans le droit fil des positions humanistes, ne se fait pas l'écho de l'affirmation la plus importante de Bruni pour qui « écrire en latin ou écrire en langue vulgaire n'a rien à voir [*i.e.* pour la qualité du poète] et ne fait pas d'autre différence que d'écrire en grec ou en latin » (L. Bruni, *Vita di Dante*, in Id., *Opere letterarie e politiche*, a c. di P. Viti, Torino, U.T.E.T., 1996, p. 550.

10  Les allégories.

11  *Dopo lui il Petrarca [...] sua cose* : la ponctuation souligne la juxtaposition des propositions, et la tendance à l'anacoluthe de la période, une mise en relief stylistique.

12  Nul doute que Palmieri fasse ici allusion aux nouvelles du *Décaméron*.

13  Jeu de mots : Boccaccio peut être lu, en interprétant le suffixe péjoratif *-accio*, comme « Bouche mauvaise ». Et en effet, Palmieri avait d'abord écrit « *Boccaccia* », accentuant l'antithèse avec le père grec de l'Église, dit (Jean) *Chrysostome*, (« Bouche d'or ») en raison de l'éloquence et de la pureté de sa parole.

Et acciò che ne possa seguire fructo magiore, diliberai non volere fignere la immaginata bontà de' non mai veduti in terra cittadini, i quali, da Platone et più altri nobilissimi ingegni considerati et fincti di virtù et sapientia perfecti, più tosto sono per specie et figura dipincti che mai in carne veduti. Disposto dunque a monstrare l'approvata vita de' virtuosi coi quali più volti s'è vivuto et potre' vivere in terra, composi questa opera in nella quale Agnolo Pandolfino, antico et bene admaestrato cittadino, quasi con dimestico ragionamento spone l'ordine et virtuoso vivere degli approvati civili, rispondendo alle domande fattegli da Franco Sacchetto et Luigi Guicciardino, dua optimi giovani di nostra città. Tutta l'opera in quatro libri divisi: nel primo con diligentia si conduce il nuovamente nato figliuolo infino all'età perfecta dell'huomo, dimonstrando con che nutrimento et sotto quali arti debbe riuscire più che altri excellente. I dua libri seguenti sono scripti della honestà: contengono in che modo l'huomo d'età perfecta in privato et publico operi secondo qualunche morale virtù. Onde nel primo di questi copiosamente si tratta di prudentia, temperantia et forteza et di più altre virtù contenute da queste; l'altro, che è nell'ordine terzo, tutto è dato a iustitia, la quale è la più optima parte de' mortali et sopra a ogni altra necessaria a mantenere ogni bene ordinata republica; il perché diffusamente quivi si tratta della iustitia civile: in che modo nelle paci et in che modo le guerri si governino, come drento della città da chi ne' magistrati siede, et fuori delle mura da chi publicamente ministra, si provega alla salute publica. L'ultimo libro, solo è scritto dell'utile: provede alla copia, allo ornamento, alle facultà et abondanti richeze di tutto il corpo civile. Poi nella parte ultima, per extrema conclusione, non sanza degna doctrina dimonstra che stato sia quello dell'anime, le quali,

LA VIE CIVILE – AVANT-PROPOS

Et afin qu'il s'en puisse retirer un meilleur fruit, je résolus de ne pas représenter les qualités[14] imaginaires de citoyens jamais vus sur terre et qui, considérés et représentés par Platon et par bien d'autres esprits fort nobles comme parfaits en vertu et en sagesse, sont dépeints par des types et des figures[15] tels qu'on n'en a jamais vus en chair et en os. Donc, déterminé à montrer la vie jugée louable des citoyens vertueux avec lesquels, bien souvent, l'on a vécu et avec lesquels l'on pourrait vivre sur cette terre, je composai cet ouvrage dans lequel Agnolo Pandolfini, citoyen d'un grand âge et fort instruit, expose, dans un discours pour ainsi dire familier, la bonne conduite et la vie vertueuse des citoyens dignes d'approbation, en répondant aux questions que lui posent Franco Sacchetti et Luigi Guicciardini, deux excellents jeunes gens de notre cité. J'ai divisé l'ouvrage entier en quatre livres : dans le premier, on amène exactement l'enfant nouveau-né jusqu'à l'âge de l'homme mûr, en montrant avec quelle nourriture et par quels moyens il doit parvenir à dépasser les autres en excellence. Les deux livres suivants sont écrits sur l'honnêteté : leur contenu indique la manière dont l'homme d'âge mûr doit œuvrer, en privé comme en public, selon chaque vertu morale. C'est pourquoi, dans le premier de ces livres, on traite abondamment de prudence, de tempérance et de force d'âme et de plusieurs autres vertus contenues en celles-ci ; le second, qui correspond au troisième dans le plan général, est consacré tout entier à la justice, qui est la meilleure part des mortels et la plus nécessaire de toutes pour maintenir toute république bien ordonnée ; c'est pourquoi l'on y traite amplement de la justice civile : de quelle manière on doit se conduire dans la paix et dans les guerres[16], comment ceux qui siègent dans les magistratures pourvoient au salut public à l'intérieur de la cité et, hors ses murs, ceux qui administrent les affaires publiques. Le dernier livre n'est écrit que sur l'utile : il pourvoit à l'opulence, à l'ornement, aux ressources et aux abondantes richesses de tout le corps civil. Ensuite, la dernière partie, comme conclusion finale, démontre, en s'appuyant sur une juste doctrine, quelle est la condition des âmes qui,

---

14  *bontà* : non la « bonté » de cœur, mais l'ensemble des qualités qui font un bon citoyen, celles-ci n'étant pas exclusives de la première.

15  *per specie et figura* : ce sont les idées-archétypes de Platon.

16  *guerri* : guerre. La flexion *-i* (pluriel) pour les substantifs féminins (singulier *-a*) est très fréquente dans la langue du XV$^e$ siècle.

nel mondo intente alla salute publica, sono vivute secondo i precepti della vita scripta da noi, per premio della quale sono state da Dio conlocate in cielo per eternalmente in gloria godere co' suoi sancti. Dopo tale compositione, mosso da antica consuetudine di coloro che vigilantemente s'afaticavano in lasciare qualche degna memoria de' loro continuati studii, disposi ogni mia opera scrivere sotto nome di riputata degnità d'huomo excellente. Per questo in tuo nome ho scripto questi libri, non conoscendo a cui magiormente che a te si convenghino. Tu sè di nobile stirpe nato, da optimo padre generato, in studii di buone arti allevato, di costumi ornato, modesto, liberale et provato di vera loda, a tutti caro et exemplo de' buoni; et i tuoi buoni costumi chiaro dimonstrano in te fermo proposito d'ingegnarti con vera loda riuscire honorato et optimo cittadino, non solo secondo la somma speranza de' buoni, ma quella con incredibile virtù, quanto più potrai, superare. A questo ti chiamo, a questo ti conforto, a questo ti priego ti sforzi, acciò che·lla gloria della perfecta bontà d'Ugo, tuo optimo padre, et degli altri tuoi nominatissimi et gloriosi antichi in te uno si colmi, per avere egli generato figliuolo optimo et bene degno di sua virtù et della gloria de' suoi degni facti. Io al presente, benché disideroso donarti più excellente dono, non più posso che le mia forze mi concedano, impedite da numerate occupationi di private cure, et maximamente per le incomportabili exactioni de' bisogni publici; spero nientedimeno, quando che sia, vedermi fuori di tale servitù et allora potere libero con diletto affaticarmi in cosa magiore della quale io doni te. Ora ti priego accepti questi libri volgari tali quali e' sono, riguardando più tosto la mia bene disposta volontà, che il dono factoti da me, significandoti che mi fia carissimo se arai otio gli legga, consideri, iudichi et corregga, acciò che limati da te, quanto più possono emendati, venghino nelle mani degli altri huomini.

Finito il prohemio; et comincia il primo libro della Vita Civile.

occupées dans le monde par le salut public, ont vécu selon les préceptes de la vie que nous avons mise par écrit, et dont Dieu les a récompensées en les plaçant au ciel pour s'y réjouir éternellement dans la gloire avec ses saints. Après avoir composé cet ouvrage, mû par la vieille habitude de ceux qui mettaient leur effort et leur soin à laisser quelque digne mémoire de leurs études continûment poursuivies, je décidai d'écrire tout mon ouvrage en le plaçant sous le nom[17] d'un homme éminent et à la dignité réputée. C'est pourquoi j'ai écrit ces livres en te les dédiant, ne connaissant personne à qui ils puissent mieux convenir qu'à toi. Tu es issu d'une noble lignée, né d'un excellent père, élevé dans les études des bonnes disciplines, distingué par de bonnes mœurs, modeste, généreux et ayant fait preuve d'un vrai mérite, aimé de tous et exemple pour les gens de bien ; et tes bonnes mœurs prouvent clairement le ferme propos qui est le tien de t'appliquer, par un vrai mérite, à devenir un excellent citoyen, et honoré, selon les plus hautes espérances des gens de bien, mais aussi, autant que tu le pourras, à dépasser ces espérances par une vertu incroyable. C'est à cela que je t'appelle, à cela que je t'encourage, à cela que je te prie de t'efforcer, afin que la gloire des parfaites qualités d'Ugo, ton excellent père, et celle de tes autres ancêtres glorieux et très renommés, ait son accomplissement en toi seul, pour avoir engendré un excellent fils et bien digne de sa vertu et de la gloire de ses dignes actions. Bien que désireux de t'offrir un présent plus excellent, je ne puis, pour l'heure, faire plus que ne me le permettent mes forces, empêchées par les multiples occupations de mes soins privés, et surtout par les insupportables contraintes des nécessités publiques ; j'espère néanmoins, un jour ou l'autre, me voir dégagé de cette servitude et pouvoir alors, libre, mettre mes efforts dans quelque chose de plus grand que ce que je t'offre. Pour l'heure, je te prie d'accepter ces livres en langue vulgaire tels qu'ils sont, en ayant égard à ma bonne volonté plus qu'au présent lui-même, et je te dis combien j'aurai à cœur que tu puisses les lire, si tu en as le loisir, les examiner, les juger et les corriger, afin que, limés par toi, amendés le plus possible, ils parviennent entre les mains d'autres hommes.

Fin du prologue ; début du premier livre de la *Vie civile*.

---

17  *sotto nome di* : renvoie au dédicataire et à la protection que Palmieri demande à ce dernier pour son ouvrage.

# [LIBRO PRIMO]

§ 1-5. Dopo la salute cristiana, mille quattrocento trenta anni aveano misurato il tempo della vita humana, et il cielo sopra Firenze agravato con pestilente morbo molti corpi metteva in acerba morte. In questo tempo, sotto la disciplina d'aprovato et doctissimo preceptore, più giovani con onesto amore, in medesimo dilecto coniuncti, ogni nostra opera insieme ponavamo negli studii delle onoratissime lettere. Per la qual cosa la corruptione presente ci gravava di molestia magiore, et forte temavamo ch'ella non fusse cagione di privarci della iocondità et ornamento, il quale di quindi stimavamo dovere venire ad tutto il corso di nostro vivere. Et certo se la riverentia non ci avesse in questo caso constretti ubbidire a' nostri padri, sperando in Dio, volentieri consentavamo insieme rimanerci ne' nostri studii. Pure, necessitati dal temporale et molto gravati da' nostri, non sanza tenere lacrimi, amichevoli parlari infra noi commutando, ci dipartimo. Poi non volendo in tutto abandonare le lettere né etiandio mancare del dilecto ci porgeva la ioconda nostra conversatione, Luigi Guicciardino et Franco Sacchetto, dua giovani in cui i cittadini nostri aveano somma speranza d'excellente virtù,

# LIVRE I

§ 1-5. Depuis le salut des chrétiens[1], le temps de l'humanité comptait mille quatre cent trente années, et le ciel, au-dessus de Florence, lourd d'un mal pestilentiel, conduisait beaucoup de personnes à une mort prématurée. En ce temps-là, sous la discipline d'un précepteur expérimenté et fort docte, nous étions plusieurs jeunes gens, unis par un amour honnête et un même plaisir, qui, ensemble, donnions toute notre peine à l'étude des très honorables lettres. Aussi, l'épidémie[2] présente nous était-elle bien plus pénible à supporter, et nous craignions fort qu'elle ne fût cause[3] de nous priver de la joie et de l'ornement qui, estimions-nous, devaient embellir tout le cours de notre vie. Et si le respect dû à nos pères ne nous avait obligés en cette circonstance à leur obéir, certainement, mettant notre espoir en Dieu, nous aurions accepté de bon gré de demeurer ensemble à Florence dans nos études. Mais, contraints par les circonstances et vivement pressés par nos parents, non sans verser des larmes et échanger entre nous d'amicales paroles[4], nous nous séparâmes. Toutefois, ne voulant pas délaisser complètement les lettres ni nous priver du plaisir que nous procurait notre agréable société, Luigi Guicciardini et Franco Sacchetti, deux jeunes gens sur lesquels nos concitoyens fondaient les espoirs d'une excellente vertu,

---

1   *la salute cristiana* : c'est-à-dire depuis la venue sur terre du Christ.

2   *corruptione* : « *epidemia* ». Aucune des œuvres historiques de Palmieri, *Chronicon* et *Annales*, ne mentionnent cette épidémie de peste de 1430. Ambrogio Traversari, dans une de ses lettres, en parle comme d'une épidémie qui suscitait les appréhensions des citadins, mais pas au point de les inciter à quitter la ville : « La peste a passablement harcelé la ville jusqu'à présent, mais la crainte d'une extension du fléau agite les cœurs des citadins. Cependant, personne n'abandonne le sol de ses pères. » (*Ambrosii Traversari... latinae epistolae*, rec. L. Mehus, Florentiae, 1759, col. 774). L'importance donnée ici à la peste et à la nécessité de quitter la ville doit probablement beaucoup au souvenir, tout littéraire, du *Décaméron*.

3   *temevamo ch'ella non fusse* : la construction des *verba timendi* avec *non* est caractéristique de l'italien vulgaire ancien et de la langue populaire du XVe siècle.

4   *parlari* : une caractéristique de ce texte est l'emploi de l'infinitif substantivé, attestée dans la prose ancienne non seulement comme sujet, mais aussi en fonction de complément.

elessono venirsene meco in Mugello che era luogo vicino et sanissimo più che niuno altro del nostro contado et in quello tempo copioso di cittadini degni, che per la maligna corruptione volentieri in luogo sì presso rifuggivano. Non molto poi Agnolo Pandolfino, uno de' nostri cittadini di bontà et d'ingegno prestante, ocioso et, credo, per rifrigerare l'animo del tedio della città, cavalcando per le ville a noi vicine, pigliava spasso. Noi, sperando della presentia di tale huomo non mediocre guadagno et cercando d'essere facti da la sua prudentia più docti, il pregamo che si fermasse con noi. Lo impetrare non fu dificile, dove i pari costumi degli onesti exercitii la magiore parte degli animi congiugnevano. Giunti a casa, noi lui di quello si faceva a Firenze, et egli noi a che in villa atendavano domandando, debito tempo passamo con varii ragionamenti; di poi, posti a desinare, più tosto di necessario nutrimento che d'aparato o di dilicate vivande l'onoramo. Sobvenuto al corpo et sparechiato la mensa, AGNOLO cominciò:

§ 6-16. – Molto magiore dilecto cavate voi coi vostri studii di questo contadinesco otio che non fanno molti altri giovani cittadini, i quali, inclinati a' dilecti del corpo, con arti servili et piene di dilicata lascivia perdono loro vita. Voi, secondo ch'io intendo, di continuo dovete attendere a informare l'animo d'abito vero di compiuta virtù. Io, quanto posso, vi conforto che così seguiate, acciò che ne segua ornamento ad voi, utile a' vostri, et, quando che sia, ne possa ricevere la patria fructo.

FRANCO. – Tu ci atribuisci troppo et lodici di tanto quanto noi conosciamo non essere in noi, ma fai come amico, et l'amore ci ti monstra più degni. Noi siamo qui giovani soli, sanza maestro, et spesso imaginiamo cose che sarebbono utilissime al nostro vivere. Poi, pensando a quelle, le nostre forze non sono tali che noi sappiamo in tutto affermare che magiormente ne' civili costumi si convenga, et parci più tosto che per approvata consuetudine de' buoni che per propia natura s'appruovino;

décidèrent de venir avec moi dans le Mugello[5] : c'était, de toute la campagne environnante[6], le lieu le plus proche et le plus sain où, en ces temps-là, à cause de l'épidémie maligne, nombre de dignes citoyens se réfugiaient volontiers, en raison de sa proximité avec la ville. À quelque temps de là, Agnolo Pandolfini, un de nos concitoyens remarquable par ses qualités et par son intelligence, étant de loisir et, je crois, pour délasser son esprit de l'atmosphère accablante de la cité, se récréait en parcourant à cheval les hameaux voisins du nôtre. Espérant tirer un profit non négligeable de la présence d'un tel homme et cherchant à nous rendre plus doctes grâce à sa prudence, nous le priâmes de faire halte chez nous. Notre requête fut acceptée sans difficulté, car les mêmes habitudes d'honnêtes occupations unissaient la plupart des esprits. Arrivés à la maison, le questionnant sur ce qui se faisait à Florence et lui nous questionnant sur nos occupations dans cette campagne, nous passâmes une partie du temps en divers propos ; puis, nous étant installés pour dîner, nous l'honorâmes d'une table frugale sans apparat ni mets délicats. Le corps sustenté et la table débarrassée, AGNOLO commença :

§ 6-16. – Vous tirez de vos études bien plus de plaisir en cette rustique retraite que beaucoup d'autres jeunes gens de la ville, lesquels, enclins aux plaisirs du corps, perdent leur vie en des métiers serviles, pleins de délicates voluptés[7]. Vous autres, d'après ce que je comprends, devez tendre sans cesse à donner à votre esprit la forme d'un véritable habitus de vertu accomplie. Je vous encourage, moi, autant que possible, à poursuivre ainsi, afin qu'il en résulte pour vous ornement, pour les vôtres profit, et que votre patrie, un jour, puisse en recueillir le fruit.

FRANCO. – Tu nous prêtes trop de qualités et tu nous loues pour celles, nous le savons, qui nous font défaut, mais tu agis en ami, et ton amitié nous rend plus dignes à tes yeux. Nous sommes ici, jeunes, seuls, sans maître, et souvent nous imaginons des choses qui nous seraient fort utiles pour vivre. Puis, si l'on pense à ces choses, nos forces sont insuffisantes pour nous permettre pleinement d'affirmer ce qui est le plus convenable dans les mœurs civiles, et il nous semble que c'est l'usage des gens de bien, usage consacré, plutôt que leur nature propre, qui les rend approuvables :

---

5    Vallée au nord-est de Florence, berceau de la famille Médicis.
6    *contado* : extension de l'espace rural autour de la cité, sur lequel celle-ci exerce sa domination politique. Traduction possible : « le plat pays ».
7    *Cf.* CIC., *Off.*, I, XLII, 150, qui parle de métiers au service des plaisirs des sens.

per questo io conchiuggo noi poco potere, ma bene mi pare conoscere che ragionare di bene vivere sarebbe utile et degno se fusse narrato da te.

AGNOLO. – Io potrei poco narrare cose nuove a chi molto legge, però che il molto leggere insegna bene vivere quando la discretione naturale non ha difecto. El vivere bene è il sommo grado dell'opere humane, né può alcuno bene vivere se non rafrena le passioni dell'animo suo: la qual cosa malagevolemente può fare chi vive sanza admaestramenti d'approvati auctori. Voi che continuo siate costumatamente vivuti et avete exercitato l'animo in ogni approvato admaestramento di bene et honestamente vivere, certo potrete dire essere bene vivuti quando, con virtù exercitate le publice degnità che v'aspettono, vi sarete nella età che io al presente mi truovo coi vostri honesti costumi condocti.

LUIGI. – Prudentemente ci lodi secondo la sententia di quegli che appruovono crescere la lodata virtù, et le cose, benché sieno degne, anullarsi dove non sono approvate; ma l'amore certo ci ti fa più cari, et conosciamo che nostro leggere non merita tanto da te che sai la virtù sta nell'opera.

AGNOLO. – Io non credo che il leggere vi faccia meglio vivere, né anche più virtuosi, però che il fine d'ogni bene è non quello intendere, ma secondo quello operare; et quanto più sa, tanto è peggiore chi segue gli appetiti non ragionevoli. Vero è che Idio ha seminato uno lume in tutti gl'ingegni humani, il quale chi accresce et non lo lascia da i vitii spegnere, sanza altra externa disciplina sufficiente è a bene et beatamente vivere. –

LUIGI. – E' mi pare, Agnolo, che tu entri in ragionamenti che richiederebbono altri uditori; né io gli potrei portare, al presente. Ben vego che sarebbono giocondi et etiandio bene utili a ordinare la vita de' giovani, se tu gli menassi per via che conoscessino i gradi de' mutati passi. –

j'en conclus donc que nous pouvons bien peu, mais je crois savoir qu'un discours sur le moyen de bien vivre, fait par toi, serait utile et digne.

AGNOLO. – Je ne pourrais dire grand-chose de nouveau à des gens qui lisent beaucoup, car lire beaucoup enseigne à bien vivre, si le discernement naturel est sans défaut. Bien vivre est le degré le plus haut des activités humaines, et nul ne peut bien vivre s'il ne réfrène les passions de son esprit, chose qu'il lui sera malaisé de faire s'il vit privé des enseignements des auteurs approuvés. Vous, qui avez toujours vécu selon les bonnes mœurs et exercé votre esprit dans tous les enseignements approuvés sur le moyen de bien vivre et vivre honnêtement, vous pourrez dire avec certitude que vous aurez bien vécu lorsque, après avoir exercé avec vertu les dignités publiques qui vous attendent, vous serez parvenus, par l'honnêteté de vos mœurs, à l'âge que j'ai.

LUIGI. – Tu nous loues prudemment, suivant l'avis de ceux pour qui l'éloge augmente la vertu, et pour qui les choses, quoique dignes, s'annulent si elles ne sont pas approuvées ; mais ton amitié nous rend certainement plus chers à tes yeux, et nous connaissons le peu de mérite de nos lectures pour toi qui sais que la vertu réside dans l'action[8].

AGNOLO. – Je ne crois pas que lire vous fasse vivre mieux, ni vous rende plus vertueux, car le but de tout bien n'est pas d'avoir la compréhension de ce bien, mais d'agir selon celui-ci ; et plus on en sait, plus c'est être mauvais que de suivre ses appétits déraisonnables. Dieu, il est vrai, a semé[9] dans toutes les intelligences humaines une lumière : ceux qui la font croître et ne laissent pas les vices l'éteindre, sans l'aide d'aucune discipline extérieure, en ont assez pour bien vivre, et vivre heureusement.

LUIGI. – Agnolo, tu entres, me semble-t-il, dans des propos qui demanderaient d'autres auditeurs, et moi-même, pour l'heure, je ne pourrais les soutenir. Ils seraient agréables, je le vois bien, et même très utiles pour ordonner la vie des jeunes gens, si tu amenais ceux-ci par une voie où ils puissent connaître les degrés par où il leur faut avancer.

---

8    *Ibid.*, I, VI, 18 : « *Virtutis enim laus omnis in actione consistit* ».
9    Il y a peut-être ici un souvenir du « *semen Verbi* » dont parle saint Justin dans sa seconde *Apologie* (XIII, 5).

AGNOLO. – La via certo ci è sì chiara che la troppa luce l'aombra, et è sì lunga che al presente vi sare' molesto cercalla, ma eleggerete il tempo che sia meno sconcio a voi: et io, seguendo in questo la natura de' vechi, che sono larghi predicatori di quello che per tutta la vita hanno di detti et di facti racolto, vi dimonsterrò quello che per tutta l'età si richiede all'honesto vivere di ciascuno cittadino virtuoso, secondo gli approvati amaestramenti degli antichi sapientissimi padri nostri. –

FRANCO. – Troppa gratia m'è questa et simile credo qui al nostro Luigi, vederti disposto a quello di che pregarti solo la riverentia m'impediva. Io ho sempre udito essere più sicuro non potere perdere il bene che non l'avere nel pericolo perduto. Per questo io ti priego che, se si può fare con tuo commodo, tu seguiti come ora dicesti, sì che tu contenti noi et te liberi della liberalmente a noi facta promessa. Noi abbiamo mangiato: el luogo è agiato et rimoto, il dì è grandissimo, le faccende sono rimase a Firenze, tu ci hai detto non usi dormire il dì, onde io non so che meglio noi ci potessimo fare non altro faccendo.

LUIGI. – Io confermo il dire di Franco. –

§ 17-23. AGNOLO. – Onde e' si venga io non so, ma le cose grandi assai meglio si dicono a molti che a pochi, et però chiamate questi vostri giovanetti di casa, ché l'udire anche a·lloro sarà utile et io dirò più volentieri –. Allora noi chiamamo certi nostri nipoti et altri che erano con loro et, tutti ragunati, Agnolo fe' segno di volere dire, ma uno di quegli giovanetti prevenne et disse: – Padre, poiché voi ci avete chiamati, dite cose che noi v'intendiamo anche noi. –

AGNOLO. – Dio ti benedica che hai sì bene ricordato. Io v'imprometto che io m'ingegnerò parlare in modo che voi m'intenderete tutti et imparerete a essere buoni se voi sarete diligenti a udire; et se pure alle volti io dicessi cose da questi grandi, arete patientia et io ritornerò presto a voi.

## LA VIE CIVILE – LIVRE I

AGNOLO. – La voie nous est si claire que trop de lumière l'obscurcit et elle est si longue qu'il vous serait pour l'heure pénible de la chercher[10], mais vous choisirez le temps le moins incommode pour vous : et alors, moi, suivant en cela la nature des vieillards qui prêchent généreusement les paroles et les actes qu'ils ont recueillis durant toute leur vie, je vous montrerai[11] ce qu'à tout âge on exige de la vie honnête d'un citoyen vertueux, selon les enseignements approuvés de nos anciens[12] et pères très savants. –

FRANCO. – Tu me fais trop de grâce, et aussi, je crois, à notre Luigi ici présent, en te montrant disposé à nous accorder ce que le respect seul m'empêchait de te demander. J'ai toujours ouï dire qu'il y a plus de sûreté à ne pouvoir perdre[13] son bien qu'à risquer sa perte. Je te prie donc, si cela ne t'incommode pas, de faire ce que tu viens de dire : nous contenter et te libérer de la promesse que tu nous as généreusement faite. Nous avons mangé : l'endroit est confortable et isolé, le jour est bien avancé[14], les affaires sont restées à Florence, tu n'avais pas pour habitude, nous as-tu dit, de dormir pendant la journée, et je ne vois donc pas ce que nous pourrions faire de mieux.

LUIGI. – Je suis d'accord avec Franco.

§ 17-23. AGNOLO. – Je ne sais d'où cela vient, mais les choses importantes se disent beaucoup mieux à un grand nombre plutôt qu'à un petit nombre de personnes : appelez donc ces jeunes enfants de votre maison, eux aussi auront profit à écouter, et je parlerai plus volontiers.

Alors, nous appelâmes des neveux à nous et leurs compagnons, et, une fois tous réunis, Agnolo fit signe qu'il voulait parler, mais un de ces jeunes gens le prévint, et dit : – Père, puisque vous nous avez fait appeler, dites-nous des choses que nous puissions comprendre nous aussi.

AGNOLO. – Dieu te bénisse d'avoir fait ce rappel à point nommé. Je vous promets que je m'efforcerai de parler de manière à me faire comprendre de vous tous et à vous apprendre à devenir bons, si vous écoutez attentivement ; et si, toutefois, il m'arrive de dire des choses réservées à ces plus grands, soyez patients, et je reviendrai vite à vous.

---

10  *cercalla* : « *cercarla* ». Assimilation fréquente dans le texte : *occultalle, conferille, imparalle*, etc.
11  *dimonsterrò* : forme florentine ancienne, encore résistante au XVᵉ siècle dans des textes de type cultivé aussi bien que populaire.
12  *antichi* […] *padri nostri* : l'expression laisse entendre la filiation assumée dans le rapport avec les Anciens et la reconnaissance de leur autorité.
13  *potere perdere* : infinitif modal qui est exprimé ailleurs par *dovere* et *volere*.
14  *il dì è grandissimo* : calqué sur le latin *multo die*.

Tutti risposono: – Noi siamo contenti. – Allora cominciò Agnolo: – Franco et tu, Luigi, di tutte le cose umane niuna se ne truova dagl'huomini magiormente disiderata che il bene vivere; ma perché la vita è confusa infra molti fallaci oppenioni et è obscurata da varie tenebre, pochissimi sono che non errino. Contro a questo errore, prima da Dio, poi da quella philosophia che ministra i costumi et le virtù agl'uomini, s'adomanda favore. Questa, non piccola cosa promette a' suoi seguaci, ma la magiore et più prestante di tutte, cioè fare gl'uomini beati se eglino stessi non s'abandonono. In tractare i precepti di quella, varie considerationi sono state ne' sommi ingegni, onde per molte vie hanno dato doctrina di bene et virtuosamente vivere; le quali tutte più tosto sono atte a amaestrare chi già avesse imparato che a conducere chi fusse rozo, però che altri ne sono che hanno parlato in parabole, altri sotto velami poetici, altri hanno tessute prolungate historie et altri con precepti probabili et vere ragioni hanno dimostrato quello che magiormente in e costumi si convenga. Io, intendendo parlare per fructo di voi giovani, mi sono pensato pigliare una via che certo vi fia gratissima, et fia sì chiara che agevolemente per ciascuno se ne potrà cavare optimo fructo. Attendete adunque et ritenete negli animi vostri che il nostro parlare sarà tutto in dimonstrare quali debbono essere i costumi et le virtù d'uno optimo cittadino per tutta la vita mortale; et per non confondere nostro dire, acciò che quanto è possibile chiaramente possiate intendere, seguireno l'ordine manifestissimo della natura: piglieremo un fanciullino nuovamente nato et conducerenlo infino in vechieza et termine di sua età, narrando quello che si confà a ciascuno virtuoso per ciascuna età, in qualunche grado o degnità si trovasse.

LA VIE CIVILE – LIVRE I 49

Tous répondirent : – Cela nous va. Alors, Agnolo commença : – Franco et toi, Luigi, sachez que de toutes les choses humaines, il ne s'en trouve aucune plus ardemment désirée par les hommes que de bien vivre ; mais, parce que la vie est brouillée par maintes fausses opinions[15] et obscurcie par diverses ténèbres, il en est bien peu qui ne se trompent. Contre cette erreur, on demande d'abord la faveur de Dieu, puis celle de la philosophie qui dispense aux hommes les bonnes mœurs et les vertus. Celle-ci ne promet pas de petites choses à ses adeptes, mais la plus grande et la plus éminente de toutes, à savoir de rendre les hommes heureux s'ils ne se laissent pas aller eux-mêmes. En traitant de ses préceptes, les esprits éminents ont fait diverses considérations et ont donné de la sorte, par différentes voies, une doctrine pour bien vivre, et vivre vertueusement ; toutes voies plus propres à enseigner à ceux qui ont déjà appris qu'à guider les gens encore mal dégrossis, car les uns ont parlé par paraboles, les autres sous des voiles poétiques, d'autres ont tissé de longues histoires et d'autres ont démontré, par des préceptes approuvables[16] et par de vraies raisons, ce qui convient le mieux en matière de mœurs. Quant à moi, dans l'intention de parler avec fruit pour vous, jeunes gens, j'ai pensé emprunter une voie qui vous sera assurément très agréable et sera si claire que chacun pourra en retirer aisément un excellent fruit. Soyez donc attentifs et ayez présent à l'esprit que mes paroles consisteront toutes à montrer ce que doivent être les mœurs et les vertus d'un parfait citoyen durant sa vie mortelle ; et pour ne pas rendre mon propos confus, et vous permettre de comprendre le plus clairement possible, nous suivrons[17] l'ordre de la nature, des plus évidents : nous prendrons un enfant à sa naissance et nous l'amènerons jusqu'à sa vieillesse et à la fin de sa vie, en exposant ce qui convient à tout homme vertueux à chaque âge, en quelque condition ou dignité qu'il se trouve.

---

15  *molti* […] *oppenioni* : le genre oscille entre substantif féminin et masculin.
16  *probabili* : *approvabili*.
17  *seguireno* : *seguiremo*. Forme populaire de la 1ʳᵉ personne du pluriel, non seulement au futur, mais aussi à l'indicatif présent (-ano pour -amo) : caviano, ripetiano, parliano, etc. L'accent (-àno) sert à éviter la confusion avec la 3ᵉ personne du pluriel de l'indicatif ou du subjonctif présent : abbiàno, siàno, maravigliàno, etc.

LUIGI. — E' mi piace tanto cotesta via che io non lo so dire et veggo che infino a questi fanciulli intenderanno et non credo si potesse meglio ordinare, però che noi andreno sì di grado in grado che l'avere prima imparato le cose minori ci farà forti a intendere le magiori. Segui dunque, ché noi te ne preghiamo, et mille anni ci pare d'avere udito per la promessa ci hai fatta che dicesti questa doctrina fa gl'uomini beati.

§ 24-29. AGNOLO. — Io vi veggo tutti disposti a udire et stimo per questo che agevolemente farete fructo, siché diciamo col nome di Dio. Il padre a cui sarà nato il figliuolo, innanzi a ogni altra cosa abbia di lui perfecta speranza et stimilo dovere riuscire virtuoso et degno fra gl'uomini, imperò che altrimenti superfluo sarebbe amonire et volere dare virtù a quegli che si stimassino dovere riuscire tristi, et l'animo del padre non degnerebbe afaticarsi in coloro a chi non credessi fare fructo. Per questo de' conoscere ciascuno che come la natura ha fatto gl'uccelli atti a volare, e cavriuoli a correre et le fiere a essere crudeli, così ha fatto gl'uomini disiderosi et atti a imparare et prompti a exercitare lo 'ngegno in cose sottili et degne. Onde certo si vede l'origine degli animi nostri essere data da Dio di potentia et virtù celestiale. Quando alle volti si vede huomini tardi d'ingegno, grossi et non atti a alcuna doctrina, sono stimati fuori di natura essere nati monstruosi et simili a bestie, alla miseria de' quali si debbe meritamente avere compassione. Disposto che sarà il padre a ornare la vita del figliuolo d'ogni virtuoso costume, conosca che la prima età, per sé a niuna cosa potente, ha tutta bisogno dello aiuto et governo d'altri; per questo la prima diligentia richiede essere della electione della balia. Innanzi a tutte s'apruova il lattare della propria madre, et tanto più quanto di magiore industria, più valente et nobile fusse; in tanto ch' egli è approvata sententia che·lle nobili madri le quali rifiutano il lactare de' proprii figliuoli meritino odio da quegli. La natura, perfecta productrice di tutte le cose, in el ventre di ciascuna gravida ha coadunato un sangue in vivificativa virtù a formare la creatura humana;

LUIGI. – Je ne saurais dire combien cette démarche me plaît, et je vois que même ces enfants comprendront. On ne pouvait, je crois, trouver meilleure disposition, car nous progresserons de degré en degré, de sorte qu'en ayant appris d'abord les petites choses, nous serons armés pour comprendre les plus grandes. Poursuis donc, nous t'en prions, nous mourons d'impatience de t'entendre, par la promesse que tu nous as faite, en parlant de cette science qui rend les hommes heureux.

§ 24-29. AGNOLO. – Je vous vois tout disposés à m'entendre, et je juge par là que vous en ferez aisément votre fruit. Commençons donc, au nom de Dieu. À la naissance d'un enfant, son père doit avant tout fonder sur lui les plus hautes espérances[18] et l'estimer capable de devenir vertueux et digne parmi les hommes, sinon il serait superflu de faire des observations et de vouloir donner de la vertu à ceux qu'on estimerait devenir nécessairement mauvais, et l'esprit d'un père ne daignerait pas se donner de la peine pour ceux auxquels il ne croirait pas apporter du fruit. Aussi chacun doit-il savoir que, de même que la nature a fait les oiseaux pour voler, les chevreaux pour courir et les fauves pour être cruels, de même elle a fait les hommes désireux et capables d'apprendre et prompts à exercer leur intelligence dans les choses subtiles et dignes. On voit sûrement par là qu'un don de Dieu, par puissance et vertu céleste, est à l'origine de notre esprit. Quand on voit, parfois, des hommes à l'intelligence lente, grossiers et inaptes à recevoir une doctrine, on estime qu'ils sont nés en dehors de la nature, monstrueux et pareils aux bêtes[19], et que leur misère a droit à notre compassion. Quand un père sera disposé à parer la vie de son enfant de toutes mœurs vertueuses, qu'il sache que le premier âge, impuissant par lui-même en quoi que ce soit, a entièrement besoin d'être aidé et dirigé par autrui ; le premier soin concerne donc dans le choix d'une nourrice. De préférence à celles-ci, on approuve l'allaitement maternel, et d'autant plus si la mère y met plus de soin et qu'elle est vaillante et noble, au point qu'il est une opinion admise selon laquelle les mères nobles refusant d'allaiter leurs enfants méritent leur haine. La nature, qui produit toutes choses à la perfection, a accumulé dans le ventre de chaque femme enceinte un sang d'une puissance vivifiante pour former la créature humaine ;

---

18  QUINT., *Inst. Or.*, I, I, 2.
19  *Ibid.*, I, I, 2.

et ministrato a quella infino al tempo del maturo parto, come non più necessaria in quello luogo, si diriza alle parti superiori, cioè nel petto materno, onde fuori di sé il conveniente et naturale nutrimento possa subministrare alla nata creatura, none altrimenti che drento da sé nel proprio ventre abbia facto. Di quinci nasce che ogni altro nutrimento che della propria madre è meno conformo a conservare la naturale virtù de' piccoli. Non è creduto che di quinci spesse volti advenga l'essere i figliuoli diversi da' costumi de' loro parenti, perché il contrario non ha propria pruova et non si può sapere se nutrito dalla buona madre fusse migliore; ma la similitudine di più altre cose ce ne doverrebbe rendere certissimi.

§ 30-34. La sperientia dimonstra che l'agnello della pecora bianca, nutrito dalla nera, imbrunisce et fa bigi i peli; l'agnello nutrito drieto alla capra non solo ingrossa et fa rigidi i dilicati peli, ma ancora tutto il corpo disecca et i costumi et voci piglia caprini; similemente il capretto drieto alla pecora molte similitudini pecorine effinge. Tale varietà non solo ne' vivi animali apparisce, ma ancora nelle transferite piante più chiaro si dimonstra. Non sia dunque maraviglia se spesse volte adviene che uno bene formato corpo et optimamente disposto animo da la natura paterna, per la malitia et corruptione delle balie sia depravato et disposto a essere vitioso. Molte malvagità di complessioni, irosi incendimenti di sangui, naturali malinconie, accidie, sonnolentie, spesse volti sono nelle balie: molte ne sono ebre prima che cinte, aviluppatrice dissolute d'ogni corropto costume et ripiene d'omori putridi et nocivi, le quali sanza consideratione de' temerarii padri lactano i nobili et bene nati figliuoli.

et, après avoir subvenu à celle-ci jusqu'au temps de l'accouchement, n'étant plus nécessaire en cette partie du corps, elle se dirige vers les parties supérieures, à savoir le sein maternel, d'où la mère pourra tirer la nourriture convenable et naturelle pour le nouveau-né, de la même manière qu'elle l'avait fait dans son ventre. De là vient que toute autre nourriture que celle de la mère est moins adaptée pour la conservation de la vertu naturelle des tout-petits. On ne croit pas qu'il en découle fort souvent une différence de mœurs des enfants aux parents, car on n'a pu prouver le contraire, et l'on ignore si, nourris par la bonne mère, ils seraient meilleurs, mais la comparaison avec bien d'autres choses devrait nous en donner la certitude.

§ 30-34. L'expérience montre que l'agneau de la brebis blanche, nourri par une brebis noire, devient brun et a des poils gris ; l'agneau nourri par une chèvre, non seulement grossit et ses poils délicats deviennent raides, mais tout son corps se dessèche et il prend les mœurs et le bêlement des chèvres[20] ; pareillement, le chevreau nourri par une brebis prend beaucoup de traits semblables à ceux des brebis[21]. Une telle diversité apparaît non seulement chez les vivants, mais se manifeste encore plus clairement dans les plantes transplantées. Rien d'étonnant s'il arrive très souvent qu'un corps bien formé et un esprit excellemment bien disposé par la nature du père, soit dépravé et prédisposé au vice en raison de la nature mauvaise et de la corruption des nourrices. Bien des défauts de constitution, échauffements colériques du sang, mélancolies naturelles, indolences, somnolences, se trouvent souvent chez les nourrices : nombre d'entre elles, ivres avant même de s'être habillées, goinfres dépravées par la corruption de leurs mœurs, débordant d'humeurs putrides et nocives[22], allaitent, faute d'attention de la part de pères irréfléchis, les enfants nobles et bien nés.

---

20 GELL., *Noct. Att.*, XII, I, 15.
21 *effingere* : latinisme (« reproduire »).
22 *avilupatrice* : le « buveur, et goinfre » (« *bevitore, e avvilupatore* ») de Velluti (*Cronaca*, 152) est un cloaque de nourriture ; pour leurs « humeurs putrides », voir Palmieri, *Città di Vita*, I, XXXII, 26.

Che peggio si può fare a' piccoli che porgli a petto delle tartere, saraine, barbere, o d'altra bestiale et furibonda natione, sanza riguardo di chi s'alieva? Da queste cagioni vogliono i sapientissimi medici che spesse volti sieno le tenere morti, le contagioni universali del corpo humano, et la varietà degli animi et costumi nostri da i nostri antichi. Da questo dicono gli sperti philosophi spesso seguire la diminutione del legame naturale del materno amore, però che·llo innamorato disiderio del figliuolo, il quale debbe essere unito solo nella madre, si disgiugne et dassi in parte alla balia. Quella effinge il piccolo in sé, quella chiama madre, in quella spera et da lei domanda ogni necessario subsidio della sua prima età. Quinci poi adiviene che, cresciuti, i figliuoli non hanno nella madre uno amore stretto in unione di continuata dilectione, ma più tosto per opinione ritengono certa benivolentia, nata poi furono cresciuti secondo quello è loro detto da coloro con chi conversono.

§ 35-38. Richiederebbe adunque, il debito d'ogni honorata madre, lattare il proprio figliuolo et quello sobvenire d'ogni caritativo minis-terio; agli exercitii che sono servili diputi le serve che abbiano cura della netteza et riposo di quello. Ma perché la consuetudine diversa fa che molti se ne diano per le nostre donne a balia d'altri, si richiede dirvi quali sieno quelle che sono preposte. El primo riguardo è ch'elle sieno bene costumate, oltre a questo ch'elle sieno bene sane, delle quali cose la prima riguarda la salute dell'animo et l'ornamento della vita, la seconda la sanctà et gagliardia del corpo. El lacte sia copioso, et nuovo, l'età giovanile, il marito di lungi, gl'exercitii non faticosi,

# LA VIE CIVILE – LIVRE I

Que peut-on faire de pire aux tout-petits que de les confier au sein de nourrices tartares, sarrasines[23], barbares, ou d'autres nations bestiales et furieuses, sans égard pour ceux qu'on élève[24] ? Les médecins très savants attribuent à ces causes les fréquentes morts en bas-âge, toutes les infections du corps humain, et la différence qu'il y a entre nos esprits et nos mœurs et ceux de nos anciens. De cela s'ensuit souvent, affirment les philosophes experts, l'affaiblissement du lien naturel de l'amour maternel, car le désir d'amour de l'enfant, lequel ne doit être uni qu'à sa mère, se défait et se reporte en partie sur la nourrice. C'est elle que le petit se représente, elle qu'il appelle mère, en elle qu'il espère et à elle qu'il demande tout le soutien nécessaire à son premier âge. De là vient qu'une fois grands, les enfants n'éprouvent pas envers leur mère ce lien d'amour que resserre une continuelle dilection, mais leur conservent, par pure raison, une certaine bienveillance, née après qu'ils ont grandi, selon ce que leur en disent les personnes qu'ils fréquentent[25].

§ 35-38. Le devoir de toute mère honorable exigerait donc qu'elle allaite son enfant et qu'elle lui fournisse tout service charitable ; qu'elle délègue les tâches serviles aux servantes pour qu'elles s'occupent de la propreté et du repos de l'enfant. Mais, comme nos femmes ont, au contraire, l'habitude de confier leurs enfants à des nourrices, il faut vous dire lesquelles on doit préférer. Il faut d'abord veiller à ce qu'elles soient bien morigénées et, en plus de cela, bien saines, la première qualité relevant d'un esprit sain et d'une bonne moralité[26], la seconde de la santé et de la vigueur du corps. Que leur lait soit abondant et nouveau[27], qu'elles soient jeunes, éloignées de leur mari, sans tâches pénibles à accomplir,

---

23    *saraine* : « *saracine* » (ant. « *saracino* »).

24    La mise en garde contre l'emploi de nourrices étrangères provient d'Aulu-Gelle (*cf.* note 35, *supra*), mais Palmieri, en traduisant *externae et barbarae nationis* chez cet auteur, se souvient des « *barbare* » et « *saracine* » de Dante (*Purgatorio*, XXIII, v. 103). L. B. Alberti, à partir de la même source (Aulu-Gelle) reprend l'accusation d'ivrognerie à l'encontre des nourrices : « Il faut […] chercher une bonne nourrice […] et mettre toute son attention et ses soins à ce qu'elle soit […] sans ces vices et ces tares qui infectent et corrompent le lait et le sang » (*cf.* L.B. Alberti, *I libri della famiglia*, nuova edizione a c. di F. Furlan, Torino, Einaudi, 1994, lib. I, p. 41).

25    « Il faut d'abord… » : QUINT., *Inst. Or.*, I, ɪ, 1.

26    *ornamento* : désigne ici une qualité qui doit être interprétée en fonction du contexte immédiat (« bien morigénées »).

27    Voir ce qu'écrira encore au XVIIIᵉ siècle, Rousseau, dans l'*Émile*, à propos du lait, de son « âge » et de sa qualité : « Le nouveau lait est tout à fait séreux, il doit presque être apéritif… » (*Émile, ou de l'éducation*, Aux Deux-Ponts, Sanson et Compagnie, 1782, tome 1, p. 41)

né etiandio pigra, sanza passioni et d'habito allegra; ami il fanciullo et desideri averne loda; none scilingui né parli mozo, acciò che il fanciullo non s'avezi a parlare che, poi sarà cresciuto, gli sia fatica lasciarlo –.

FRANCO. – E' ci pare che della nutrice del fanciullo tu abbia pienamente detto. Ora, poi noi veggiamo tu vuoi dire ogni cosa, ci sarà carissimo udire se dal ventre materno si può prestare alcuno favore al fanciullo –.

§ 39-42. AGNOLO. – Io intendeva dire quale fussi l'optima vita civile intendendo cominciare il vivere il dì che l'huomo è dato al mondo; et dicendo d'alcuna cosa prima, dubitava che non mi fusse detto: « Fatti bene dalla lungi o vuoi dal geminato uovo ». Ora, sendo mosso da voi, io correrò alcune cose, bene che poco le stimi necessarie al ragionamento nostro. Molti amaestramenti danno i medici a disporre una donna non atta alla generatione, i quali riferire in tutto sare' fuori di nostra intentione, ma il ragionare dal dì della conceptione forse sarà tollerabile. La donna adunque che appetisce avere figliuoli (tutte certo il debbono fare), giaciuta che fia col marito, si de' guardare dallo starnutire, acciò che il seme nuovamente mandato none schizzi, inanzi s'alluoghi nel seno materno. E phisici appruovono lo starnuto et ogni disordinato movimento di corpo fare spesso lasciare il già ritenuto seme inanzi la donna il presenta. Se la materia natale s'apicca, vogliono che il decimo dì ne dia segno alle gravide, le quali, secondo loro complessioni, cominciono a sostenere varii difetti come poco riposo di capo, bagliori d'ochi, satietà di stomaco fastidito, et vomiti di varii omori. El seme prima forma di sé tre collegati ventricoli:

sans paresse, sans passions et de caractère gai ; qu'elles aiment l'enfant et désirent en avoir louange ; qu'elles ne balbutient[28] ni ne coupent les mots, afin que l'enfant n'acquière des habitudes de langage dont il aura, en grandissant, de la peine à se corriger.

FRANCO. – Sur la nourrice, tu as, nous semble-t-il, pleinement discouru. À présent, puisque nous voyons que tu veux parler de tout, nous aimerions beaucoup savoir si l'enfant peut recevoir quelque faveur du ventre maternel.

§ 39-42. AGNOLO : J'entendais parler de ce qu'est la vie civile la meilleure, et prendre pour commencement de cette vie le jour où l'homme est donné au monde ; je craignais, en parlant de ce qui précède ce jour, qu'on ne me réponde : « Va plus loin, et passe outre la question de l'embryon. » Or, vous m'y poussez, et je vais en dire brièvement quelque chose, bien que cela soit, selon moi, peu nécessaire à notre propos. Les médecins donnent plusieurs instructions pour disposer une femme inapte à la procréation, qu'il serait hors de mon intention de vous rapporter entièrement : mais on peut peut-être commencer notre propos par le jour de la conception. Donc, la femme qui désire avoir des enfants (toutes certainement doivent le désirer), après avoir couché avec son mari, doit se garder d'éternuer, pour que le sperme[29] qui vient d'être envoyé ne s'échappe pas avant de se loger dans l'utérus de la mère. Les physiciens[30] tiennent pour chose prouvée que l'éternuement et tout mouvement désordonné du corps font souvent glisser le sperme qui a déjà été retenu, avant que la femme n'en ait conscience. Si la matière conceptive adhère, ils affirment qu'au dixième jour les femmes se savent enceintes, et que, selon leur complexion, elles commencent à ressentir divers malaises, tels que maux de tête, éblouissements, nausées, et vomissements de diverses humeurs. La semence forme d'abord d'elle-même trois ventricules :

---

28  *scilingui* : B. Varchi, dans *L'Ercolano*, donne la signification suivante au verbe *scilinguare* : « Di coloro che per vizio naturale o accidentale non possono profferire la lettera *r*... si dice non solamente *balbotire* o *balbutire*, come i latini, ma *balbettare* ancora, e talvolta, *balbezzare*... : e il verbo di questo e altri difetti è *scilinguare*. » Il y a donc pour Varchi, à l'origine, une difficulté articulatoire à prononcer le phonème *r*. Le choix de « balbutier » est un moindre mal.

29  *seme* : lat. *semen*. « *Semen dicitur sperma humanum* », E. Forcellini, *Totius latinitas lexicon*, 1871, tome 5, art. *Semen*, p. 427.

30  Ceux dont l'étude embrasse les sciences de la nature.

quello ch'è nel mezo de' tre produce il cuore colle parti vicine; questo dicono inanzi a tutta l'altra carne cominciare a crescere et infino in dì sessantacinque sopracrescere asai magiore che non è sua debita forma; di poi, già compreso dalle spinole dell'ossa et da i complessionabili pannicoli, cominciare a scemare et ritornare a modo debito. In questo tempo, se la creatura piglia forma masculina, ritiene la gravida colore migliore; la grosseza gli dà meno molestia, et prima comincia a avere moto vivo. La femina più tardi dà moto vivace, la madre fa palida, indebolisce le gambe, falla tarda et dàlle peggiore groseza.

§ 43-47. In ciascuno la generatione de' capelli dà più passione alla madre, et quanto la luna è più piena, tanto debbe essere la grosseza peggiore. Le voglie delle madri alle volti maculono i corpi de' loro figliuoli, et certi cibi troppo continuo usati nuocono: come si dice nascere coll'ugne sceme quegli di cui le madri hanno mangiato cose molto salate. E parti poi sono varii et molti, ma a noi poco tractato ne basta. Naturale è nascere col capo inanzi et sviluppato d'ogni panniculo: altri nascono vestiti, onde Lesbia terentiana comanda che si lavi il figliuolo di Glicerio, nuovamente nato. Contro a natura è nascere pe' piedi, et sventurati si dice vivono, non obstante la virtù di solo uno, Marco Agrippa, il quale dopo simile nascimento visse degnissimo. Altri nascono morta la madre, exenterato il ventre; questi si dicono avere buona ventura come di Scipione Affricano et Cesare Augusto, i quali, nati tagliato il ventre materno, l'uno vinse Affrica et l'altro ebbe lo 'mperio del mondo. In nelle femine si dice essere fortunato segno nascere colla natura coniunta, secondo l'exemplo di Cornelia, madre de' Gracchi, la doctrina et virtù della quale è notissima –.

FRANCO. – Ordinatamente certo ci hai sodisfatto; et abiamo veduto nascere il fanciullo al quale ci avevi già insegnato scegliere la balia, sì che segui, ché l'udire ci è carissimo.

celui du milieu produit le cœur avec ses parties proches ; celui-ci, disent-ils, commence à croître avant tout le reste de la chair, et, jusqu'à soixante-cinq jours, plus que sa taille normale, puis, comprimé par les formations osseuses et par les membranes élastiques, il commence à diminuer et à revenir à sa taille normale. Entre-temps, si la créature prend forme masculine, la femme enceinte garde de plus belles couleurs ; la grossesse lui donne moins de gêne et la créature donne plus de vivacité dans ses mouvements. La femelle manifeste cette vivacité plus tard, donne de la pâleur à la mère, affaiblit ses jambes, la ralentit et provoque une grossesse plus difficile.

§ 43-47. Chez tous, la naissance des cheveux fait davantage souffrir la mère et, avec la pleine lune, la grossesse sera plus difficile. Les envies des mères causent parfois des taches sur les corps de leurs enfants, et certains aliments, consommés trop fréquemment, nuisent : on dit ainsi que les enfants dont les mères ont mangé trop salé naissent avec des ongles mal développés[31]. Les accouchements sont différents et de plusieurs sortes, mais un court exposé nous suffit. Il est naturel de naître la tête la première et sans placenta : certains en naissent revêtus, et c'est pourquoi Lesbie, chez Térence, ordonne qu'on lave le fils de Glycère, à peine né[32]. Il est contraire à la nature de naître les pieds devant, et l'on dit que ces enfants vivent malheureux, bien que Marcus Agrippa, né ainsi, par sa vertu ait vécu ensuite très dignement. D'autres naissent après la mort de leur mère, dont on a ouvert le ventre[33] ; on dit que ceux-là ont une bonne destinée, comme Scipion l'Africain et César Auguste, nés par l'incision du ventre maternel, et dont le premier conquit l'Afrique et l'autre domina le monde[34]. Chez les femmes, on dit que c'est un signe de bonne fortune que de naître multipare, à l'exemple de Cornélie, mère des Gracques, dont la science et la vertu sont notoires.

FRANCO. – En procédant avec ordre, assurément tu nous as satisfaits, et nous avons vu naître l'enfant dont tu nous avais déjà appris comment choisir la nourrice : continue donc, car nous avons grand plaisir à t'entendre.

---

31 « Si la matière conceptive… » : PLIN., *Naturalis historia*, VII, v, 1-2.
32 TER., *And.*, III, sc. 2, v. 483 : « *Nunc primum fac ista ut lavet* ».
33 *exenterato* : lat. *exenterare* (« vider de ses intestins »)
34 PLIN., *Naturalis historia*, VII, VI, 1 et VII, 1, pour ces trois exemples.

## VITA CIVILE – [LIBRO PRIMO]

§ 48-50. AGNOLO. – Uscito il fanciullo del governo della balia comincerà a essere atto a exprimere ogni voce et potrassi portare co' suoi proprii piedi. In questa prima fanciulleza disidera con scherzi iocolare coi sua simili, adirasi et ride levissimamente et molte volti per ora si muta. Il padre allora abbia riguardo che i fanciulli coi quali egli usa sieno bene costumati d'atti et di lingua, disideri inanzi i buoni costumi che i vezi et dilicato vivere, però che le morbide dilicateze spesse volti gli guastono et, cresciuti, disiderano le medesime delitie in che si sono allevati da piccoli. Ragionevole è che ogni ornamento sia desiderato et cerco da i grandi che, piccoli, furono allevati nelle porpore et splendidi vestimenti. Mala gola s'aperechia a colui che appena favella che già sa domandare il cocco e il confetto, et inanzi s'aveza al palato che a' costumi. Pessima lingua doverrà avere quello i parenti del quale si ralegrano se egli dice alcuna cosa disonesta o brutta, et parole da punire ne' dissoluti ribaldi con risi et baci consentiamo a' proprii figliuoli.

§ 51. Che vituperio è egli vedere aconciare al fanciullo il dito grosso fra le dua più presso et insegnargliele monstrare alla propria madre. Poi, dopo tanti vitii da i miseri figliuoli imparati prima che conosciuti, ci maravigliàno che eglino rieschino tristi. Ma da noi certo gl'imparono, da noi gli hanno veduti et uditi, che niuno riguardo facciàno in loro presentia parlare de' nostri vitii, delle nostre amiche et de' nostri golosi conviti i ne quali spesso lascive canzoni d'amore, sfacciate novelle, et cose a dire non che a fare disoneste odono et veggono!

## LA VIE CIVILE – LIVRE I

§ 48-50. AGNOLO. – Une fois sorti du gouvernement de sa nourrice, l'enfant commencera à être capable d'exprimer tous les mots et pourra se tenir sur ses jambes. En cette première enfance, il désire jouer et s'ébattre avec ceux de son âge, il se met en colère et rit pour un rien, et change bien souvent d'humeur en une heure. Le père alors doit veiller à ce que les enfants que fréquente son fils aient des gestes et un langage bien châtiés, et doit préférer les bonnes mœurs aux caresses et à une vie délicate, car les tendres délicatesses bien souvent les gâtent et, une fois grands, ils désirent les mêmes douceurs dans lesquelles on les a élevés petits. Quand ils ont été élevés petits dans la pourpre et les vêtements somptueux, il est raisonnable qu'une fois grands, ils désirent et recherchent des parures[35] de toutes sortes. On prépare à de détestables gourmandises l'enfant qui, dès qu'il sait parler, sait déjà demander[36] le coco[37] et les friandises, et s'habitue plus vite à son palais qu'aux bonnes mœurs. Il aura mauvais langage, l'enfant dont les parents s'amusent à l'entendre dire des paroles déshonnêtes ou laides, et des mots qu'on punirait chez les ribauds dépravés et que nous acceptons de nos enfants avec des rires et des baisers[38].

§ 51. Quelle honte de voir l'enfant mettre son pouce entre l'index et le majeur[39] et de lui apprendre à faire la figue à sa mère ! Et ensuite, après tant de vices que les malheureux enfants ont appris avant même de les connaître, nous nous étonnons qu'ils deviennent de mauvais sujets ! Mais c'est de nous, certainement, qu'ils les apprennent, auprès de nous qu'ils les ont vus et entendus, de nous qui n'avons aucun égard à parler en leur présence de nos vices, de nos amantes et de nos festins de goinfres où, souvent, ils entendent des chansons d'amour lascives, des récits à faire rougir, et voient des choses aussi déshonnêtes à dire qu'à faire[40] !

---

35 « les tendres délicatesses… » : QUINT., *Inst. Or.*, I, II, 6.

36 *che già sa domandare* : l'emploi pléonastique du *che* est courant, mais il conserve ici la valeur d'un relatif, résultat d'une contamination entre « *colui che* » et « *appena che* ».

37 *cocco* : Quintilien emploie *coccum* au sens d'étoffe teinte de pourpre, mais ici le mot peut signifier « œuf » dans le langage des enfants, ou peut-être « fruit », par référence à la couleur rouge.

38 « Il aura mauvais… » : QUINT., *Inst. Or.*, I, II, 7.

39 Geste obscène : voir l'italien *far la fica* (ou *le fiche*), le mot désignant l'organe génital féminin (faire la figue). Dante l'utilise dans *Inferno*, XXV, v. 2.

40 « Mais c'est de nous… » : QUINT., *ibid.*, I, II, 8.

VITA CIVILE – [LIBRO PRIMO]

§ 52-55. Di così fatte cose fanno consuetudine, poi natura sanza faccia, dissoluta in ogni tristitia. Per fugire et torre via i vitii del figliuolo, debbe essere cauto ogni padre in riguardare che da sua famiglia non s'oda né vegga di lui se none approvati exempli. Sempre in casa si ragioni di cose buone et honeste, et infino alle favole delle donne sieno ammonimenti d'onesto vivere: con quelle s'impaurischino dal male et dispongansi a amare le cose buone, come dire l'orco essere in inferno piloso et cornuto per pigliare i tristi, et i buoni fanciulli andare in paradiso ballando con gli agnoli, et simili cose utili a informare bene la tenera età. Così a poco a poco, crescendo, il fanciullo comincerà a uscire del seno domestico; lo ingegno arà atto a imparare, la memoria tenace delle cose insegnate, et fia nel tempo da cominciare a dargli principio di doctrina. Quale sia apunto l'età da cominciare a insegnare al fanciullo non è unitamente difinito. Alcuni sono che dicono le nature essere varie et secondo quelle dovere dare varii principii; altri vogliono inanzi a sette anni nonn-essere i fanciulli atti a eruditione: questi sono detti none avere riguardo all'utilità di chi impara, ma più tosto torre la fatica et tedio di chi insegna.

§ 56-60. Per questo s'aferma essere meglio non lasciare passare alcuno tempo in el quale non si dia almeno qualche similitudine di doctrina, et infino ne' primi anni, i quali s'atribuiscono al governo della balia, essere utile dare a' piccoli qualche informatione di lettere. Non dicono però si gravino in modo che sia loro in odio quello che ancora non può dare loro diletto; ma per più utile consigliono che le piacevoleze et sollazi s'usa dare loro in altro, si dirizono a qualche utilità di doctrina; come colui che formava le lettere in frutte, berlingozi et altri cibi puerili; poi, incitando il fanciullo, promettea dargliele s'egli lo conoscesse, dicendogli: « Questo torto è uno S, questo tondo uno O, il mezo tondo è uno C » et simele delle altre lettere.

§ 52-55. De ces choses, ils prennent d'abord l'habitude, puis une nature effrontée et dissolue, mauvaise en tout. Pour éloigner et ôter les vices de son enfant, tout père doit être prudent et veiller à ce que dans sa famille on ne voie ni n'entende de sa part que des exemples approuvés. Qu'à la maison, on ne parle jamais que de choses bonnes et honnêtes, et que même les contes de bonnes femmes les instruisent à vivre honnêtement ; que ces contes leur fassent craindre le mal et les disposent à aimer ce qui est bien, en leur racontant qu'en enfer il y a l'ogre velu et cornu qui attrape les méchants enfants, et que les bons vont au paradis où ils dansent avec les anges, et autres fables utiles à bien former l'âge tendre. Ainsi, peu à peu, en grandissant, l'enfant commencera à quitter le giron domestique ; son intelligence deviendra apte à apprendre, sa mémoire retiendra fermement les choses apprises, et il sera temps de commencer à lui donner quelque principe de doctrine. Ce que doit être précisément l'âge où commence cet enseignement n'est pas défini de manière uniforme. Certains disent que les natures sont différentes et qu'il faut donner des principes différents en fonction de celles-ci ; d'autres disent qu'avant sept ans les enfants ne sont pas aptes à être instruits : ces gens, dit-on, sont moins soucieux d'être utiles à ceux qui apprennent que d'éviter peine et ennui à ceux qui enseignent[41].

§ 56-60. C'est pourquoi l'on affirme qu'il vaut mieux ne pas laisser passer de temps sans leur donner au moins un semblant de doctrine, et que, dès les premières années confiées au gouvernement des nourrices, il est utile de donner aux enfants quelque formation aux lettres. Ils ne disent pas[42], cependant, de les accabler au point de leur faire détester ce qui ne peut encore leur donner du plaisir, mais ils conseillent, pour un plus grand profit, d'appliquer à quelque enseignement utile les plaisirs et les amusements qu'on a l'usage de leur donner pour d'autres choses[43], comme celui qui donnait aux lettres la forme de fruits, de gâteaux et d'autres nourritures pour les enfants ; puis, en stimulant l'enfant, promettait de les lui donner s'il les reconnaissait, en lui disant : « Ce signe tordu est un S, ce rond un O, le demi rond un C », et ainsi de suite pour les autres lettres.

---

41  « Certains disent… » : QUINT., *ibid.*, I, i, 15.
42  On attendrait « on », comme dans la phrase qui précède. Le pluriel renvoie aux « auteurs » et aux « pédagogues ».
43  « Ils ne disent pas… » : QUINT., *ibid.*, I, i, 20.

Queste primitie diceva parere poco utili, ma, computato che nella età d'anni sette avea imparato quanto dovea imparare da sette a nove, et ne' nove quanto da nove agl'undici, et così raguagliando, negli anni arebbe imparato le cose piccoli imparava le maggiori, afermava riuscirne grandissimo frutto. Pure ciascuno de' riguardare l'età ragionevole et secondo lo ingegno, la pronteza et naturali forze di chi s'alieva, provedere che quanto meno tempo si può si perda. Venuti a questa età, tutta la diligentia del padre sia in dargli buono et bene intendente maestro et, chi potesse, infino da principio il tolga optimo, però che così piace ai sommi auctori. Et Philippo, re di Macedonia, volle che Aristotile, sommo philosopho a Alexandro suo figliuolo insegnasse infino alle prime lettere dell'a b c, acciò che di quelle et poi delle silabe et parole, in quello principio, imparasse la vera et perfecta pronutiatione, la qual cosa né Philippo, intendentissimo re, are' voluto, né Aristotile, sommo philosopho, are' consentito, se none avessino conosciuto molto giovare alle cose magiori l'avere i principii da chi n'è perfectissimo tractatore.

§ 61. Quanto l'optimo maestro debbe essere stimato da' padri, soprascripto Philippo, maximo re, ce lo dimostra per la epistola la quale, sendogli nuovamente nato Alexandro, scripse a Aristotile, dove disse così: « Philippo Re salute dice a Aristotile philosopho. Sappia che m'è nato un figliuolo, il quale certo ho in questo tempo per gratia di Dio, non perché egli sia nato, ma perché è nato ne' tempi della tua vita. Io spero certo che docto et amaestrato da te fia degno di me et della successione del nostro reame ». Queste furono le lettere degne certo di virtuoso re, il quale negli exerciti et victoriose battaglie sempre se exercitava ne' liberali studii.

§ 62-63. Alexandro poi, da Aristotile facto doctissimo, essendo nello impero del mondo, diceva essere più obligato a Aristotile suo preceptore che a Philippo suo padre, però che Philippo gli aveva dato l'essere che gli era commune con tutti gl'uomini, Aristotile il virtuosamente essere, pel quale avanzava et era inanzi a tutte le cose mortali. Era sì grande la stima faceva della doctrina imparata da Aristotile che, quasi negli extremi d'Asia combattendo con Dario

LA VIE CIVILE – LIVRE I 65

Ces débuts, disait-il, paraissaient de peu d'utilité, mais, ayant calculé que l'enfant avait appris à sept ans ce qu'il aurait dû apprendre de sept à neuf ans, et à neuf ans ce qu'il eût appris de neuf à onze, et ainsi de suite ; et, en faisant ce calcul qu'à l'âge où il aurait dû apprendre les petites choses, il apprenait les choses importantes, il affirmait qu'il en résultait un grand profit. Néanmoins, chacun doit tenir compte de l'âge de raison et pourvoir, selon l'intelligence, la vivacité et les forces naturelles de celui qu'on élève, à ce qu'on perde le moins de temps possible. Parvenu à cet âge, tout le soin du père doit s'appliquer à lui donner un bon maître, fort entendu, et, s'il le peut, à en choisir un excellent, dès le début, car c'est ce qu'approuvent les plus grands auteurs. Philippe, roi de Macédoine, voulut qu'Aristote, éminent philosophe, enseignât à son fils Alexandre les premières lettres de l'alphabet afin qu'il apprît de celles-ci, puis des syllabes et des mots, dès le commencement, la vraie et parfaite prononciation, ce que ni Philippe, roi fort entendu[44], n'eût voulu, ni Aristote, excellent philosophe, n'eût accepté s'ils n'avaient su que, pour aider aux grandes choses, il faut en recevoir les principes de ceux qui en ont parfaitement traité[45].

§ 61. Combien les pères doivent tenir en estime le maître excellent, le même Philippe, ce très grand roi, nous le montre par la lettre qu'il écrivit à Aristote, à la naissance d'Alexandre, où il dit ceci : « Philippe, roi, salue Aristote, philosophe. Sache qu'un fils m'est né, qu'il m'est venu en ce moment par la grâce de Dieu, non point parce qu'il est né, mais parce qu'il est né de ton vivant. J'espère bien qu'instruit et formé par toi, il sera digne de moi et de me succéder dans notre royaume[46]. » Voilà assurément une lettre digne d'un roi vertueux qui, au milieu de ses armées et de ses combats victorieux, s'adonnait toujours aux études libérales.

§ 62-63. Par la suite, Alexandre, fort bien instruit par Aristote et devenu maître du monde, disait être plus obligé à son précepteur Aristote qu'à son père Philippe, car Philippe lui avait donné l'être, commun à tous les hommes, et Aristote l'être vertueux, grâce auquel il dépassait et surpassait toutes les choses mortelles. Son estime pour la doctrine apprise d'Aristote était si grande que, combattant contre Darius presque aux confins de l'Asie,

---

44  *intendente* : *intelligente, accorto*. *Intendente* a aussi le sens de « compétent », « entendu ».
L'ancien français disposait du substantif « entendant » (infra, IV « entendants »).
45  « Néanmoins, chacun doit tenir... » : QUINT., *ibid.*, I, i, 19-23.
46  « la lettre qu'il écrivit... » : GELL., *Noct. Att.*, IX, iii, 4-5.

et sentendo che Aristotile publicava certa sottile scientia di contemplationi naturali, infino di quegli extremi (si può dire) del mondo, essendo in grandissime cose occupato, gli scrisse che non faceva bene a publicare quella scientia che più degna che l'altre aveva imparato da lui, dicendo non sapere in che egli si potesse essere da più che gli altri se tale scientia s'acomunava a tutti, agiugnendo che più tosto voleva con doctrina essere innanzi agli altri che con exerciti o abondanti richeze.

§ 64-71. Vedete dunque chiaramente per gli exempli di sì facti huomini quanta stima era in quegli tempi facta de' preceptori et doctrine. Il perché più cautamente attendete a examinare chi sia quello che governi i costumi et lo ingegno de' vostri figliuoli. Sopra ogni cosa sieno nel maestro approvati costumi, però che giovando alla doctrina et nocendo al bene vivere sare' contro allo intendimento nostro che sempre propognamo l'honestamente vivere all'optimamente imparare. Non sia dunque il maestro vitioso et non disideri d'essere; none stia severo né troppo rigido, né anche di dissoluta piacevoleza. Spesso parli di cose buone et honeste dando precepti di buoni costumi. Non s'adiri, né anche finga non vedere i manchementi da essere corretti. Et piacevole risponda quando è domandato; spontaneamente domandi quegli che, più tardi, sanza domandare si stessono pigri. Poi, scelto tale maestro, il padre comandi a' figliuoli che quello seguitino, a quello ubididiscano, et da quello sollecitamente imparino le cose gli monstra. Admonisca il fanciullo che il maestro gli è in luogo di padre, non di corpo, ma dello animo et de' costumi. Voi fanciulli seguitate poi tale huomo; credete che ciò egli v'insegna sia approvato et utile; stimate per la sua doctrina dovere riuscire honorati fra gl'uomini; non date al maestro legge dicendo: «Insegnami questo, questo altro non voglio imparare», ma in tutto siate contenti del suo iudicio, però che ognuno giudica bene le cose conosce, et ogni uno è rozzo delle cose non ancora imparate.

et apprenant qu'Aristote rendait publique une science subtile sur les contemplations naturelles, de ces confins extrêmes du monde (peut-on dire) et bien qu'occupé par de très grandes choses, il lui écrivit qu'il avait tort de publier cette science qu'il avait apprise de lui, plus digne que toutes les autres, qu'il ne savait en quoi il pourrait surpasser les autres hommes si cette science devenait commune à tout le monde, ajoutant qu'il préférait l'emporter sur les autres par la doctrine plutôt que par les armes ou par l'abondance des richesses[47].

§ 64-71. Les exemples de tels hommes vous font donc voir clairement en quelle estime on tenait en ces temps-là les précepteurs et les doctrines. C'est pourquoi vous devez être très circonspects pour examiner celui qui gouvernera les mœurs et l'intelligence de vos enfants. Plus que tout, le maître doit être recommandable par ses mœurs, car être utile à la doctrine et nuire[48] à une bonne vie serait contraire à notre intention, nous pour qui vivre honnêtement vaut mieux qu'apprendre excellemment. Que le maître ne soit donc ni vicieux ni désireux de l'être, ni sévère ni trop rigide, ni même d'une complaisance relâchée. Qu'il parle souvent de choses bonnes et honnêtes en donnant des préceptes de bonnes mœurs. Qu'il ne se mette pas en colère, ni ne fasse semblant de ne pas voir les manquements à corriger. Qu'il réponde volontiers quand on l'interroge ; qu'il interroge spontanément ceux qui, plus lents d'esprit, resteraient paresseux si on ne les interrogeait pas[49]. Que le père, après avoir choisi un tel maître, ordonne ensuite à ses enfants de suivre ce dernier, de lui obéir, et d'apprendre avec zèle ce qu'il leur enseignera. Qu'il avertisse son fils que le maître lui tient lieu de père, non pour le corps, mais pour l'esprit et les mœurs[50]. Vous, enfants, suivez alors un tel homme ; croyez bien que ce qu'il vous enseigne est jugé bon et utile ; estimez que c'est grâce à sa doctrine que vous deviendrez honorés parmi les hommes ; ne dictez pas votre loi à votre maître en lui disant : « Enseigne-moi telle chose, telle autre je ne veux pas l'apprendre », mais en toute chose soyez pleinement contents de son jugement, car chacun juge bien de ce qu'il connaît et chacun est ignorant des choses qu'il n'a pas encore apprises.

---

47 « Son estime pour la doctrine… » : GELL., *Noct. Att.*, XX, v, 7-8.
48 *giovando* […] *nocendo* : gérondifs sujets employés à la place de l'infinitif.
49 « Que le maître ne soit… » : QUINT., *Inst. Or.*, II, ii, 5.
50 « que le maître lui tient lieu… »] : QUINT., *ibid.*, II, ix, 1.

VITA CIVILE – [LIBRO PRIMO]

Seguitate in questo il parere di Pitagora il quale a ciascuno de' discepoli veniano a sua doctrina comandava silentio di certo tempo, et almeno di dua anni, parendogli cosa necessaria molto udire, innanzi che cominciare a parlare. Così facciano i discepoli, conoscendo non essere atti a bene parlare; et molto è meglio tacere che avezarsi a parlare quello di che non s'intende però che, come per parlare poco et di cose bene examinate et intese s'acquista optimo iudicio con sermone ordinato et mirabile, così per parlare assai, come le parole vengono in bocca, s'acquista scioco et disordinato dire con poca prudentia. Consideri in sé il fanciullo quello gli è insegnato; examinilo et, se da sé lo ingegno non può, domandi il maestro et ingegnisi imparare più che alcuno altro; sforzisi raggiugnere chi gli è inanzi et, se può, avanzi lui; con gli altri scolari benignamente conversi eleggendo sempre i più approvati di costumi et d'ingegno; sia con loro allegro et lieto, non s'adiri né sdegni dell'essere emendato et coretto, ma piacevolmente risponda et ingegnisi con ragione vincere, cercando sempre sopra tutti essere meritamente lodato. In ogni doctrina è necessario concorrere la libera volontà del maestro a volere insegnare et il discepolo disideroso di volere imparare, però che il proprio uficio del maestro è insegnare et del discepolo farsi atto a essere insegnato; et come la generatione non si può fare sanza comune concorso d'amendua i generanti, così la doctrina è vana dove non concorre l'unito volere del darla et riceverla.

§ 72-74. Né sia alcuno che stimi per forza, o in altre cure occupato, acquistare stimato grado d'alcuna scientia, quando difficilmente v'agiungono quegli che, favoregiati dalla natura et in tutto dati a' liberi studii, la magiore parte di loro vita con piacere et diletto consumano in quegli. Eletto già el maestro et admonito i discepoli, seguita ch'eglino diano opera a buona doctrina. In che modo quella s'insegni non è nostro dire: però che è uficio del buono maestro già eletto da noi, et la materia è abondante et per amplissimi et molti campi latamente diffusa.

Suivez, en cela, l'avis de Pythagore qui, à chaque disciple qui venait apprendre sa doctrine, imposait le silence pendant un certain temps, deux ans au moins, car, à son avis, il était nécessaire de beaucoup écouter avant que de commencer à parler[51]. Que les disciples fassent de même, sachant qu'ils ne sont pas aptes à bien parler ; et il vaut bien mieux se taire que de prendre l'habitude de parler de ce qu'on ne comprend pas bien : car, de même qu'en parlant peu et de choses bien examinées et comprises, on acquiert un excellent jugement avec une manière de s'exprimer ordonnée et admirable, de même en parlant beaucoup, comme les mots vous viennent, on acquiert une façon de parler sotte et désordonnée, avec peu de prudence. Que l'enfant réfléchisse à ce qui lui est enseigné ; qu'il l'examine et, si son intelligence est impuissante, qu'il demande à son maître et s'efforce d'apprendre plus qu'aucun autre ; qu'il s'efforce de rattraper celui qui est devant lui et, s'il le peut, qu'il le devance ; qu'il en use avec bienveillance avec les autres élèves, en choisissant toujours les plus recommandables par les mœurs et leur caractère ; qu'il soit avec eux gai et joyeux, qu'il ne se fâche pas ni ne s'irrite d'être corrigé et repris, mais qu'il réponde plaisamment et qu'il s'efforce de vaincre avec raison, en cherchant toujours à être loué plus que les autres pour son mérite. En toute doctrine, il est nécessaire que concourent la libre volonté du maître de vouloir enseigner et le désir du disciple de vouloir apprendre, car le devoir propre au maître est d'enseigner et celui du disciple de se rendre apte à être instruit ; et de même qu'il ne peut se faire d'engendrement sans le concours commun des deux géniteurs, de même la doctrine est vaine là où il n'y a pas union des volontés, celle de la dispenser et celle de la recevoir[52].

§ 72-74. Que personne ne pense acquérir, s'il y est forcé ou si d'autres soins l'occupent, un degré estimable d'aucune science, alors qu'y parviennent difficilement ceux qui, favorisés par la nature et pleinement adonnés aux études libérales, y consument la plus grande partie de leur vie avec plaisir et délectation. Le maître, une fois choisi et les élèves mis en garde, il faut ensuite que ceux-ci se consacrent à une bonne doctrine. Ce n'est pas à nous de dire comment on enseigne celle-ci : c'est là le devoir du bon maître que nous avons déjà choisi, et la matière est abondante et largement développée dans des domaines multiples et étendus.

---

51 « Suivez en cela… » : GELL., *Noct. Att.*, I, ix, 3-4. Ces disciples soumis à l'épreuve de deux années de silence sont précisément appelés « auditeurs ».

52 « car le devoir propre… » : QUINT., *Inst. Or.*, II, ix, 3.

Il dimonstrare quello s'apartenga imparare a ogni fanciullo disposto a excellente virtù è necessario della nostra intentione. Ogni padre disideri il figliuolo non sia sanza alcuna doctrina, scientia o arte onde proceda alcuna riverente pronteza di corpo, alcuno degno exercitio d'animo o donde in alcuno modo si dia ornamento alla vita.

§ 75-77. In negli exercitii del corpo sia postposto ogni atto feminile et di poco valore, come sono qualunche giuoco si faccia a sedere, eccetto quelli che molto exercitassino lo ingegno. Sia permesso a' piccoli giuochi di palla, correre, saltare et ogni honesto moto di corpo, servando sempre alcuno termine et debito modo. In questa età molto si loda la musica, la quale con misurate prontezze dispone il corpo dando attitudini degne, et insieme exercita et nutrica lo ingegno, emenda la voce et fa la pronutia dolce, acuta, grave et sonora secondo il bisogno poi ti richiede. Per exercitare et fare prompto lo ingegno de' piccoli grandemente si loda geometria. Questa contiene dua prencipali parti: cioè l'ordine de' numeri et la diversità delle forme, la scientia delle quali molto assottigliono la industria, excrcitono l'animo, aguzono lo ingegno et fannolo atto et prompto a examinare le cose sottili. Questa scientia pare sia molto conveniente a piccolo et molto dilecta lo intelletto, onde da molti s'apruova l'anima nostra essere coniuncta al corpo con numeri secondo l'ordine delle armonie celeste.

§ 78. Di grammatica è superfluo dire, perché ogni padre debbe essere certissimo che sanza il fondamento di quella ogni doctrina che s'edifica rovina, sanza fare fructo. Questa reca seco molto magiore utilità et più singulare frutto che non si dimonstra nel primo aspetto, però che contiene in sé ogni perfectione della lingua latina, della quale chi manca, male può intendere cosa che legga. Con questa è agiunta la doctrina dello ornato parlare, in el quale a' buoni dicono essere tanto bello avanzare gli altri huomini quanto è bello agl'uomini avanzare gli animali che non parlono.

LA VIE CIVILE – LIVRE I

Notre intention est bien de montrer ce que doit apprendre tout enfant apte à une excellente vertu. Tout père doit désirer que son fils ne soit pas sans avoir quelque doctrine, science ou art qui donneront à son corps une vivacité pleine de retenue, à son esprit quelque digne exercice, ou de quoi avoir quelque moyen d'orner sa vie.

§ 75-77. Dans les exercices du corps, qu'on laisse de côté toutes les activités féminines, de peu de valeur, comme ces jeux qu'on pratique en étant assis, excepté ceux qui exerceraient beaucoup l'esprit. Qu'on permette aux petits de jouer à la balle, de courir, de sauter et tout mouvement décent du corps, en observant toujours une limite et une juste mesure. À cet âge, on loue beaucoup la musique qui, avec des mouvements vifs et mesurés, dispose le corps en lui donnant des attitudes dignes, et en même temps exerce et nourrit l'esprit, améliore la voix et rend la prononciation[53] douce, aigüe, grave et sonore, selon la nécessité requise. Pour exercer et rendre prompte l'intelligence des petits, on loue grandement la géométrie. Celle-ci contient deux parties principales : à savoir l'ordre des nombres et la diversité des formes, dont la connaissance affine l'ingéniosité, exerce l'esprit, aiguise l'intelligence et la rend apte et prompte à examiner les subtilités[54]. Cette science semble bien convenir à un petit enfant et donne beaucoup de plaisir à l'entendement : beaucoup y voient la preuve que notre âme est unie au corps par des nombres selon l'ordre des harmonies célestes.

§ 78. Il est superflu de parler de la grammaire, car tout père doit être bien assuré que sans le fondement de celle-ci, toute doctrine qu'on édifie s'écroule, sans donner de fruit. Celle-ci comporte une bien plus grande utilité et un profit plus singulier qu'elle ne le montre à première vue, car elle contient toute la perfection de la langue latine, et celui à qui elle fait défaut a de la peine à comprendre ce qu'il lit. À celle-ci, s'ajoute l'art de parler avec élégance, dans lequel, dit-on, il est aussi beau pour les bons de dépasser les autres hommes qu'il est beau pour les hommes d'être supérieurs aux animaux privés de parole[55].

---

53  *pronutia* : *pronunzia*.
54  « affine l'ingéniosité… » : QUINT., *ibid.*, I, x, 34. – Le pluriel des verbes (« assottigliono », « *exercitono* », etc.) s'explique par l'accord de proximité avec le pronom (*delle quali*).
55  « dans lequel… » : QUINT., *ibid.*, II, xvi, 17. La rhétorique, « la science du bien dire » (Quintilien, *Inst. Or.*, II, xv, 34) caractérisée ici par l'élégance de la parole (*ornato*, lat. *ornatus*).

§ 79-80. Governatrice di tutte queste et principalissima di tutte le doctrine et atti humani è poi philosophia. Questa ha due parti degnissime: la prima è posta in nella investigatione de' segreti della natura, la quale certo è parte sublime et excellente, ma alla vita nostra molto minore utilità tribuisce che non fa la parte seconda, la quale ministra i costumi et approvato vivere degl'uomini virtuosi: però che, avenga Idio che il conoscere la generatione et corruptione delle piove, grandini et neve, la cagione de' colori dell'arco celeste, de' baleni et tuoni sia cosa rilevata et splendida, et abbia in sé cognitione degnissima, nientedimeno piccolissima utilità porge di vivere.

§ 81-84. Ma questa altra parte di philosophia è tutta nostra, guida degl'huomini, maestra delle virtù, scacciatrice de' vitii, amica del bene vivere, consigliatrice de' buoni et ferma certeza di nostra vita, dalla quale none a caso come le bestie, ma con ordine diritto nel vero fine s'impara a vivere. Questa è quella secondo cui si debbono amaestrare i figliuoli. Questa debbe conducere e grandi et essere guida di tutte l'opere humane. Di questa è già stato il principio, di questa sarà il mezo et fine del nostro dire –.

LUIGI. – Io direi malagevolmente quanti diletti ci danno i ragionamenti tuoi, i quali sono tutti amaestramenti di vivere, et sì chiari et di tanto piacere c'invitano a udire; ma bene ti preghiamo che alle volti non ti sia grave dividerci l'età, acciò che più manifesto intendiamo quale modo di vivere si convenga a ciascuna –.

AGNOLO. – Le domande vostre sono tanto honeste che in niuno modo debbono essere lasciate da me che parlo per vostro commodo, siché io seguirò al presente quello si domanda da voi.

§ 85-88. La vita humana variamente si divide et, secondo modo più grosso, della età di ciascuno si fa sei parti: la prima chiamano infantia, cioè inanzi che il fanciullo parli; la seconda dicono pueritia, cioè semplice fanciulleza, et dura infino agli anni della discretione; la terza è chiamata adoloscienzia, la quale vogliono duri infino in anni ventotto che è tutto il tempo si cresce in alcuna forza corporea. Drieto a questa segue viridità, cioè tutto il tempo che le naturali forze si mantengono con buona prosperità, che dicono durare infino in anni cinquantasei.

§ 79-80. Ensuite, il y a la philosophie, qui gouverne toutes ces sciences et est la première de toutes les doctrines et actions humaines. Elle comprend deux parties très dignes : la première est placée dans la recherche des secrets de la nature, qui est certainement une partie sublime et excellente, mais apporte bien moins d'utilité à notre vie que ne le fait la seconde partie, qui est guide des mœurs et de la vie qu'on approuve chez les hommes vertueux : en effet, même si connaître la génération et l'altération des pluies, des grêles et de la neige, l'origine des couleurs de l'arc en ciel, des éclairs et des tonnerres, est une chose importante et belle, et, en soi, une connaissance très digne, néanmoins cela n'apporte qu'une bien petite utilité pour vivre.

§ 81-84. Mais cette autre partie de la philosophie nous appartient toute : elle est guide des hommes, maîtresse des vertus, expulse les vices, est amie de la bonne manière de vivre, conseillère des bons et ferme certitude de notre vie, et par elle on apprend à vivre, non point au hasard comme les bêtes, mais selon un ordre tendu vers sa vraie fin. C'est d'après celle-ci qu'on doit instruire nos enfants. Elle doit conduire les grands et être le guide de toutes les activités humaines. Nous avons commencé notre discours par elle, elle en sera le milieu et la fin.

LUIGI. – J'aurais du mal à exprimer tout le plaisir procuré par tes propos, qui sont autant d'enseignements pour vivre, et sont si clairs et si agréables qu'ils nous invitent à t'écouter ; mais nous te prions, si cela ne te pèse pas, de diviser pour nous les âges, pour que nous comprenions aisément quel mode de vie convient à chacun d'eux.

AGNOLO. – Je ne dois d'aucune façon laisser de côté des demandes aussi honnêtes, moi qui parle à votre avantage : je poursuivrai donc à présent par ce que vous me demandez.

§ 85-88. La vie humaine se divise différemment et, selon la façon la plus grossière, on fait six parties de la vie de chaque homme : on appelle la première prime enfance, avant que l'enfant ne parle ; on appelle la seconde, puérilité[56], c'est-à-dire l'enfance candide, et elle dure jusqu'à l'âge de raison ; on appelle la troisième, adolescence, dont on fixe la durée jusqu'à vingt-huit ans, correspondant au temps où l'on croît en force corporelle. Puis vient l'âge viril, c'est-à-dire le temps pendant lequel les forces naturelles se maintiennent en bonne santé, et qui dure, dit-on, jusqu'à cinquante-six ans.

---

56  Mot du moyen français, correspondant à l'âge compris entre sept et quinze ans (lat. *pueritia*).

Onde appresso i Romani fu consuetudine none eleggere soldati di maggiore età che anni quarantasei come troppo vicini alla senettù, però che finiti gli anni cinquantasei non era lecito fare più fatti d'arme, anzi volevano si tornassino a Roma; et coloro che con grande observanzia di religione et approvata iustitia s'erano governati nell'armi, dopo questa età in Roma consigliavano in Senato, stimando che dopo tanti egregii facti fussono più atti alle forze dell'animo che del corpo. Gl'altri che none erano di grado senatorio o che fussino stati di meno honesta vita erano in Roma honorati et sobvenuti di publico tutto il resto di loro vita, et chiamavansi soldati benemeritanti per gli exercitii publici. Dopo la contata età segue vechieza et dura infino in anni settanta, none obstante che divo Augusto scriva al nipote gli anni sessantatré essere il commune anno de' vecchi, in el quale, secondo s'è per lunga consuetudine observato, la magiore parte de' vecchi pare che sostenghino qualche disaventura o infermità di che abbiano pericolo di morte.

§ 89. Dopo vechieza resta l'ultima parte di nostra vita, detta decrepita età. Questa vogliono che al più si distenda infino inn-anni centoventi, infino al quale tempo si dice essere vivuto Artatonio, gaditano re, il quale, nato già d'anni quaranta prese il reame et quello ottanta anni governò con prosperità et buona vechieza. Da indi in su non consentono potere durare il corso magiore di nostra vita.

§ 90-91. Tutta questa età, sanza particulare dono della natura, affermono essere dolore et tedio de' vechi, ma quando per dono di Dio si passa con buona vechieza, dicono doversi porre per guadagno oltre al comune vivere de' corpi humani. Altri sono che hanno consideratione magiore, et con più elevata doctrina dividono la vita humana secondo le virtù dell'animo. Costoro, seguitando Pithagora samio, solo ne fanno dua parti: la prima chiamano età ignorante, l'altra età di cognitione.

LA VIE CIVILE – LIVRE I 75

De là, la coutume des Romains de ne pas choisir des soldats âgés de plus de quarante-six ans, car trop proches de la vieillesse, et, après cinquante-six ans, il n'était plus permis de se livrer à des faits d'armes ; au contraire, ils voulaient qu'ils fassent retour à Rome ; ceux qui, ayant passé cet âge, s'étaient conduits sous les armes avec un grand respect de la religion et en bonne justice, tenaient conseil au Sénat, à Rome, car l'on estimait[57] qu'après tant de hauts faits, ils étaient plus aptes aux forces de l'esprit qu'à celles du corps. Les autres, qui n'étaient pas de rang sénatorial ou qui avaient mené une vie moins honnête, étaient honorés à Rome et recevaient des subventions publiques tout le restant de leur vie, et on les appelait soldats bien méritants pour avoir exercé une charge publique. Après cet âge, vient la vieillesse, qui dure jusqu'à soixante-dix ans, bien que le divin Auguste écrive à son neveu que soixante-trois ans est l'âge commun des vieillards, au cours duquel, comme on l'a observé par une longue expérience, la plupart des vieux semblent devoir supporter quelque infortune ou maladie qui peut être dangereuse ou mortelle pour eux[58].

§ 89. Après la vieillesse, il reste la dernière partie de notre vie, dite âge de la décrépitude. Ils pensent[59] que celui-ci peut aller jusqu'à cent vingt ans au plus, âge auquel parvint, dit-on, Artathonius, roi de Gadès, qui, à quarante ans, s'empara du royaume et le gouverna pendant quatre-vingts années en bonne santé et dans une vieillesse heureuse[60]. Au-delà, ils n'admettent pas que le cours de notre vie puisse se prolonger davantage.

§ 90-91. Tout cet âge, sans don particulier de la nature, est douleur et souffrance pour les vieillards, affirme-t-on, mais quand, par la grâce de Dieu, on le passe dans une heureuse vieillesse, il faut le compter, dit-on, comme un gain sur la durée commune de vie des êtres humains. D'autres, considérant la vie humaine de plus haut et avec une science plus élevée, la divisent selon les vertus de l'esprit. À la suite de Pythagore de Samos, ils en font deux parties : ils appellent le premier âge, celui de l'ignorance, et le second, l'âge de la connaissance.

---

57 *stimando* : changement de sujet (non plus les « soldats », mais les « Romains »).
58 « bien que le divin… » : GELL., *Noct. Att.*, XV, VII, 1-3.
59 *vogliono* : ce sujet pluriel ne peut que renvoyer aux Romains.
60 *Artatonio* : leçon fautive. Arganthonios serait le dernier roi (ou la dernière dynastie) de Tartessos, dont le territoire s'étendait le long du fleuve Guadalquivir. Gadès, fondée par les Phéniciens, est l'actuelle Cadix. On trouve chez Silius Italicus (*Punica*, III, 396) la forme « Arganthoniacos », et chez Cicéron (*Cato Maior de Senectute*, XIX, 69), « Arganthonius ». Il est difficile de repérer la source de Palmieri qui expliquerait son erreur.

§ 92-94. Tutta questa nostra vita figurono in su uno *y*, lettera: dicono che l'età prima, ignorante et sanza cognitione comincia semplice et pere un medesimo filo se ne va, sanza dividersi, qua a' vitii et colà alle virtù, delle quali non ha ancora iudicio; poi nella giovaneza, quando già si conosce il bene dal male, dicono cominciare le dua vie del *y*, cioè della nostra vita, in nel quale tempo o gl'uomini seguitano la via più ritta, cioè delle virtù, o veramente se ne vanno per la via piana et più bassa de' vitii. Di quinci viene che in Virgilio Enea non può vivo andare allo inferno, se prima non coglie i dorati frutti di questo y, cioè le virtù della nostra vita.

§ 95-99. El ritrovare tali fructi molto gli è faticoso, perché sono posti nel mezo d'una selva, obscurati da più ombre et infra molte valli confusi, cioè da molti vitii et da tante nostre passioni et appetiti obscurati, ché pochi nel mondo possono o sanno conoscere il vero bene. Da questo luogo di Virgilio prese il nostro glorioso poeta Dante il principio della sua honorata opera, la quale è assai grossamente intesa da chi dice averla cominciata nella età d'anni trentacinque, dove è il mezo di nostra vita corporea, però che il suo fine è trattare della vita dell'anime et non della sua propria, ma di tutti gli stati animali: onde se il suo primo verso si riferisce solo alla prima cantica, chiamata *Inferno*, certo intende il mezo della vita fra l'età della ignoranzia et quella della cognitione, secondo la divisione fatta in su il y, o veramente, secondo più alta scientia di Platone, se si riferisce a tutta l'opera, intende dell'anime, le quali, fatte da Dio eterne, infondendosi ne' corpi mortali trascendono per certo cerchio dell'universo, il quale coniunto alla superficie della rotondità lunare è termine mezo di tutte le vite spiritali, et è vero confine tra la vita et la morte, perché da indi in su è tutto eterno et, di sotto, ogni cosa è caduca et mortale.

LA VIE CIVILE – LIVRE I 77

§ 92-94. Ils figurent toute notre vie par la lettre *y* : ils disent que le premier âge, ignorant et sans connaissance, commence simplement et, par un seul fil, s'en va, sans se diviser, ici vers les vices et là vers les vertus dont il n'a encore aucun jugement ; puis, dans la jeunesse, quand on distingue déjà le bien du mal, commencent, disent-ils, les deux voies du *y*, c'est-à-dire de notre vie, temps durant lequel ou les hommes suivent la voie la plus droite, celle de la vertu, ou s'en vont par la voie plus aplanie et plus basse des vices[61]. Aussi, dans Virgile, Énée ne peut-il aller vivant en enfer, s'il ne cueille pas auparavant les fruits dorés de ce *y*, à savoir les vertus de notre vie.

§ 95-99. Retrouver de tels fruits lui est fort pénible, car ils se trouvent au milieu d'une forêt, cachés sous les multiples ombres et confondus parmi les nombreuses vallées[62], c'est-à-dire cachés par beaucoup de vices et par nos multiples passions et désirs, car bien peu en ce monde peuvent et savent connaître le vrai bien. De ce lieu de Virgile, notre glorieux poète Dante s'inspira pour le début de son ouvrage honoré, mais très grossièrement comprise par ceux qui disent qu'il l'a commencé à trente-cinq ans, là où se situe le milieu de notre vie corporelle, car son but est de traiter de la vie des âmes et non de la sienne, mais de toutes les conditions des êtres animés. Aussi, si son premier vers ne se réfère qu'au premier chant, appelé *Enfer*, il entend assurément le milieu de la vie comme ce qui se tient entre l'âge de l'ignorance et celui de la connaissance, selon la division faite sur le *y*, ou bien, selon la plus haute science de Platon, si l'on se réfère à l'ouvrage entier, il entend parler des âmes qui, créées éternelles par Dieu, franchissent, en pénétrant les corps mortels, un cercle déterminé de l'univers, lequel, uni à la superficie de la rotondité lunaire, est le terme médian de toutes les vies spirituelles, la vraie frontière entre la vie et la mort, car au-delà tout est éternel, et, en-deçà, toute chose est caduque et mortelle[63].

---

61 Le symbole de la lettre Y est attribué à Pythagore par divers auteurs latins, dont Lactance (*Institutions divines*, VI, III, 6) ou Servius, commentant le vers de l'*Énéide* (« là où la route se divise en deux côtés » VI, v. 540).

62 *Énéide*, VI, v. 136-141. Il est question, non de fruits, mais d'un « rameau » d'or.

63 C'est la distinction établie par la cosmologie antique et médiévale entre monde supra-lunaire (céleste et incorruptible) et sublunaire (terrestre et corruptible).

## VITA CIVILE – [LIBRO PRIMO]

Questo cerchio come è mezo delle vite dell'anime, così è principio dello inferno et di tutta morte: onde Dante, considerando per questo cerchio, posto nel mezo delle vite spiritali, cominciarsi a scendere in inferno, disse: *Nel mezo del cammino di nostra vita.* Che Dante intenda dire delle vite di tutte l'anime che sono nello universo, al quale è mezo et certo termine il notato cerchio, in tutti i suoi libri chiaro si dimonstra agli intellecti magiori, et egli medesimo intorno al fine di tutta l'opera lo specificò dicendo: *Or questi che dall'infimo alla cuna, dello universo infin qui ha vedute le vite spiritali ad una ad una.* Procedendo dunque noi mescolatamente nel parlare nostro secondo l'una et l'altra divisione, infino a qui abbiàno parlato di dua età di corpo, cioè della infanzia et pueritia, le quali secondo l'altra divisione è chiamata età di ignoranzia.

§ 100-105. Ora seguita d'adoloscientia, in nella quale comincia l'anima ad avere cognitione de' vitii et virtù, et secondo l'una delle dua vie procede in sua vita per propria electione. Ma perché i sensi et cogitationi humane sono inclinate al male infino dal principio della vita terrena, come con sua bocca significò Idio a Noè, non è alcuno che none erri in seguire più tosto i dilecti del mondo che·lle virtù dell'animo. Per questo adviene che poi, smarriti, ci troviamo fra i vitii fuori del bene vivere, né sappiamo ridire come, perché vi siamo entrati dalla parte ignorante di nostra vita. Qui è adunque la fatica et singulare opera de' mortali et la prima electione del bene et beatamente vivere, al quale sanza particulare gratia di Dio o acquisto di somma virtù che da lui venga non si può pervenire. Qui cominci il padre ad avere grande observanzia della vita del figliuolo, però che questa è l'età dove gli pare già conoscere da sé et avere libertà d'eleggere et potere vivere a suo modo.

# LA VIE CIVILE – LIVRE I

Ce cercle, de même qu'il est médian par rapport aux vies de l'âme, de même est commencement de l'enfer et de toute mort[64] : ainsi, Dante, considérant que par ce cercle, placé au milieu des vies spirituelles, l'on commence à descendre en enfer, dit-il : *Au milieu du chemin de notre vie*[65]. Que Dante entende parler des vies de toutes les âmes présentes dans l'univers dont ce cercle est le milieu et le terme déterminé, cela est clairement démontré aux plus hauts entendements dans tous ses livres, et lui-même, vers la fin de tout son ouvrage, le spécifia en disant : *Or celui-ci qui, du tréfonds au berceau de l'univers jusqu'ici a vu les vies spirituelles une à une*[66]. Donc, en progressant dans notre propos de manière à mêler l'une et l'autre division, nous avons parlé jusqu'à présent de deux âges du corps, à savoir l'enfance et la puérilité qu'on appelle[67], selon l'autre division, âge de l'ignorance.

§ 100-105. À présent, fait suite l'adolescence, dans laquelle l'âme commence à avoir connaissance des vices et des vertus, et, selon l'une ou l'autre de ces voies, avance dans la vie selon ses propres choix. Mais parce que les sens et les pensées des hommes sont inclinés[68] vers le mal depuis le début de leur vie terrestre, comme Dieu le signifia de sa bouche à Noé[69], il n'est personne qui ne se fourvoie en suivant les plaisirs de ce monde plutôt que les vertus de l'esprit. C'est pourquoi, ensuite, égarés, nous nous trouvons parmi les vices en dehors de la bonne vie, ni ne savons dire comment, car nous y sommes entrés par la partie ignorante de notre vie. C'est ici que résident l'effort et le travail particulier des mortels, et le premier choix d'une vie bonne et heureuse, à laquelle on ne peut parvenir sans une grâce spéciale de Dieu ou l'acquisition d'une suprême vertu venant de Lui. C'est ici que le père doit commencer à observer soigneusement la vie de son enfant, car c'est l'âge où celui-ci croit déjà connaître par lui-même et avoir la liberté de choisir et de pouvoir vivre à sa guise.

---

64  *di tutta morte* : « *di tutta la morte* ». L'absence de l'article est dû à la présence de *tutta*. Ce n'est pas une règle générale dans le texte.

65  Incipit de la *Divine comédie* (*Enfer*, I, v. 1).

66  Dans le dernier chant du poème (*Paradis*, XXXIII, v. 22-24), saint Bernard adresse une prière à la Vierge en faveur de Dante (« celui-ci »). La citation de Palmieri « *dall'infimo alla cuna* » vient de son manuscrit. Cette leçon est bien attestée dans les manuscrits florentins, et pas seulement florentins. La leçon « *da infima lacuna* », propre aux meilleurs manuscrits, et aujourd'hui acceptée, peut se traduire par « du fond de l'abîme » (trad. J. Risset, comme pour les deux vers suivants).

67  *le quali è chiamata* : singulier par attraction du prédicat.

68  *inclinate* : accord selon la règle de proximité (*cogitationi humane*).

69  *Gn* 8, 21 : « le cœur de l'homme est enclin au mal dès sa jeunesse », paroles que Dieu se dit en lui-même, et non pas à Noé.

Qui si comincia a conoscere lo ingegno et natura sua, le quali prima erano in lui incerte, quando l'età, il timore, il maestro et i parenti gliel vietavano. Qui comincio i giovani a gustare i diletti del mondo et quegli seguire secondo i desiderii appetiscono. Per la quale cosa non piace a' buoni auctori che i nuovamente cresciuti fanciulli, seperati, conversino coi già cresciuti giovani, però che avenga Idio che l'uno et l'altro possa essere d'onesta et laudabile vita, niente dimeno la puerile tenerezza, in ogni parte agevolemente flexibile, si de' seperare dalla più cresciuta malizia; et in tutti gli atti humani non solo basta mancare delle vituperabili scellerateze, ma ancora si vuole mancare del sospetto di quelle. Sopra ogni altra età si richiede amonire i giovani acciò che s'avezino a essere patienti alle riprensioni, delle quali sono comunemente aspri sopportatori, et sono nella età che n'ha più bisogno –.

FRANCO. – Se la consuetudine de' più non mi movessi, certo io none interromperei il dire tuo; ma ricordandomi che quasi per tutti si grida doversi dare delle busse et gastigare i fanciulli, et udendo te particularmente procedere intorno al loro buono governo sanza gastigamento alcuno, non posso fare che io non disideri intendere da te perché lasci indrieto questo, rendendomi certo non sia sanza tuo maturo consiglio. –

§ 106-125. AGNOLO. – Se io ragionassi de' fanciulli none atti a excellente virtù ma che seguissino arti meccaniche et servili, forse io direi che alle volti bisognasse pichiargli. Quegli che hanno il padre et il maestro disposti et solleciti a fargli buoni non mi piace abbino busse: prima perché pare cosa non benigna, ma più tosto contro a natura et atta a fare gli animi servi; et alle volti poi, cresciuti, se lo riputano a ingiuria, onde se ne scema l'affectione del naturale amore. Oltre a questo, all'animo bene disposto solo le riprehensioni basteranno, purché la diligentia paterna sia continova a nollo lasciare transcorrere in luogo donde con fatica s'abbia a ritrarre.

LA VIE CIVILE – LIVRE I

C'est ici que l'adolescent commence à connaître son intelligence et sa nature qui, auparavant, lui étaient peu claires, empêché qu'il était par l'âge, la crainte, son maître et ses parents. C'est ici que les jeunes commencent à goûter les plaisirs mondains et qu'ils cherchent à les poursuivre selon leurs désirs. Aussi les bons auteurs désapprouvent-ils[70] que les petits, au début de leur croissance, encore séparés des autres enfants, fréquentent ceux qui sont déjà grands, car même si les uns et les autres ont une vie honnête et louable, néanmoins, la tendreté de l'enfant, aisément malléable en tout, doit être séparée de la malice des plus grands : dans tous les actes humains, il ne suffit pas seulement d'être exempt des scélératesses blâmables, mais encore de n'en être pas soupçonné. Plus qu'à tout autre âge, il convient d'exhorter les jeunes à prendre l'habitude de supporter patiemment les reproches qu'en général ils tolèrent difficilement, alors qu'ils sont à l'âge où ils en ont le plus besoin.

FRANCO. – Si l'usage de la plupart des gens ne m'y poussait, je n'interromprais certes pas ton discours, mais, me souvenant que presque tous proclament la nécessité de frapper et de châtier les enfants, et t'écoutant discourir en particulier sur la manière de les bien gouverner sans aucun châtiment[71], je n'ai d'autre désir que de comprendre pourquoi tu laisses de côté ce point et s'il s'agit bien de ta part d'une volonté délibérée.

§ 106-125. AGNOLO. – Si je parlais d'enfants inaptes à une vertu d'excellence, mais dirigés vers des arts mécaniques[72] et serviles, peut-être dirais-je qu'il faudrait quelquefois les battre. Je désapprouve que ceux dont le père et le maître sont disposés et attentifs à les rendre bons reçoivent des coups : d'abord, parce qu'il ne s'agit pas, semble-t-il, d'une chose bénigne, mais plutôt contre nature et propre à faire des esprits asservis ; et puis, parfois, quand ils sont grands, s'ils attribuent cela à une injustice, l'affection de l'amour naturel disparaît. En outre, pour un esprit bien disposé, les remontrances suffiront, pourvu que l'attention paternelle s'attache continuellement à ne pas le laisser courir à un terme d'où il faille à grand peine le tirer.

---

70  Dont Quintilien, déjà mis plusieurs fois à contribution : ici, *Inst. Or.*, II, ii, 14.
71  S'entend ici comme châtiment corporel.
72  Les arts « mécaniques », par opposition aux « arts libéraux ». Ils sont au nombre de sept, dans la nomenclature qu'en donne Hugues de Saint-Victor dans le *Didascalicon* (II, 20-27) : la fabrication de la laine, l'armement, la navigation, l'agriculture, la chasse, la médecine et le théâtre. Ici, il s'agit de métiers manuels envisagés comme des activités viles. Un « mécanique » désignait au Moyen-Âge un homme de profession servile.

L'amonitioni sono varie: come ragioni atte all'età, exempli d'altri, lodare i buoni che e' conosce, vituperare i tristi; commendarlo se e' fa bene et mandarlo innanzi a quegli con chi egli conversa; se fa male sgridarlo et postporlo; premiarlo di cose ami. Se egli erra, dare quelle ad altri, se pure erra, punirlo più tosto di cose di lunga examina che di grave passione: come rinchiuderlo, vietargli cibi et altre cose di che più si diletti, torgli la veste et simili cose fare che facciano lunga examina dello errore conmesso. Le battiture fanno solo un brieve dolore, poi n'hanno poco ricordo et stimono essere in tutto pagati del commesso errore, onde dimenticando quello, agevolemente caggiono nell'altro, credendo che non ne vada altro che busse; dove il tenegli in più lunga riprensione fa che egli examinino meglio il commesso errore et stimino doversene guardare non per paura del dolore delle busse, ma per fuggire l'errore; et gli animi ne sdegnono meno contro a chi gli gastiga perché non pare gli percuotino per odio, anzi gli amonischino per fargli buoni. Spesse volti s'è veduto sdegnare gli animi in modo che mai più si dispongono a seguire quello che da prima le busse gli missono innodio, onde s'è veduto molti ingegni, attissimi a ogni doctrina, per la importunità de' maestri disperarsi, né mai più avere seguito in quelle. Sia per questo sommo riguardo di non fare alcuna honesta disciplina odiosa a chi la vuole imparare, ricordando a ciascuno che per amore et sollecitudine malagevolmente s'acquista. In questa parte conosco che assai commodamente più si poteva dire, ma stimo essere a sufficientia inteso. Il perché più tosto m'occorre volere seguire alcune cose del vestito conveniente di questa età, e quali, quanto più sono comuni, tanto sono più atti a conservare l'onestà. Ma in trattare di questi si de' considerare che alle volti le feste, e pubblici giuochi et ancora le casalinghe onoranze richiegono alcuno ornamento maggiore: il perché sia in quelle permesso ogni veste et portatura si richiede alla qualità di chi l'usa. In negli altri dì che non sono feriati, i·gnuno modo s'usi altro che portature comuni della città. Non si permetta a' giovani vestimenti dilicati, non puliti né ricamati o veramente frappati di varii colori.

LA VIE CIVILE – LIVRE I                                    83

Les remontrances sont diverses : le raisonner en fonction de son âge, lui
donner autrui en exemple, louer les bons qu'il connaît, blâmer les méchants ;
s'il agit bien, le féliciter et le mettre en avant par rapport à ceux qu'il
fréquente ; s'il agit mal, le gronder et le placer en arrière ; le récompenser
avec des choses qu'il aime. S'il est en faute, donner ces choses à d'autres,
s'il persiste dans la faute, le punir par des choses qui font longuement
réfléchir plutôt que de lui infliger des souffrances : l'enfermer, lui interdire
des mets et d'autres choses dont il se régale le plus, lui ôter son habit et
faire d'autres choses semblables qui le fassent longuement réfléchir sur la
faute commise. Les coups ne provoquent qu'une brève douleur, ensuite les
enfants s'en souviennent à peine et pensent avoir entièrement payé pour
leur faute, qu'ils oublient, et tombent facilement en une autre, croyant
qu'ils n'en auront que des coups ; mais les tenir[73] dans une réprimande
plus longue leur permet d'examiner mieux leur faute et de juger qu'ils
doivent s'en garder non par crainte des coups, mais pour éviter la faute : ils
s'en indignent moins contre ceux qui les punissent, car, à leurs yeux, ces
derniers ne les châtient pas par haine, mais au contraire, les admonestent
pour les rendre bons. Souvent, on a vu des esprits se révolter au point de
n'être plus jamais disposés à suivre ce que les coups leur avaient fait auparavant détester, et l'on a vu beaucoup d'intelligences, parfaitement aptes
à toutes les doctrines, se désespérer à cause de l'importunité des maîtres,
et ne plus jamais donner suite à celles-ci. Il faut donc veiller grandement
à ne pas faire détester une honnête discipline à celui qui veut l'apprendre,
en rappelant à chacun qu'elle s'acquiert, non sans mal, par l'amour et
par la sollicitude. Dans cette partie, je reconnais que l'on pouvait en dire
davantage et plus avantageusement, mais j'estime m'être suffisamment
fait comprendre. Il me faut donc continuer plutôt avec certaines choses
concernant l'habillement convenable à cet âge où plus les vêtements sont
communs, plus ils sont propres à conserver l'honnêteté. Mais en traitant de
ceux-ci, il faut considérer que les fêtes, les jeux publics et même les solennités du foyer requièrent une mise plus recherchée : on doit alors autoriser
tout vêtement et tenue en rapport à la qualité de ceux qui les portent.
Les autres jours non fériés, on ne se servira que des tenues communément
portées en ville. On ne permettra pas aux jeunes gens des vêtements
élégants, ni somptueux, ni brodés, ni bigarrés de diverses couleurs.

---

73  *tenegli* : *tenerli* (assimilation consonantique et palatalisation).

Fuggasi sempre ogni femminile ornamento, però che none le pettinate zazzere, none i crespi capelli, né l'artificiali dirizature si richiegono a chi è nato atto a virtù. Le fanciulle sono quelle in chi si loda la dilicata bellezza. In ne' maschi si loda la convenientia apta a dovere servare alcuna riverente auctorità fra gli altri huomini. Per legge fu da Ligurgo in Lacedemonia proveduto che i giovani non potessero avere più che una sola veste. Leggesi che Cesare fu di sì poco riguardo nelle sua fanciullesche portature che rade volti si tondea i capelli et per Roma era chiamato malcinto, perché, come animo elevato a cose maggiori, none stimava le falde increspate per ordine, ma come a caso si cigneva così conversava per Roma. Da voi medesimi mi ricorda avere udito una piacevole riprehensione del femminile et troppo dilicato ornamento, la quale Sozomeno, vostro preceptore et bene erudito maestro, usava ne' suoi discepoli che in quello tempo erano il fiore della fiorentina gioventù. Alcuni di questi alle volti venivano alla scuola vestiti di seta, con varii velluti frangiati et con ricami et frappe di varii colori dipincti, et da artificiosi maestri bene aconci per puncto, pettinati, puliti, leggiadri et vaghi, tutti composti per arte d'ingegnoso et pratico barbiere. Il prudente et buono maestro quando gli vedeva così snelli, con molte parole gli domandava se erano per torre moglie et, quando più volti gli avea fatti negare questo, conchiudeva loro: «Adunque volete marito».

# LA VIE CIVILE – LIVRE I

On évitera toujours toute parure qui effémine, car les mèches peignées, les frisures, les artifices de la coiffure[74] ne conviennent pas à ceux qui sont nés pour être vertueux. C'est chez les jeunes filles qu'on doit louer la beauté délicate. Chez les garçons, on loue la convenance qui doit leur conserver quelque autorité respectable parmi les autres hommes. Par une loi, Lycurgue, à Lacédémone, prescrivit que les jeunes gens ne posséderaient pas plus d'un seul habit. On lit que César fut si peu attentif à sa tenue, dans sa jeunesse, qu'il se coupait rarement les cheveux et que, dans tout Rome, on l'appelait « le mal vêtu[75] », car, ayant l'esprit élevé vers de plus grandes choses, il ne s'attachait pas aux plis bien froncés de sa toge, mais s'habillait comme il se comportait dans Rome : avec laisser-aller. Je me rappelle[76] avoir entendu de vous une plaisante remontrance que Sozomeno[77], votre précepteur et maître très érudit, faisait à ses disciples – en ce temps-là la fleur de la jeunesse florentine – à propos de leur mise féminine et trop élégante. Certains d'entre eux venaient parfois à l'école vêtus de soie, avec différents velours frangés, et des broderies, et des ourlets teints de diverses couleurs, arrangés à la perfection par des maîtres en artifices, peignés, propres, apprêtés et coquets, tous bien mis par l'art d'un barbier ingénieux et expérimenté. Le sage et bon maître, quand il les voyait ainsi pomponnés, leur demandait avec force paroles s'ils allaient prendre femme, et, après les avoir plusieurs fois obligés à répondre que non, il concluait : « Alors, vous voulez prendre mari. »

---

74 *dirizature* : *tagli di capelli*. On peut hésiter sur le sens d'*artificiali* : Claude des Rosiers propose « faulces perruques », c'est-à-dire « perruques » (*Dictionnaire de l'ancienne langue française*, par F. Godefroy, Paris, 1881).

75 *malcinto* : *malvestito* (de *cignere* : « s'habiller »). La source de Palmieri est peut-être dans Macrobe, *Saturnales*, II, 3, 9, où l'auteur rapporte une plaisanterie de Cicéron sur la mise négligée de César : *Caesarem, qui ita toga praecingebatur ut trahendo laciniam velut mollis indederet* (« César qui portait sa toge de telle manière qu'en laissant traîner un pan, il avait la démarche d'un efféminé »).

76 *mi ricorda* : *mi ricordo*. Construction impersonnelle avec le datif.

77 Zomino, ou Zembino de Pistoie. Né en 1387, mort en 1458, cet humaniste toscan d'une très grande culture, historien et grammairien, étudia le droit canon à Florence avant d'être ordonné prêtre en 1407. Dans cette ville, il enseigna « aux plus importants jeunes gens de la cité non seulement les lettres, mais aussi les bonnes mœurs », selon le témoignage de Vespasiano da Bisticci qui confirme la présence de Palmieri parmi ses élèves. « *Fece molti iscolari in Firenze, fra' quali fu meser Matteo Palmieri...* » (*Vita di messer Zembino pistolese*, dans A. Greco, *Le Vite*, cit., I, p. 559 ; édition en ligne (*Bivio*), p. 527). Son *Chronicon*, histoire universelle, fut la source du *Chronicon* de Palmieri (jusqu'en 1294).

Riprehensione certo piacevole et utile a correggere ogni animo virile che exercitasse costumi di femine. Infino a qui basti a te, Franco, avere risposto che parere sia il mio nel gastigare i fanciulli et avere agiunto in che modo si convenga loro vestire. Seguitiano adunque il nostro sermone intorno al vivere de' più cresciuti giovanetti, l'età de' quali richiede afaticarsi con exercitii di buone arti, però che quali sono i costumi della prima giovanezza, tali sono le più volti i facti de' grandi; et gli exercitii usati da giovane sono quegli in ne' quali dai più per tutta la vita si vive. Il nibio di topi et lucertole nutrisce i figliuoli al nidio: eglino, cresciuti rapaci et a maggiore preda potenti, sempre procacciono il medesimo cibo col quale si sono allevati et cresciuti. L'aquila va cacciando, piglia salvaggiumi et uccelli grossi, et di quegli pasce gl'impotenti figliuoli, onde eglino poi, facti potenti et levati del nidio, valentemente combattono per acquistare il glorioso cibo che avevano gustato nuovamente usciti dell'uovo. Così i giovani a buona otta s'avezino con buone arti. Di queste, altre se ne attribuiscono al corpo et altre sono proprie dell'animo. Per exercitare il corpo si loda ne' giovani opere d'armi, scarmaglie et giostre, usare cavalli et qualunque destrezza. Oltre a questo, tenere uccelli rapaci et dilectarsi in quegli non è biasimato. Ma assai più si loda le cacce di fiere grosse, usare luoghi montuosi et aspri, correre et travagliarsi in essi et insieme con gli altri trovarsi agli assalti degli orsi et setoluti porci, come si dice da giovani avere facto Hectorre et Enea et molti altri gloriosi mortali che per fama ancora vivono nel mondo. Simili opere afermono molto inalzare et acrescere gli animi nostri et insieme disporre il corpo in farlo apto et prompto a qualunque facto virtuoso et forte. Resta pure che in tali opere sia debita misura, et mezanamente s'atenda a quelle per rifrigerio et riposo dello animo, quando sarà per più tempo affaticato in considerationi virtuose et doctrina di beatamente vivere: però che perdendo drieto a esse la vita et lasciando il nutrimento dell'animo et la scientia del vivere per farsi servo delle operationi corporee, in gnuno modo sarebbe approvato da noi.

LA VIE CIVILE – LIVRE I    87

Remontrance assurément plaisante et utile pour corriger tout esprit viril se comportant comme une femme. À ce point, Franco, je pense t'avoir suffisamment répondu à propos du châtiment des enfants et en avoir assez ajouté sur la façon de s'habiller convenable à leur âge. Continuons donc notre discours sur la vie des enfants qui ont un peu grandi et sont à un âge qui réclame des efforts pour s'adonner aux bonnes pratiques : car telles sont les mœurs de la première jeunesse, telles sont le plus souvent les actions des adultes ; et les façons d'agir qu'on a eues, étant jeune, sont celles qu'on gardera tout au long de sa vie. Le milan nourrit ses petits au nid avec des rats et des lézards : ceux-ci, devenus à leur tour rapaces et assez forts pour chasser une plus grosse proie, se procurent toujours la même nourriture avec laquelle ils ont été élevés et ont grandi. L'aigle va à la chasse, prend du gibier et de gros oiseaux, et nourrit avec ceux-ci ses petits trop faibles, lesquels, devenus forts et sortis du nid, luttent vaillamment pour acquérir la noble nourriture qu'ils avaient goûtée à peine sortis de l'œuf. De même faut-il habituer de bonne heure les jeunes gens aux bonnes pratiques. Parmi celles-ci, les unes sont attribuées au corps, les autres sont propres à l'esprit. Pour exercer le corps, on loue chez les jeunes les jeux d'armes et d'escrime, les joutes, l'équitation et tout exercice d'adresse. Outre cela, avoir des oiseaux de proie et s'y délecter n'a rien de blâmable. Mais on loue bien davantage la chasse au gros gibier, la fréquentation des lieux montueux et difficiles, les courses et les efforts qu'on y fait, pour y assaillir avec d'autres les ours et les sangliers soyeux[78], comme le firent, raconte-t-on, Hector et Énée dans leur jeunesse, et beaucoup d'autres glorieux mortels qui vivent encore par leur renommée dans le monde. On affirme que de telles activités élèvent et fortifient grandement nos esprits et, en même temps, préparent le corps pour le rendre apte et prompt à n'importe quelle action vertueuse et forte. Toutefois, il faut garder la juste mesure dans de telles activités et s'y consacrer sans excès pour la récréation et le repos de l'esprit, après avoir donné de longs efforts à des considérations vertueuses et à la doctrine de la vie heureuse : perdre sa vie dans ces occupations et délaisser la nourriture de l'esprit et la science de la vie pour se rendre esclave des activités corporelles, cela, nous ne saurions aucunement l'approuver.

---

78  *setoluti porci* : s'agissant de gibier sauvage, ces « porcs » sont des sangliers (porcs sauvages). L'adjectif calque le latin « *saetiger* » (Virgile, *En.*, XI, v. 198). Le latin *aper*, désignant proprement le sanglier, n'a survécu dans aucune langue romane.

Innanzi a ogni altra cosa sieno adunque sempre proposti gli exercitii dell'animo, come sono tutte scientie et qualunche arti d'industria: imparare da buoni maestri, andare a philosophi, imparare i loro precepti et secondo quegli operare, dipignere, intagliare, sculpire, imaginare degni edificii, et ingegnarsi essere giudice di tutte le cose humane et etiandio celeste, in quanto transcende la infermità de' corpi viventi, tenendo per approvato amaestramento ch'egli è sententia de' savi doctori et ancora sancti cristiani che ciascuno huomo poche cose de' cercare di fare nella vita mortale, et niente dimeno volere ciò che si fa bene intendere, et essere buono giudice di tutte le cose fanno gli altri huomini –.

§ 126-134. LUIGI. – In tutti gli altri ragionamenti tuoi m'è paruto che tu optimamente allievi i fanciulli: ora, quando tu gli hai condocti secondo dicesti all'età della cognitione, tu vuoi che faccino et imparino tante cose che non ne farebbe Hercole la metà, et credo io che il fare spesse volte al dire viene meno; né io mai né vidi né udi' d'alcuno che tante cose facessi, sì che a me pare più tosto le tue parole sieno atte a fare disperare chi è giovane che a confortargli a imparare tante cose che sarebbe impossibile, et uno affaticarsi in vano per non giugnere mai al fine –

AGNOLO. – Io confesso che quasi niuno huomo si truova intendente, pure secondo le forze humane, et fors'è colpa di noi medesimi che non cerchiano acquistare tanto; ma egli è necessario a chi vuole venire infra gl'huomini più virtuoso, infino dalla sua giovaneza conoscersi apto a potere imparare et avere notitia di tutte le virtù degl'huomini, et che ciascuna di quelle gli dà ornamento et degnità infra e viventi. Cercarle tutte sarebbe impossibile: le molte generrebbono confusione che più tosto si potrebbe dire ignoranza che doctrina. Vero è che chi riguarda con intellecto sano, i principali membri di quelle sono pochi, et conn-una catena d'oro in modo commessi et collegati insieme, che mentre s'acquista l'una virtù cresce l'altra, et la terza s'allieva. Quinci viene che, quando l'animo è disposto a gloria di vera virtù, quasi per se medesimo cresce, fàssi potente et apto a ogni industria et a ogni buona arte, non gli manca ingegno, non forza, non tempo;

On doit donc préférer à tout le reste les exercices de l'esprit, tels que le sont toutes les sciences et n'importe quel art d'exécution : apprendre des bons maîtres, s'attacher aux philosophes, apprendre leurs préceptes et agir selon ceux-ci, peindre, graver, sculpter, concevoir de dignes édifices, et s'efforcer d'être juge en toutes choses humaines, et même célestes, dans la mesure où cela dépasse la faiblesse des corps vivants, en tenant pour enseignement certain l'avis des savants docteurs, et aussi des saints chrétiens, pour qui tout homme doit chercher à faire peu de choses dans sa vie mortelle et, néanmoins, désirer bien comprendre ce que l'on fait et être bon juge de toutes les choses que font les autres hommes.

§ 126-134. LUIGI. – Dans tous tes autres propos, il m'est apparu que tu élèves très bien les enfants : or voici qu'après les avoir amenés, comme tu le disais, à l'âge de la connaissance, tu exiges qu'ils fassent et apprennent un nombre de choses tel qu'Hercule n'en accomplirait pas la moitié ; l'on fait souvent, je crois, moins de choses qu'on ne dit, et je n'ai jamais vu ni entendu que quelqu'un en fît autant. Aussi, tes paroles, me semble-t-il, sont plus propres à désespérer un jeune homme qu'à l'encourager à apprendre un nombre impossible de choses et à s'y épuiser vainement sans arriver jamais au bout.

AGNOLO. – Je l'avoue, il ne se trouve presqu'aucun homme qui soit entendant, même en rapport aux forces humaines, et peut-être la faute en revient-elle à nous-mêmes qui ne cherchons pas à beaucoup acquérir ; mais il est nécessaire que ceux qui veulent devenir plus vertueux parmi les hommes se sachent, dès leur enfance, aptes à pouvoir apprendre et connaître toutes les vertus humaines, et savoir que chacune d'elles leur donne ornement et dignité parmi les vivants. Il serait impossible de les rechercher toutes : trop nombreuses, elles engendreraient une confusion qu'on pourrait appeler ignorance, et non doctrine. Il est vrai, pour ceux qui regardent avec un sain entendement, que les principales parties composant ces vertus sont peu nombreuses et attachées et reliées ensemble par une chaîne d'or, et, tandis qu'on acquiert une vertu, l'autre croît, et la troisième se développe. De là vient que, lorsque l'esprit est préparé à la gloire d'une vraie vertu, il croît presque par lui-même, devient puissant et apte à toute activité et à toute bonne pratique, il ne manque ni d'intelligence, ni de force, ni de temps ;

ma in dilecto operando si nutrica et cresce et fa quella rotundità delle virtù che è detta da' Greci, onde si diviene compiuto et pienamente virtuoso. In nello imparare è primo fondamento che nell'animo di ciascuno sia immaginata et ferma la spezie et perfectione di qualunche cosa disidera farsi maestro. Quella debbe seguire et drieto a quella andare, et con ogni forza et industria ingegnarsi d'agiungerla, et tanto in essa excellere quanto per altro huomo sia possibile agiungere, sappiendo non essere altra via a diventare sommo nell'opere humane. Chi v'agiugne certo sarà degnissimo. Ma ancora fia honesto a chi segue il sommo grado dell'opere virtuose rimanere nel secondo et, se non può, nel terzo. Et non solo uno, ma molti si vede amplissimamente honorati delle medesime cose de' quali certo uno è sommo. Né l'essere Platone sommo di tutti i philosofi, fa che Aristotile, Socrate et molti altri non sieno riputatissimi et degni. Similemente Cesare et Alexandro, benché sieno sommi, non fanno che Cyro, Dario et Optaviano non siano potentissimi et gloriosi nel mondo. Scipione non obscura Quinto Maximo né Mario Metello. Fidia ancora lascia honorato Policreto. Similemente de' fare ciascuno che s'ingegna essere primo: rimanere, se e' non può fra secondi, ne' terzi, o almeno tenere quel grado al quale, non s'abandonando tra via, sarà giunto —.

LUIGI. — Ordinatamente et bene hai sodisfatto alla mia domanda, ma e' pare ch'egli accaggia che quando lo 'ngegno si pasce, gli nasca nuove voglie et così è adivenuto ad me che, mentre parlavi, m'è nato un altro dubbio, quasi di quel medesimo: et questo è in che modo si può imparare tante cose a un' otta che l'animo non si confonda in sì varie discipline —.

mais, en œuvrant avec plaisir, il se nourrit et grandit, et réalise ce cercle des vertus, comme l'appellent les Grecs[79], par où l'on devient accompli et pleinement vertueux. Le premier fondement de l'apprentissage est que chacun se représente et fixe dans son esprit l'image et la perfection de la chose, quelle qu'elle soit, dont il désire se rendre maître. Ce sont elles qu'il doit suivre et poursuivre, et s'efforcer d'atteindre de toutes ses forces et avec toute son application, en sachant qu'il n'est d'autre voie pour atteindre au plus haut dans les activités humaines. Celui qui y parvient sera assurément très digne. Mais il sera également honorable, pour celui qui poursuit le degré suprême des activités vertueuses, de s'en tenir au second degré et, s'il ne le peut, au troisième. On ne voit pas seulement un homme, mais plusieurs, amplement honorés pour les mêmes choses où, certes, un seul homme se montre le plus grand. Et le fait que Platon soit le plus grand des philosophes n'entraîne pas qu'Aristote, Socrate et beaucoup d'autres, ne soient très réputés et très dignes. De même, César et Alexandre, dans leur grandeur, n'empêchent pas Cyrus, Darius et Octavien d'être très puissants et glorieux dans le monde. Scipion n'éclipse pas Quintus Maximus, ni Marius n'éclipse Metellus[80]. Phidias n'enlève rien à l'honneur de Polyclète. Chaque homme s'efforçant de devenir le premier doit agir de même : rester, s'il ne le peut parmi les seconds, parmi les troisièmes, ou du moins conserver ce rang auquel, sans s'abandonner en chemin, il sera parvenu.

LUIGI. – Tu as satisfait à ma demande, et avec ordre, mais voilà, dirait-on, qu'au moment où l'intelligence trouve à se repaître, naissent en elle de nouveaux désirs ; c'est ce qui m'est arrivé : pendant que tu parlais, il m'est venu un autre doute, le même ou presque que le précédent, à savoir comment on peut apprendre tant de choses en même temps sans que l'esprit ne se confonde dans des disciplines si diverses.

---

79  « et réalise… » : QUINT., *Inst. Or.*, I, x, 1 : « *encùclion paideìa* » (« le cercle de science » ou « encyclopédie »). La conservation du -*u*- dans *rotundità* est un latinisme (infra, *particulare*, *ridiculo*).

80  *Mario Metello* : brachylogie ; le verbe est sous-entendu, et nous le restituons pour éviter une confusion. Les premiers ont tous deux combattu Hannibal, et les seconds les Numides.

## VITA CIVILE – [LIBRO PRIMO]

§ 135-136. AGNOLO. – La natura dello ingegno nostro è tanto universale a qualunche cosa et tanto velocemente riguarda in ogni parte, che non che il dì sia atto a più cose, ma in un medesimo tempo alle volti varie operationi exerciti, onde si vede ne' preceptori della musica che, cantando, colla diritta mano transcorrono le corde, coll'altra battono la varietà delle voci, e piè et ogni altra parte di corpo muovono a debito tempo, et insieme observano gl'errori de' discepoli che quel medesimo s'ingegnono effingere, et niente di meno a tutte le voci, a qualunche moto et a ciascuna inflexione in el medesimo tempo subministrono. Le quali cose la sperienzia non monsterrebbe, se lo ingegno non potesse più cose in uno tempo. Non è però a noi tanto necessario strignere il tempo, ma sia detto per principio acciò che a più cose si conosca essere atto lo ingegno nostro per discorso di brevissimo tempo.

§ 137-143. Vedesi ancora per effecto essere molto più difficile seguitare in una medesima cosa più hore che non è tutto il dì darsi a industrie di varie doctrine. Per questo adviene che, non obstante abbiàno il dì molte cose facte, sempre siàno freschi a quello si comincia. Non sarebbe alcuno che seguitando tutto il dì il maestro d'una medesima arte non si straccasse. La mutatione è quella ci ricrea, non altrimenti faccia agli infastiditi stomaci la diversità de' permutati cibi. Debbesi dunque non prima volere essere perfecto grammatico, poi diventare optimo musico, dopo cercare farsi scultore o architecto, però che già sare' perduta la prima doctrina quando fussi acquistata la sezza et di necessità perderesti la magiore parte del tempo et saresti tedioso. El darsi a più cose scelte è quello fa con diletto acquistare, rendeti commune a molti, allievati universale a molte opere humane, et per singulare dono ti concede che non t'è bisogno perdere alcuno tempo per alcuna ricreatione, ma l'una buona arte è rifrigerio dell'altra et in quelle medesime operando pigli dilecto. Questa regola seguitiano noi per usitata necessità sanza considerare il fructo d'essa. Veggiàno che non si truova alcuno che prima cerchi imparare come si governi in casa colla propria famiglia, poi come governi il traffico suo,

§ 135-136. AGNOLO. – Notre intelligence s'exerce[81] naturellement si bien en toute chose et regarde si rapidement de partout qu'elle est non seulement capable de faire plusieurs choses dans la journée, mais qu'elle s'exerce en même temps en diverses opérations : on le voit chez les maîtres de musique qui, en chantant, touchent les cordes de leur main droite, de l'autre dirigent les différentes voix, bougent les pieds et les autres parties du corps en cadence, tout en observant les erreurs des élèves qui s'efforcent de les imiter, et, néanmoins, surveillent en même temps toutes les voix, une quelconque intonation et chaque inflexion. L'expérience ne nous montrerait pas ces choses, si l'intelligence ne pouvait pas plusieurs choses en même temps. Nous n'avons pas, quant à nous, autant de nécessité à accélérer le temps, mais je le dis par principe, pour qu'on sache que notre esprit est capable de plusieurs choses en un laps de temps très court.

§ 137-143. On voit aussi par expérience qu'il est bien plus difficile de se consacrer plusieurs heures de suite à une même chose que de s'appliquer toute la journée à divers enseignements. Pour cette raison, il arrive que, même si nous avons beaucoup à faire en une journée, nous sommes pleins d'allant dans ce que nous commençons. Il n'est personne qui ne s'épuiserait à suivre toute la journée le maître d'une seule science. Le changement est ce qui nous récrée, tout comme la variété des mets pour les estomacs chargés. On ne doit donc pas vouloir devenir d'abord grammairien parfait, puis musicien excellent, et chercher ensuite à devenir sculpteur ou architecte, car la première science serait déjà oubliée quand la dernière serait acquise, et tu perdrais nécessairement la plus grande partie de ton temps, et tu éprouverais de l'ennui. S'adonner à plusieurs choses que l'on a choisies est ce qui fait acquérir avec plaisir, cela te rend commun à beaucoup de gens, t'élève universellement vers quantité d'activités humaines, et, par un don singulier, fait que tu n'as nulle nécessité de perdre ton temps à une récréation, mais une bonne pratique sert de délassement à une autre et tu prends plaisir à t'adonner aux unes comme aux autres. Nous suivons cette règle par une nécessité habituelle, sans considérer son fruit. Nous ne voyons nul homme chercher à apprendre d'abord comment gouverner chez lui sa famille, et ensuite comment gouverner son commerce,

---

81 *universale* : *versatile, atta a molte cose.*

poi in che maniera conversi co' suoi cittadini, et di per sé in che modo gli sieno fructuose le sua possessioni, ma mescolatamente s'allieva ora a questo ora a quello, onde sanza tedio per pratica exercitato, di ciascuno governo è divenuto maestro. Similemente il buono lavoratore non di per sé impara a coltivare le terre et poi allevare et mantenere i fructi, et in altro tempo governare i pecugli. In nel medesimo modo adunque non si seguano per numero l'opere virtuose, ma di tutte in un medesimo tempo si de' cercare ornamento, sappiendo lo ingegno non è meno atto a molte cose che a poche: et assai gl'è più agevole molte cose operare che molto tempo fare quel medesimo.

FRANCO. – Per certo egli è vero che chi non cerca non truova, et quando le cose sono trovate ognuno n'era maestro. Infra tutti coloro ch'io ho mai uditi non senti' chi m'aprisse bene come uno huomo potea molte cose imparare et farsi universale di più arti excellenti. Hora che tu ce·ll'hai monstro, mi pare che da se medesimo ciascuno il doverrebbe intendere, ma certo non vi si guata, ché, faccendolo, sanza dubio se ne caverebbe buono fructo –.

LUIGI. – Egli adviene spesso che nel disfare un nodo se ne imviluppa un altro, et a me così è advenuto per 'l tuo parlare, però che, inteso come molte arti si possono acquistare, mi maraviglio onde e' viene che radi huomini molto excellano gli altri nell'operationi humane –.

§ 144-161. AGNOLO. – Più volte ho meco medesimo pensato di cotesto, et sonmi occorse dua cagioni onde adviene che radi ingegni in più cose siano degni di stima: l'una cagione è perché contenti a quello ci monstrano i nostri padri o maestri non cerchiamo se si può migliorare tale arte ma, sazii di quello, fermiamo ivi lo intelletto et per tutta la vita facciàno quel medesimo. Quinci si vede le nobili et bene intese arti da i nostri antichi per più età in modo mancate che sia vergogna a dire che honore o che frutto apparisca d'esse; poi o per gratia o per industria o per elevato et migliore ingegno o per continuata diligentia nascere chi l'arte perduta rilieva;

et ensuite quels rapports entretenir avec ses concitoyens, et, séparément, par quel moyen faire fructifier ses domaines, mais cet homme se prépare tantôt à une chose, tantôt à une autre, en mêlant l'une à l'autre, si bien qu'après s'être exercé par la pratique sans s'y dégoûter, il est devenu maître de tout gouverner. De même, le bon agriculteur n'apprend pas séparément à cultiver ses terres, puis à faire pousser ses fruits et à les conserver et, à un autre moment, à gouverner son bétail. Donc, de la même façon, on ne doit pas poursuivre les activités vertueuses l'une après l'autre, mais chercher à s'orner de toutes en même temps, sachant que l'esprit est apte aussi bien à beaucoup qu'à peu de choses, et qu'il lui est bien plus facile d'œuvrer en plusieurs choses que d'en répéter longtemps une seule.

FRANCO. – Il est certes vrai que qui ne cherche pas ne trouve pas, et qu'une fois les choses trouvées, chacun s'en fait le maître. De tous ceux que j'ai pu entendre, nul ne m'a fait si bien découvrir comment un homme pouvait apprendre plusieurs choses et s'exercer aisément dans plusieurs arts éminents. Maintenant que tu nous l'as montré, chacun devrait le comprendre de lui-même, me semble-t-il, mais on n'y prête, en vérité, aucune attention, sinon on en retirerait sans aucun doute un bon fruit.

LUIGI. – Il arrive souvent qu'on défasse un nœud pour en faire un autre, et c'est ce qui m'est arrivé en t'écoutant parler : en effet, si j'ai compris comment on peut acquérir plusieurs arts, je m'étonne d'où vient que rares sont les hommes qui surpassent les autres en excellence dans leurs œuvres.

§ 144-161. AGNOLO. – J'ai souvent réfléchi à cela, et j'ai trouvé deux raisons pour lesquelles rares sont les intelligences dignes d'estime en plusieurs domaines. La première raison en est que, satisfaits de ce que nous montrent nos pères ou nos maîtres, nous ne cherchons pas à savoir si l'on peut améliorer tel ou tel art, mais, comme celui-ci nous comble, nous y arrêtons notre entendement et, toute notre vie, nous le répétons tel quel. Ainsi, l'on voit que les arts nobles auxquels s'entendaient si bien nos anciens ont été défaillants pendant si longtemps qu'il y aurait honte à dire quel honneur et quel profit en résultaient ; puis, l'on voit naître quelqu'un qui, par grâce reçue ou par son aptitude ou par son intelligence, plus élevée et supérieure, ou par son soin assidu, relève l'art perdu.

poi, facto maestro, insegna et fa discepoli i quali, non perché da loro cerchino, ma perché da optimo maestro imparano, riescono optimi, come, inanzi il rilevare dell'arti, chi da tristi imparava riuscia pessimo. Di quinci veggiano inanzi a Giotto la pictura morta et maestra di figure da ridere, da lui rilevata et da suoi discepoli mantenuta, et ad altri data, essere divenuta et essere in molti quanto più può degnissima. Lo 'ntaglio et l'architectura da noi indrieto per lunghissimo tempo maestre di sciòche maraviglie, in ella età nostra si sono rilevate et tornate in luci et da più maestri pulitesi et facte perfecte. Delle lettere et liberali studii sare' meglio tacere che dire poco. Queste principalissime conducitrice, et vere maestre d'ogni altra buona arte per più d'ottocento anni sono in modo state dimenticate nel mondo, che mai s'è trovato chi n'abbia avuto cognitione vera né saputo usare un loro minimo ornamento, in tanto che tutto quello si truova in carti o marmi per grammatica scripto fra questo tempo meritamente si possa chiamare grossagine rozza. Oggi veggiano per padre et ornamento delle lettere essere mandato nel mondo el nostro Leonardo aretino come splendido lume della eleganzia latina, per rendere agl'huomini la dolcezza della latina lingua.

# LA VIE CIVILE – LIVRE I

Ensuite, devenu maître, il enseigne et fait des disciples qui, non pas en cherchant par eux-mêmes, mais en apprenant d'un excellent maître, deviennent excellents, tout comme, avant le relèvement des arts, ceux qui apprenaient de mauvais maîtres, étaient mauvais. Ainsi, nous voyons qu'avant Giotto, la peinture, qui était morte et maîtresse de figures ridicules[82], relevée par lui et maintenue par ses disciples, puis transmise à d'autres, est devenue, comme elle est chez beaucoup, la plus digne qu'il se peut[83]. La ciselure[84] et l'architecture qui ont été chez nous, pendant très longtemps, maîtresses de sottes merveilles, se sont relevées de nos jours et sont revenues à la lumière, polies et parfaites par de nombreux maîtres. Quant aux lettres et aux études libérales, il vaudrait mieux se taire que d'en parler peu. Ces guides fondamentales, vraies maîtresses de toutes les autres bonnes disciplines, ont été si bien oubliées dans le monde pendant plus de huit cents ans qu'il ne s'est jamais trouvé personne qui en ait eu une vraie connaissance et ait su utiliser leur moindre ornement, au point que toutes les inscriptions en latin sur papiers ou marbres pendant cette période peuvent à juste titre être qualifiées de grossières et frustes. Aujourd'hui, nous voyons qu'un homme a été envoyé au monde comme père et ornement des lettres, notre Leonardo d'Arezzo[85], splendide lumière de l'élégance latine, pour rendre aux hommes la douceur de la langue latine.

---

82 Palmieri exprime ici un jugement sur la « renaissance » de la peinture à partir de Giotto, que Giorgio Vasari, au XVIᵉ siècle, théorisera dans ses *Vite de' più eccellenti architetti, pittori, et scultori italiani, da Cimabue, insino a' nostri tempi* (première édition, 1550). Cette appréciation provient de Dante ou de ses commentateurs anciens. *Cf.* Dante, *Purgatoire*, XI, v. 94-96 : « *Credette Cimabue ne la pittura / tener lo campo, e ora ha Giotto il grido, / sì che la fama di colui è scura.* » (« Cimabue crut, dans la peinture, tenir le champ / et Giotto à présent a le cri, / si bien que la gloire de l'autre est obscure. » Trad. J. Risset).

83 Cette idée que les arts figuratifs avaient dégénéré après la période classique vise l'art byzantin, roman et gothique. Boccace, dans le *Décaméron* (VI, 5), avait déjà mis en avant la figure de Giotto comme le peintre qui avait retrouvé un art enfoui depuis des siècles. Cette conception d'une renaissance des arts dont seraient responsables les artistes florentins est presque un lieu commun de la littérature humaniste.

84 Rappelons que Ghiberti travaillait alors, avec d'autres artistes, à ciseler la Porte, dite du Paradis, au Baptistère Saint-Jean de Florence.

85 Il est dit « notre », car il est citoyen de Florence depuis 1416. La production de Leonardo Bruni, natif d'Arezzo, au cours des années qui précèdent la rédaction du traité de Palmieri, outre les œuvres historiques, concerne notamment les problèmes les plus importants de caractère moral, philosophique et pédagogique.

Il perché riconosca da Dio chi ha ingegno l'essere nato in questi tempi, i quali più fioriscono d'excellenti arti d'ingegno, che altri tempi sieno stati già sono mille anni passati, solo che e' piacesse a chi tutto governa per gratia dare lunga et tranquillissima pace all'umile nostra Italia: che essendo, certo si vede che da queste prime rilevationi seguirebbono mirabili fructi, apti a correggere col tempo expressissimi errori di riputatissime doctrine. Le quali, pervertite da chi ha scripto di quelle ne' tempi di sì lunga ignoranza, et poi studiate con loro obscuri et tenebrosi libri che per inestricabili vie non aprono, ma con insolubili argutie obfuscano ogni scientia, sì che sanza alcuno largo fructo s'invechia in esse, fanno che·ll'abito fatto da chi n'è docto né possa né voglia consentire essere in esse migliore né più brieve via, et forse meritamente, non vogliendo perdere la riputatione et stima di quello che con fatica, credendo bene fare, hanno in tutta la vita imparato. Ma io bene credo essere non di lungi il tempo che dimonsterrà et philosophia et altre scientie potersi in su i principali auctori più brievemente et perfecte imparare, che non si fa in su le insolubili investigationi di quegli che, dicendo volere exporre, obfuscano gli ordinati et bene composti auctori degli elevati ingegni. Tosto si conoscerà il primo segno dell'animo bene composto essere stare fermo et seco medesimo, non deviando da' primi ingegni, considerare et rivolgere i termini fondamentali di qualunche scienzia o arte, et a quegli con ogni detto et facto conrispondere, sappiendo che ogni altra via è vaga et instabile et sanza fructo. Come per simele errore, non sono molti anni, si vedea molti grandissima parte della vita consumare in ell'arte et constructione di grammatica, dove i tristi maestri con tristi auctori insegnando et pervertendo in modo l'ordine che, insegnando grammatica, insieme philosofia et ogn'altra scientia confondevono,

LA VIE CIVILE – LIVRE I 99

Les hommes intelligents reconnaîtront devoir à Dieu d'être nés en ces temps-ci, plus florissants dans les excellents arts de l'esprit[86] que dans les mille ans déjà écoulés, s'il plaît à Celui qui gouverne tout de donner par grâce une paix longue et très tranquille à notre humble Italie : car, avec cette paix, on voit assurément, d'après ces premiers redressements, qu'il en résulterait d'admirables fruits, propres à corriger avec le temps des erreurs manifestes contenues dans des doctrines hautement réputées. Perverties par ceux qui ont écrit à leur sujet dans les temps de longue ignorance, puis étudiées avec leurs livres obscurs et ténébreux qui, par d'inextricables voies, n'ouvrent pas aux sciences, mais les obscurcissent par leurs arguties insolubles[87], nous laissant vieillir sur elles sans grand profit, ces doctrines font que l'habitus adopté par ceux qui s'y sont instruits ne peut ni ne veut consentir de trouver en elles des voies meilleures et plus rapides, et peut-être à juste titre, car ces hommes ne veulent pas perdre la réputation ni l'estime de ce qu'ils ont appris toute leur vie, à grand-peine, en croyant bien faire. Mais le temps n'est pas loin, j'en suis convaincu, qui montrera que la philosophie et les autres sciences peuvent être apprises plus rapidement et à la perfection en se fondant sur les auteurs les plus importants, bien mieux qu'on ne le fait en se fondant sur les investigations insolubles de ceux qui, affirmant qu'ils veulent expliquer, obscurcissent les écrits ordonnés et bien composés par des hommes à l'intelligence élevée. On reconnaîtra bientôt que le premier signe d'un esprit bien fait est d'être solide et, sans dévier des premiers hommes de génie, de considérer et d'examiner par lui-même les termes fondamentaux de toute science ou art, et d'y correspondre par les paroles et par les faits, sachant que toute autre voie est vague, instable et infructueuse. De même, par une erreur semblable, l'on voyait, voilà quelques années, nombre d'hommes consumer une très grande partie de leur vie dans l'art de la grammaire et de sa syntaxe dont, à cause des mauvais maîtres qui enseignaient avec de mauvais auteurs et pervertissaient l'ordre au point de confondre dans l'enseignement de la grammaire la philosophie et toute autre science,

---

86 *arti d'ingegno* : les activités où s'exercent principalement les facultés intellectuelles et que l'on peut rapprocher des arts « libéraux ».

87 Sont visés ici les représentants de la scolastique finissante, auteurs de commentaires de plus en plus abscons des grands auteurs, Aristote ou Platon. L'idée qui est sous-jacente est celle d'un retour aux textes originaux, débarrassés des scolies envahissantes.

non altro fructo faceano che si faccia chi, leggendo il *Danese*, stimasse riuscire sommo maestro di dire in rima, ché agiovolemente, leggendo poi Dante o il Petrarca, conoscerebbe suo errore se lo intelletto infermo no·ll'ocecasse. Oggi in brevissimo tempo si vede molti con tale eleganzia scrivere et dire in latino che in tutta la vita sì tollerabilemente non si dicea pe' maestri de' nostri padri. Confortovi dunque, Franco et te, Luigi, a seguire in egli studii come fate, acciò siate in fra i primi intendenti di vostra età, ché stimo, se·lla vita non v'abandona, vedrete l'un dì più che·ll'altro fiorire gl'ingegni de' cittadini vostri, però che naturale è rinascere l'arti perdute quando vuole l'uso: come et in Grecia et a·Rroma anticamente si vide una età fiorire d'oratori, una di poeti, un'altra di legisti philosophi, historici o scultori, secondo erano più in uso, stimate et insegnate da i maestri di que' tempi. La seconda cagione perché non si diviene excellente è rispecto al fine, il quale è perverso da noi, però che con ciò sia cosa che il fine d'ogni arte sia quella perfectamente intendere et dilectarsi nella sua vera cognitione per quiete dello intellecto che per sua natura disidera interamente sapere, nientedimeno grandissima parte degl'huomini aberrano, pognendo il loro fine in utile et honore non vero, ma oppinabile. Di quinci nasce che i secutori d'alcuna arte tanto ne imparano, quanto sono necessitati ad averne spaccio secondo il commune corso degli altri simili; poi fare meglio non si cura, et sempre segue in quelle prime grossezze, bastandogli che si creda ne sappia tanto gli basti a avere il corso. Questo errore non solo tiene adrieto l'arti servili et mecanice, ma ancora quelle che sono dette liberali, imperò che molti cercono doctrina di lettere tanto quanto possino exprimere certe parole grossamente per -es et -us, pur che dal vulgo ignorante sieno riputati grammatici.

LA VIE CIVILE – LIVRE I 101

ils ne tiraient pas plus de profit qu'un lecteur du *Danois*[88] estimant devenir avec cette lecture un excellent maître en l'art de la rime, alors qu'en lisant ensuite Dante ou Pétrarque, il reconnaîtrait aisément[89] son erreur si l'infirmité de son entendement ne l'aveuglait pas. Aujourd'hui, en très peu de temps, on en voit beaucoup écrire et parler en latin avec une élégance telle qu'on ne la reconnaissait pas, en toute leur vie, aux maîtres de nos pères. Je vous encourage donc, Franco et toi, Luigi, à poursuivre vos études comme vous le faites, afin que vous deveniez parmi les premiers hommes de grand savoir de votre temps, et, si la vie ne vous abandonne pas, vous verrez de jour en jour fleurir les talents de vos concitoyens, car il est naturel que les arts perdus renaissent, quand l'usage le permet : comme en Grèce et à Rome, où l'on vit anciennement fleurir en un temps les orateurs, en un autre les poètes, en un autre les légistes, les philosophes, les historiens ou les sculpteurs, selon que ces arts étaient le plus en usage, estimés et enseignés par les maîtres de ces temps-là. La seconde raison pour laquelle on ne devient pas excellent est dans la relation à la fin, que nous avons pervertie, car, bien que la fin de tout art soit de le comprendre parfaitement et de prendre plaisir à sa vraie connaissance pour la paix de l'entendement qui, par sa nature, désire savoir parfaitement, néanmoins, une grande majorité d'hommes se trompent, mettant leur fin en une utilité et en un honneur qui ne sont pas vrais, mais opinables. De là vient que les sectateurs d'un art en apprennent juste ce que vaut le marché[90], selon l'aptitude de leurs concurrents ; ils ne se soucient pas de faire mieux, et s'en tiennent toujours à ces premiers rudiments, se contentant qu'on les croit assez savants pour en vivre. Cette erreur retarde non seulement les arts serviles et mécaniques, mais aussi ceux dits libéraux, car beaucoup cherchent une science des lettres tout juste suffisante pour pouvoir exprimer certains mots grossièrement en *-es* et *-us*, pourvu qu'ils soient tenus par le peuple ignorant pour des grammairiens.

---

88 Il s'agit du titre d'un *cantare* qui narre les exploits d'Ogier le Danois. Le *cantare*, chanté comme son nom l'indique, est un poème composé de huitains, dont la matière épique est souvent issue des cycles carolingien et breton. Il s'est diffusé en Italie aux XIV$^e$ et XV$^e$ siècles. Voir P. Rajna, « Uggeri il Danese nella letteratura romanzesca degl'Italiani », *Romania*, 2 (1873), p. 153-169. Le grand romancier italien Italo Calvino cite en passant le Danois dans son *Chevalier inexistant* (*Il cavaliere inesistente*, 1959).

89 *agiovolemente* : *agevolmente*.

90 L'idée est celle d'un métier qu'on monnaye, selon la valeur du marché.

Altri dicono studiare loica et poi essere philosophi, che solo imparano a sapere garrire ne' cerchi, dove spesso dalla ignoranza de' circunstanti è giudicato che chi più garre più sappia. Così credo che sia de' non perfecti doctori di medicina et legge, che più tosto ne imparano tanto quanto ne credono vendere, che e' non cercono la vera doctrina per virtù et ornamento di loro et per universale salute di molti avendo ultimamente rispetto all'utile per solo premio della operata virtù, come richiede il debito di ciascuno virtuoso. Molto è difficile affaticarsi nelle gran cose per solo utile d'altri secondo richiederebbe la vera virtù, et quegli che·ll'abbino facto sono stati in terra rarissimi uccelli et simili certo alla rara fenice, più rado veduti che ragionati. Meritamente per questo da e sapientissimi antichi sono stati celebrati di sommo honore et gloriosamente riveriti i nomi degl'inventori d'alcuni arti excellenti, che per tutto il tempo di loro vita si sono affaticati per l'universale salute et utilità commune dell'humana generatione –.

§ 162-165. FRANCO. – Tu ci hai colmo la risposta della nostra domanda più che noi non sapavano chiedere a lingua; et non solo siàno per le tue parole certificati essere a molte cose atto l'huomo, ma in che modo molte ne può imparare. Et più hai aggiunto dua cagioni che tengono adrieto gl'ingegni, le quali certo mi sodisfanno et piaccionmi. Segui oggi mai che ti piace, ché volentieri ti starò a udire, et il meno potrò interromperò il tuo dire –.

AGNOLO. – Noi avano detto, se io mi ricordo bene, innanzi che voi mi tirassi ad altro, che exercitii doveano essere quegli de' già cresciuti giovanetti. Seguendo dunque l'ordine nostro, i giovani in tutte le loro operationi piglino il commune modo del più approvato vivere di loro città. Conversino moderatamente, sì che non solo agevole, ma dilectoso sia sopportagli a coloro con chi usano. Ubbidiscano ciascuno nell'opere honeste; non sieno altieri con gli amici, né contrarii a quegli, et portinsi sì che agevolemente acquistino loda con buona amicitia. Venuti i giovani a questa età, debbe ciascuno considerare le forze del suo ingegno, quelle insieme col corpo examinare, et eleggere quella vita a che si sente più apto et in ella quale spera vivere migliore et più degno.

LA VIE CIVILE – LIVRE I

D'autres disent étudier la logique et devenir ensuite philosophes, qui n'apprennent qu'à brailler dans les attroupements, là où, souvent, l'ignorance des personnes présentes juge que le plus savant est celui qui babille le plus. Il en est de même, je crois, chez les docteurs en médecine et en droit, des ignorants qui n'apprennent que ce qu'ils pensent vendre, car ils ne cherchent pas la vraie doctrine pour leur vertu et l'ornement de leur personne, ni pour le salut universel du grand nombre, ne considérant finalement que l'utile pour seul prix de la vertu mise en œuvre, contrairement à ce qu'exige le devoir de tout homme vertueux. Il est très difficile de se donner de la peine dans les grandes choses pour le seul profit d'autrui, selon ce qu'exigerait la vraie vertu, et ceux qui l'ont fait ont été sur terre des oiseaux aussi rares que le phénix, plus rarement vus qu'imaginés. C'est pourquoi, à juste titre, les Anciens, fort savants, ont célébré avec le plus grand honneur et révéré glorieusement les noms des inventeurs de quelques arts excellents, lesquels, pendant toute leur vie, se sont donnés de la peine pour le salut universel et pour l'utilité commune du genre humain.

§ 162-165. FRANCO. – Ta réponse a pleinement satisfait à notre question, et plus que nous ne savions demander avec nos mots ; tes paroles nous ont assuré non seulement de l'aptitude de l'homme à faire beaucoup de choses, mais aussi de quelle manière il peut en apprendre plusieurs. En plus, tu as donné deux causes qui retiennent les intelligences d'avancer, et qui, certes, me satisfont et me plaisent. À présent, poursuis avec ce qui te plaît : je t'écouterai volontiers, et je t'interromprai le moins possible.

AGNOLO. – Si je m'en souviens bien, nous avions[91] dit, avant que vous ne me meniez à parler d'autre chose, ce à quoi devaient s'exercer les enfants devenus plus grands. Donc, dans la suite de notre plan, il faut que les jeunes, dans tout ce qu'ils font, adoptent la commune façon de vivre la plus approuvée de leur cité. Qu'ils se conduisent avec modération, de sorte qu'il soit facile, et même agréable pour les personnes qu'ils pratiquent, de les supporter. Qu'ils se montrent obéissants dans les activités honnêtes ; qu'ils ne soient pas hautains avec leurs amis, qu'ils ne leur soient pas hostiles, mais qu'ils se comportent de manière à obtenir facilement louange avec bonne amitié. Quand ces jeunes sont parvenus à cet âge, chacun d'eux doit considérer les forces de son intelligence, examiner en même temps celles de son corps, et choisir la vie pour laquelle il se sent le mieux fait et dans laquelle il espère vivre mieux et plus dignement.

---

91  *avano* : *avevamo* (voir IV : *noi vincitori avano*).

In così fatta electione sia riguardato non contradire alle naturali forze suoe, ma, conservate quelle, si segua la propria natura. Et benché altre cose fussino maggiori, migliori et più degne, nientedimeno misuriano noi secondo il potere nostro et quello a che siàno atti con le facultà proprie, però che in gnuno modo si de' contrastare alla fortuna et volere quello che la natura ti niega. Et invano certo si segue cosa che non si possa acquistare: alcuna cosa acquistare non puossi dove ripugni nostra natura.

§ 166-182. La bellezza et ornamento di nostra vita è l'equabilità et convenienti attitudini dell'opere humane. Queste conservare non può chi, lasciando le forze della propria natura, segue altro.

Conosca dunque ciascuno le sua naturali forze, sia in sé callido giudice delle virtù et vitii suoi, et a quelle cose che si sente aptissimo in quelle sommamente s'afatichi. Se alle volti la necessità inducessi operationi contrarie a nostra natura, doviano mettere ogni nostra cura, consideratione et diligentia di fare quelle, se non possiano attamente, almeno non vituperabili né brutte. A' buoni non è necessario acquistare tutte le buone arti, se la natura il vieta, ma sommo necessario gli è fuggire ogni vitio al quale da natura inclinato o disposto fusse. Per questo meglio fare, ciascuno consideri se medesimo, conosca essere nato huomo sottoposto a qualunche caso della fortuna, della cui varietà chi si vuole guardare, gli è necessario poche cose cercare fuori delle virtù dell'animo, le quali solo infra e beni humani non sono sottoposti a quella. Sia la nostra cura non di vivere, ma di bene et honestamente vivere. Sia posto in nella vita qualche certo fine al quale si dirizino tutti i nostri andamenti. Ogni nostro errore viene perché viviano sanza proposito fine, onde i nostri processi sono tenebrosi et obscuri, non elevati per lucente calle da noi preveduto et certo;

LA VIE CIVILE – LIVRE I 105

Dans ce choix, qu'il veille à ne pas contrarier ses[92] forces naturelles, mais, les conservant, qu'il suive sa nature. Et même si d'autres choses sont plus grandes, meilleures et plus dignes, nous devons néanmoins nous mesurer d'après notre pouvoir et ce à quoi nos facultés propres nous rendent aptes, car on ne doit en aucune façon s'opposer à la fortune et vouloir ce que la nature nous refuse. C'est en vain, bien sûr, qu'on poursuit une chose qu'on ne peut acquérir : on ne peut acquérir une chose si notre nature y répugne.

§ 166-182. La beauté et l'ornement de notre vie résident dans l'équilibre[93] et la convenance[94] des activités humaines, ce que ne peuvent conserver ceux qui, délaissant leurs forces naturelles, poursuivent d'autres choses.

Que chacun connaisse donc ses forces naturelles, qu'il soit juge avisé de ses vertus et de ses vices, et qu'il se donne de la peine dans ces choses pour lesquelles il se sent éminemment apte. Si la nécessité nous amène parfois à faire des choses contraires à notre nature, nous devons mettre tout notre soin, toute notre attention et toute notre diligence à les faire, sinon proprement, du moins exemptes de blâme et de laideur. Il n'est pas nécessaire que les bons acquièrent toutes les bonnes pratiques, si la nature les en empêche, mais il est absolument nécessaire qu'ils fuient tout vice auquel ils seraient enclins et disposés par nature. Pour mieux y parvenir, que chacun s'examine soi-même, qu'il sache qu'il est né homme, soumis à n'importe quel hasard de fortune, et s'il veut se garder de ses variations, il n'a guère de choses à chercher en dehors des vertus de l'âme, seules de tous les biens humains à n'être pas soumises à la fortune[95]. Que notre soin soit non pas de vivre, mais de vivre bien et de vivre honnêtement. Qu'il y ait dans notre vie un but assuré vers lequel nous fassions tendre toutes nos conduites. Toutes nos erreurs viennent de ce que nous vivons sans but défini, aussi nos voies sont-elles obscures et ténébreuses, et ne s'élèvent-elles pas vers un chemin lumineux que nous avons prévu et que nous savons certain ;

---

92  *suoe* : *sue.*

93  *equabilità* : latinisme (*aequabilitas*) pour « modération », « mesure », « équilibre ». On trouve, avec le même sens, le mot « équabilité » chez Montaigne (*Essais*, III, x). L'agir humain doit être équilibré et mesuré, comme peuvent l'être les proportions dans la définition du beau artistique.

94  *attitudini convenienti* : ce qui convient, en terme de juste proportion entre la chose et l'aptitude à la réaliser, comme Pandolfini l'explicite dans la suite de son raisonnement.

95  C'est ici une note de la philosophie stoïcienne qui distingue ce qui dépend de la fortune, comme la santé ou la richesse, et ce qui échappe à son pouvoir, comme les vertus de l'âme.

anzi più tosto ci andiano avolgendo per vie torte et incerte in modo che, spesse volte smarriti, dove sieno diritti i nostri passi noi stessi ridire non sappiàno. Spesse volte per questo ci sono gravi quelle cose le quali prima con fatica ci siàno ingegnati acquistare, et conoscesi non avere cerco cosa ferma nella quale gli appetiti degl'huomini si riposino. In nello eleggere in che modo doviamo vivere, sia la prima diligentia fermare in noi medesimi chi et quali noi vogliàno essere et in che generatione di vita seguire. Tale diliberatione sopra a ogni altra è difficile. Viene nel principio della giovanezza quando il giudicio et consiglio è in noi debile; et ciascuno in quel tempo elegge quello che più ama, onde aviene che prima ci siamo dati a qualunche modo di vivere che potuto giudicare quale sia optimo. Questo primo errore non solo a' deboli ingegni è commune, ma Hercole ancora, virtuoso sopra tutti i mortali, errò, come recita Zenofonte; poi, cresciuto in el tempo dato dalla natura atto a eleggere qual via in nel vivere ciascuno de' seguire, se n'andò in lunga solitudine. Quivi sedendo, seco medesimo lungo tempo dubitò, veggendo dua vie, una di dilecto, et l'altra di virtù, per la quale entrare più tosto dovesse, et poi si misse per la più gloriosa. Così fermo giudicio dicono essere stato per gratia conceduto a Hercole, che era figliuolo di Giove: a·nnoi certo no, che sanza troppo pensare in questa età seguiàno quello ci si monstra piacere. Varie sono le cagioni che sanza examinare ci conducono dove a sorte il caso ci tira: molti seguono i padri et secondo loro consuetudine et costume vivono; altri sono menati dal parere et giudicio volgare, et appruovono et seguono quello che la moltitudine dicono essere più bello; alcuni si truovono che, o per gratia particulare o per grande excellentia d'ingegno, o per elevata eruditione et doctrina, o per l'una et l'altra di queste, abbino avuto spazio in diliberare qual corso di vita vogliono seguire. In sì facta deliberatione, come già è detto, ciascuno riferisca il consiglio alla propria natura, accioché, se in ciascuna cosa si cerca quello che più si confaccia, molto maggiormente in ell'ordinare tutta la vita si cerchi il simile per potere meglio in quella continuare sanza variare et rivolgersi da una a un'altra.

au contraire, nous tournons en rond par des voies tortueuses et incertaines si bien que, souvent perdus, nous ne savons pas dire nous-mêmes où nous dirigeons nos pas. Souvent, à cause de cela, les choses que nous nous sommes efforcés péniblement d'acquérir nous pèsent, et nous savons alors que nous n'avons pas cherché quelque chose de solide où les appétits des hommes puissent se reposer. En choisissant de quelle manière nous devons vivre, notre première attention doit être d'arrêter en nous-mêmes qui et quels nous voulons être, et quel mode de vie suivre. Ce choix est plus difficile que tous les autres. Il arrive au seuil de la jeunesse, quand notre jugement et notre réflexion sont faibles ; et, à cet âge, chacun choisit ce qu'il aime le plus, d'où il s'ensuit que nous nous sommes engagés dans un mode de vie avant même d'avoir pu juger lequel était le meilleur. Cette première erreur n'est pas seulement commune aux faibles intelligences, mais, selon le récit de Xénophon, Hercule lui-même, le plus vertueux des mortels, se trompa ; puis, ayant grandi à cet âge où la nature nous donne de pouvoir choisir quelle voie suivre dans la vie, il se retira dans une longue solitude. Là, assis, voyant deux voies, l'une de plaisir, l'autre de vertu, il hésita longtemps pour savoir laquelle il devait emprunter, et puis choisit la plus glorieuse. On dit qu'un jugement aussi ferme fut concédé à Hercule, fils de Jupiter, par grâce : cela n'arrive certainement pas à nous qui, sans trop y penser, à cet âge-là, suivons ce qui se présente pour nous comme un plaisir[96]. Diverses sont les raisons qui nous conduisent, sans examen de notre part, là où nous entraîne le hasard : beaucoup suivent leurs pères et vivent en suivant leurs habitudes et leurs mœurs ; d'autres sont menés par l'opinion et le jugement du vulgaire, et approuvent et suivent ce que la multitude affirme être le plus beau ; il en est certains qui, par grâce particulière ou par grande excellence d'esprit, ou par leur érudition et leur science élevées, ou par l'une et l'autre, ont eu le temps de délibérer sur le cours de la vie qu'ils veulent suivre. Dans une telle délibération, comme il a été dit, chacun doit rapporter son projet à sa propre nature : en effet, alors qu'on cherche en chaque chose ce qui convient le mieux, il faut le chercher bien davantage dans l'organisation d'une vie entière, et pouvoir ainsi mieux se maintenir en celle-ci, sans varier et passer d'une vie à l'autre.

---

96  « En choisissant… » : CIC., *Off.*, I, XXXII, 117-118. L'histoire d'Hercule au carrefour, récit du sophiste grec Prodicos, était rapportée par Xénophon, *Mémorables*, II, I, 21. Elle circule alors dans la littérature humaniste : Pétrarque y fait allusion dans son *De vita solitaria* (I, 4).

## VITA CIVILE – [LIBRO PRIMO]

In ordinare questa, grandissima forza ha la natura, la fortuna poi: a ciascuna in tutto si riguardi, ma a la natura prima, perché molto, in verità, più ferma et più constante si truova, immodo che alle volti la fortuna, come mortale, contrastare si vegga con la immortale natura. Colui che, secondo intendiano, arà ogni suo consiglio conferito in eleggere il modo di suo vivere, in quello constantemente perseveri, perché così fare ai virtuosi si conviene se già non intendessino avere errato in tale electione. La qual cosa quando adiviene, si de' fare mutatione dell'ordinato costume, però che non poco conoscere, ma nel poco conosciuto molto et scioccamente indurare è brutto: perché l'uno è commune alla infermità humana, l'altro è dato per vitio particulare di ciascuno errante. Di quinci dice Hesiodo: «/ Optimo è colui che da sé tutto sa, / buono ancora chi admonito segue il bene, / chi da sé non vede et monstrogli non fa, / ignuna parte di bontà ritiene /». Tale mutatione non sia in alcuno modo al gitto dirotta, ma a poco a poco rimossa con debito tempo, salvando sempre che paia essere fatto con maturo et approvato consiglio. Electa già la vita et quella ordinata a optimo fine, agevolemente s'acquista i principii di tutti nostri beni et diviensi disposto a ogni honesta disciplina. Sia allora uficio de' giovani riverire i bene vivuti vechi, eleggere gl'optimi et più approvati, con l'auctorità et consiglio de' quali si governi. La crescente età sempre debbe essere confortata et ferma dalla prudentia de' vechi, exercitarsi in opere faticose d'animo et di corpo, acciò che da loro si scacci ogni libidine et la industria s'aguzzi et pigli vigore negli ufici delle guerre et civili. Poi, quando rifrigerare l'animo et darsi a alcuno piacere volessino, siano temperati et guardinsi di vergogna; la qual cosa sarà loro agevole, se elegeranno avere presenti gli amonimenti de' padri antichi et di riverenzia degni –.

LA VIE CIVILE – LIVRE I 109

Dans cette organisation, la nature a une très grande force, et puis la fortune : qu'on regarde l'une et l'autre, mais d'abord la nature, car elle est, en vérité, bien plus solide et plus constante, en sorte qu'on voit, parfois, la fortune s'opposer comme une mortelle à la nature immortelle. Celui qui, comme nous l'entendons, aura appliqué tout son projet au choix de son mode de vie, devra s'y montrer persévérant et constant, car il convient aux vertueux d'agir ainsi, à moins qu'ils n'aient compris s'être trompés dans ce choix[97]. Si cela arrive, il faut changer l'habitude établie, car ce n'est pas de connaître peu, mais de s'obstiner beaucoup et stupidement dans ce qui est peu connu, qui est laid : le premier cas est commun à l'infirmité humaine, le second est jugé comme le vice particulier de tous ceux qui se trompent. De là, le mot d'Hésiode : « / Celui-là est excellent qui, de lui-même, sait tout, / bon est celui qui, averti, suit le bien, / quant à celui qui ne voit pas par lui-même le bien et, quand on le lui montre, ne le fait pas, / celui-là n'a en lui aucune part de bonté[98]. » Un tel changement ne doit en aucune façon être fait précipitamment, mais peu à peu, avec le temps, en veillant toujours à ce qu'il ait l'air d'être fait après une réflexion bien mûrie[99]. Après avoir choisi sa vie et l'avoir ordonnée vers une fin excellente, on acquiert aisément les principes de tous nos biens et l'on se dispose à toute honnête discipline. Le devoir des jeunes gens est alors de respecter les vieillards qui ont vécu selon le bien, choisir les meilleurs et les plus estimés, et se régler sur leur autorité et sur leur jugement. L'âge où l'on grandit doit toujours être conforté et affermi par la prudence des vieillards, s'exercer à des activités harassantes de l'esprit et du corps, afin qu'ils se défassent de toute lasciveté, que leur zèle s'aiguise et se fasse vigoureux dans les devoirs militaires et civils. Ensuite, s'ils veulent se récréer l'esprit et se donner quelque plaisir, qu'ils aient de la tempérance et évitent la honte, ce qui leur sera facile s'ils veulent bien de la présence de leurs pères, leurs aînés dignes de respect[100].

---

97 « Dans une telle réflexion… : CIC., *Off.*, I, XXXIII, 119-120.
98 Aristote, *Éthique à Nicomaque*, I, II, 1095b.
99 « Un tel changement… » : CIC., *Off.*, I, XXXIII, 121.
100 « Le devoir des jeunes gens… » : CIC., *ibid.*, I, XXXIV, 122.

§ 183-185. FRANCO. – Molto volentieri abbiàno udito le parole tue; et buono per chi eleggesse la vita con quella consideratione che tu vorresti. Ver è che, secondo noi abbiàno inteso, e' ci pare tu voglia ognuno vada per una via di virtù. Se questo è, come potrà egli riuscire l'uno buono frate, l'altro buono imperadore et altri buono cittadino? –

AGNOLO. – Sommamente m'è cara la domanda tua, però che tu mi tiri in materia sì bella che forse niuna altra nella mente degl'huomini ventaggia questa. Et è certo quella che tutti i savi philosophi et honoratissimi poeti hanno seguita nelle loro gloriose opere, dove hanno trattato quali sieno i gradi et officii della humana vita. Elevate voi ora qui gli animi a intendere quello a che bene exercitati ingegni non sono aiuncti et per l'avenire forse richiederebbe altri che volgari legitori. Solo le virtù fanno gl'huomini beati, et per contrario i vitii gli fanno miseri.

§ 186. Quatro sono le virtù che volgarmente sono dette cardinali, cioè Prudentia, Forteza, Temperantia et Giustitia.

Ciascuna di queste in quatro modi varii se exercita secondo quatro generationi di virtù che ciascuna contiene in sé: le prime sono chiamate civili, le seconde purgatorie, le terze d'animi già purgati, le quarte exemplarie o veramente divine.

§ 187-197. Secondo virtù civile è proprio officio della Prudentia ogni nostro pensiero et ogni nostra actione con ragione dirizare in laudabile et honesto fine, niuna cosa meno che honesta né volere né fare, et provedere a ciascuna nostra operatione con ragione et perfecto giudicio. La Forteza niuna cosa de' temere se non vituperabile et brutta, superare ogni honesto pericolo, et con franco animo sostenere i casi adversi, et nelle prosperità servarsi constante et fermo.

§ 183-185. FRANCO. – Nous avons écouté fort volontiers tes propos ; et ce serait une bonne chose pour celui qui mettrait, à choisir sa vie, l'attention que tu demandes. De vrai, d'après ce que nous avons compris, tu veux, nous semble-t-il, que chacun prenne un même chemin de vertu. Dans ce cas, comment pourra-t-il se faire que l'un devienne bon moine, l'autre bon empereur[101], et l'autre bon citoyen ?

AGNOLO. – Ta question me tient beaucoup à cœur, car tu m'amènes vers une matière si belle qu'il n'en est peut-être pas qui lui soit supérieure dans l'esprit des hommes. Et c'est elle que les sages philosophes et les poètes les plus honorés ont tous recherchée dans leurs ouvrages glorieux où ils ont traité des degrés et des devoirs de la vie humaine. À présent, élevez ici votre esprit pour entendre des choses que des intelligences pourtant bien exercées ne sont pas parvenues à comprendre, et qui, à l'avenir, exigeraient peut-être d'autres lecteurs qu'en langue vulgaire. Les vertus seules rendent les hommes heureux, et à l'inverse ce sont les vices qui les rendent malheureux.

§ 186. Il y a quatre vertus vulgairement appelés cardinales, à savoir Prudence, Force d'âme, Tempérance et Justice[102].

Chacune d'entre elles s'exerce de quatre manières différentes selon quatre genres[103] de vertus qu'elle contient en elle : les premières sont appelées civiques, les secondes purgatrices, les troisièmes celles des esprits purgés, les quatrièmes exemplaires ou divines.

§ 187-197. Selon la vertu civique, le devoir propre à la Prudence est de diriger par la raison chacune de nos pensées et chacun de nos actes vers un but honnête et louable, de ne vouloir et ne faire rien que des choses honnêtes, et de pourvoir à chacune de nos opérations avec la raison et un jugement parfait. La Force d'âme ne doit rien craindre que ce qui est blâmable et laid, surmonter tout danger qui fait honneur, soutenir avec détermination les adversités, et, dans la prospérité, l'homme fort doit se maintenir ferme et constant[104].

---

101 *imperadore* : sonorisation (*imperatore*). Autres exemples : *Ligurgo* (I, § 106-125).

102 *Ad Herennium*, III, II, 3.

103 *generazioni* : « *generi* ». « les premières sont… » : MACR., *Comm. in somn. Scip.*, I, VIII, 5-8. Ce passage de Macrobe est exploité différemment par Pétrarque dans le *De vita solitaria* (I, 4).

104 *fermo* : le sujet n'est plus le « courage », mais implicitement – et grammaticalement – l'homme qui en fait preuve, ce que la traduction s'efforce de respecter. Il importe de souligner la tendance à concrétiser les vertus abstraites dans la personne de celui qui les pratique, comme le montrent la suite du passage et, plus largement, le texte du dialogue.

Della Temperantia è proprio nulla desiderare di che s'abbia a pentere, non trapassare l'equale temperamento della naturale legge, gli appetiti e cupidità sottomettere et fare ubidenti al giogo della vera ragione, vivendo in modestia abstinente et casto. La Giustitia civile solo conserva a ciascuno quello che è suo, punisce i rei, gli innocenti exalta, rimunera i virtuosi, conserva, acresce et mantiene le parentele, amicitie et concordie dell'humana multitudine. Con queste virtù i buoni huomini prima governono loro et le loro cose; di poi, venuti governatori delle republiche, acrescono, consigliono et difendono quelle; da queste procede la pietà ne' padri, l'amore ne' figliuoli, la carità de' parenti, la difensione degli amici et ultimamente il publico governo et universale salute della civile unione et concordia. Le seconde virtù sono nominate purgatorie et sono proprie de' cercatori delle cose divine che hanno disposto purgarsi da ogni contagione corporea, spregiare le cose terrene et solo intendere alle considerationi celestiali. La Prudentia in queste virtù è spregiare il mondo per sola contemplatione delle cose superne, et ogni nostro pensiero dirizare in ella cognitione di quelle. La Temperantia debbe da ogni cosa abstenersi, nulla volere né cercare fuori della necessità naturale del corpo. Forteza sia sanza timore constante et ferma in ogni tormento et pericolo, non tema morte di corpo, sperando sempre perfecta salute d'anima fra le beatitudini eterne. Iustitia debbe non errare fuori di suo proposito, seguire per una medesima via secondo richiede il debito delle proposte virtù. Per queste virtù divengono gl'uomini beati et veri conoscitori delle cose divine; ma sono, in huomini ociosi, viventi in solitudine et rimossi da ogni publica actione, sanza alcuna utilità del vivere commune degli altri mortali, solo intenti alla propria salute. Di questi si legge ne' libri sacri.

## LA VIE CIVILE – LIVRE I

Le propre de la Tempérance est de ne désirer rien dont on ait à se repentir, de ne pas outrepasser la mesure[105] égale de la loi naturelle, de soumettre appétits et convoitise et de les rendre obéissants au joug de la vraie raison, en vivant modestement dans l'abstinence et la chasteté. La Justice civique ne conserve à chacun que ce qui lui appartient, punit les coupables, exalte les innocents, récompense les vertueux, conserve, accroît et maintient les parentés, les amitiés et les ententes de la multitude des hommes. Avec ces vertus, les hommes de bien gouvernent d'abord eux-mêmes et leurs affaires ; quand ils en viennent ensuite à gouverner des républiques, ils accroissent, conseillent et défendent celles-ci ; de ces mêmes vertus découlent la tendresse chez les pères, l'amour chez les enfants, la charité des parents, la protection des amis, et, en dernier lieu, le gouvernement public et le salut universel de l'union et de la concorde civiles. Les secondes vertus sont appelées purgatrices et sont propres à ceux qui recherchent les choses divines et ont décidé de se purifier de toute contagion corporelle, de mépriser les choses terrestres et de ne s'en tenir qu'aux considérations célestes. Dans ces vertus, la Prudence consiste à mépriser le monde par la seule contemplation des choses d'en haut et de diriger toute notre pensée vers la connaissance de celles-ci. La Tempérance doit s'abstenir de toute chose, ne rien vouloir ni chercher en dehors de la nécessité naturelle du corps. La Force d'âme, sans crainte, doit être constante et ferme dans tous les tourments et les dangers, ne pas craindre la mort du corps, en ayant toujours l'espérance du salut absolu de l'âme parmi les béatitudes éternelles. La Justice ne doit pas se détourner de son propos, et suivre une même voie, selon ce qu'exige le devoir des vertus proposées. Par ces vertus, les hommes deviennent heureux et connaissent véritablement les choses divines ; mais elles sont, chez les hommes oisifs, vivant dans la solitude et désengagés de toute action publique, sans aucune utilité pour la vie ordinaire des autres mortels, en n'étant qu'attentifs à leur propre salut[106]. Les livres saints parlent de tels hommes.

---

105 *temperamento* : *moderazione* ; *misura*.

106 Ce n'est pas la sainteté qui est visée, mais une forme de désengagement d'une vertu opérante pour l'individu, comme l'avait exaltée Pétrarque dans son *De vita solitaria*, et inopérante pour la société.

La semplice sanctità solo a sé fa pro; et Danihel propheta, infine della sua sacratissima visione, vide i buoni risplendere come fussino stelle et gl'intendenti essere simili al fermamento celeste siché la semplice bontà era asimigliata alle stelle et la giusta doctrina pareva il cielo di quelle. Le virtù terze sono chiamate d'animi già purgati, puri et netti d'ogni macula, abstratti et deificati in iocundità perpetua. La prudentia di queste, è le cose celeste et divine non per comperatione eleggere o preporre, ma solo quelle conoscere, gustare et in esse dilectarsi come se nulla altro fusse. Temperantia e' non de' rafrenare le cupidità terrene, ma in tutto fuori di sé averle, né mai ricordarsene. Forteza niuna passione in sé de' ritenere, né sapere che sieno, essere contenta et sanza disiderio d'alcuna altra cosa. Iustitia sta in servare il perpetuo ordine della mente divina et per continua imitatione adiugnersi et, quanto più può, farsi simile a quella. Le quarte virtù sono solo in ella mente divina specie perfecta et bene universale: dall'exemplo delle quali ogni altro bene procede et ogni altre virtù sono da queste, che sanza origine sono da se medesime generate. La Prudentia ivi è essa mente divina disponente et governante l'universo.

§ 198. La Temperantia in sé medesima riguarda, conservando perpetua la intentione propria. La Fortezza sempre è quel medesimo né in eterno si muta. La Iustitia perpetualmente serva la medesima legge, continua nelle sua opere eterne né mai piega di quelle.

§ 199-200. In così facto modo sono state considerate da preclari ingegni quatro generationi di virtù, delle quali le prime mortificono i peccati, le seconde gli purgono et lievono da noi, le terze gli dimenticono et diventonne in tutto nette; nelle quarte non è in alcuno modo lecito nominargli. Inteso questo, ti debbe essere chiaro la domanda tua et avere inteso come per le medesime virtù si diviene buono in varie generationi di vita, et per le medesime ancora si diviene beato, et in sé, per queste, è la divina essentia perfecta.

LA VIE CIVILE – LIVRE I    115

La simple sainteté ne sert qu'à elle-même ; et le prophète Daniel, à la fin de sa sainte vision, voit les bons resplendir comme des étoiles et les intelligents semblables au firmament céleste, si bien que la simple bonté était comparée aux étoiles et la juste doctrine semblait être leur ciel[107]. Les troisièmes vertus sont appelées vertus des esprits purgés, purs et nets de toute tache, abstraits et déifiés dans une perpétuelle allégresse. La Prudence, ici, n'est pas de choisir ou de préférer, par comparaison[108] aux autres, les choses célestes et divines, mais de ne connaître qu'elles, de les goûter et de s'en délecter comme s'il n'existait qu'elles. La Tempérance ne doit pas seulement réfréner les cupidités terrestres, mais les exclure entièrement de soi, et ne s'en souvenir jamais. La Force d'âme ne doit garder en soi aucune passion, ni savoir ce qu'elles sont, être satisfaite et n'avoir nul désir d'autre chose. La Justice consiste à maintenir l'ordre perpétuel de l'esprit divin et à s'unir à celui-ci par une imitation continuelle et à lui ressembler le plus possible. Les quatrièmes vertus résident dans le seul esprit divin, espèce parfaite et bien universel : de leur exemple découle tout autre bien, et toutes les autres vertus viennent d'elles, lesquelles n'ont pas d'origine et s'engendrent d'elles-mêmes. Ici, la Prudence est l'esprit divin ordonnant et gouvernant l'univers.

§ 198. La Tempérance se tourne vers elle-même, sans se départir jamais de l'intention qui est la sienne. La Force d'âme est toujours identique à elle-même, sans changement, éternellement. La Justice conserve perpétuellement la même loi, constante dans ses œuvres éternelles, sans dévier jamais de celles-ci.

§ 199-200. C'est ainsi que les brillantes intelligences ont envisagé ces quatre types de vertus, dont les premières mortifient les péchés, les secondes les purgent et nous en défont, les troisièmes les oublient et en deviennent toutes nettes ; dans les quatrièmes, on ne peut aucunement faire mention de péchés[109]. Si tu as compris cela, ta question doit s'en trouver clarifiée et tu dois avoir compris comment, par les mêmes vertus, on devient bon en divers modes de vie, et aussi comment, par ces mêmes vertus, on devient heureux, et comment, par celles-ci, la divine essence est en soi parfaite.

---

107 *Dn* 12, 3. – Palmieri cite approximativement le texte de la Vulgate qui parle non de « juste doctrine », mais de ceux qui « enseignent la justice » (« *qui ad iustitiam erudiunt* »).

108 *comperazione* : « *comparazione* ». D'autres exemples du passage de -*ar*- en -*er*- en protonie : *seperare* (I § 103).

109 « Les troisièmes vertus sont appelées… » : MACR., *Comm. in somn. Scip.*, I, VIII, 9-12.

Noi, seguendo nostro dire, procedereno secondo le virtù civili, come infino da principio è stato nostra intentione, et così credo per 'l parlare facto abbiate inteso.

§ 201-206. Ora meglio potete conoscere che la vita solitaria è postposta a questa, et l'altre dua, come cose superne, non sono proprie degl'huomini. Resta dunque che in terra niuna cosa si faccia più cara né più accepta a Dio che con iustitia reggere et governare le congregationi et multitudine d'huomini unitamente con iustitia ragunati. Per questo promette Idio ai giusti governatori delle città et conservatori della patria in cielo determinato luogo nel quale eternalmente beati vivino co' suoi sancti, come inanzi sia fine al nostro sermone chiaramente vi si monsterrà. Ritornando adunque il dire nostro donde poco inanzi si partì, il giovane, a·ssì virtuosa vita disposto, sia amatore d'ogni virtù, ingegnisi con intelligentia et ragione qualunche altro soprastare, cerchi conoscere quali sieno le parti di sua vita et a che fine, sì che non a caso come e corbi sia menato da' dì, ma a buon'otta prevegga l'universale corso di suo vivere –.

LUIGI. – Optimi ci sono certo, Agnolo, i precepti tuoi et conosco ci saranno fructuosi et bene utili; et ha' ci sì degnamente aperto l'ordine vero di tutta virtù che credo non si potre' meglio exprimere da altro maestro. Ora vedendo in elle contate buone arti crescere i giovani et te volere dire molte cose, m'asicuro a domandarti, inanzi entri in cose maggiori, se i buoni figliuoli debbono sempre ubbidire a' loro padri, o in che cose –.

AGNOLO. – Bene fai alle volti ricordarmi i bisogni vostri et meriti loda, sì perché la memoria d'uno non è a ogni cosa prompta, né di tutto si può ricordare, et ancora perché l'animo di chi vuole essere certificato bisogna domandi, ché altrimenti non sarebe a sua posta sobvenuto. Oltre a questo, fia la tua domanda bene utile perché intendo asimigliarsi all'ubbidenzia del padre qualunche legge di tutte l'ubbidienzie humane.

LA VIE CIVILE – LIVRE I                                    117

Poursuivant notre discours, nous continuerons par les vertus civiques, comme cela était notre première intention et comme vous l'avez compris d'après mes propos.

201-206. À présent, vous pouvez mieux savoir que la vie solitaire est placée après celle-ci[110], et que les deux autres, comme choses d'en haut, ne sont pas propres aux hommes. Il reste donc que, sur terre, nous ne pouvons rien faire qui soit plus cher et plus agréable à Dieu que de diriger et de gouverner avec justice les sociétés et les multitudes humaines unanimement réunies par la justice. Aussi, Dieu promet-il à ceux qui gouvernent justement les cités et conservent leur patrie, un lieu déterminé dans le ciel où ils vivront éternellement heureux avec ses saints, comme on vous le montrera clairement avant la fin de notre discours. Revenant donc à notre propos au point où nous l'avons laissé peu auparavant, le jeune homme, disposé à une vie aussi vertueuse, devra aimer toutes ces vertus, s'ingéniera avec intelligence et raison à surpasser les autres, cherchera à connaître quelles sont les parties de sa vie et à quelle fin, pour ne pas être mené, au jour le jour, au hasard, comme les corbeaux[111], mais prévoir de bonne heure ce que sera tout le cours de sa vie.

LUIGI. – Agnolo, tes préceptes sont certainement excellents, et je sais qu'ils nous seront profitables et des plus utiles. Tu nous as si convenablement expliqué l'ordre vrai de toute vertu qu'un autre maître, je crois, n'aurait pu mieux l'exprimer. Or, voyant les jeunes gens grandir dans les bonnes pratiques que tu as exposées et ta volonté de nous dire bien des choses, je me permets de te demander, avant que tu n'entres en des propos plus importants, si les bons fils doivent toujours obéir à leurs pères, et en quoi.

AGNOLO. – Tu fais bien parfois de me rappeler vos besoins et tu mérites un éloge, parce qu'une mémoire seule n'est pas disponible pour tout et ne peut se souvenir de tout, et aussi parce que l'esprit désireux d'être bien assuré d'une chose doit demander, sinon il ne serait pas satisfait à sa demande au moment voulu. En outre, ta question est très utile, car j'estime qu'en toute obéissance humaine la même loi s'applique aussi à l'obéissance due à un père.

---

110 C'est-à-dire la vie impliquant les vertus civiques.
111 *corbi* : « *corvi* ». Forme ancienne, attestée dès le XIIIᵉ siècle.

In tractare di questa m'ocorre alla mente che, essendo io giovanetto e uditore di valente preceptore, andava alle volti a spasso con dua mia condiscepoli, tra' quali fu più volti benivola disensione perché l'uno diceva doversi sempre ubidire a' comandamenti del padre, l'altro affermava non mai doversi ubbidire al padre.

§ 207-212. Questa sentenzia che nel primo aspecto pare infame et degna d'odio commune in questo modo provava: « O il padre », dicea, « ti comanda cose laudabili et honeste o e' ti comanda cose vituperabili et brutte: se honeste, tu le dèi fare non pel comandamento del padre, ma perché così fare è virtuoso et iusto; se ti comanda cose brutte, i·gnuno modo il de' fare, perché non si debbe per alcuna cagione fare cosa non si convenga: siché non si debbe ubbidire al padre ». L'altro contradicea affermando in qualunche cosa doversi seguire quello che più si convenia; in questo nulla convenirsi quanto ubidire a chi sommamente s'era obligato; inanzi a ogni altro s'era obligato al padre, siché al padre si dovea ubbidire. Sospesi sopra tale questione, conchiusono volersene certificare dal nostro maestro; il perché venuti a·llui et domandatolo, doctissimamente rispose: « Figliuoli, in tucte l'opere humane sono vitiosi gli stremi, et però né l'una né l'altra delle vostre sententie è buona, ma solo il mezo è approvato et optimo. Le cose dunque che per loro medesime sono diricte et honeste, come è amare la virtù, difendere la patria, servare l'amicitia, in ogni modo si debbono fare, o comandilo il padre o no, et etiandio se il vietasse, ché sare' contro all'uficio del padre. Le contrarie a queste (come sare' seguire i vitii, contraffare alla patria, offendere gli amici, violare la parente) non si debbono fare se il padre il comandasse. Solo l'opere chiamate meze sono quelle in che si debbe ubbidire al padre, cioè l'opere che in loro medesime non sono né honeste né brutte, ma secondo sono facte s'apruovono et riprehendono, come quando il padre comandasse al figliuolo andare in villa, torre conveniente moglie, vestire a suo modo, andare con lui quando vuole, quando non vuole partirsi et infinite cose simili:

En traitant de celle-ci, il me vient à l'esprit qu'étant jeune auditeur d'un précepteur de valeur, j'allais parfois me promener avec deux de mes condisciples qui eurent plusieurs fois des désaccords amicaux, l'un disant qu'il fallait toujours obéir aux commandements d'un père, l'autre affirmant qu'il ne fallait jamais lui obéir.

§ 207-212. Cet avis qui, au premier abord, paraît honteux et unanimement détestable, il le prouvait de cette façon : « Ou le père », disait-il, « t'ordonne de faire des choses louables et honnêtes, ou il t'ordonne des choses blâmables et malhonnêtes. Si elles sont honnêtes, tu dois les faire, non parce que ton père te l'ordonne, mais parce qu'il est vertueux et juste d'agir ainsi ; s'il t'ordonne de faire des choses laides, tu ne dois point les faire, car on ne doit faire sous aucun prétexte une chose qui soit inconvenante : donc, il ne faut pas obéir au père. » L'autre le contredisait, en affirmant qu'en toute chose il fallait suivre ce qui était le plus convenable ; en cela rien n'était plus convenable que d'obéir à celui envers qui on était au plus haut point obligé ; avant toute autre personne, on était obligé envers son père, aussi était-ce à son père qu'on devait obéir. En suspens sur une telle question, ils conclurent qu'ils devaient s'en remettre à notre maître. Aussi, lorsqu'ils vinrent lui poser la question, leur répondit-il doctement : « Mes enfants, dans toutes les activités de l'homme, les extrêmes sont vicieux, et donc, ni l'un ni l'autre de vos avis n'est bon, mais seul le moyen terme est approuvable et excellent. Donc, il faut de toute façon faire les choses qui, par elles-mêmes, sont droites et honnêtes, comme d'aimer la vertu, défendre sa patrie, maintenir l'amitié, que le père l'ordonne ou non, et même s'il l'interdisait – ce qui serait contraire au devoir d'un père. Celles qui leur sont contraires (comme, par exemple, suivre les vices, agir contre sa patrie, offenser ses amis, outrager sa parenté) ne doivent pas se faire, même si le père l'ordonnait. Il ne faut obéir à son père que pour les activités dites moyennes, c'est-à-dire les activités qui, en elles-mêmes, ne sont ni honnêtes ni laides, mais qu'on approuve ou qu'on réfute selon la manière dont elles sont faites, comme lorsque le père ordonnerait à son fils d'aller à leur domaine de campagne, de prendre une épouse convenable, de s'habiller comme lui, de l'accompagner quand il le veut et, quand il ne le veut pas, de le quitter, et une infinité d'autres choses semblables :

non le faccendo sarebbe vituperabile et brutto; et non comandate è honesto non farle, intendendo quelle per sé sole, sanza agiunta d'alcuna cosa infame, la qual facesse che non fussino meze ma brutte, come torre moglie inhonesta; vestire dilicato et lascivo o troppo rozo et vile ». Questa fu la sentenzia dello approvato maestro, la quale debbe fermo sedere nella mente di ciascuno et secondo quella dare et ricevere le commodità infra le benivolentie et amicitie humane –.

213-216. Approvamo tutti il giudicio suo, et non meno cara che gioconda ci fu la data sentenzia, et rispondemo a·llui – Maestro, el dilecto et l'utile che noi caviano del parlare tuo fanno che volentieri ti domandiamo; per questo, se non t'è grave, piacciati renderci certi d'uno altro dubbio che a' dì passati in fra noi assai variamente fu disputato: et questo è quando il figliuolo fussi in alcuno publico magistrato, et il padre privato, quale di loro debbe ire inanzi et essere più honorato che l'altro –.

– A me è commodissimo – rispose lui – sodisfare a ogni vostra honesta domanda et debbo ogni volta essere disposto alla eruditione vostra, siché, domandato da voi di cosa che abbia a crescere la vostra doctrina, riprehensibile mi sarebbe tacere. Attendete dunque che in cotesto caso s'apartiene varia consideratione, però che secondo approvato giudicio di buoni auctori in ogni publico luogo et in ogni solennità, congregatione o celebrità civile che per ordine o publica consuetudine se exercitassi, la auctorità et ragione paterna debbe cedere et honorare la degnità del figliuolo. Se fuori d'alcuno acto o solennità publica in luogo privato si siede, va, convita, o ancora se facessono ragunate private per loro familiaresche feste o costumi, sia allora rimosso il publico honore del figliuolo, et il naturale honore del padre rimanga primo et più degno –. Non si distese in più lunga risposta et a noi parve asai avere.

LA VIE CIVILE – LIVRE I

ne pas les faire serait blâmable et laid, et si elles ne sont pas commandées, il est honnête de ne pas les faire, les estimant seulement pour elles-mêmes, sans y ajouter quelque chose d'infamant, ce qui ne les feraient plus moyennes, mais laides, comme de prendre une épouse impudique, de porter des vêtements raffinés et lascifs, ou trop grossiers et de peu de prix[112]. » Tel fut l'avis de ce maître approuvé, avis qu'un chacun doit garder fermement à l'esprit et suivre pour donner et recevoir les avantages que procurent[113] les bienveillances et les amitiés humaines. –

§ 213-216. Nous approuvâmes tous son jugement, et nous eûmes son avis pour cher et agréable, et nous lui répondîmes : – Maître, le plaisir et le profit que nous tirons de tes propos nous font t'interroger volontiers ; aussi, si cela ne te pèse pas, ôte-nous, s'il te plaît, d'un autre doute qui fut, les jours passés, objet de discussion entre nous, à savoir quand le fils occupe une magistrature publique et que son père est un particulier, lequel d'entre eux doit-il précéder l'autre et être plus honoré que lui[114].

– Il m'est, répondit-il, très aisé de satisfaire à toutes vos honnêtes demandes, et je dois, à chaque fois, être préparé à votre érudition, si bien qu'interrogé par vous sur une chose qui peut enrichir votre doctrine, mon silence serait répréhensible. Retenez donc que, dans ce cas, il faut faire diverses considérations, car selon le jugement approuvé de bons auteurs, dans tous les lieux publics et dans toutes les solennités, les rassemblements ou les célébrations civiques que commanderait l'ordre ou l'usage public, l'autorité et la raison paternelle doivent céder la place et honorer la dignité du fils. Si, hors de tout acte ou solennité publique, il siège dans un lieu privé, s'y rend, y tient banquet, ou même, s'ils se réunissent en privé pour des fêtes ou des traditions familiales, alors l'honneur public du fils doit être mis de côté, et l'honneur naturel du père doit demeurer le premier et le plus digne. – Il ne s'étendit pas davantage et il nous sembla en avoir assez entendu.

---

112 « l'un disant qu'il fallait toujours obéir… » : GELL., *Noct. Att.*, II, VII, 7-22.
113 La formulation n'est pas d'une grande clarté, mais Palmieri pense peut-être à CIC., *Lae.*, VII, 23 : « *Cumque plurimas et maximas commoditates amicitia contineat…* » (« L'amitié contient donc de nombreux et très grands avantages… »).
114 « d'un autre doute… » : GELL., *ibid.*, II, II, 9.

§ 217-219. Raportamo da lui allora questi dua amaestramenti et quegli notai in modo che poi, molte volti ridoctomegli a memoria, mi sono paruti degnissimi. Nelle contate discipline et buone arti cresciuti, i giovani nostri doverranno ritenere negli animi ogni precepto d'honesto et virtuoso vivere et saranno venuti all'età virile et perfecta apti et potenti a ogni virtuosa opera. Allora sia l'uficio loro per tutta la vita, in privato et publico operare secondo le già intese virtù, altrimenti il bene intendere non sare' mai degno di somma gloria sanza l'optimamente operare: optimamente operare non puossi, se prima operando non s'acquista il sommo grado dell'opere humane. Quinci viene che, male operando, si diviene pessimo et nelle buone opere s'acquista somma virtù. El primo proposito in ogni exercitio vuole essere seguitare i più sommi maestri, poi in ogni nostri detti et facti seguire quello che debitamente si conviene, però che in tale observantia è posta ogni nostra honestà et nello spregiarla è posta ogni nostra turpitudine.

Finisce il primo libro della Vita Civile composta da Matteo Palmieri e comincia il secondo col nome di Dio ad Alexandro degli Alexandri optimo cittadino.

§ 217-219. Nous rapportâmes alors de lui ces deux enseignements : je les notai, et, de la sorte, me les étant remémoré plusieurs fois, ils m'ont paru très dignes. Ayant grandi dans les disciplines et dans les bonnes pratiques qui ont été exposées, nos jeunes gens devront garder à l'esprit tout précepte d'honnête et vertueuse vie, et ils parviendront à leur âge viril et à leur majorité, aptes et capables pour toute activité vertueuse. Que leur devoir soit alors, leur vie durant, d'agir en public comme en privé selon ces vertus bien comprises, car autrement, bien comprendre ne serait jamais digne d'une gloire suprême sans agir parfaitement : on ne peut agir parfaitement si on n'atteint pas, d'abord, par l'action, le plus haut degré des activités humaines. De là vient qu'en agissant mal, on devient très mauvais et que, dans les bonnes activités, l'on acquiert la vertu suprême. En tout exercice, notre principal but doit être de suivre les meilleurs maîtres, puis, dans toutes nos paroles et dans tous nos actes, de suivre ce qui se doit, car toute notre honnêteté est placée dans cette observance et toute notre turpitude dans son mépris.

Ici finit le premier livre de la Vie Civile composée par Matteo Palmieri et commence le second livre, avec l'aide de Dieu, adressé à Alessandro des Alessandri, excellent citoyen.

# [LIBRO SECONDO]

§ 1. Avenga Idio, mio dilectissimo Alexandro, che i nostri huomini siano certi te essere abondantemente copioso d'ogni virtuoso costume, sì per la benigna dispositione di tua natura come per gli approvati amaestramenti d'Ugo et degli altri tuoi optimi et antichi padri, i quali con doctrina et laudabili exempli molto debbono giovare il tuo honesto modo di vivere, nientedimeno io stimo esserti stata gioconda la compositione del nostro primo libro del quale sono certo arai preso non piccolo dilecto, però che, se io non inganno me stessi, i precepti degli antichi philosophi grandemente sono utili a reggere et confermare ogni stato di nostro vivere.

§ 2. Philosophia è prima et vera medicina dell'animo, purga le sollecitudini et disordinate passioni, le cupidità et appetiti rilega, et scaccia ogni timidità d'animo vile; ma non con pari potenzia vale in ciascuno, però che molto magiormente fructifica quando si coniugne a accommodata et bene conveniente natura.

§ 3-12. Idio sopra a ogni altro animale creò l'huomo elevato et alto, atto a spregiare tutte le cose terrene et con optima dispositione seguire et assimigliarsi alle eterne. Poi le discipline diverse ci fanno smarrire et traggonci della vera via, in modo che rade volti si truova huomo che sia a sufficientia disposto et in tal modo d'animo et di vita confermato che la sua scienzia et doctrina non per dimonstratione d'opinione vano, ma più tosto per legge di bene vivere appetisca et cerchi, ubbidendo in tutti suoi detti et facti a se medesimo et alla sua vera ragione. Per questo alle volte si vede erudite persone tante legeri et di tanta obstinatione et iactantia che sare' loro meglio non avere imparato.

# LIVRE II

§ 1. Bien que nos concitoyens, mon très cher Alexandre, te tiennent assurément pour un homme en qui abondent toutes mœurs vertueuses, tant par la bonne disposition de ta nature que par les enseignements, appréciables, d'Ugo[1] et de tes autres aïeux éminents dont la doctrine et les louables exemples doivent beaucoup servir à ton honnête mode de vie, j'estime néanmoins que la composition de notre premier livre t'aura été agréable et que tu en auras tiré, j'en suis certain, grand plaisir, car les préceptes des anciens philosophes sont, si je ne me trompe, grandement utiles pour diriger et affermir chacun des états de notre vie.

§ 2. La philosophie est la première et vraie médecine de l'esprit, elle purifie les soucis et les passions désordonnées, éloigne les cupidités et les appétits, et chasse toutes les craintes d'un cœur vil ; mais elle n'a pas égale puissance en chacun, car elle profite bien davantage quand elle s'unit à une nature appropriée et tout à fait convenante[2].

§ 3-12. Dieu a créé l'homme en l'élevant haut, au-dessus de tous les autres animaux, apte à mépriser toutes les réalités terrestres et, avec une excellente disposition, à poursuivre les réalités éternelles et à se rendre semblables à elles. Mais, ensuite, la diversité des disciplines nous égare et nous détourne du vrai chemin, et l'on trouve rarement un homme suffisamment bien disposé et à l'esprit et à la vie assez affermis pour lui faire désirer et rechercher science et doctrine, non par l'exhibition d'une opinion creuse, mais par une règle de bonne vie, en obéissant, en tous ses actes et paroles, à lui-même et à sa vraie raison. Ainsi l'on voit parfois des personnes érudites d'une telle légèreté[3], d'une telle obstination et d'une telle jactance qu'il vaudrait mieux pour elles n'avoir jamais rien appris.

---

1     Le père d'Alessandro. Palmieri avait en effet écrit tout d'abord : « d'Ugo tuo optimo padre il quale ».

2     « La philosophie est… » : CIC., *Tusc. disp.*, II, IV, 11.

3     *tante legeri* : *tanto leggere*. L'adverbe de quantité s'accorde avec l'adjectif en nombre et en genre, selon un usage ancien et encore assez répandu au XV<sup>e</sup> siècle.

Alquanti ne sono avari, altri disiderosi di gloria vana, non pochi servi di libidine et sfrenate passioni: le quali cose negli studiosi sono maximamente bruttissime. Per questo certo si vede gli studii di philosophia et di ciascuna lodata scientia non parimente fare fructo in ciascuno; et come i campi bene culti non tutti parimente fructificano, ma tanto più quanto hanno terra migliore, così gl'huomini bene amaestrati non tutti riescono buoni, ma tanto migliori quanto ventaggia in loro la bene disposta natura. El buono campo se non è bene lavorato non può bene rispondere; et similemente l'animo buono sanza doctrina non può di sé dare optimo fructo; et sempre la natura sanza arte et l'arte sanza natura si truovono deboli. Chi seguita i suoi appetiti et, non disposto a ubidire al giogo della ragione, è incontinente et dato a diletti mondani, non stimi gli sieno utili le dimonstrationi de' nostri libri. Coloro che vogliono rafrenare gli appetiti et ritenegli sotto la guardia dell'animo ubbidenti alla vera ragione credano da' nostri precepti potere cavare abondante fructo et quinci molto potersi giovare alla loro buona intentione. Ritornando dunque al nostro trattato, ripetiano come nel primo libro è brievemente sposto in che modo si debbe allevare il figliuolo ordinato a dovere riuscire optimo cittadino: quello sotto buone discipline abbiàno condotto infino all'età perfecta dell'huomo. Seguita il libro secondo, nel quale amonireno in che modo nella vita civile si dia opera a exercitare l'huomo ne' facti degni delle operationi virtuose, dimonstrando come si viva prudente, temperato et forte, che sono tre delle principali parti in che sta tutta l'honestà de' civili. A iustitia poi come parte excellente et più degna di tutte riserbiano tutto il libro terzo. Richieggo a questo la diligentia di chi legge, perché stimo fia iocondo et utile, et saranno cose nuove, forse pel passato non udite da i volgari legitori. Attendete dunque acciò che conosciate quello che può contenta tutta vostra vita conducere.

FRANCO. – E' non si potre' dire quanto io sono stato confortato da' tuoi passati ragionamenti; et forse più tosto m'hanno giovato in modo che io non mi ricordo mai essere stato più disideroso di vivere che io sono al presente, veggendo il frutto che noi caveremo del parlare tuo; pertanto sèguita, ché nulla altro potresti fare che più caro ci fusse –.

Certaines sont avares, d'autres désireuses de vaine gloire, beaucoup sont esclaves de passions libidineuses et effrénées, toutes choses, chez les gens studieux, d'une extrême laideur. À cause de cela, l'on voit certes que les études de philosophie et de toutes les sciences louées ne donnent pas le même fruit en chacun : de même que les champs bien cultivés ne fructifient pas également, mais selon la qualité du sol la meilleure, de même les hommes bien instruits ne deviennent pas tous bons, mais deviennent meilleurs selon la bonne disposition de leur nature. Un bon champ qui n'est pas travaillé ne donne pas un bon rendement : pareillement, un bon esprit sans doctrine ne peut donner de lui-même un bon fruit, et la nature sans l'art et l'art sans la nature sont toujours débilités. Ceux qui suivent leurs appétits et qui, n'étant pas disposés à obéir au joug de la raison, sont intempérants et adonnés aux plaisirs mondains, ne pourront estimer que les démonstrations données dans nos livres leur soient utiles. Ceux qui veulent réfréner leurs appétits et les maintenir, sous la garde de l'esprit, obéissants à la vraie raison, peuvent croire qu'ils tireront un ample profit de nos préceptes et qu'ils pourront les faire servir à leur bonne intention. Revenant donc à notre traité, nous rappelons que le premier livre a brièvement exposé de quelle manière on doit élever un enfant destiné à devenir un citoyen parfait : sous de bonnes disciplines, nous l'avons conduit jusqu'à sa majorité. Suit le livre second où nous appellerons l'attention sur la manière dont on peut s'appliquer, dans la vie civile, à exercer l'homme dans les actes qui conviennent aux œuvres vertueuses, en montrant comment il faut vivre prudent, tempéré et fort, trois des principales parties où se trouve toute l'honnêteté des citoyens. À la justice, ensuite, comme partie excellente et la plus digne de toutes, nous réservons tout le troisième livre. Je demande pour celui-ci l'attention du lecteur, car je l'estime plaisant et utile, et on y trouvera des choses nouvelles, dont les lecteurs en langue vulgaire n'ont peut-être jamais entendu parler. Soyez donc attentifs afin de connaître ce qui peut conduire au contentement de toute votre vie.

FRANCO. – On ne saurait dire combien tes propos précédents m'ont réconforté ; et peut-être m'ont-ils plutôt aidé au point que je ne me souviens pas d'avoir été plus désireux de vivre que je ne le suis à présent, en voyant le fruit que nous retirerons de tes paroles ; poursuis donc, car rien ne saurait nous être plus cher.

AGNOLO. – Atendete bene però che qui certo comincia a inalzare l'opera nostra, et molto magiori cose saranno narrate da noi, però che per infino a qui s'è nel parlare nostro dimonstrato sotto quali discipline et arti si cresce amaestrato di bene vivere: per l'avenire seguireno in che modo si dia opera et travaglisi in decti et facti degni di gloria. Siché pel passato abbiàno atteso a bene imparare, per lo inanzi attendereno a optimamente operare.

§ 13-24. Piace a' probatissimi auctori che niuna cosa magiormente seguitare si debba che quella ci è più conveniente et apta secondo nostra natura. In dimonstrare quali sieno quelle, larghi et naturalmente procedono, secondo l'ordine aperto et chiaro dato da la natura medesima. Dicono che infino da principio ogni animale, come è nato, di fatto s'accomoda a cercare la propria conservatione, in mantenere sé mette ogni sua cura, né mai s'abandona d'alcuno possibile subsidio, cerca et raguna tutte le cose gli sono necessarie alla vita et a potersi difendere et conservare nella propria natura; et vedesi non solo il disiderio della salute propria essere innato nello appetito di ciascuno, ma ancora la multiplicatione et acrescimento della loro spezie. Di quinci nasce a tutti gli animali commune appetito di coniunctione, onde e' possino procreare figliuoli, acrescere et mantenere loro spezie. Di quegli, poi sono nati, hanno diligente cura, ingegnonsi allevargli et conducere allo stato perfecto di loro natura. Quello in che poi gl'huomini maximamente avanzono tutte le bestie è la ragione dello intelletto et la potenzia del potere exprimere ogni concepto, delle quali cose niuna bestia participa. Molte certo ne sono che in ne' sensi, appetiti et potenzie corporee avanzono gl'huomini, ma solo in tanto quanto il senso gli tira alle cose presenti, poco o nulla sentendo il passato o che debba venire. L'huomo ha seco la ragione, colla quale ripetendo le cose passate examina et iudica le presenti et le venture prevede, onde agevolemente conosce tutto il corso di sua vita et a reggere et governare quella apparechia le cose necessarie. Da così facta commodità nascono le coniunctioni dell'amicitie, le parentele et unioni degl'huomini, le conversationi et ministerii della vita humana, onde quasi stretti gl'huomini si sono conciliati in unione di ragunata multitudine.

AGNOLO. – Soyez bien attentifs, car à partir d'ici notre ouvrage prend de la hauteur, et je vous raconterai des choses bien plus importantes : mon propos a montré à l'aide de quelles disciplines et de quels arts on grandit en étant instruit à bien vivre : désormais, nous chercherons de quelle manière nous appliquer et travailler à des paroles et à des actes dignes de gloire, et si, auparavant, nous avons veillé à bien apprendre, dorénavant nous veillerons à agir parfaitement.

§ 13-24. L'opinion des auteurs reconnus est qu'on doit suivre, prioritairement à toute autre, la chose la plus convenante et propre à notre nature. Pour montrer quelles sont ces choses, ils procèdent avec ampleur et naturellement, selon l'ordre manifeste et visible donné par la nature elle-même. Dès son principe, disent-ils, tout animal, à sa naissance, se dispose de fait à rechercher sa propre conservation, met tout son soin à se maintenir, ne se prive jamais d'aucun secours possible, cherche et amasse toutes les choses nécessaires à sa vie et à pouvoir se défendre et se conserver dans sa nature propre ; et l'on voit qu'en l'instinct de chacun il est inné de désirer non seulement son propre salut, mais encore la multiplication et l'accroissement de sa propre espèce. De là naît chez tous les animaux un commun instinct d'union d'où ils puissent procréer des petits, accroître et maintenir leur espèce. Puis, quand ceux-ci sont nés, ils en prennent un très grand soin, et s'efforcent de les élever et de les mener à la perfection de leur nature. Les hommes surpassent grandement toutes les bêtes par la raison de leur entendement et par la puissance de pouvoir exprimer tout concept, ce à quoi aucune bête ne participe. Nombre d'entre elles[4], assurément, surpassent l'homme pour ce qui est des sens, des instincts et des puissances corporelles, mais seulement dans la mesure où leurs sens les tirent vers les choses présentes, car elles n'ont aucune conscience du passé ni de l'avenir. L'homme possède la raison grâce à laquelle, par la répétition des choses passées, il examine et juge les présentes et prévoit les futures : ainsi, il connaît aisément tout le cours de sa vie et aménage les choses nécessaires à diriger et à gouverner celle-ci. D'un tel avantage naissent les liens de l'amitié, les parentés et les unions entre les hommes, les relations et les devoirs de la vie humaine par lesquels les hommes, presque par contrainte, se sont accordés pour s'unir et se rassembler en une multitude.

---

4   *Molte* : *Molte bestie.* Ce sont elles que désigne le pronom masculin qui suit *gli* [*tira*].

## 130 VITA CIVILE – [LIBRO SECONDO]

Quinci hanno avuto principio le città, in nelle quali l'uso et conversatione civile ha dimonstrato infinite utilità, con le quali si subministra prima alla necessità, poi all'amplitudine et hornamento di nostro vivere: per conservatione et fermo stabilimento delle quali cose sanctamente sono poi state constitute et ferme le divine et humane leggi, delle quali è primo invenctore, commune maestro et solo imperadore lo omnipotente Idio, a cui chi non ubbidirà patirà gravissime pene, non obstante fugga i tormenti de' terreni giudici. In questo legale et commune vivere, dua principalissimi beni sono poi cerchi da noi: l'honestà prima, et quasi con pari ragioni l'utile, non molto di lungi da questa; non è però a noi incerto, secondo più sottile scientia, l'honesto et l'utile essere insieme coniuncti, né potersi in alcuno modo dividere. Ma noi, seguendo l'utilità commune, non parliano delle fincte bontà, anzi di quelle che nell'uso della vita si sono trovate et truovono negl'huomini virtuosi. Procediano dunque secondo più grossa scientia, intendendo buoni coloro de' quali la constantia, la fede, l'equalità et iudicio sono sommamente approvate. Questi debbono principalmente sempre eleggere le cose honeste et con esse agiugnere l'utili, secondo patisce la qualità della materia in che si travagliono. Sendo la materia, in ella quale debbono i virtuosi vivere, l'honesto et l'utile, et noi intendendo parlare degli exercitii della probata vita civile, convenientemente di quel medesimo fareno sermone. Sia dunque la nostra divisione tractare prima della honestà et delle parti di quella, poi nel secondo luogo tractereno dell'utile, dimonstrando in che sia maximamente da' savi in privato et publico collocato. Quatro sono i membri principali della virtù civile, come di sopra è già stato detto da noi: da alcuno di questi è necessario che abbia principio ogni cosa honesta. El primo si chiama prudentia: sta in una sottile examinatione et ingegnosa callidità di ritrovare il vero di qualunche cosa et quello ragionevolemente dimonstrare. La seconda sare' giustitia, ma perché io ne ragionerò nel libro terzo, prima pongo forteza et modestia:

LA VIE CIVILE – LIVRE II                                    131

De là ont pris naissance les cités où la pratique et le commerce civils ont révélé une infinité de profits avec lesquels fournir, d'abord aux nécessités, puis à la grandeur et à l'ornement de notre vie : et pour que ces choses soient conservées et fermement établies, on a ensuite saintement constitué et arrêté des lois divines et humaines dont l'inventeur premier, maître commun et unique empereur, est Dieu tout puissant, et ceux qui ne lui obéiront pas endureront de lourdes peines, même s'ils évitent les tourments des jugements terrestres. Dans cette vie en commun et conforme à la loi, nous recherchons ensuite deux biens principaux : d'abord l'honnêteté, et pour des raisons presque identiques, l'utile, qui vient juste après ; ainsi, nous sommes certains, guidés par une science plus subtile, que l'honnête et l'utile sont liés et ne peuvent aucunement être séparés. Mais nous, qui cherchons l'utilité commune, nous ne parlons pas de qualités imaginaires, mais bien de celles que, dans l'usage de la vie, l'on a trouvées et que l'on trouve chez les hommes vertueux. Donc, procédons selon une science plus grossière, en entendant par hommes de bien ceux dont la constance, la bonne foi, l'esprit d'équité[5] et le discernement sont grandement approuvés[6]. Avant tout, ceux-ci doivent toujours choisir les choses honnêtes et joindre à celles-ci les choses utiles, selon ce que permet la qualité de la matière dans laquelle ils mettent leurs efforts. Comme l'honnête et l'utile sont la matière dans laquelle doivent vivre les gens vertueux et que nous entendons parler des pratiques d'une bonne vie civique, il convient que notre discours porte là-dessus. Notre plan sera donc le suivant : traiter premièrement de l'honnêteté et de ses parties, et deuxièmement de l'utile, en montrant quelle place lui est donnée, principalement par les sages, dans la vie privée et dans la vie publique. Comme nous l'avons dit plus haut, la vertu civique est faite de quatre parties principales : il est nécessaire que toute chose honnête ait son principe dans l'une de celles-ci. La première s'appelle prudence : elle tient en un subtil examen et en une ingénieuse sagacité pour retrouver le vrai de toute chose et le démontrer avec raison. La seconde serait la justice, mais comme j'en parlerai dans le troisième livre, je place ici d'abord la force d'âme et la retenue :

---

5    *equalità* : du latin *aequalitas* (« esprit d'égalité »), qui associe vertu de tempérance et vertu
     de justice. Cette définition des qualités qui font l'homme de bien a fort probablement sa
     source dans Cicéron, *Laelius de amicitia*, V, 19.
6    *approvate* : l'accord au féminin s'explique par le fait que *l'equalità et iudicio* est perçu
     comme un hendiadyn.

forteza richiede fermeza insuperabile d'animo constante et grande in difensione del dovere et ragione di ciascuno; modestia in tutti nostri detti et in tutti nostri facti conserva con ordine debito modo, rafrena i non ragionevoli appetiti et con misurata moderatione ritiene auctorità et hornamento degno di nostro vivere. Justitia, come regina et dominatrice di tutte l'altre virtù in sé qualunche di queste contiene. Di questa imperadrice delle virtù è proprio conservare le coniunctioni et amicitie degl'huomini, dare a ciascuno quello ch'è suo, et servare la fede nelle cose promesse.

§ 25-38. Queste quatro, tutte insieme sono coniuncte et in moltissime parti implicate come procedenti da un medesimo corpo: et nientedimeno ciascuna di per sé ha ufici particulari et proprii, non altrimenti che le membra humane, le quali tutte coniuncte et insieme collegate al medesimo corpo varie operationi exercitono et, benché ciascuno abbia i suoi ufici particulari et proprii, non di meno spesso ha bisogno dello aiuto o vero consentimento degli altri –.

LUIGI. – Io ti promctto, Agnolo, che continuamente ci cresce la voglia d'udirti et ben vego entri in quanto più si può bella materia a amaestrare nostro vivere. Solo ti ricordo il procedere con ordine aperto, acciò che chiaramente da ciascuno si possa conoscere quali sieno gl'uficii proprii di qualunche virtù, delle quali io intendo te volere cominciare a dire –.

AGNOLO. – Io mi sforzerò dire quanto più si può chiaro delle preposte virtù. Solo una legge voglio porre con voi, se vi piace, cioè che, sendo nel mio parlare aperto quanto la cosa di che si parla patisce, voi non interrompiate mio dire, acciò che quanto più brieve possiano si ristringa la nostra abondante materia –.

LUIGI. – In ogni cosa vogliàno ubidire te et essere contenti del tuo giudicio, siché, secondo è tuo parere, afermiano segui come a te piace; noi di rado interrompereno, pure che tu ci finisca la facta promessa, siché interamente intendiano qual sia il governo migliore di tutta la nostra vita –.

la force d'âme requiert la fermeté insurpassable d'une âme constante et grande dans la défense du devoir et du bon droit de chacun ; la retenue dans toutes nos paroles et dans tous nos actes garde, avec ordre, une juste mesure, réfrène les appétits déraisonnables et maintient avec une modération pondérée une autorité et un ornement dignes de notre mode de vie. La justice, comme reine et maîtresse de toutes vertus, contient en elle l'une ou l'autre de ces vertus[7]. Le propre de cette impératrice des vertus est de conserver les liens et les amitiés des hommes, de donner à chacun ce qui lui appartient, et de tenir sa parole dans les promesses.

§ 25-28. Ces quatre vertus sont liées toutes ensemble et imbriquées[8] dans plusieurs de leurs parties comme procédant d'un même corps : et néanmoins, chacune a par elle-même des devoirs particuliers et propres, tout comme les membres humains qui, tous unis et reliés à un même corps, exercent diverses fonctions et, tout en ayant chacun ses devoirs particuliers et propres, ont néanmoins souvent besoin de l'aide ou de l'assentiment des autres.

LUIGI. – Je t'assure, Agnolo, que notre envie de t'entendre ne cesse de croître et je vois que tu t'engages en une matière, la plus belle qui soit pour l'instruction de notre vie. Je te rappelle seulement une chose : de procéder selon un ordre intelligible pour permettre à chacun de comprendre clairement ce que sont les devoirs propres à ces vertus dont je vois que tu veux parler à présent.

AGNOLO. – Je m'efforcerai de parler de ces vertus le plus clairement possible. Mais j'établirai avec vous, s'il vous plaît, cette seule règle, à savoir que, mon discours étant aussi intelligible que le permet le sujet dont on va parler, vous ne m'interrompiez pas, afin de resserrer le plus possible notre abondante matière.

LUIGI. – Nous voulons t'obéir en tous points et nous satisfaire de ton jugement : nous t'assurons que tu peux poursuivre, selon ton idée et à ta guise ; nous t'interromprons rarement, pourvu que tu ailles au bout de ta promesse et qu'ainsi nous comprenions dans toute son étendue la meilleure manière de gouverner toute notre vie.

---

7    ARIST., *Eth. Nic.*, V, 1, 1129b.
8    CIC., *Off.*, I, v, 15.

§ 29-33. AGNOLO. – Io non vi mancherò d'alcuna cosa promessa et l'ordine fia tale ch'io spero farà a tutti fructo. Attendete pure in modo che non sia vostro il difecto di poco intendere. La prima delle virtù, secondo il già da noi dimonstrato ordine, è nominata prudentia: affaticasi in ricercare la pura verità di tutte le cose. Per questo molto è detta convenirsi alla natura nostra, però che tutti gl'huomini, secondo loro natura, disiderono sapere et essere veri cognoscitori di tutte le cose, acciò che per loro ignorantia non conseguitino alcuno errore dove con vergogna siano ingannati. Tale ignoranza il prudente maximamente disidera fuggire, et per questo in consideratione delle cose mette et diligentia et tempo. Quelle sottilmente disamina, et con vere ragioni le diriza, intende et giudica, onde poi agevolemente cava et elegge la parte migliore della bene intesa materia; la migliore parte s'intende non solo d'alcune semplici et divise cose, come sarebbe di meglio governare i figliuoli o meglio mantenere la propria santà, ma in universale di tutto il corso della vita humana; il perché si dice essere proprio del prudente sapere bene consigliare di tutte le cose che sieno laudabili et utili all'universale governo del buono et iusto vivere; et diffiniscono prudentia essere habito vero che con ragione examini et intenda tutte le cose che sono agl'huomini bene o male; simili huomini sono stimati attissimi a' governi delle republice et di qualunche cosa privata, però che sottilmente intendono, et delle cose intese vogliono solo quello che è diritto et honesto. Sendo proprio uficio dell'huomo prudente sapere bene consigliare, et bene consigliare non puossi se prima l'animo non discerne il vero, mediante il quale conosca o vieti le cose proposte, è necessario intendere che parti sono quelle che dimonstrono il vero di tutte le cose.

# LA VIE CIVILE – LIVRE II

§ 29-33. AGNOLO. – Je ne vous priverai d'aucune chose promise, et l'ordre en sera, je l'espère, profitable à tous. Mais aussi, soyez attentifs pour n'être pas vous-mêmes en défaut de ne pas comprendre. La première des vertus, dans l'ordre que nous avons exposé, est appelée prudence : elle s'efforce de rechercher la pure vérité de toutes choses. On dit pour cela qu'elle convient bien à notre nature, car tous les hommes, selon leur nature, désirent savoir et avoir vraie connaissance de toutes choses, pour que leur ignorance ne les fasse pas tomber dans une erreur où ils seraient trompés, pour leur honte. L'homme prudent désire surtout fuir une telle ignorance, et pour cela il met et du temps et de la diligence dans la considération des choses. Il les examine subtilement, les ordonne, les comprend et les juge avec de vraies raisons : il lui est aisé ensuite de retirer et de choisir la meilleure part de la matière qu'il aura bien comprise. La meilleure part s'entend non seulement de choses simples et distinctes – comme par exemple mieux gouverner ses enfants ou mieux conserver sa santé – mais en général de toute la vie humaine ; c'est pourquoi l'on dit que le propre du prudent est de savoir bien conseiller à propos de toutes choses louables et utiles à la conduite universelle d'une vie bonne et juste ; et ces auteurs[9] définissent la prudence comme un vrai habitus à examiner avec raison et à comprendre quelles sont les choses bonnes ou mauvaises pour l'homme ; on estime de tels hommes très propres aux gouvernements des républiques et de toute affaire privée, car ils comprennent subtilement, et des choses bien comprises ils ne désirent que ce qui est droit et honnête. Étant donné que le devoir propre à l'homme prudent est de savoir bien conseiller et qu'on ne peut bien conseiller si l'esprit ne discerne d'abord le vrai grâce auquel il puisse connaître ou refuser les choses proposées, il est nécessaire de comprendre quelles sont les éléments qui démontrent le vrai de toutes choses.

---

9    *diffiniscono* : ce pluriel ne peut que renvoyer aux *probatissimi auctori* précédemment évoqués.

§ 34-38. Da quatro parti principalmente s'ha cognitione vera, le quali sono: intelletto, scientia, arte et sapientia. Intelletto è una forza naturale che ci apre i principii universali da' quali sono presi i fondamenti delle examine et iudicii nostri, come intendendo i tristi non doversi guardare dal male per amore di virtù, è necessario strignergli per paura di pena. Similemente, intendendo tutti gl'huomini per natura cercare essere virtuosi, si conchiude dovere ciascuno confortare a quello, non obstante altra commodità non ne segua, però che, secondo sottile scientia, solo la virtù basta a optimamente vivere. Ancora più proprio dicono intelletto essere de' principii che non hanno ragione, cioè che per effecto s'intende certe prime potentie, delle quali le ragioni vere da potere dimonstrare perché così sia sono nascose, come è il fuoco essere caldo, gl'huomini facti ragionevoli et le bestie sanza ragione. Scientia è vera cognitione delle cose certe: certe solo sono le cose che altrimenti essere non possono; altrimenti essere non possono solo le cose eterne; è adunque scientia solo di cose eterne.

In nelle cose che possono essere et non essere, non sarà mai certa scientia, ma più tosto stima, oppenione o fede che così sia. All'oppinione et alla stima spesso adviene essere ingannato: alla scienzia non mai, perché sempre è certa. Quinci nasce che tutte le cose delle quali al presente s'ha vera scientia sempre furono quel medesimo et per l'avenire sempre saranno il simile; la qual cosa non sendo, niuna arte arebbe certa doctrina, et sanza dubio sare' stata vana la fatica degli scriptori antichi, et oggi perderebbono il tempo gli studiosi se le medicine che,

# LA VIE CIVILE – LIVRE II

§ 34-38. On tire une connaissance vraie de quatre éléments principaux, qui sont : entendement, science, art et sagesse[10]. L'entendement est une force naturelle qui nous ouvre les principes universels[11] d'où sont tirés les fondements de nos examens et de nos jugements, comme lorsque, entendant que les méchants ne peuvent[12] se tenir éloignés du mal par amour de la vertu, il est nécessaire de les contraindre par la peur du châtiment. Pareillement, entendant que tous les hommes cherchent naturellement à être vertueux, on en conclut qu'il faut y encourager chacun, même s'il n'en découle pas d'autre avantage, car, selon une science subtile, la vertu seule suffit à très bien vivre. Plus proprement encore, ces auteurs disent que l'entendement est entendement des principes qui ne s'accompagnent pas de raison, c'est-à-dire grâce auxquels on peut entendre certaines causes premières dont les vraies raisons, permettant de démontrer pourquoi il en est ainsi, sont cachées, comme le fait que le feu soit chaud, que les hommes soient créés raisonnables et que les bêtes ne le soient pas[13]. La science est la connaissance vraie des choses certaines : seules sont certaines celles qui ne pourraient être autrement ; seules les choses éternelles ne peuvent être autrement ; il n'est donc de science que des choses éternelles[14].

Des choses qui peuvent être ou ne pas être, il n'y aura jamais de science certaine, mais plutôt une estimation, une opinion ou une persuasion qu'il en est ainsi. Il arrive souvent que l'opinion et l'estimation se trompent : la science jamais, car elle est toujours certaine. De là vient que toutes les choses dont on a, au présent, une vraie science, furent toujours les mêmes et seront toujours semblables à l'avenir ; s'il n'en était ainsi, aucun art n'aurait de doctrine certaine, et sans aucun doute la peine prise par les écrivains anciens serait vaine, et aujourd'hui les gens d'étude perdraient leur temps si les médecines qui,

---

10  Le point de départ du développement qui suit est très vraisemblablement emprunté à Aristote, *Eth. Nic.*, VI, 3, 1139b.

11  *Eth. Nic.*, VI, 6, 1141a. L'entendement (ou intelligence) appréhende les principes qui, par définition, ne font pas appel à la démonstration et ne s'accompagnent pas de raison (ou de raisonnement).

12  *doversi : essere in grado, potere.*

13  *certe prime potentie* : dans *Eth. Nic.*, VI, 6, 1141a, Aristote les désigne par « certaines choses », mais Palmieri reprend ici quelques éléments de la *Métaphysique*, I, A, 981b, où Aristote explique que les sensations ne disent pas le pourquoi des choses (« pourquoi le fer est chaud »), et plus loin (982b) où il parle nommément des « causes premières ».

14  ARIST., *Eth. Nic.*, VI, 3, 1139b 20.

già sono mille anni passati, curavano la febre putrida, non continuamente servassino il medesimo effecto, et le vere leggi che pel passato sono state giustissime al mondo, non fussino in ogni tempo et in ogni luogo sanctamente ritenute et approvate. L'arte con ragione è factiva delle cose che possono essere et non essere et farsi altrimenti ch'elle non sono. In usare l'arte debbe riuscire qualche cosa facta che prima sia considerata che intesa, però che altrimenti non sarebbe con ragione et chiamerebbesi guasta l'arte.

§ 39-44. Sapientia è una elevata consideratione delle cose superne, admirabili et divine; contiene in sé intellecto profondo et scientia vera di cose pretiosissime, onde più tosto è chiamata excellente scientia delle cose divine che delle humane; et gli elevati ingegni di coloro che, sprezando il mondo, cercono et sono in meditationi di beni celestiali et divini sono chiamati sapienti et non prudenti, però che la prudentia solo sé exercita intorno alle cose humane. Le principali parti di questa virtù sono tre: memoria, intelligentia et providentia. Memoria ritiene le cose passate et quelle ripete perché gli sieno fondamento ad iudicare le presenti o che hanno a venire. Questa, prima procede per dono di natura; poi maximamente s'acresce et fàssi universale et ampla pel continuo legere delle historie antiche, per molto udire da' prudenti vechi, per spesso scrivere, recitare, dire et seco medesimo riconsiderare qualunche facto o detto di memoria degno. Intelligentia callidamente ci dimonstra le cose presenti: di quelle ci fa buoni examinatori, optimi cognitori et giudici veri. Providentia ci admonisce in che modo debbano riuscire le cose future, fàcci experti iudicatori delle cose che ancora facte non sono, acciò che con arbitrio quasi divino a ogni cosa possiano cautamente provedere. Inteso già a suficenzia in che stia prudentia et con che parti sia coniuncta, et avendo detto del prudente essere proprio bene consigliare, si richiede fare consideratione del consiglio. Ogni consiglio debbe essere di cose possibili: possale fare chi ne consiglia, et non sempre si facciano a un medesimo modo; altrimenti sarebbe pazia, come di coloro che consigliavano di seccare il mare Mediterraneo,

LA VIE CIVILE – LIVRE II          139

il y a mille ans, soignaient la fièvre putride[15], n'avaient plus continuellement le même effet, et si les vraies lois qui, dans le passé, ont été très justes pour le monde, n'étaient saintement maintenues et approuvées en tout temps et en tout lieu. L'art qui procède de raison[16] est créateur des choses qui peuvent être et n'être pas, et peuvent être faites autrement qu'elles ne sont[17]. Dans sa pratique, l'art doit aboutir à une œuvre qui soit considérée avant même d'être comprise, car autrement l'art ne procéderait pas de raison et on le dirait gâté.

§ 39-44. La sagesse est une considération élevée des choses d'en haut, admirables et divines ; elle contient en elle-même un entendement profond et une science vraie des choses les plus précieuses : c'est pourquoi elle est appelée science excellente des choses divines plutôt qu'humaines, et les hauts esprits qui, méprisant le monde, cherchent et méditent les biens célestes et divins sont appelés sages et non prudents, car la prudence ne s'exerce qu'à propos des choses humaines. Il y a trois principales parties dans cette vertu : mémoire, intelligence et prévoyance. La mémoire retient les choses passées et les répète afin d'en faire son fondement pour juger des choses présentes ou à venir. Elle procède d'abord d'un don de nature, puis s'accroît grandement et se fait universelle et vaste, par la lecture continue des histoires anciennes, en étant beaucoup à l'écoute des vieillards prudents, en écrivant, en exposant, en disant et en reconsidérant souvent toute action ou parole digne de mémoire. L'intelligence, dans sa finesse, nous montre les choses présentes : elle nous rend bons examinateurs, connaisseurs et vrais juges de celles-ci. La prévoyance nous met en garde sur l'issue des choses futures[18], elle nous fait juges avertis des choses qui ne sont point encore faites, afin que nous puissions, aidés d'un jugement presque divin, pourvoir à tout avec circonspection. Nous avons suffisamment compris en quoi consiste la prudence et avec quelles parties elle est liée, et, comme nous avons dit que le propre de l'homme prudent est de bien conseiller, il faut considérer le conseil. Tout conseil doit porter sur des choses possibles : ceux qui les conseillent doivent pouvoir les faire, mais pas toujours d'une même façon ; autrement ce serait folie, comme les gens conseillant d'assécher la mer Méditerranée,

---

15   Ou typhoïde.
16   *con ragione* : *che procede dalla ragione.*
17   ARIST., *Eth. Nic.*, VI, 4, 1140a.
18   « Il y a trois principales... » : CIC., *Inv.*, II, LIII, 160.

chi, solo, credesse spianare i monti o consigliasse quante facce può avere un corpo quadrato. Vuole ancora essere di quello di che il consigliatore s'intende. Scioca cosa è certo che il calzolaio consigli in che modo si diano le leggi civili, come s'aministri la republica o in che modo si faccino le guerre, però che le cose grandi richieggono avere molto lecto, veduto, et con examina diligente operato a volerne essere sufficiente ordinatore. Et ragionevole cosa è che quello ch'è de' medici a' medici si domandi, et i fabri exercitino l'arte fabrile. Sempre sarà buono consigliatore chi consiglierà dirittamente le cose di che s'intende: dell'altre fia sempre impossibile bene consigliare.

§ 45-54. Qualunche consiglio è rimosso dalle cose di che siàno certi, né mai di quelle si consiglia, et solo rimane nelle cose dubbie, dove sono varii i pareri nostri. Quinci s'apruova che il consigliare vuole essere adagio, maturo et bene examinato, et poi prestissima l'executione della facta electione. Niuno consiglio è mai del fine, ma in che modo et con che mezi al fine si possa venire, onde i medici non consigliono della sanctà, ma in che modo faccino sana; nella republica non si consiglia della pace, ma con che mezi s'abbia la pace; nell'arti minori, il calzolaio non consiglia delle scarpette, ma con che et come le faccia. La sanctà, la pace et le scarpette sono electe et ferme nell'animo per fine a che intende et al quale si diriza ciascuna operatione dell'arte; di quelle è electo non si consiglia, ma rimane el consiglio nel modo come alla cosa electa si pervenga. In qualunche consiglio colui che con similitudini ragione- voli aggiunge al meglio si dice avere bene consigliato. Chi s'abattesse a consigliare quello si conviene con false ragioni, sarà tristo consigliatore, non obstante conseguiti quello si dovea. Ogni consiglio vuole essere libero, vero, et aperto. La libertà prima si domanda da sé, poi di fuori; in sé, si vuole guardare che particulare commodità non impedisca il vero, fuori di sé, che timore d'odio o speranza d'amicitia o terrore di potentia non ti tiri al contrario di quello conosci essere meglio. El consiglio vero fa solo il bene conoscere quello di che tu consigli: questo reca seco la discripta virtù et le sua dimonstrate parti. Aperto sarà quello consiglio che con buone sentenzie, parole apropriate et chiare fia narrato col proprio suo ordine, sanza similitudini impertinenti o parlari dubbii, perturbati o torti.

qui croiraient à eux seuls aplanir les montagnes ou conseilleraient sur le nombre de faces que peut avoir un corps carré. Le conseil doit aussi venir de quelqu'un qui s'y entend. Il est stupide en effet qu'un cordonnier conseille sur la manière d'ordonner des lois civiles, d'administrer la chose publique ou de mener les guerres, car les grandes choses exigent qu'on ait beaucoup lu et vu, et qu'avec un examen diligent, on ait beaucoup œuvré pour en être un ordonnateur suffisant. Il est raisonnable que l'on interroge les médecins sur ce qui concernent les médecins et que les forgerons pratiquent l'art de forger. Celui qui conseillera directement les choses dont il s'entend sera toujours un bon conseiller : on ne pourra jamais bien conseiller à propos des autres choses.

§ 45-54. Il n'existe pas de conseil pour les choses dont nous sommes certains, l'on ne conseille jamais à leur sujet et il n'intervient que dans les choses douteuses, là où nos avis sont différents. Aussi, approuve-t-on que le conseil se donne posément, mûri après avoir été bien examiné, puis, que la décision du choix soit prise très rapidement. Aucun conseil ne concerne le but, mais la manière et les moyens de parvenir à ce but : aussi les médecins ne conseillent-ils pas sur la santé, mais sur les moyens de la recouvrer ; dans la république, on ne conseille pas sur la paix, mais sur les moyens de l'obtenir ; dans les arts mineurs, le cordonnier ne conseille pas sur les souliers, mais sur le matériau utilisé et sur la façon de les fabriquer. L'esprit choisit avec détermination la santé, la paix et les souliers par rapport au but qu'il s'est fixé et vers lequel tendent chacune des opérations de l'art ; on ne conseille pas sur le choix, mais le conseil est propre au moyen de parvenir à ce choix. En tout conseil, un bon conseiller est celui qui est parvenu, par des comparaisons raisonnables, au meilleur choix. Celui qui par hasard conseillerait le convenable par de fausses raisons, sera un mauvais conseiller, même s'il parvient au résultat attendu. Tout conseil doit être libre, vrai et ouvert. On demande la liberté d'abord à soi-même, ensuite hors de soi ; en soi-même, il faut se garder qu'un avantage particulier ne fasse obstacle à la vérité, et hors de soi, que la crainte d'une haine, l'espérance d'une amitié ou la terreur d'une puissance ne t'amène vers le choix opposé à celui que tu sais être le meilleur. Le conseil vrai fait bien connaître ce que tu conseilles : il porte en lui la vertu décrite plus haut et ses parties, que nous avons indiquées. Le conseil ouvert sera celui qui, avec de bons avis, des mots appropriés et clairs, sera exposé en suivant son ordre propre, sans comparaisons inadéquates ou paroles ambiguës, confuses ou embrouillées.

## 142 VITA CIVILE – [LIBRO SECONDO]

In nella prudentia dua vitii maximamente sono da schifare, l'uno che noi non crediano le cose non vere, né a quelle inconsideratamente consentiano, il quale vitio chi vuole fuggire è necessario che cautamente et molto examini qualunche cosa; l'altro vitio è di coloro che troppa sollecitudine mettono nelle cose obscure, faticose, inutili et sanza alcuna necessità. Da tali vitii chi si parte et pone ogni sua diligentia et cura nelle cose honeste et degne di cognitione, delle quali seguiti commodità privata o publica, meritamente è degno di loda. Coloro che perdono il tempo in arti obscurissime, difficili et sanza doctrina di bene vivere sono degni d'universale vituperatione, però che non reca seco alcuno fructo sapere provare a uno huomo che e' non sia, che e' sia asino o abbia le corna, ma il dimonstrare ch'egli è nato a virtù et come se exercitono sare' fructuoso et commune bene di molti. Degno rimuneratore di qualunche humana opera si dice essere stato Alexandro Magno di Macedonia. Dinanzi a tanto imperadore fu menato uno exercitato maestro di cerbottana, il quale con tanta ingegnosa industria commensurava i tratti de' ceci gittava con essa, che assai da lungi ne toglieva a ficcare in una puncta d'ago un quarto sanza fallarne granello. Alexandro ne vide la pruova di molti, poi lodò tale industria come cosa mirabile. Riconfortavasi il maestro et aspectava singulare premio secondo era usato dare a gl'ingegni excellenti. Alexandro gli fe' donare dieci moggia di ceci, premio certo conveniente a tanta industria exercitata in tale opera. Et sia a sufficienzia detto della prima parte dell'honestà.

§ 55-59. Delle altre tre parti, secondo l'ordine nostro, è prima forteza, la quale con animo elevato et magno fa gl'huomini sprezatori de' beni terreni, et consideratamente ire a pericoli, sostenere fatiche et passioni, quando conoscono dovere essere utili a molti. In questa virtù è posto ferma altitudine d'animo constante et invicto combattente per la ragione. El primo suo bene è che ella fa gl'huomini magni, disposti a ministrare et conducere cose grandi et nobili con constante francheza d'animo stabile, elevato et fermo.

LA VIE CIVILE – LIVRE II                    143

Dans la prudence, deux principaux défauts sont à éviter. Le premier est de croire les choses fausses et d'y adhérer inconsidérément : qui veut fuir ce défaut doit examiner toute chose longuement et avec circonspection. L'autre défaut est celui des gens qui mettent trop de préoccupation dans les choses obscures, pénibles, inutiles et sans nécessité aucune. Ceux qui s'éloignent de tels défauts et mettent toute leur diligence et leur soin dans les choses honnêtes et dignes de connaissance, celles dont on retire un avantage privé ou public, sont à juste titre dignes de louange. Ceux qui perdent leur temps dans des arts trop obscurs, difficiles et vides d'enseignement pour bien vivre sont dignes d'une vitupération universelle, car savoir prouver à un homme qu'il n'est pas un homme, qu'il est un âne ou qu'il a des cornes n'apporte en soi aucun profit, mais lui démontrer qu'il est né pour les vertus et comment les exercer serait un bien commun profitable à un grand nombre. On dit qu'Alexandre le Grand de Macédoine récompensait dignement tout travail humain. On présenta à ce grand empereur un maître exercé en l'art de la sarbacane, lequel calculait, avec une ingénieuse habileté, la trajectoire des pois chiches qu'il lançait avec son outil, et qui de très loin en tirait un quarton[19] dans le chas d'une aiguille sans rater sa cible d'un seul grain. Alexandre en vit plusieurs fois la preuve, puis loua une telle habileté comme une chose admirable. Le maître se réconfortait et s'attendait à une récompense exceptionnelle, comme celles que ce roi attribuait d'habitude aux talents éminents. Alexandre lui fit donner dix muids de pois chiches, prix certes convenable pour une si grande habileté employée dans ce travail[20]. C'est assez parlé de la première partie de l'honnêteté.

§ 55-59. Des trois autres parties, selon notre plan, la première est la force d'âme qui, accompagnée d'un grand et haut esprit, fait mépriser aux hommes les biens terrestres et les fait aller d'un mouvement réfléchi vers les dangers, leur fait supporter les fatigues et les souffrances, quand ils savent devoir être utiles à beaucoup. Dans cette vertu est placée une ferme élévation d'âme, d'une âme constante et invincible qui combatte pour la raison. Son premier bien est de faire des hommes d'un grand caractère, disposés à diriger et à mener de grandes et nobles choses avec la constante hardiesse d'une âme inébranlable, élevée et ferme.

---

19  Ancienne mesure de capacité (2, 2 litres) pour le blé (de *quartonus* : *mensura frumentaria*, Du Cange).
20  QUINT., *Inst. Or.*, II, xx, 3, d'où Palmieri tire l'anecdote.

Di niuna cosa ha paura, se none di merita infamia, povertà, inimicitia, fatiche, dolori; né etiandio exilii o morte non teme, pure che, sottomessasi a tali mali, conosca virtuosamente operare, et non gli essere venuti per suo vitio. L'huomo forte, intrepido et sanza paura o terrore apensatamente va a qualunche pericolo, dove et quando si conviene. Chi, quando non si conviene, si sottomette a pericoli, non è forte, ma feroce et bestiale, però che questa virtù solo combatte per la honestà. Dua sono le parti dell'animo nostro, delle quali l'una è rationale et l'altra sanza ragione: la principale forteza degl'huomini è quella che fa la ragione imperadrice et donna degli appetiti, et fortemente risiste a se medesimo, ritenendo la sensualità sottoposta et ubbidente alla cognitione vera. Lo intelletto è forza propria dell'animo et ecci commune colle creature celeste; l'appetito è forza corporale che ci è commune colle bestie. Per le forze dell'animo siàno sopra a ogni animale terreno, per le forze del corpo da molti siàno vincti.

§ 60-64. Assai ne sono grandi, potenti, arditi, gagliardi, corritori et attissimi più che l'huomo; nell'udire, odorare, vedere et gustare molti ci avanzono; del coito, mangiare et conversare insieme hanno magiore dilecto infiniti animali, ma perché sono forze corporee, per natura atte a servire, per quelle tutti sono servi degl'huomini. Le forze dell'animo sono quelle che signoreggiono non solo alle bestie ma agl'huomini. Per questo i gloriosi sempre hanno inanzi cerco excellere colle virtù dell'animo, come imperadrici d'ogni potenzia corporea, et hanno continuamente proposto lo ingegno et doctrina a qualunche bene o di fortuna o di corpo, dicendo che le richeze, la sanctà, la bella et apta persona transcorrono et presto finiscono, et solo la virtù si rinuova et fa gl'huomini eterni. Sia dunque la principale forteza se medesimo vincere: conosca chi noi siàno et a che nati, che ordine abbino le cose del mondo et quanto brievemente trapassino; iudichi che cosa è honestà et bene, et in quelle sommamente s'afatichi;

Elle n'a peur de rien, sinon de mériter l'infamie, la pauvreté, l'inimitié, les fatigues, les douleurs ; elle ne craint pas non plus les exils ou la mort, pourvu qu'elle sache qu'en se soumettant à ces maux, elle agit vertueusement et qu'elle ne les doit pas à son vice. L'homme fort, intrépide, sans peur ou terreur, va de manière réfléchie vers n'importe quel danger, où et quand cela est nécessaire. Celui qui se soumet aux dangers sans nécessité n'est pas fort, mais féroce et bestial, car cette vertu ne combat que pour l'honnêteté. Notre esprit a deux parties, l'une rationnelle, l'autre privée de raison : la principale force des hommes est celle qui fait la raison dominatrice et maîtresse des appétits, et qui résiste fortement à elle-même, en maintenant ses sens dans la soumission et dans l'obéissance à la vraie connaissance. L'entendement est la force propre à l'esprit et nous est commun avec les créatures célestes ; l'appétit est la force corporelle qui nous est commune avec les bêtes[21]. Par les forces de l'esprit, nous sommes au-dessus de tout animal terrestre, par celles du corps nous sommes vaincus par beaucoup d'animaux.

§ 60-64. Beaucoup de ceux-ci sont plus grands, puissants, hardis, robustes, meilleurs coureurs et mieux pourvus que l'homme ; ils nous surpassent pour ce qui est de l'ouïe, de l'odorat, de la vue et du goût ; un nombre infini d'animaux prennent davantage de plaisir à s'accoupler, à manger et à vivre en compagnie, mais comme ce sont des forces corporelles, par nature propres à servir, toutes sont donc assujetties aux hommes. Les forces de l'esprit sont celles qui dominent non seulement les bêtes, mais les hommes. Pour cette raison, ceux qui aiment la gloire ont toujours cherché avant tout à exceller avec les vertus de l'esprit, comme souveraines sur toute puissance corporelle, et ont continuellement préféré intelligence et doctrine à n'importe quel bien de la fortune ou du corps, en disant que les richesses, la santé, la personne belle et bien faite passent et qu'elles ont une prompte fin, et que seule la vertu se renouvelle et rend les hommes éternels[22]. La force d'âme sera donc principalement de se vaincre soi-même : savoir qui nous sommes et pourquoi nous sommes nés, quel ordre ont les choses de ce monde et combien elles ont une courte durée ; juger ce que sont l'honnêteté et le bien, et y mettre tous ses efforts ;

---

21 « L'entendement… » : SALL., *Cat. con.*, I, I, 2.
22 « les richesses… » : SALL., *ibid.*, I, I, 4.

fugga tutti i non ragionevoli appetiti, impari la corta buffa de' beni sottoposti alla fortuna et quegli con franco animo sprezi. Molte cose sono da molti stimate excellenti et grandi, le quali con ragione spregiare è proprio dell'animo forte et in se stessi constante. Molte altre ne sono acerbe, dure, difficili et insuperabili stimate, alle quali degnamente soprastare è proprio dell'animo elevato et forte. Che cosa è più terribile che la morte? Che più doloroso che le percosse, i laceramenti et le crude fedite? Le quali certo nullo huomo vorrebbe, et niente di meno la vera forteza ogni cosa con patienzia sostiene, quando è virtuoso così fare et vituperio il fuggire. Non è però che non gli sieno tali adversità gravi, però che quanto è più virtuoso, tanto è più felice, et più gli cuoce la morte, perché maximamente si conosce degno di vivere: et conoscendolo, per virtù elegge la morte, quando il dovere, l'honore, la gloria et alle volti la salute di molti antepone, et di tale bene spera rimuneratione tra beati.

§ 65-68. Chi per virtù è in tal modo disposto alla morte, agevolemente spreza le richeze et beni di fortuna, ne' quali porre speranza è molto contro all'animo grande. Niuna cosa è più magnifica che sprezare le richeze, chi non l'ha, et chi l'ha, con benificentia liberalmente conferille. All'animo che già sarà tanto magnificamente disposto s'agiugne una ferma constantia di considerata patientia, atta et disposta a perseverare nelle cose difficili et grandi, non recusare pericoli, quando l'honestà richiede sottomettersi a quegli, et tanto magiormente sendo insieme agiunta l'utilità, la quale sia sempre nell'ultima parte posta. Ogni virtù è da natura propinqua a' vitii et spesso in modo vicina che è difficile giudicarne. Di quinci ricevono iniuria e virtuosi nell'essere in publico iudicati, però che agiovolemente possono l'opere loro essere infermate et iudicate con vitio. Et i tristi possono essere iudicati bene fare, pure che non in tutto dissoluti et aperti venghino al male.

fuir tous les appétits non raisonnables, apprendre ce qu'est la brève farce[23] des biens soumis à la fortune et mépriser franchement ceux-ci. Bien des gens estiment excellentes et grandes de nombreuses choses qu'un esprit fort et constant se doit avec raison de mépriser. Beaucoup d'autres sont jugées acerbes, dures, difficiles et insurmontables dont un esprit élevé et fort doit triompher dignement. Quoi de plus terrible que la mort ? Quoi de plus douloureux que les coups, les plaies et les blessures cruelles ? Aucun homme, assurément, ne voudrait les endurer, et néanmoins la vraie force d'âme supporte patiemment toute chose, quand il est vertueux d'agir ainsi et blâmable de s'y soustraire. Cela ne veut pas dire que de telles adversités ne lui soient point pesantes, car plus il est vertueux, plus il est heureux, et la mort lui est plus douloureuse, car il se connaît particulièrement digne de vivre ; et le sachant, par vertu il choisit la mort quand il met avant toutes choses le devoir, l'honneur, la gloire et parfois le salut de tous, et qu'il espère d'un tel bien une récompense parmi les bienheureux.

§ 65-68. Celui qui par vertu est ainsi préparé à la mort méprise aisément les richesses et les biens de fortune où il est tout à fait contraire à un grand esprit de mettre son espoir. Rien n'est plus magnifique que de mépriser les richesses pour ceux qui ne les possèdent pas, et pour ceux qui les possèdent, de les dispenser généreusement dans un esprit de bienfaisance. À l'esprit qui sera déjà si magnifiquement disposé, s'ajoute la ferme constance d'une patience réfléchie, propre et disposée à persévérer dans les choses difficiles et grandes, à ne pas récuser les dangers quand l'honnêteté exige que l'on s'y soumette, et d'autant plus si l'utilité y est jointe[24], laquelle doit toujours être mise en dernière place. Toute vertu est par nature proche des vices et, souvent, si proche qu'il est difficile d'en juger. Ainsi, les gens vertueux subissent un tort en étant jugés publiquement, car leurs œuvres peuvent aisément être démenties et jugées comme des vices. Et l'on peut juger que les méchants ont bien agi, pourvu qu'ils n'en viennent pas au mal par totale dépravation et au grand jour.

---

23  *buffa* : *beffa*.

24  *agiunta* : « *raggiunta* » ou « *aggiunta* ». Notre traduction s'adapte à l'une et à l'autre possibilité.

Catone con insuperabile francheza d'animo elesse in Utica la morte, innanzi che e' volesse vedere il victorioso tiranno, onde sempre n'è stato celebrato con somma gloria da e sapientissimi ingegni, perché, avendo la natura attribuitogli incredibile gravità, la quale egli lungo tempo avea con perpetua constantia confermata, et sempre con consiglio persevarato nel suo proposito, s'aferma in lui compiuta virtù rifiutare la vita insieme colla perduta libertà.

§ 69-74. Potrebbesi nientedimeno tanta virtù minuire et ridurla in pessimo vitio, dicendo che, quando si vide mancare la buona fortuna, pusillanimo et vile più tosto volle disperato uccidersi che accomodarsi a sopportare la futura miseria, come altri hanno fatto che, per viltà uccidendosi, sono in vituperio dannati. Molti nel caso di Catone, poi che si furono fortemente difesi, necessitati et vincti si dierono a Cesare. Costoro meritono loda poiché sanza loro colpa facti servi, più tosto elessono con franco animo la misera fortuna sopportare che con vilissima morte finire i loro mali. A questi sarebbe stato imputato l'ucidersi abominevole vitio, perché la vita passata non gli confermava simili alla severità di Catone, et nondimeno con simile virtù potrebbono avere eletta la morte. Vero forte è colui che quello si conviene per sufficiente cagione, quando et come si richiede, sostenendo, ardisce o teme. Forteza in fra l'ardire et il temere è collocata: chi troppo teme è in vitio pauroso; chi non teme dove si debbe è feroce et bestiale. Somma virtù è eleggere la morte quando è honesto; elegerla per fuggire dolore, povertà o altra miseria, è sommo vitio del timido, il quale per deboleza d'animo fugge passione o molestia, non perché sia honesto così fare, ma per uscire del male, nel quale si debbe ire con virtù. Nell'animo di ciascuno è da natura dato un tremore fragile et demesso, con inferma deboleza di femmina, quasi cascante, dal quale è bruttissimo lasciarsi vincere. Ma la ragione, come regina de' sensi, sta sempre presente et trapassa a consideratione magiore dove, conosciuta la perfecta virtù, prevede et fassi ubbidire alla parte ch'è inferma.

LA VIE CIVILE – LIVRE II

149

Caton, avec un insurpassable courage, choisit la mort à Utique[25], plutôt que de voir le tyran victorieux[26], et cela lui a valu l'éminente gloire d'être constamment célébré par les plus savantes intelligences car, doté par la nature d'une incroyable fermeté qu'il avait longtemps fortifiée par sa perpétuelle constance et ayant toujours persévéré avec intention dans son dessein, son refus de vivre après la perte de la liberté est l'affirmation d'une vertu accomplie.

§ 69-74. On pourrait néanmoins diminuer une telle vertu et la réduire à un vice des plus mauvais, en disant que, pusillanime et lâche lorsqu'il vit la bonne fortune lui faire défaut, il voulut se tuer par désespoir plutôt que se préparer à supporter sa misère à venir, comme d'autres l'ont fait, condamnés et blâmés pour s'être lâchement donné la mort. Plusieurs, dans la situation de Caton, après s'être défendus courageusement, se donnèrent, contraints et vaincus, à César. Ceux-ci méritent un éloge puisque, réduits à l'état d'esclaves malgré eux, ils se déterminèrent à supporter leur mauvaise fortune plutôt que de mettre un terme à leurs malheurs par une mort des plus lâches. On aurait pu mettre leur suicide au compte d'un vice abominable, car dans leur vie passée rien ne confirmait une sévérité semblable à celle de Caton, et néanmoins ils pouvaient choisir la mort avec la même vertu que lui. L'homme vraiment fort est celui qui, soutenant le convenable par raison suffisante, de la manière et au moment requis, ose ou craint. La force d'âme est située entre la hardiesse et la crainte[27] : qui craint trop est dans le vice de la peur ; qui ne craint pas quand il le devrait est féroce et bestial. C'est une grande vertu de choisir la mort quand il est honnête de le faire ; la choisir pour fuir la douleur, la pauvreté ou une autre misère, est le plus grand vice du peureux qui, par faiblesse d'esprit, fuit la souffrance ou la peine, non parce qu'il est honnête d'agir ainsi, mais pour sortir du malheur dans lequel on doit s'engager avec vertu[28]. La nature a mis dans l'esprit de chacun une peur, fragile et ténue, avec une maladive faiblesse féminine, presque chancelante, par laquelle il est fort laid de se laisser vaincre. Mais la raison, comme reine des sens, est toujours présente et passe à une considération supérieure quand, connaissant la parfaite vertu, elle prévoit et se fait obéir par la partie qui est malade.

---

25    *in Utica la morte* : calque de l'hémistiche de Dante, *Purgatoire*, I, v. 74.
26    César, qu'il considérait comme l'ennemi de la liberté.
27    ARIST., *Eth. Nic.*, III, 9, 1115a.
28    « C'est une grande vertu... » : ARIST., *ibid.*, III, 9, 1115a ; III, 11, 1116a.

150      VITA CIVILE – [LIBRO SECONDO]

Così il virtuoso fa servi gli appetiti et vince come de' fare il signore. Se·lla parte effeminata et debole per difetto della ragione signoreggia, di male in peggio multiplicano a giornate i difecti del misero. Siano dunque gli appetiti sempre rilegati sotto la guardia dell'animo come servi. Vera forteza è tale quale noi abbiàno detto. Altri modi sono assai simili a quella, in e quali, posto non sia tale virtù veramente compiuta, pure alle volti è utile et molto giova agl'huomini non perfecti co' quali communemente si vive.

§ 75-83. Gli exercitii delle battaglie sono quegli ne' quali più che in altro si diviene forte: in questi la infamia sottomette a' pericoli tale che non per amore di bene fare stare' fermo, ma perché vede i timidi svergognati et i forti ritenuti in premio et honorati patisce, per non essere riputato codardo et vile. Altra volta mossi dall'opere di quegli i quali sono riputati da meno di loro, si sforzono dicendo: «Io non voglio che tale et quale si glorii essermi inanzi et non voglio potere essere ripreso da lui». Molti sono ritenuti dalla paura della pena, quando da chi n'ha auctorità si comanda non mutare luogo nella battaglia, onde poi più tosto s'elegge con gloria morire che, fuggendo, essere di vituperosa morte dannato. Certe volti la necessità fa gl'huomini animosi et fortemente combattere, quando la speranza d'ogni altra salute è perduta, et solo nell'armi et potente virtù è posto lo scampo. Per tale necessità conforta in Salustio Catilina l'exercito suo a gagliardamente combattere, dicendo: «In quanta necessità noi siàno condocti, ciascuno di voi meco insieme il conosce; noi siàno in mezzo di dua nimici exerciti: l'uno ci vieta l'andare inanzi et l'altro il tornare indrieto; stare fermi non possiamo per mancamento di vectuvaglie: dovunche noi vogliàno ire, la spada bisogna ci faccia via. Pertanto siate animosi et forti et valentemente combattete, avendo nell'animo che, se voi vincerete, l'honore, le richeze, la gloria, il dominio et la libertà, tutte saranno vostre et delle vostre cose; se voi perderete, i vostri nimici possederanno ogni vostro bene et a voi rimarrà la infamia et misera morte, con sterminio di tutte le vostre cose. Sforzatevi adunque di francamente combattere, acciò che la victoria sia vostra; et se la fortuna pure volesse il contrario, sanguinosa et piena di dolore la lasciate a' vostri nimici, lasciando fama d'huomini virtuosi».

LA VIE CIVILE – LIVRE II                                    151

Ainsi le vertueux rend esclaves les appétits et triomphe comme doit faire
le maître. Si la partie efféminée et faible domine par défaut de raison, les
défauts du malheureux augmentent de jour en jour et de mal en pis. Les
appétits doivent toujours être relégués sous la garde de l'esprit comme
des esclaves. La vraie force d'âme est telle que nous l'avons exposée. Il est
d'autres modes qui lui sont très semblables qui, même si ne s'y trouve
pas la vertu vraiment accomplie, sont parfois utiles et d'une grande aide
pour les hommes imparfaits avec lesquels on vit communément.

§ 75-83. C'est en livrant bataille, plus qu'en autre chose, qu'on devient
fort : la crainte de l'infamie soumet aux dangers ceux qui, non pour
l'amour de bien faire, mais, voyant les peureux voués à la honte et les
forts récompensés et honorés, pour n'être pas réputés couards et lâches,
se résignent à rester fermes à leur poste[29]. D'autres fois, poussés par les
actions de ceux qui sont réputés valoir moins qu'eux, ils font un effort en
se disant : « Je ne veux pas qu'un tel se glorifie de me passer devant et je
ne veux pas qu'il me fasse de reproches. » Beaucoup sont retenus par peur
de la peine, quand le chef ordonne de ne pas lâcher pied dans la bataille
et qu'on choisit donc de mourir glorieusement plutôt que d'être, fuyard,
condamné à une mort déshonorante. Certaines fois, la nécessité rend les
hommes audacieux et les fait se battre avec force, quand tout espoir de
salut est perdu et que la seule issue est dans les armes et dans une puissante
vertu. C'est pour une telle nécessité que, chez Salluste, Catilina encourage
son armée à combattre gaillardement, par ces mots : « Vous savez comme
moi à quelle nécessité nous sommes conduits ; nous sommes au milieu de
deux armées ennemies : l'une nous interdit d'avancer, l'autre de reculer ;
nous ne pouvons rester ici faute de ravitaillement : où que nous voulions
aller, l'épée doit nous frayer un chemin. Aussi soyez audacieux et forts,
et combattez vaillamment, en ayant à l'esprit que, si vous triomphez,
honneur, richesses, gloire, puissance et liberté, tout sera à vous et vous
appartiendra ; si vous perdez, vos ennemis posséderont tous vos biens et
il ne vous restera que l'infamie et une mort misérable, avec la destruction
de tout ce qui est à vous. Efforcez-vous donc de combattre franchement,
afin que la victoire soit à vous ; et si cependant la fortune voulait le
contraire, concédez à vos ennemis une victoire acquise par le sang et pleine
de douleur, en laissant de vous la réputation d'hommes vertueux[30]. »

---

29   ARIST., *ibid.*, III, 11, 1116a.
30   SALL., *Cat. con.*, LVIII, 6-10.

La sperienza ancora presta vigore et fa gl'huomini forti, onde nelle battaglie con molto più ardire si vede andare gl'exercitati che i nuovi, perché l'uso ha dato loro notitia de' pericoli non conosciuti dagli altri. Da questo luogo induce Virgilio Enea confortare i compagni all'opere virtuose et grandi, rinanimandogli per la sperientia delle ricevute adversità. Alle volti appare forteza nell'animo perturbato, onde gli adirati rinvigoriscono et con ardire magiore si mettono a ogni pericolo; ma perché l'adirato non considera né prevede i casi dove si mette, non può in lui essere forteza, ma empito temerario. L'ira che in su il fatto venisse, poi che con virtù è fatta l'electione del pericolo, può assai aiutare la forteza, come alle volti le seconde schiere, veggendo fuggire le prime, per sdegno commosse a ira, con migliore ardire empetuosi et fieri più che gagliardi, assaliscono, rifrancando le schiere perdenti et mettendo terrore a' nimici colla dimonstratione della loro valentia. Altro modo di forteza procede dalla consuetudine et uso d'avere molto vincto, però che non temono essere superati in quello che molte volti sono stati superatori. Per sì fatta cagione negli exerciti molto si stima l'uso del vincere, prima perché più sicuri vanno a casi terribili non temendo di perdere, poi perché da' nimici sono più riputati et mettono negli animi loro magiore et più sospectoso terrore. Molti si truovano animosi per ignoranza, andando a' pericoli non conosciuti, come chi si mescola fra nimici credendo che sieno amici et poi, trovandosi offeso, risiste come huomo forte: ma, non sendo volontaria, non è virtù, la quale sta solo nelle cose con ferma constantia honestamente facte, che siano volontarie. Non dovete ogimai, stimati giovani, ignorare quale sia vera forteza et quale in apparenza s'asomigli a essa.

§ 84-87. Pertanto spero che procedendo voi nella età matura, forzificherete l'animo col consiglio et colla prudentia vostra contro a ogni adversità di fortuna et contro alle iniurie degli iniqui, in modo che, armati a qualunche caso sarete stabili et fermi con gloria delle vostre persone, honore et utile delle vostre cose et commodità et fructo della vostra carissima patria –.

L'expérience, aussi, prête de la vigueur et rend les hommes forts, et l'on voit ainsi les soldats exercés aller au combat plus hardiment que les nouveaux, car l'usage leur a fait connaître des dangers inconnus aux autres. Sur ce propos, Virgile amène Énée à encourager ses compagnons à des actions vertueuses et grandes, en ranimant leurs cœurs par l'expérience des adversités subies[31]. Un esprit agité fait parfois montre de force d'âme, et les hommes en colère reprennent vigueur et, avec plus de hardiesse encore, se lancent dans tous les périls ; mais parce que l'homme en colère ne considère ni ne prévoit les hasards auxquels il s'expose, il ne peut y avoir en lui de force, mais une impétuosité téméraire. La colère qui viendrait sur le fait, après avoir choisi avec vertu le péril, peut aider beaucoup la force d'âme, comme parfois les seconds rangs qui, voyant fuir les premiers, poussés à la colère par dépit, redoublant de hardiesse, impétueux et farouches plus que gaillards, vont à l'assaut, revigorant les rangs en perdition et terrorisant les ennemis par la manifestation de leur vaillance. Un autre mode de la force d'âme procède des nombreuses victoires, coutumières et habituelles, que l'on a obtenues, car on ne craint pas d'être surmontés là où l'on a maintes fois surmonté les autres. Pour cette raison, on fait grand cas dans les armées de l'habitude de vaincre, d'abord parce que ces hommes marchent plus sûrement aux terribles combats sans crainte de perdre, et puis parce qu'ils sont plus estimés par leurs ennemis et qu'ils mettent dans les cœurs de ces derniers une terreur plus grande et plus effrayante. Beaucoup sont audacieux par ignorance, courant aux dangers qu'ils ne connaissent pas, comme ceux qui se mêlent aux ennemis en croyant qu'ils sont amis, et puis, se retrouvant blessés, résistent en hommes courageux : mais, n'étant pas volontaire, ce n'est pas une vertu, car celle-ci se trouve uniquement dans les choses faites volontairement, honnêtement et avec une ferme constance[32]. Vous ne devez jamais, estimés jeunes gens, ignorer ce qu'est la vraie force d'âme et ce qui n'en a que l'apparence.

§ 84-87. Aussi j'espère qu'en allant vers l'âge mûr, vous fortifierez votre esprit par votre conseil et par votre prudence contre toutes les adversités de la fortune et contre les injustices commises par des gens iniques, de sorte qu'armés pour toute éventualité vous serez stables et fermes, avec gloire pour vos personnes, avec honneur et profit pour vos biens, avec avantage et fruit pour votre patrie bien aimée.

---

31  *Aen.*, I, v. 198 *sq.*
32  « Beaucoup sont audacieux… » : ARIST., *Eth. Nic.*, III, 11, 1117a.

FRANCO. – Noi t'abbiàno conosciuto ordinatamente procedere pe' gradi delle dua già dimonstrateci virtù, et parci in modo essere in quelle da te confermati che, se noi a noi stessi non manchereno, sarà ancora da noi mille volti benedetto il dì nel quale ci agiugnemo a te, a cui tanto debbiano quanto a padre de' figliuolo. Ma perché come da te stessi abbiàno potuto comprehendere, quello che è posto in una o dua delle contate virtù non è sufficiente a beatamente vivere, ti richieggiàno a seguire dell'altre come hai promesso, acciò che di tutto siàno compiutamente amoniti –.

AGNOLO. – Ogni honesta promessa è debito; et io, parlando a chi le parole s'apiccono, non mi fa mestiero lusinge, ché da me sono disposto procedere al fine: diciano dunque della terza parte dell'onestà la quale abbiàno nominata temperantia.

§ 88-98. Questa contiene ordine et debito modo di rafrenare qualunche disonesto appetito et convenientemente exercitarsi in tutti nostri detti et facti con auctorità riverente che dia riputatione et degno ornato di vivere. Tale virtù è diffinita essere ferma et ordinata dominatione di ragione che comanda et fassi ubidire a qualunche disonesto appetito, servando la degnità propria. Puossi adunque dire temperantia essere freno et misura degli appetiti. El suo principale membro è che in tutta la vita con ornamento si conservi l'honestà che si conviene. Et come in uno corpo grande et di conrispondenti et bene facte membra formato manca ogni gratia, se il vigore naturalmente infuso per tutto non l'orna, così ogni virtù perde la gratia, l'ornamento et propria degnità, quando da questa non piglia il modo che debitamente si conviene. Quello che per tutta la vita si convenga si considera in quatro parti, cioè ne' decti et facti, negli exercitii et riposi. L'optima dispositione che si richiede a chi disidera contenersi è che la ragione dello intellecto non sia vincta et abbattuta dai non ragionevoli appetiti, ma in tal modo ubbidisca a quegli, che i disiderii sfrenati non vagabondino sanza ragione, dove alterati trapassino il modo debito, onde advenga che l'ubbidientia abbandonata non obtemperi né segua l'ordine vero. Ogni perturbatione è movimento d'animo non ragionevole, dal quale alterata, la discretione non agevolmente consente il vero. Quatro sono le passioni che affaticono lo intelletto e fanno disordinare gl'huomini.

FRANCO. – Nous l'avons constaté, tu as procédé par ordre et par degrés pour les deux vertus qui viennent de nous être exposées, dans lesquelles, nous semble-t-il, tu nous as si bien affermis que, si nous ne manquons pas à nous-mêmes, nous bénirons encore mille fois le jour où nous t'avons rencontré, toi à qui nous sommes redevables comme des enfants à leur père. Mais puisque, comme tu nous l'as fait comprendre, ce qui est placé en une ou deux de ces vertus décrites ne suffit pas pour vivre heureux, nous te demandons de poursuivre avec les autres, selon ta promesse, pour que nous soyons parfaitement avertis sur toutes.

AGNOLO. – Toute promesse honnête est une dette, et, parlant à des personnes qui gravent mes paroles, je n'ai pas besoin d'être prié, car je me suis disposé à aller au but : exposons donc la troisième partie de l'honnêteté que nous avons appelée tempérance.

§ 88-98. Cette vertu comprend l'ordre et le moyen approprié de réfréner tout appétit déshonnête et de nous exercer convenablement dans tous nos actes et toutes nos paroles avec une autorité déférente qui donne réputation et digne ornement à notre vie. Une telle vertu se définit comme la domination ferme et ordonnée de la raison qui commande tout appétit déshonnête et s'en fait obéir, en conservant sa propre dignité. On peut donc dire que la tempérance est le frein et la mesure des appétits. Son élément principal consiste à conserver pendant toute la vie l'honnêteté requise pour en faire son ornement. Et de même qu'en un corps grand et formé de membres proportionnés et bien faits, toute grâce fait défaut si la vigueur naturellement infusée ne l'orne tout entier, de même toute vertu perd sa grâce, son ornement et sa dignité, si elle ne prend pas à la tempérance la juste mesure convenable. Ce qui est convenable pour toute vie humaine se considère dans quatre parties, à savoir dans les paroles et dans les actes, dans l'activité et dans le repos. L'excellente disposition requise chez ceux qui désirent se contenir est que la raison de l'entendement ne soit ni vaincue ni abattue par les appétits déraisonnables, mais qu'elle s'en fasse obéir de manière à ce que les désirs débridés ne vagabondent pas privés de raison lorsque, aliénés, ils passent la juste mesure et que l'obéissance qu'ils ont abandonnée n'obtempère pas et ne suit pas l'ordre vrai. Toute émotion est un mouvement déraisonnable de l'esprit, par lequel le discernement, aliéné, n'accepte pas facilement la vérité. Il existe quatre passions qui travaillent l'entendement et rendent les hommes désordonnés.

Conoscerle certo è utile et maximamente a' giovani: dua di quelle indebitamente transcorrono pel troppo bene, dua altre per stima del male. La prima è chiamata allegreza et non è altro che sfrenata letitia d'abondante dilecto del bene presente, nel quale infino a' savi errono et non si possono sanza fatica contenere. Aristotile recita, in Naso isola, Policrita, nobilissima femina, essere per subita allegreza morta. Diagora, in Grecia, vegendo tre suoi figliuoli in diversi giuochi vincitori et in nel medesimo tempo in Olympia coronati, per la incomportabile letitia, in presentia d'abondantissimi popoli, d'allegreza morì. A Roma una madre, avendo novelle che un suo unico figliuolo era morto nella infelicissima rotta che Hanibale die' a' Canni al popolo romano, più dì miserabilmente pianse; poi, tornandole il figliuolo vivo inanzi, per la non sperata allegreza finì. La seconda delle nostre passioni è speranza, et è una smisurata opinione del bene che con disiderio s'aspetta. Dua altre ne sono collocate nel male, cioè dolore et paura; dolore è disordinata passione del male presente, paura è opinione del male aspectato. Queste quatro passioni sono state date alla vita nostra come furie, con stultitia commoventi ogni ordinato modo di vivere: pertanto debbe a esse con tutte sue forze risistire chi vuole temperatamente vivere, in tal modo contraponendosi che ogni nostro detto et ogni nostro facto manchi di vitio, et di tutto quello facciàno si possa rendere probabile ragione. Dilecto, speranza, dolore et timore sono i principii donde procede et a' quali si riferisce ogni bene et male di nostra vita. Per acquistare i dua primi et fugire i secondi, stanno sempre occupati gl' ingegni et opere de' mortali. Se l'animo bene disposto dalla natura di niuna altra cosa che bene si dilecta, et la speranza essere di quel medesimo t'è in piacere è certissimo, seguita che il dilecto et disiderio dell'animo buono sempre sieno agiunti col bene. Se pel contrario adviene che l'animo sia occupato in disiderii tristi et ponga i diletti ne' sensi carnali, se stessi dimenticando, sempre riceve gravi passioni et continuo la conscientia il minaccia come testimone degli operati vitii. Così facto dilecto è per forza contrario alla virtù di temperantia, però che fuori di dovere sanza modo strigne a seguire i non ordinati appetiti et fa gl'huomini servi de' vitii.

LA VIE CIVILE – LIVRE II                    157

Les connaître est assurément utile, surtout aux jeunes gens : deux d'entre elles outrepassent la mesure par l'excès de bien, les deux autres par la bonne opinion du mal. La première est appelée allégresse et n'est autre qu'une joie effrénée que donne le plaisir excessif d'un bien présent où même les sages se fourvoient et ont peine à se contenir. Aristote raconte que Polycrite, noble femme de l'île de Naxos, mourut d'une allégresse soudaine. En Grèce, Diagoras, voyant trois de ses fils vainqueurs dans divers jeux et couronnés à Olympie le même jour, saisi d'une joie incomparable, mourut d'allégresse sous les yeux de la foule. À Rome, une mère, apprenant que son fils unique était mort dans la malheureuse défaite qu'Hannibal infligea au peuple romain à Cannes, pleura tristement pendant plusieurs jours ; puis, voyant revenir son fils vivant, elle succomba à une allégresse qu'elle n'attendait plus[33]. La seconde de nos passions est l'espérance, et c'est une idée démesurée du bien que l'on attend et que l'on désire. Il en est deux autres qui sont placées dans le mal, à savoir la douleur et la peur ; la douleur est une passion désordonnée du mal présent, la peur est une idée du mal auquel on s'attend. Ces quatre passions ont été données à notre vie comme des furies, capables de bouleverser insensément tout l'ordre de notre vie : aussi, celui qui veut vivre avec tempérance doit-il leur résister de toutes ses forces, en s'opposant de manière à ce que chacune de nos paroles et chacun de nos actes soient dépourvus de vice et qu'on puisse rendre une raison plausible de tout ce que nous faisons. Plaisir, espérance, douleur et crainte sont les principes d'où procèdent et auxquels se rapportent tout le bien et tout le mal de notre vie. Les mortels occupent sans cesse leur intelligence et leurs peines à acquérir les deux premiers et à fuir les deux autres. Si l'esprit naturellement bien disposé ne se délecte que du bien et s'il est certain que l'espérance est identique à ce qui est pour toi un plaisir, il s'ensuit que le plaisir et le désir d'un esprit bon sont toujours unis au bien. Si l'esprit est au contraire occupé par des désirs mauvais et qu'il mette ses plaisirs dans les sens charnels, en s'oubliant lui-même, il en reçoit toujours de graves passions et sa conscience, témoin des vices commis, le menace continuellement. Un tel plaisir est forcément contraire à la vertu de tempérance, puisqu'il contraint, contre le devoir, à suivre sans retenue les appétits désordonnés et qu'il rend les hommes esclaves des vices.

---

33  « La première est appelée… » : GELL., *Noct. Att.*, III, 15, 1-4.

158 VITA CIVILE – [LIBRO SECONDO]

Chi potrà mai essere quello che in none honesto amore dilectandosi possa essere temperato, quando Hercole, non solo virtuoso, ma per essa virtù da i savi fincto, tanto vilmente la propria degnità postponendo, per amore diventa servo di femina? Chi non ruinerà in vitio, quando Sansone per amore consente alla infame miseria di se medesimo, contro alla salute del suo numeratissimo popolo?

§ 99-102. La superbia, l'ira, l'avaritia, la gola et la luxuria molto sono contrarii alla temperantia et moderato modo di vivere, et sono tanto accepti agli appetiti nostri che non sanza grande risistenza ci diviàno da essi. Et certo bene si può giudicare quasi impossibile svilupparsi da sì facti vitii chi v'è già transcorso, quando il risistervi a chi gli comincia a sentire è difficile; et per questo è tanto la virtù magiore, però che ogni virtù sta nelle cose difficili, et quanto più in quelle s'afatica tanto è più perfecta. Onde scrive sancto Pagolo che nella infermità si fa la perfecta virtù, cioè che nelle passioni et adversità dove la virtù se exercita si conosce l'huomo virtuoso. Agiovele cosa è mangiare bene et bere, in sollazi dilectarsi, riposarsi et dormire. Ma perché tutti gl'huomini sel sanno fare, et anche le pecore, non è virtù; né non se ne diventa da più che gli altri, anzi più tosto se ne asomiglia alle bestie, le quali furono facte dalla natura disposte agli appetiti del corpo et solo sollecite a bene empiere il ventre.

§ 103-106. L'huomo, che ha da natura lo 'ngegno potente a conoscere il vero et poi la libertà dello arbitrio per potere seguire la volontà propria, solo debbe volere le cose che la ragione gli monstra essere più honeste et migliori, qualunche appitito non ragionevole ricidere et rimuovere da sé, immodo che ogni albero germugliasse in noi per non dovere fare buono fructo sia tagliato et messo nel fuoco, come nel evangelio di Matheo dicono le parole sacre del Batista. La vita nostra insieme con quella degli altri animali è sanza riparo in brieve tempo mortale, ma la fama dell'opere con virtù facte la stende et falla con gloria immortale.

LA VIE CIVILE – LIVRE II          159

Quel homme pourra jamais être tempéré en se complaisant dans un amour déshonnête, quand le vertueux Hercule, dont les sages faisaient aussi l'image de cette vertu, en renonçant si lâchement à sa propre dignité, se fait par amour l'esclave d'une femme[34] ? Qui ne sera ruiné par le vice, quand Samson consent par amour à l'infamie de sa propre misère, contre le salut de son peuple nombreux[35] ?

§ 99-102. L'orgueil, la colère, l'avarice, la gloutonnerie et la luxure sont fort opposés à la tempérance et à un mode de vie modéré, et sont si agréables à nos appétits que nous ne nous en détournons qu'au prix d'une forte résistance. Et l'on peut sûrement estimer impossible, ou presque, pour celui qui a déjà excédé dans de tels vices de s'en dépêtrer, alors que résister à leurs premières atteintes est difficile : c'est pourquoi la vertu est d'autant plus grande, car toute vertu réside dans les choses difficiles, et plus elle lutte avec celles-ci, plus elle est parfaite. Aussi saint Paul écrit-il[36] que « dans la faiblesse se parfait la vertu », à savoir que l'on connaît l'homme vertueux dans les passions et dans l'adversité où s'exerce sa vertu. C'est une chose aisée[37] que de bien manger et de bien boire, de se délecter dans les amusements, de se reposer et de dormir. Mais, comme ce sont choses que savent faire tous les hommes, et même les brebis, ce n'est pas une vertu ; et l'on n'y devient pas supérieur aux autres, mais au contraire on y ressemble plutôt aux bêtes que la nature a faites sujettes aux appétits corporels et uniquement préoccupées de bien remplir leur ventre.

§ 103-106. L'homme, qui a reçu de la nature une intelligence capable de connaître le vrai et aussi un libre arbitre pour suivre sa volonté propre, doit uniquement vouloir les choses que la raison lui désigne comme les plus honnêtes et les meilleures, doit retrancher et écarter tout appétit non raisonnable, de manière à ce que « tout arbre qui pousserait en nous pour ne pas faire de bon fruit soit coupé et jeté au feu », selon les saintes paroles de Jean le Baptiste dans l'évangile de Matthieu[38]. Notre vie, comme celle des autres animaux, est irrémédiablement vouée en peu de temps à la mort, mais la réputation des travaux accomplis avec vertu la prolonge et la rend immortelle avec la gloire.

---

34 Allusion à l'épisode où le héros doit se faire l'esclave d'Omphale, reine de Lydie.
35 *Jg* XVI, 4-5. *Numeratissimo* : *numerosissimo*.
36 2 Cor 12, 9.
37 *agiovele* : *agevole*.
38 Mt 3, 10.

VITA CIVILE – [LIBRO SECONDO]

Vera virtù solo sta nelle cose che con fatica excellentemente si fanno fuori dell'uso commune degli altri per salute di molti, quando si confà così fare. Dilectarsi in cose honeste et cose honeste sperare sempre è lecito, et è il primo movimento di temperantia; nella disonestà si corrompe questa et tutte l'altre virtù. Dolersi o temere qualunche caso adverso et come femina lamentarsi et piagnere è tutto contrario alla modestia del savio. Del virtuoso è proprio non seguitare la vile deboleza della plebe ignorante, ma conoscersi essere nato huomo sottoposto a qualunche humana adversità, alle quali si debbe prevenire col consiglio et con ogni diligentia ingegnarsi prudentemente risistere; quando pure schifare non si potessino, si richiede temperatamente sopportare secondo ci amoniscono i savi.

§ 107. Ogni dolore è sanza dubio grave alla carne et in tutto a' nostri sensi contrario; ma chi considera la natura delle cose terrene, la varietà della vita et la fragilità dell'humana generatione assai più agevolemente sopporta qualunche adversa fortuna.

§ 108. Tre sono le consolationi che molto mitigono ogni nostro dolore: la prima è molto avere considerato et innanzi preveduto poterti così facto caso advenire; la seconda, conoscere che per forza abbiàno a sostenere i mancamenti di nostra natura et sopportare l'adversità che non hanno rimedio; l'ultima consolatione è sentirsi fuori di colpa, sanza la quale nulla può essere male.

§ 109-112. Quatro essere le passioni che fanno gl'huomini intemparati è abastanza detto, et similemente che la prima fatica di chi disidera contenersi sta in victoriosamente risistere a quelle; per le quali parti assai ordinatamente dilatate, non dubito secondo vostro bisogno arete inteso tutto quello che alla virtù di temperantia si richiede. Vostro è ora con opera seguire la conosciuta honestà, in modo che i fatti non sieno in voi minori che abbia dimonstrato il disiderio della affettuosa vostra domanda –.

La vraie vertu réside dans les choses accomplies excellemment dans l'effort, en dehors de la pratique ordinaire des autres hommes, et pour le salut d'un grand nombre quand il convient d'agir ainsi. Il est toujours permis de se délecter dans les choses honnêtes et de mettre en elles son espoir, et c'est le premier mouvement de la tempérance ; celle-ci se corrompt dans la malhonnêteté, ainsi que toutes les autres vertus. Se plaindre ou craindre une vicissitude quelconque, se lamenter et pleurer comme une femme, est tout à l'opposé de la retenue du sage. Le propre du vertueux est de ne pas suivre la lâche faiblesse de la plèbe ignorante, mais savoir qu'il est né homme et, comme tel, soumis à toutes les adversités humaines que l'on doit prévenir avec la sagesse et auxquelles on doit, avec toute diligence, s'efforcer de résister prudemment ; et quand bien même on ne pourrait les éviter, il faut les supporter avec tempérance, comme nous en avertissent les sages.

§ 107. Toute douleur est sans nul doute pesante pour la chair et tout à fait contraire à nos sens, mais celui qui considère la nature des choses terrestres, l'inconstance de la vie et la fragilité de la condition humaine supporte bien plus facilement toute fortune adverse.

§ 108. Il existe trois consolations qui adoucissent grandement toutes nos douleurs : la première est d'avoir beaucoup considéré et prévu à l'avance tel accident qui pouvait nous advenir ; la seconde, savoir que par la force nous devons soutenir les défauts de notre nature et supporter les adversités qui n'ont point de remède ; la dernière consolation est de sentir que l'on n'a point de faute, car sans la faute il ne peut rien n'y avoir de mal.

§ 109-112. On a suffisamment dit que quatre passions rendent les hommes intempérants et pareillement que le principal effort pour ceux qui désirent se contenir consiste à résister victorieusement à celles-ci ; je ne doute pas que ces parties ayant été développées méthodiquement, vous aurez compris suivant votre besoin tout ce qu'exige la vertu de tempérance. Votre devoir est à présent d'agir suivant l'honnêteté dont vous avez pris connaissance, de manière à ce que vos actes ne soient pas inférieurs au désir exprimé par votre affectueuse demande.

FRANCO. – L'humanità tua m'invita a richiederti di quello che il bisogno ci strigne però che riducendomi all'animo i precetti dati da te poi ci amonisti volere dire di temperantia, gli conosco tutti morali, veri et bene accomandati allo intendimento tuo; ma perché sono generali et non contenenti alcuna particularità di nostri costumi, più tosto vagliono per ricordarsi a chi ne fusse maestro che per fare fructo ai non pratichi giovani. Pertanto piacciati più particularmente specificarci come temperantia se exerciti et quale sia il debito modo degli approvati costumi, acciò che più largo fructo possiano cavare de' tuoi buoni admonimenti.

§ 113-119. AGNOLO. – Attendete con diligentia se voi volete ch'io dica, et fermate negl'animi vostri che in tutte le cose fanno, gl'huomini sempre debbono per exemplo seguire l'ordine di natura, la cui perfectione è tanta che non solo in sé non erra, ma ancora sanza errore conduce coloro che si danno a seguitare lei. Per questo doviano fermare nell'animo in qualunche cosa seguire l'ordine vero di nostra natura, la quale molto consideratamente dimonstra avere formato il corpo humano, però che tutte le membra date per alcuna honesta operatione, in elle quali non era alcuna brutta dimonstratione, aperte in luogo manifesto conlocò. Altre parti necessarie al corpo, in nello aspecto et operationi delle quali era alcuna viltà brutta, in segreto nascose et posele in luogo più rimoto, acciò che non apparissino a disordinare la belleza dell'altre membra et, per più celatamente occultalle, v'agiunse i peli in quella età che la discretione et iudicio comincia a gustare et conoscere essere in quelle alcuna vergogna. Considerando dunque ciascuno questa diligente compositione della natura, se disidera honesto vivere, debbe quanto più segreto può operare le parti che la natura ha celato, et in tutto le debbe rimuovere dal comspetto degl'huomini, come la natura admonisce. Né solo questo basta a' buoni, ma debbono insieme di quelle parti et dell'opere loro quanto più possono tacere; et se il bisogno pure strignesse parlarne, si debbe non le chiamare pe' loro proprii nomi, ma, giusta nostro potere, aonestarle in modo siano quanto meno si può nel profferere brutte.

LA VIE CIVILE – LIVRE II                                                            163

FRANCO. – Ton humanité m'invite à une question que le besoin nous presse de te poser, car en fixant dans mon esprit les préceptes que tu as donnés après nous avoir annoncé ton intention de parler de la tempérance, je sais qu'ils sont tous moraux, vrais et bien adaptés à ton dessein ; mais, comme ils sont généraux et ne contiennent aucune particularité relative à nos mœurs, ils servent bien plus de rappel pour ceux qui les maîtriseraient déjà qu'à profiter à des jeunes gens manquant de pratique. Aussi, précise-nous plus particulièrement, s'il te plaît, comment on exerce la tempérance et quelle est la juste mesure des bonnes mœurs, afin que nous puissions retirer un plus grand fruit de tes bonnes mises en garde.

§ 113-119. AGNOLO. – Soyez bien attentifs, si vous voulez que je parle, et fixez cela dans votre esprit : les hommes, dans tout ce qu'ils font, doivent toujours prendre en exemple l'ordre de la nature, dont la perfection est si grande que non seulement elle ne se trompe jamais, mais qu'elle guide aussi sans erreur ceux qui la suivent. C'est pourquoi notre esprit doit être déterminé à suivre en toutes choses l'ordre vrai de notre nature qui montre la grande pondération avec laquelle elle a formé notre corps, car elle a placé à un endroit visible et à découvert tous les membres qui ont été donnés pour une honnête fonction et dans lesquels il n'était aucune apparence de laideur. Elle cacha d'autres parties nécessaires au corps, viles et laides dans leur aspect et dans leurs fonctions, et les mit à un endroit plus secret pour qu'elles ne semblent pas désordonner la beauté des autres membres et, pour mieux les masquer, elle leur ajouta des poils à l'âge où le discernement et le jugement commencent à comprendre et à connaître qu'il y a en elles quelque honte. Après avoir considéré cette exacte disposition de la nature, chacun, s'il désire vivre honnêtement, doit se servir[39], aussi secrètement que possible, des parties que la nature a cachées, et doit les soustraire entièrement à la vue des hommes, comme la nature le recommande. Mais cela ne suffit pas aux hommes de bien, ils doivent autant qu'il leur est possible taire ces parties et leurs fonctions ; et si toutefois la nécessité obligeait à en parler, on ne doit pas les appeler par leurs noms, mais, autant qu'il nous est possible, les faire paraître honnêtes[40] de manière à ce qu'en les nommant elles soient les moins laides possibles.

---

39  *operare* : *adoperare*.
40  *aonestarle* : « *adonestarle* » (« *dar loro apparenza di onestà* »).

La lingua richiede tanta honestà che la sperienzia ci monstra molte cose essere honeste a fare, quando ocultamente si fanno, che a dire sono disoneste; et avendo tali cose a dire la honestiano di parole, dicendo: « E' purga il ventre, ella è da marito, e' fanno figliuoli ». Molte altre cose sono a fare pessime et a dire non sono disoneste, come imbolare, uccidere, adulterare, et simili molti: il perché cautamente sia seguitata la natura per perfecta guida, sempre fugendo quello che dall'orechie o dagli occhi si disforma, o in alcuno modo all'aspecto dispiace.

Admoniti dunque in questo modo dalla natura, doviano ritenere nell'animo quello che poco inanzi dicemo, cioè temperantia principalmente richiedere debito modo ne' decti et facti, exercitii et riposi: pertanto sarà la nostra consideratione di quelle che in ciascuno di questi si convenga, et prima ne' detti. El parlare si considera in dua modi principali: l'uno è posto nel copioso et ornato dire; l'altro, ne' ragionamenti communi. El dire copioso et ornato s'adopera nel conspecto de' magistrati che hanno a rendere giudicio; nel mezo de' consigli publici; et in presenzia de' popoli et ragunate multitudini. E ragionamenti communi sono quegli che nelle private conversationi s'usano secondo richiede la varietà dell'opere humane.

§ 120. In qualunche di queste, vuole essere suave et spedita la boce et le parole bene accommodate alla materia di che si tracta. L'ornato et bel dire prima si disidera per dispositione della natura, poi s'acresce co' precepti et arte de' dicitori, et fàssi perfecto con l'uso et exercitio di molto bene dire.

§ 121-138. Chi disidera questo seguiti i maestri di tale arte: noi solo al presente admoniamo che pe' precepti detti et per l'uso di molto con elegantia dire, se ne diviene perfecto maestro. El parlare conveniente de' ragionamenti che in particulare s'usano sia commune, non effeminato et molle, né troppo altiero; le parole siano spedite et chiare, et sanza iniuria d'alcuno.

## LA VIE CIVILE – LIVRE II

La langue requiert une telle honnêteté que l'expérience nous montre que bien des choses sont honnêtes à faire quand elles se font de manière cachée, mais déshonnêtes à dire ; et quand nous avons à les dire, nous les revêtons d'honnêteté avec des mots, en disant : « Il décharge son ventre, elle est en âge de se marier, ils font des enfants. » Bien d'autres choses sont mauvaises à faire et nullement déshonnêtes à dire, comme voler, tuer, tromper, et d'autres semblables : cela pour que l'on suive prudemment la nature comme guide parfait, en fuyant toujours ce qui est hideux pour l'oreille et pour la vue, ou qui déplaît de quelque manière par son aspect.

Donc, ainsi avertis par la nature, nous devons garder à l'esprit ce que nous disions plus haut, à savoir que la tempérance exige principalement une juste mesure dans les paroles et dans les actes, dans les exercices et dans le repos : aussi considérerons-nous ce qui convient pour chacun de ces points, et d'abord dans les paroles. On considère la parole sous deux modes principaux : le discours copieux et orné[41], et les propos ordinaires. On emploie le discours copieux et orné devant des magistrats qui doivent rendre leur jugement ; dans des conseils publics ; et en présence du peuple et d'une nombreuse assemblée. Les propos ordinaires sont ceux que l'on tient dans les conversations privées, selon ce que requiert la diversité des activités humaines.

§ 120. En chacun de ces modes, la voix doit être douce et déliée, et les paroles bien adaptées au sujet que l'on traite. Il existe une disposition naturelle dans le désir de parler d'une manière belle et distinguée, ensuite ce désir s'enrichit avec les préceptes et l'art des diseurs[42], et il se perfectionne par l'usage et la pratique de parler parfaitement.

§ 121-138. Ceux qui ont ce désir, doivent suivre les maîtres en cet art : pour l'heure, nous faisons seulement remarquer que, grâce aux préceptes donnés et par l'usage de parler beaucoup et élégamment, on en devient parfaitement maître. La manière de parler propre aux propos tenus en privé ne sera ni efféminée ni molle, ni trop hautaine ; les paroles seront déliées et claires, sans faire injure à personne.

---

41  *copioso et ornato* : « copieux et orné », c'est le genre d'éloquence que Cicéron qualifie de majestueux (« *amplus copiosus, gravis ornatus* », *Orator*, XXVIII, 97 ; « majestueux, copieux, grave, orné »).

42  *dicitore* : « celui qui dit ou parle bien (lat. *dictator*). » Le mot appartient à la rhétorique.

Quando è con misura detto quello che in parte ci tocca, rendasi il luogo ad altri et ascoltando si scambi il ragionare, in modo non si dia tedio né rincrescasi pel parlare troppo. Sia considerato di che cose si parla: se di cose gravi et che importino, con auctorità pesata s'aiunga il moderato dire; se di cose piacevoli, siano le parole iocose et con sollazzo festive. In gnuno modo si dichino parole che dimonstrino o diano sospecto di vitio. Dire male d'altrui in presentia o in absentia si faccia, è odioso, riprensibile et disonesto, et merita vituperio. Quando di facti proprii o che a noi s'apartenessino non s'avessi a dire, piglisi ragionamenti di cose honeste et più che si può fructuose et utili, come di bene vivere, che cosa meriti honore et che vituperio, come si governi bene la famiglia, come la republica. Sempre quando siàno ociosi, si parli d'industrie, d'ingegni, doctrine et buone arti; et se i ragionamenti transcorressino ad altro, rapichinsi a questo, observando sempre che tale ragionare sia con dilecto accomodato et abbia debito principio et modo nel fine, acciò non sia troppo lungo, onde si diviene in vitio parabolano. Et come in tutta la vita si vuole mancare di perturbatione, così il parlare non sia irato, non arrogante o superbo, né anche non sia timido o pigro, né in alcuna parte disordinato, ma sempre si dimonstri reverire et amare quegli con chi si parla. Come nel conversare dà grandissimo ornamento il temperato parlare, che né in troppo né in poco disordina, così ancora si commettono varii vitii, fra' quali sono molti che consentono ciò che si dice o fa, et a nulla si contrapongono per non dispiacere, come faceva in Terrentio Gnatone, quando in se medesimo si componeva in che modo con poca fatica potesse guadagnare buone spese; et fra se stessi diceva: «Egli è una generatione d'huomini che in ogni cosa vogliono parere da più che e' non sono; io m'acosto a·lloro et spontaneamente seguo la loro volontà, et insieme lodo et maravigliomi de' loro facti.

LA VIE CIVILE – LIVRE II 167

Après avoir exprimé avec mesure ce qu'il nous revenait de dire, laissons la parole à d'autres et, tout en écoutant, échangeons nos propos de manière à ne pas provoquer l'ennui et à ne pas regretter d'avoir trop parlé. On doit considérer de quoi l'on parle : s'il s'agit de choses graves et importantes, une autorité pondérée doit s'unir à un propos mesuré ; s'il s'agit de choses plaisantes, les paroles seront enjouées et spirituelles pour se récréer. Il ne faut en aucune manière employer des paroles qui révéleraient du vice ou le feraient suspecter. Dire du mal d'autrui en sa présence ou en son absence est détestable, répréhensible et malhonnête, et mérite le blâme. Si l'on n'a pas à parler d'affaires personnelles ou qui nous concernent, qu'on s'entretienne de choses honnêtes et autant que possible profitables et utiles, comme de la bonne vie, de ce qui est honorable et ce qui est blâmable, de la bonne manière de gouverner et sa famille et la chose publique. Toujours, lorsqu'on est de loisir, qu'on parle d'activités industrieuses, de talents[43], de doctrines et de bonnes pratiques ; et si les propos déviaient vers d'autres choses, il faut les ramener au premier sujet, en veillant toujours à ce qu'une telle conversation soit accommodée avec le plaisir, et qu'elle ait un début et une fin ordonnés afin de n'être pas trop longue et de ne pas tomber dans le défaut du bavardage. Et de même qu'on doit éviter toute sa vie les passions, de même on ne doit pas s'exprimer avec colère, arrogance ou superbe, ni avec timidité ou paresse, ni relâchement, mais toujours montrer qu'on respecte et qu'on aime ceux avec qui l'on parle. De même que, dans la conversation, parler sobrement donne beaucoup d'ornement, car on ne pèche ni dans le trop ni dans le peu, de même on y tombe dans beaucoup de défauts : entre autres, le consentement que beaucoup donnent à ce qu'on dit et à ce qu'on fait sans porter la contradiction pour ne pas déplaire, comme le faisait Gnathon, chez Térence, quand il réfléchissait au moyen de gagner de quoi bien manger avec peu d'effort ; il se disait : « Il existe une espèce d'hommes qui veut paraître en toutes choses plus qu'ils ne sont ; je m'attache à eux et spontanément je me plie à leur volonté, et je loue et j'admire leur actions.

---

43  *d'industrie, d'ingegni* : Des Rosiers traduit par « de choses industrieuses, d'esprit » [de choses d'esprit ?]. Pour ce second terme, on peut hésiter, *ingegno* pouvant signifier « art, activité, travail », et il nous paraît infléchir davantage vers le sens de « capacités à déployer son intelligence ou talent ».

Se e' dicono alcuna cosa, io gli lodo; se e' niegono, et io di nuovo niego, et ancora questo lodo; et finalmente m'ho posto in cuore loro ogni cosa consentire, et truovo che questo m'è il migliore et più abondante guadagno che io mai facessi ». Altri pel contrario sono litigiosi et d'ogni cosa contendono: contrapongonsi a ciò che si dice o fa, non si curando di spiacere né di fare a altri iniuria. Certi sono millantatori, i quali fingono et dicono maraviglie di loro facti, sanza curarsi d'un vero; et dispiace loro chi dimonstra non credere, come in Eunuco faceva il glorioso Trasone. Di natura contraria si truovono molti che sempre dimonstrono meno che non hanno, et niegono o scemano le loro proprie cose, secondo si vede fare alla magiore parte de' vechi. In ne' ragionamenti festivi et di piacere si debbe ancora seguire virtuoso ordine, però che vituperabile è molto dire cose da ridere et, più tosto cercando come si faccia ridere che come si parli honesto, essere simile a dissoluto buffone. Non avere modo a dire alcuna cosa di dilecto, et non consentire alle volti gli altrui motteggi è una inhumanità roza et salvatica. Chi a' tempi temperatamente sa motteggiare è piacevole; ma sopra a ogni altro colui che in ogni conversatione di molte cose, bene et come si richiede a' tempi, con maniera ragiona et fa, è universale et compiuto di conversativa virtù. Spesso adviene che delle cose che paiano legeri et di piccola stima si può parlare con auctorità et buone sententie. In Macrobio si truova scripto che in presentia d'alquanti philosophi fu quasi per dirisione domandato quella vulgata quistione che spesso per motti si dice, cioè che fu prima, o l'uovo o la gallina. A questo, Dissario, uno de' domandati philosophi, con sì buone ragioni et tanto degnamente rispose et provò essere stato prima l'uovo, che, fuori di loro opinione, da ciascuno fu notato per cosa mirabile. Quando alle volti accadessi riprehendere o con parole gastigare, si richiede parlare alquanto magiore et più acre, et parole concisamente dette con gravità, avendo sempre rispetto alla cagione, persona et luogo, siché non s'esca del modo debito, come per troppa acerba admonitione è in Terentio ripresa quella fa Menedemo padre ad Clinia suo figliuolo vageggiante, dove disse così:

LA VIE CIVILE – LIVRE II 169

S'ils disent quelque chose, je les approuve ; s'ils disent le contraire, je dis, moi aussi, le contraire, et cela aussi je l'approuve ; et finalement j'ai décidé d'être en toutes choses de leur avis, et je trouve que c'est le gain le meilleur et le plus abondant que j'aie jamais fait[44]. » D'autres, au contraire, sont querelleurs et disputent sur toutes choses : ils s'opposent à ce qui se dit ou se fait, sans se soucier de déplaire ni de faire injure à autrui. Certains sont vantards, mentent et disent merveilles de leurs actions, sans se soucier de la vérité ; et ils n'aiment pas ceux qui ne les croient pas, comme faisait le fanfaron Thrason dans *l'Eunuque*[45]. Plusieurs sont d'une nature opposée et minimisent ce qu'ils possèdent, nient ou diminuent leurs propres biens, comme on le voit faire par la plupart des vieillards. Dans les propos spirituels et récréatifs, il faut également observer un ordre vertueux, car il est blâmable de dire beaucoup de choses qui font rire et, préférant chercher comment faire rire plutôt que comment parler honnêtement, de ressembler à un bouffon obscène. Ne pas savoir dire quelques mots plaisants et ne pas admettre parfois que d'autres plaisantent est une impolitesse rude et grossière. Celui qui sait, à propos, plaisanter avec retenue est un homme agréable, mais plus encore, celui qui, dans toutes les conversations, sait discourir et parler éloquemment sur tous les sujets et à propos, est un homme universel et d'une parfaite sociabilité. Il arrive souvent que l'on puisse parler avec autorité et avec de bonnes idées de sujets qui semblent légers et de peu d'intérêt. Macrobe, écrit[46] qu'en présence de nombreux philosophes, on posa comme par dérision cette question courante qu'on pose souvent pour plaisanter, sur ce qui a été le premier, de l'œuf ou de la poule : à quoi, Disaire, l'un des philosophes questionnés, répondit avec de si bonnes raisons et si dignement, prouvant l'antériorité de l'œuf, que chacun, laissant de côté sa propre opinion, jugea la chose admirable. S'il nous arrive quelquefois de reprendre ou de corriger quelqu'un avec des mots, il faut parler plus gravement et plus rudement, et employer des mots exprimés avec concision et gravité, en tenant toujours compte de l'occasion, de la personne et du lieu, pour ne pas sortir de la juste mesure, comme l'avertissement trop sévère fait par Ménédème à son fils Clinia amoureux, dans le passage suivant de Térence :

---

44  TER., *Eun.*, II, sc. 2, v. 248-253. Gnathon est un parasite.
45  *Ibid.*, III, sc. 2-3.
46  MACR., *Sat.*, VII, XVI, 1-2, où Disaire est présenté comme médecin.

« Credi tu, Clinia, fare sempre a questo modo, mentre ch'io ti sarò vivo padre, et essere già per torre moglie guardandoti da me? Tu erri se tu il credi et non mi conosci. Io ti voglio per figliuolo tanto quanto tu farai portamenti da ciò; et quando io non potrò più, ti tracterò come tu meriti. E' non t'aviene questo se non pel troppo agio: quando io era del tempo sè tu, ben ti so dire io andava vageggiando; ché per povertà mi bisognò andarne infino in Asia al soldo per guadagnare il pane con honore et diventare da qualcosa, et tu ti stai a poltrire; ma e' non ti riuscirà per certo, ch'io sono disposto a mutarti verso ». Per le quali parole più volte udite il giovane mosso, credendo che il padre l'amonisse per amore et che per la età più di lui conoscesse, se n'andò al soldo et diventò sviato et tristo. Similemente è ripresa per troppa licentia la largheza che dava Mitio al figliuolo pure vageggiante. Costui, sendogli dal fratello detto che il figliuolo avea rotto un uscio et per forza tolto una fanciulla, dato delle busse alla madre et stracciati loro i panni in modo che tutto il popolo gridava di tanta scelerateza, rispose: « Tu giudichi male, però che a' giovani non si disdice amare, né darsi buono tempo; et se noi non lo facemo noi, e' non ci lasciò la povertà, et non è nostra loda avere facto quello a che il bisogno ci strinse, però che, avendo avuto il modo, noi l'aremo facto: et ora se tu fussi discreto il lasciaresti fare al tuo, mentre che è giovane, sì che non mi seccare più, però che egli è mio, et se e' pecca fa male a me. Egli convita, gode, veste bene et è innamorato et spende del mio, et io gliene darò mentre potrò; poi il caccerò forse via. Se egli ha spezzato l'uscio rifarenlo; stracciò la cioppa? Ricùciasi a nostre spese, ché, gratia di Dio, abbiamo di che. Infino a qui fa come i giovani, et se non farà peggio il sopporterà, et così si de' fare: se tu nollo credi, domandane chi ti piace et non me ne dire più nulla ».

« Crois-tu, Clinia, toujours agir de la sorte, du vivant de ton père, et t'apprêter à prendre épouse en te cachant de moi ? Tu te trompes si tu le crois, et tu me connais bien mal. Je veux bien te traiter comme mon fils tant que tu te conduiras comme tel ; et quand je ne le pourrai plus, je te traiterai comme tu le mérites. Cela ne t'arrive que par trop d'aisance : à ton âge, je peux bien te dire où j'allais, moi, courir les femmes ; pauvre, il me fallut aller en Asie pour être soldat et gagner mon pain honorablement, et devenir quelque chose[47], et toi tu restes là à paresser ; mais, pour sûr, cela ne te réussira pas, car je suis décidé à te faire changer d'idée. » Ému par ces paroles plusieurs fois entendues, le jeune homme, croyant que son père l'avertissait par amour et qu'il en savait plus que lui en raison de son âge, s'en alla faire le soldat, mais quitta le droit chemin et devint méchant. On blâme de même, pour sa trop grande licence, la générosité de Micion envers son fils, lui aussi amoureux. Comme son frère lui disait que son fils avait brisé une porte et enlevé de force une jeune fille, après avoir frappé sa mère et déchiré leurs vêtements, au point que tout le peuple criait au crime, il répondit : « Tu juges mal, car il n'est pas malséant pour des jeunes gens d'aimer, de se donner du bon temps ; et si nous ne l'avons pas fait, c'est que la pauvreté ne nous l'a pas permis, et nous n'avons pas de mérite à cela puisque la nécessité nous y contraignait : car si nous en avions eu la possibilité, nous l'aurions fait ; et à présent, si tu étais sensé, tu lâcherais la bride à ton fils, tant qu'il est jeune : alors, ne me romps plus la tête, car c'est mon fils, et s'il commet une sottise, j'en porte la peine. Il banquète, il jouit, il s'habille bien et il est amoureux et dépense mon argent, et je lui en donnerai tant que je le pourrai ; puis je le chasserai, peut-être. S'il a brisé la porte, je la ferai refaire ; il a déchiré un surcot[48] ? Nous le ferons recoudre à nos frais, car, grâce à Dieu, nous avons de quoi. Jusqu'ici, il agit comme agissent les jeunes gens et, s'il ne fait pis, je le supporterai, et voilà ce qu'il faut faire : si tu ne me crois pas, demande à qui tu veux et ne m'en parle plus[49]. »

---

47  TER., *Haut.*, I, sc. 1, v. 102-117.
48  *cioppa* : « *veste lunga a mo' di gonnella, usata da uomini e donne indistintamente* ». En ancien français, « chope », ou surcot.
49  TER., *Ad.*, I, sc. 2, v. 99-123.

172        VITA CIVILE – [LIBRO SECONDO]

§ 139-140. In questi dua modi si nota il poco et il troppo consentire a' giovani; quale sia il mezo et debito modo nota Terentio, quando scrive la vita che approvava il padre di Pamphilo, inanzi che sapessi ch'egli fusse transcorso in vitii et dice così: «Poi che Pamphilo mio cominciò a crescere non si perdeva drieto agl'uccelli, non in cavalli, né in cani da cacce, non per amore né per altra disordinata voglia come fanno la magiore parte de' giovani, ma continuamente studiando in buone doctrine di philosophi, mezanamente exercitava gli altri dilecti. La conversatione sua era facile et benigna a tutti coloro con chi egli usava: acordavasi con loro et seguitavagli in tutti i costumi buoni; non contrariava persona né voleva essere inanzi, im modo che agevolmente, sanza invidia, acquistava loda et buona amicitia».

§ 141-145. Impossibile sarebbe notare quali debbono essere le convenienti riprehensioni et che modo di vivere non meriti essere ripreso: ma gli exempli posti bastino a essere inteso che come nell'altre cose così in queste si debbe servare con discretione il modo che più si conviene. In riprehendere sempre si vuole dimonstrare non essere irati, acciò che più consideratamente per solo admonimento paia che si faccia, non per odio, ma per solo amore di chi è ripreso. Per questo sia la riprehensione facta con auctorità severa et grave; non sia contumace né in alcuna parte villana, et in tutto si dimonstri facta per utile del ripreso. Se, come accade alle volti, non si potesse fuggire le contese degli ingiuriosi et in noi fussino dette parole villane, non v'è meglio che contenersi et in ogni risposta servare ordine et modo et fuggire l'ira, della quale impediti, non si può con temperantia operare. Metello, honorato et savio cittadino romano, sendo in presenzia del popolo in publica ringhiera, di parole molto iniuriato da Manlio tribuno della plebe, andò dopo lui a dire et prudentissimamente consigliò della materia proposta, poi sogiunse:

§ 139-140. On relève dans ces deux attitudes le peu ou trop de consentement donné aux jeunes gens ; Térence relève ce que doivent être le moyen terme et la juste mesure, en décrivant la vie qu'approuvait le père de Pamphile, avant que celui-ci n'apprenne que son fils était tombé dans le vice. Voici ses mots : « Quand mon Pamphile commença à grandir, il ne perdait pas son temps à pratiquer la chasse au vol, à élever des chevaux et des chiens de chasse, dans l'amour ou dans d'autres passions désordonnées, comme la plupart des jeunes gens, mais tout en étudiant continuellement les bonnes doctrines des philosophes, il se donnait modérément aux autres plaisirs. Il en usait avec tous ceux qu'il fréquentait avec amabilité et bénignité : il s'accordait avec eux et les imitait dans toutes les bonnes mœurs ; il ne contrariait personne et ne voulait pas se mettre en avant : ainsi, il acquérait aisément, sans envie, éloge et bonne amitié[50]. »

§ 141-145. Il serait impossible de relever quelles doivent être les justes remontrances et quelle façon de vivre ne mérite pas d'être reprise : mais les exemples proposés suffiront à comprendre que, dans ces choses comme dans les autres, on doit employer avec discernement le mode le plus convenable. En reprenant quelqu'un, on ne doit jamais montrer de la colère, pour avoir l'air d'agir de manière réfléchie à seule fin d'avertissement, non par haine, mais seulement par l'amour que l'on porte à celui qu'on reprend. Pour cette raison, on doit faire sa remontrance avec une autorité sévère et grave ; elle ne doit pas être arrogante ni aucunement blessante, mais montrer clairement qu'elle est faite pour l'utilité de celui à qui elle s'adresse. Si, comme il arrive parfois, on ne peut éviter les querelles avec des gens qui vous injurient et que l'on profère contre nous des mots blessants, le mieux est de se contenir et de garder dans toutes nos réponses ordre et raison, d'éviter la colère qui nous empêche d'agir avec tempérance. Metellus, sage et honorable citoyen romain, se trouvant sur la tribune aux harangues[51] en présence du peuple, accablé d'injures par Manlius, tribun de la plèbe, parla après lui et donna prudemment son avis sur la question proposée, puis ajouta :

---

50  TER., *And.*, I, sc. 1, v. 55-66.
51  *ringhiera* : « *arringatoio* » (« *luogo dove si parla pubblicamente* »). À Florence, cette tribune se trouvait devant le Palais communal ; gonfaloniers et podestats y prononçaient leurs discours.

« Di quello s'aparterrebbe rispondere al tribuno, non sono io per volere dire alcuna cosa, però che egli stima essere in qualche parte riputato se egli potrà contendere meco. Io non curo sua amicitia et la inimicitia meno, et oltre a questo non lo riputo degno che nella presentia di tanti buoni huomini si parli di lui in quel tempo che egli non può essere punito; quando sarà privato, et noi gli risponderemo quanto i suoi meriti il fanno degno, dove noi crederreno che egli possa essere punito et correcto de' suoi difecti ». Ordinati nelle parole, aremo poco acquistato se i facti non rispondessino: per questo sia fermo nell'animo di ciascuno quello solea a Athene dire Protheo philosofo, cioè il virtuoso per niuna cagione dovere fare male, posto che fusse certo il suo peccato a Dio et agl'huomini sempre dovere essere celato, però che non la infamia né alcuna paura di pene il dovea ritrarre dal peccato, ma solo l'amore di virtù et la perfecta honestà.

§ 146-151. A chi in tale modo sarà disposto, grandemente gioverà al mantenersi in così facto proposito la sententia di Musonio philosofo, la quale è scripta nella oratione di Marco Catone et è certo degna, come si dice, di lettere d'oro. Le parole di tale sententia sono queste: « Pensate con gli animi vostri che se alcuna cosa con fatica dirictamente farete, quella fatica presto si partirà, et il bene facto sempre starà con voi: ma se per dilecto alcuna cosa cattiva farete, il dilecto presto vi lascerà, et il male facto in eterno sarà con voi ». Dispongasi dunque ciascuno a volere fare bene, poi consideri che l'operationi degl'huomini si fanno o in privato nascose, o in publico palese et aperte; il celarle non è mai sanza qualche difecto, però che o egli è disonesto così fare, et però si cela, come imbolare et commettere adulterio, o veramente è disonesto essere veduto fare quello che non ha in sé disonestà, onde in segreto s'acquista figliuoli et vota il ventre, non perché così fare sia dishonesto, ma perché brutto sarebbe tali atti publicare.

LA VIE CIVILE – LIVRE II

« De ce qu'il conviendrait de répondre au tribun, je ne souhaite rien dire, car il pense avoir quelque réputation s'il peut se quereller avec moi. Je ne me soucie pas de son amitié, encore moins de son inimitié. En outre, j'estime qu'il n'est pas digne qu'on parle de lui en présence de tant d'hommes de bien, alors qu'il ne peut être puni[52] ; quand il sera redevenu citoyen privé, alors nous lui répondrons selon ses dignes mérites, quand nous croirons qu'il peut être puni et corrigé de ses défauts[53]. » Nous aurons beau être ordonnés dans nos propos, nous aurons peu avancé si nos actions n'y répondent pas : aussi, faut-il avoir bien à l'esprit ce que disait habituellement à Athènes le philosophe Protée[54], à savoir que l'homme vertueux ne doit commettre le mal pour aucun motif, même s'il était certain que son péché demeurerait toujours caché à Dieu et aux hommes, car ce n'est pas l'infamie ou la crainte des châtiments qui doivent le détourner du péché, mais uniquement l'amour de la vertu et la parfaite honnêteté.

§ 146-151. Pour ceux qui sont dans une telle disposition, la sentence du philosophe Musonius servira grandement à se maintenir dans un tel propos : on la trouve dans un discours de Marcus Caton, et digne assurément, comme l'on dit, d'être écrite en lettres d'or. En voici les termes : « Votre esprit doit considérer que si vous accomplissez une action droite avec peine, cette peine passera vite, et le bien accompli vous restera : mais si vous prenez plaisir à faire une mauvaise action, le plaisir passera vite, et le méfait vous accompagnera éternellement[55]. » Chacun doit donc se disposer à vouloir bien agir, puis considérer que les activités humaines se font soit en privé, cachées, soit en public, à découvert et au grand jour ; les cacher n'est jamais sans quelque défaut, car ou bien il est malhonnête d'agir ainsi, et il faut le cacher (comme le fait de voler ou de commettre un adultère), ou bien il est vraiment malhonnête d'être vu en train de faire ce qui n'a en soi rien de malhonnête, d'où le fait de faire des enfants ou soulager son ventre sans être vu, non parce qu'il est malhonnête d'agir ainsi, mais qu'il serait laid de le faire en public.

---

52  En raison de l'immunité liée à sa fonction.
53  « Metellus, sage… » : GELL., *Noct. Att.*, VI, XI, 1-3.
54  *Ibid.*, XII, XI, 1-6.
55  *Ibid.*, XVI, I, 1-2.

Il temperato debbe non solo non fare le cose che sono dishoneste, ma ancora rafrenare la captiva volontà, quando disordinasse in pensieri captivi. Chi ne' mali pensieri persevera merita pena, chi si contrappone et ragionevolemente risiste è degno di loda et conoscesi temperato et forte. Gran segno di sciocheza è non ire contro alle pensate scellerateze, ma quelle seguire et il malificio commettere, acciò che quando fia facto, non facto essere non possa et puniscasi. Tornando al nostro proposito, le cose che, benchè sieno honeste, disiderono essere segrete, debbono in segreto farsi come la natura et il costume richiede, né in alcuno modo si de' consentire a coloro che dicono non si dovere curare d'essere veduto fare le cose che non sono male. Molte sono le cose buone, utili et necessarie a·ffare che, bene non sieno male, sendo veduti gl'huomini quando le fanno, sarebbe vituperabile et brutto et di merita riprehensione.

Per questo tutte le cose richiegono luogo, tempo et debito modo. La philosophia, maestra della vita, dà dua singulari precepti per sufficiente regola di ciò che si fa: prima, che non sia persona stimi potere celare a Dio alcuna cosa che e' faccia, et con questo agiugne che non si faccia cosa la quale confessare agl'uomini sia vergogna. Tali precepti chi seguirà, non potrà essere non temperato. Ciò che manifestamente si fa da chi non è scelerato, debbe essere honesto o almeno tollerabile.

Gli scelerati sare' superfluo ammonire però che non per amore del bene, ma dalla pena constretti, lasciono il male.

§ 152-155. Coloro dunque a chi s'apartiene, diano loro degno supplicio. Agli altri che sono di vita honesta, o almeno agevole a sopportalla, certo saranno utili gli amonimenti nostri. Varie ragioni di cose sono che manifestamente si fanno. In giudicare di quelle si debbe essere diligente et cauto, acciò che per inadvertenzia non ci advenisse errare in seguire i costumi degli altri. Per questo la prima consideratione vuole essere se la cosa in sé è honesta o no: quando non fusse honesta non si debbe seguire, posto che molti facessino il simile; se fusse honesta et tanto fuori dell'uso che si stimasse nel popolo riprehensibile non si debbe publicamente fare sanza debito modo.

LA VIE CIVILE – LIVRE II 177

Non seulement l'homme tempérant ne doit pas commettre d'acte malhonnête, mais il doit aussi réfréner la volonté mauvaise, à chaque fois qu'il s'abandonne[56] à de mauvaises pensées. Celui qui persévère dans des pensées de mal mérite une punition, celui qui s'y oppose et résiste par la raison est digne d'éloge et se révèle être tempérant et fort. C'est un signe de grande sottise de ne pas s'opposer aux pensées criminelles, mais de les suivre et de commettre le méfait, de sorte qu'une fois commis il ne pourra pas ne pas avoir été commis et qu'il sera puni. Pour revenir à notre propos, même les choses honnêtes qui désirent rester cachées doivent se faire secrètement comme la nature et les mœurs le requièrent, et il ne faut jamais approuver ceux qui disent qu'on ne doit pas se soucier d'être vu en train de faire des choses qui ne sont pas mauvaises. Il y a beaucoup de bonnes choses à faire, utiles et nécessaires, et qui, tout en n'étant pas mauvaises en soi, seraient blâmables et laides et mériteraient répréhension si les hommes étaient vus en train de les faire.

Pour cette raison, toutes les choses exigent un lieu, une circonstance et une juste mesure. La philosophie, maîtresse de vie, donne deux préceptes comme règle suffisante de nos actions : d'abord, que personne n'estime pouvoir cacher à Dieu quelque chose qu'il fasse, et ensuite qu'on ne fasse aucune chose qu'il serait honteux d'avouer aux hommes. Quiconque suivra ces préceptes ne pourra pas ne pas être tempérant. Ce qu'un homme qui n'est pas un scélérat accomplit publiquement doit être une chose honnête ou du moins acceptable.

Il serait superflu d'admonester les scélérats, car ils délaissent le mal non par amour du bien, mais sous la contrainte de la punition.

§ 152-155. Que ceux qui en sont chargés leur donnent le châtiment mérité. Nos avertissements seront assurément utiles aux autres, qui mènent une vie honnête, ou du moins n'ont pas de difficulté à vivre ainsi. Il existe diverses espèces de choses que l'on fait publiquement. Pour les juger, il faut être attentif et circonspect afin de ne pas en arriver, par inadvertance, à se tromper en suivant les mœurs des autres. Aussi, faut-il considérer premièrement si la chose en soi est honnête ou non : si elle ne l'est pas, il ne faut pas s'y engager, quand bien même beaucoup agiraient ainsi ; si elle est honnête, mais si éloignée de l'usage que le peuple la jugerait répréhensible, il ne faut pas la faire publiquement sans observer la juste mesure.

---

56  *disordinare* : *indulgere* (*eccessivamente*). Le verbe comporte également l'idée d'excéder l'ordre de la morale ou des convenances (voir *infra* : *Gl'atti che molto disordinono*).

Honesto credo sarebbe nelle vie publice convitare et forse freno al goloso vivere: et così per expresso fu già a Roma proveduto per torre via il soprabondante et luxurioso mangiare, onde si contenne in tale legge che e' non si potesse più che una vivanda mangiare et le frutte: et acciò che in segreto non si contrafacesse, provide di mangiare fuori ne' portici. Et similemente apresso i Lacedemonii coresse Ligurgo il disordine della insatiabile gola, per legge constrignendo ciascuno a mangiare in publico. Oggi chi convitasse fuori, forse meritamente sare' ripreso. Grandissima forza è quella dell'uso in ne' costumi civili, et molte cose vitupera le quali ha già prima aprovate, poi di nuovo le ripiglia e fa, pure che e' voglia così.

§ 156-160. Io vidi già portature di publice meritrici in nella città per dishoneste et sfacciate riprese che, non dopo lungo tempo, usate dal fiore delle nobili donne, furono nelle feste solenne et grandi, gentili, giulive et legiadre in publico riputate. In nella città nostra usarono già le donne fiorentine gli sgolati con tanto ricasco che andavano monstrando colle poppe il petto; poi, parendo tale stremo vitioso, cominciorono a ritirare i collari in su et tanto gli alzorono che giunsono all'altro stremo, et copriano con esso gli orechi; infine, provato il poco et il troppo, si ridussono a un mezo forse debito, che ancora dura et durerà quanto l'uso vorrà, infino che ritornerà l'una o l'altra delle già usate maniere. Sia dunque ne' costumi potissima legge seguire l'approvata consuetudine dell'uso civile: quello che secondo l'uso approvato si facessi sia con misura et tale convenentia che non meriti riprehensione, però che la forza del luogo, tempo et circunstanti persone è tanta che alle volti vitupera le cose che per loro stessi sarebbono honeste et bene. Lodata cosa è virtù et pensare intorno alle scientie et doctrine delle buone arti: niente di meno chi a convito stesse pensoso et attento a cose sottili sarebbe inhumano et di riprehensibile austerità:

LA VIE CIVILE – LIVRE II      179

Banqueter sur la voie publique serait honnête, je crois, et mettrait peut-être un frein à la goinfrerie : ainsi, jadis à Rome, on pourvut expressément à supprimer la surabondance et l'excès de nourriture, en limitant par cette loi le repas à un plat et des fruits, et, pour qu'on ne la détournât pas en cachette, on décida que les repas se feraient sous les portiques[57]. De même, Lycurgue corrigea chez les Lacédémoniens le désordre de leur insatiable goinfrerie, contraignant chacun par une loi à manger en public. De nos jours, ceux qui banquetteraient dehors seraient peut-être repris à juste titre. La force de l'usage est très grande dans les mœurs civiles, et elle blâme bien des choses qu'elle avait auparavant approuvées, qu'ensuite elle se remet de nouveau à faire, si tel est son désir.

§ 156-160. J'ai vu autrefois en ville des accoutrements[58] de femmes publiques critiqués parce que déshonnêtes et dévergondés, lesquels, peu de temps après, adoptés par la fleur des nobles dames, furent dans les grandes solennités publiquement jugés élégants, gais et gracieux. Dans notre cité, les dames florentines portèrent jadis des décolletés si échancrés qu'elles montraient leur poitrine et leurs seins ; puis, comme on trouva du vice dans cet excès, elles commencèrent à tirer leurs collets vers le haut, mais elles les relevèrent si haut qu'elles arrivèrent à l'excès inverse, et s'en couvraient les oreilles ; enfin, après avoir essayé le peu et le trop, elles en vinrent à un moyen terme, convenable peut-être, qui dure encore et durera autant que le voudra l'usage, jusqu'à ce qu'on en revienne à l'un ou l'autre des précédents modes adoptés. Dans les mœurs, la principale loi sera donc de suivre la coutume consacrée par l'usage civil : ce qui pourrait se faire selon l'usage approuvé doit être fait avec une mesure et une convenance telles qu'elles ne méritent aucune remontrance, car la force du lieu, du temps et des personnes présentes est si grande qu'elle blâme parfois des choses qui seraient honnêtes et bonnes en soi. La vertu est chose louable, comme de réfléchir aux sciences et aux enseignements des bonnes pratiques ; néanmoins, celui qui, dans un banquet, demeurerait pensif et attentif à des choses subtiles serait impoli et d'une austérité répréhensible :

---

57   Il s'agit des lois somptuaires, comme la loi Fannia (*Lex Fannia Sumptuaria*, 161 av. J.-C.), en particulier, qui limitait le luxe des festins. *Cf.* Macrobe, *Saturnales*, II, XIII, et Aulu-Gelle, *Nuits attiques*, II, XXIV.

58   *portature* : «*foggia di vestire*». Le terme indique la manière de porter ces vêtements et celle de se comporter. Le lien établi entre l'«habit» (extérieur) et l'«*habitus*» (manière d'être) a été suggéré au livre I.

180 VITA CIVILE – [LIBRO SECONDO]

chi in consiglio di cose gravi, che importino, motteggiasse, non sare'
degno di quello luogo. Sempre si debbe appensatamente iudicare che
cose si tratti: se gravi, stare severo et attento, se mezane, domesticamente
conferire, se sollazevoli iocondo et festivo motteggiare.

§ 161-173. Non sia alcuno che caggia in errore per avere udito lodare
in Socrate, Diogene o Democrito alcuno costume di severità astratta fuori
dell'uso degli altri huomini, et creda per fare il simile essere maraviglioso
huomo. Molte excellentie bisogna che concorrino a chi disidera gli sia
lecito tale modo di vivere, et per molto tempo vuole essere sperimentata
et ferma la integrità et immutabile constantia di tali huomini; altrimenti
quello che alla incredibile gravità di sì grandi ingegni, nati per exemplo et
maestri degli altri, era glorioso et di fama immortale, in negli homicciuoli
sarebbe ridiculo et vile. Gl'atti che molto disordinono et grandemente
si discordono dal modo degl'uomini, agevolemente s'intendono et poco
bisogna admonirne, però che la mente sana da se stessi n'ha guardia,
come di continuo ridere, cantare et saltare in publico. Chi ha poco sale,
a ogni ammonimento ha chiuso gli orechi et merita compassione. E
mancamenti piccoli sono quegli da' quali più diligentemente bisogna
guardarsi; prima, perché è più fatica conoscergli, poi, perché i buoni più
si vituperono ne' piccoli mali che non fanno i tristi ne' grandi. Quinci
per antico proverbio si dice: «Quanto le cose sono più lucenti et chiare,
se machia vi va su, più vi si pare». Spesso si vede dissolute persone
continuare palesemente ne' vitii: goditori, giucatori, adùlteri et pieni
di costumi tristi, chi gli vede fare male pare sia insensato et non curi
di loro, et perché una volta gli ha giudicati nell'animo suo vitiosi, non
vi pone mente, ma, come facessino l'arti loro, né meglio né peggio gli
giudica. Se poi accade che uno riputato buono sia veduto a un tavoliere
giucare, tutto il popolo mormora et pare uno errore grave, però che al
buono è posto più mente et più è ripreso del piccolo errore che non è al
tristo sempre faccendo male. Utile cosa è con diligentia observare i facti
degli altri et quello che noi giudichiamo essere bene facto d'altrui seguire
ancora noi, guardandoci di quello in altri conosciamo essere biasimo.

celui qui, dans un conseil traitant de choses graves et d'importance, plaisanterait, ne serait pas digne de ce lieu. On doit toujours juger après réflexion de quelles choses l'on traite : si c'est de choses graves, il faut se montrer sévère et attentif ; si c'est de choses moyennes, conférer familièrement, si c'est de choses récréatives, plaisanter joyeusement et gaiement.

§ 161-173. Nul ne doit tomber dans l'erreur parce qu'il a entendu louer chez Socrate, Diogène ou Démocrite un comportement d'une sévérité détachée de l'usage des autres hommes, et se croire un homme merveilleux en voulant les imiter. Il faut que concourent maintes excellentes qualités chez ceux qui désirent s'autoriser d'un tel mode de vie, et le temps doit mettre à l'épreuve la fermeté de leur intégrité et de leur immuable constance ; sinon, la gloire et l'immortelle renommée attachées à la gravité incroyable de si grandes intelligences, nées pour être des exemples et des maîtres pour les autres, deviendrait ridicule et sans valeur chez les hommes sans envergure. Les actes qui excèdent l'ordre et sont en désaccord avec les manières d'agir des hommes, sont aisés à connaître et n'ont guère besoin d'avertissements, car un esprit sain s'en garde de lui-même, comme de rire, de chanter et de sauter sans arrêt en public. Qui manque de finesse, ferme ses oreilles à tout avertissement et mérite la pitié. Ce dont il faut se garder le plus soigneusement, ce sont les petits manquements : d'abord, parce qu'on peine davantage à les connaître, ensuite, parce que l'on critique davantage les hommes de bien dans les petites fautes que les méchants dans les grandes. De là, ce proverbe ancien : « Plus les choses brillent et sont claires, plus une tâche s'y remarque ». L'on voit souvent des personnes dissolues persister ouvertement dans les vices : jouisseurs, joueurs[59], adultères et tout remplis de méchantes mœurs, ceux qui les voient mal agir semblent être insensibles et ne pas se soucier d'eux. Les ayant jugés vicieux une fois, en leur for, ils n'y font plus attention, mais comme si ces gens-là faisaient leur métier, ils ne les jugent ni meilleurs ni pires. S'il arrive ensuite que quelqu'un ayant la réputation d'un homme de bien soit vu en train de jouer à une table de jeu, tout le monde en murmure et cela passe pour une faute grave, car on porte plus d'attention à l'homme de bien, et celui-ci est davantage repris pour une faute bénigne que ne l'est le méchant qui agit mal en permanence.

---

59  *giucatori* : « *giocatori* ». La forme *giucare* est très répandue dans la langue florentine du XVᵉ siècle, aussi bien dans les textes littéraires que populaires.

Tale observanzia molto ha a giovare a' nostri costumi, però che come e' si sia, dire io non sollo, ma la sperientia, maestra di tutte le cose, ci dimonstra che molto meglio iudichiamo gl'errori altrui che i nostri proprii, in modo che, per excellente fussi alcuno, i costumi del quale avessimo proposto seguire, sempre troverreno in lui qualche cosa ci dispiaccia et spesso ventaggereno qualcuno de' modi di chi areno electo maestro. Pertanto non doviàno sì stretti sottoporci a diventare simili a alcuno, benché excellente di doctrina et costumi fusse, che ancora da altri che in alcuna parte gli fusse inanzi non c'ingegnano pigliare quel fiore che è più perfecto. Seguitando in questo lo exemplo di Zeusis, sommo pictore, il quale condocto con gran prezo a Cutrone, che in que' tempi abondava d'ogni bene più che altra città italica, et volendo in uno loro celebrato et degnissimo tempio dipignere la imagine de Helena, la quale era famosa sopra tutte le belle mai in terra vedute, et vedendo le donne di Cutrone belle sopra ogni altre di Italia, domandò volere, mentre dipignea, vedere la forma et dilicate fattezze delle più belle vergini aveano, et così per publica provisione gli furono nude monstre tutte le vergini loro. Di quelle elesse cinque, la cui fama ancora nel mondo dura, come di belle nel numero delle belle, electe per più belle da sommo maestro et giudice vero della bene formata belleza. Così non potendo in uno solo corpo trovare pulito dalla natura ogni parte cercava alla perfecta belleza, da ciascuna prese la parte in che più fioriva; et di tutte formò una imagine tanto pulitamente in ogni parte perfecta che di tutto il mondo concorrevano nobilissimi pictori a vederla come cosa mirabile, che più tosto di cielo venuta che in terra facta si confermava.

Il est utile d'observer attentivement les actions des autres et de suivre ce que nous jugeons être bien fait par eux, en évitant ce que nous savons être blâmable chez autrui. Nos mœurs tirent grande utilité d'une telle observation – et je ne saurais dire pourquoi il en est ainsi – mais l'expérience, maîtresse de toutes choses, nous montre que nous sommes meilleurs juges des erreurs d'autrui que des nôtres, au point que, pour excellent que soit un homme dont nous nous serions proposés de suivre les mœurs, nous trouverons toujours en lui quelque chose qui nous déplaira et que souvent nous surpasserons dans quelque ligne de conduite le maître que nous nous sommes choisi. Aussi, ne devons-nous pas nous résigner à devenir strictement semblable à quelqu'un, pour excellentes que soient sa doctrine et ses mœurs, sans nous efforcer de cueillir également chez d'autres, qui le surpasseraient sur certains points, la fleur la plus parfaite.

Nous suivrons en cela l'exemple de Zeuxis, un très grand peintre, qu'on avait fait venir à grand frais à Crotone. En ce temps-là, cette cité regorgeait, plus qu'aucune ville d'Italie, de toutes sortes de biens. Comme ses habitants voulaient faire peindre dans un de leurs temples honoré et prestigieux, l'image d'Hélène, la plus fameuse de toutes les belles femmes jamais vues sur la terre, le peintre, voyant que les femmes de Crotone étaient les plus belles d'Italie, demanda à voir, pendant qu'il peignait, la beauté et les traits délicats des vierges les plus belles de la ville, et ordre fut donné publiquement de lui présenter toutes leurs vierges nues. Il en choisit cinq, dont la renommée dure encore en ce monde, comme des beautés au nombre des beautés, choisies comme les plus belles par un très grand maître et un vrai juge de la beauté bien façonnée. Ainsi, ne pouvant trouver en un seul corps toutes les parties naturellement parfaites qu'il cherchait pour atteindre la beauté achevée, il prit en chacun la partie la plus épanouie ; et de toutes il forma une image si proprement parfaite en toutes ses parties que de nobles peintres accouraient du monde entier pour voir cette chose admirable qu'on affirmait venue du ciel plutôt que créée sur la terre[60].

---

60  L'image païenne peinte par Zeuxis semble reproduire, presque irréligieusement, le miracle hagiographique du sonnet *Tanto gentile e tanto onesta pare* de la *Vita Nuova* de Dante : « *e par che sia una cosa venuta / da cielo in terra a miracol mostrare* » (XXVI, v. 7-8) (« et elle semble une créature descendue / du ciel sur la terre pour montrer un miracle »).

Noi similemente, seguitando i temperati modi, l'ordine et approvati costumi del lodato vivere, da ciascuno virtuoso pigliereno quello in che più gli altri avanza; et così seguitando – molti il migliore sempre prima – c'ingegneremo divenire quanto più potremo in ogni buono costume limati; et per meno potere errare, quando dubitassimo, ci consigliereno con gli antichi intendenti et per lungo uso maestri di vivere. Quando da' più fussino i nostri costumi ripresi, si vogliono correggere et mutare in meglio, però che così si richiede a' savi di fare. Né mai si debbe alcuna cosa, benché buona fusse, tanto pertinacemente seguire che, sendoci monstro meglio, non llo prepognano al minore bene. Siano dunque in questo seguiti i buoni dipinctori, i quali l'opere che e' fanno sogliono lasciare considerare dal popolo, et poi corregere quello che fussi da molti ripreso, et forse alle volti preporre il iudicio all'arte, et fare et non fare secondo è iudicato da molti. Consentire maximamente si debbe agli antichi: quegli seguire, riverire et tenere honorati, ubbidire a' magistrati che tengono le degnità publice, et con tutta la compagnia civile amichevolemente conversare in unione et concordia di salute pacifica. Delle cose comprese dagli ordini et statuti della città non s'apartiene a noi admonire, perché esse constitute legge sono comandamento al vivere. De' fatti che temperatamente o no si fanno sia per al presente fine.

§ 174-183. Seguita dire quello che ne' movimenti et riposi del corpo si convenga, de' quali, per non essere lunghi, direno coniuncti. Ogni moto et qualunche stato di corpo, il quale si disforma dal naturale uso et pare a vedere brutto si de' fuggire. Quali e' sieno, molto meglio s'intende quando s'erra in essi che e' non si possono dire. Spesso adviene che per piccoli cenni si conosce maximi vitii et dàssi inditii veri di quello sente l'animo nostro, come per elevato guatare si significa arrogantia;

LA VIE CIVILE – LIVRE II

Nous, de même, en suivant les manières d'agir tempérées, l'ordre et les mœurs estimables d'une vie digne d'éloges, nous prendrons à chaque homme vertueux ce qui en fait un être supérieur aux autres ; et en poursuivant ainsi – prenant en priorité dans ce nombre le meilleur – nous ferons tous nos efforts possibles pour devenir châtiés en toutes bonnes mœurs ; et pour nous égarer le moins possible, si nous doutions, nous prendrions conseil auprès des anciens qui s'y entendaient et qu'un long usage avait fait maîtres de vie[61]. Si nos mœurs faisaient l'objet de la répréhension du plus grand nombre, on doit les corriger et les changer en mieux, car il convient aux sages d'agir ainsi. Et il ne faut jamais suivre avec entêtement une chose, toute bonne qu'elle soit, mais, si l'on nous montre un mieux, nous devons le préférer à un plus petit bien. Il faut donc suivre en cela les bons peintres, qui ont l'habitude de laisser les ouvrages qu'ils exécutent sous le regard du peuple et qui, ensuite, corrigent ce qui est repris par un grand nombre, et peut-être quelquefois faire passer le jugement avant l'art, et faire et ne pas faire en suivant le jugement du nombre. Il faut avant tout être de l'avis des anciens : les suivre, les respecter et les honorer, obéir aux magistrats qui occupent les dignités publiques, et avoir avec toute la communauté civile des rapports amicaux dans l'union et dans la concorde d'une paix salutaire. Il ne nous appartient pas de vous avertir sur ce qui relève des ordres[62] et des statuts de la cité, car ces lois établies sont des commandements pour la vie[63]. Nous en avons fini maintenant avec les actes qu'on accomplit avec tempérance ou non.

§ 174-183. Il nous faut poursuivre avec ce qui est convenable aux mouvements et aux repos du corps : pour éviter d'être long, nous les traiterons conjointement. On doit éviter tout mouvement et position du corps non conformes à l'usage naturel et qui paraissent laids à les voir. On comprend en quoi ils consistent en commettant une erreur à leur sujet beaucoup mieux qu'en essayant de les définir. Il arrive souvent que de petits signes révèlent de très grands vices et donnent de véritables indices de ce que nous ressentons, comme un regard de haut signifie l'arrogance ;

---

61  *maestri di vita* : maîtres en l'art de bien vivre. La référence est évidemment aux préceptes classiques sur le « bien vivre et heureusement » (*bene et beate vivere*), sources d'une morale pratique et exigeante. Ces « anciens », cependant, comme le montre la suite, ne doivent pas s'entendre seulement comme les hommes de l'Antiquité, mais aussi comme les ancêtres, garants de la tradition et du respect des bonnes mœurs.

62  *ordini* : les institutions.

63  *vivere* : cette vie ne peut être que la vie dans le cadre de la cité.

pel dimesso, humilità; per ristrignersi in su il lato, dolore; similemente per fermare l'acume degli ochi, pensiero; per torto guatare, odio; per elevare le ciglia, beffare; riflectere le palpebre, suspitione; guatare a ochilino, callidità; per stare tristo, ridere, tremare la voce, parlare mogio et per simili moti agevolemente si conosce le intentioni et in su il fatto s'intende quello si convenga et quello sia inepto et fuori di dovere. Mirabile è certo vedere quanta forza abbino le mani in significare nostre intentioni, in modo che non solo dimonstrino, ma quasi parlino et siano potenti a exprimere tutti nostri concetti, secondo ne' mutoli si vede, i quali danno con esse a intendere ogni loro volontà. Colle mani si scaccia et chiama, si ralegra et monstra dolore, si significa silentio et romore, pace et zuffa, prieghi et minacce, timore et audacia, adfermasi et niegasi, dimonstrasi, numerasi: le mani ragionono, disputano et finalmente s'accomodono a qualunche intentione dello intelletto nostro. Pertanto sempre sieno adoperate con debito modo, sì che niuno strano movimento si conosca in quelle, ma a tutte le cose paiano convenienti et apte in modo s'advenga loro fare quello si richiede; non sieno zotiche, non dure, non cascanti et molli, né di riposo feminile, ma ritenghino atta pronteza a quello ch'elle vogliono, se si conviene. In nello andare si de' considerare l'età et il grado: non andare intero, né muovere i passi tardi, rari et con tanta gravità che si paia pomposo et simile alle processioni delle degnità sacerdotali; non si dee spandere i vestimenti et andare gonfiato et tondo, siché apaia non capere per la via, et dire al popolo come quello plautino: «Uscite tutti della via, quando io fo ondeggiare la palandra». Non vuole però anche l'andare essere sì presto significhi leggereza, et dimonstri non essere in ella persona constanzia, ma ogni movimento si riferisca a una ordinata verecundia, in nella quale s'osservi la propria degnità, avendo sempre la natura per nostra maestra et guida.

modeste, l'humilité ; étréci au coin de l'œil, la douleur ; la pupille fixe, la pensée ; le regard de travers, la haine ; le haussement de sourcils, la moquerie ; le plissement des paupières, le soupçon ; l'œil qui cligne, la ruse ; la tristesse, le rire, le tremblement de la voix, le parler pâteux et autres mouvements similaires font aisément connaître les intentions, et on comprend sur l'instant ce qui est convenable, ce qui est inapproprié et qu'on ne doit pas faire. Il est certes admirable de voir quelle force ont les mains pour signifier nos intentions, de sorte que non seulement elles montrent, mais ont presque la parole et le pouvoir d'exprimer toutes nos idées, comme on le voit chez les muets qui font comprendre tout ce qu'ils veulent avec leurs mains. Avec elles, on repousse et on appelle, on montre la joie et la douleur, on exprime le silence et le bruit, la paix et la querelle, les prières et les menaces, la crainte et l'audace, on affirme et l'on nie, on montre, on compte : les mains raisonnent, disputent et finalement s'adaptent à n'importe quelle intention de notre entendement. Il faut donc s'en servir toujours de manière mesurée, de sorte qu'on ne voit en elles aucun geste déplacé, mais qu'elles paraissent convenir et s'adapter si bien à toutes choses qu'elles puissent faire ce qu'on leur demande ; elles ne doivent être ni rugueuses ni dures, ni pendantes et molles, ni inertes comme celles d'une femme, mais garder une promptitude propre à ce qu'elles veulent faire, si cela est convenable. Dans la manière de marcher, on doit considérer l'âge et le rang : ne pas marcher en étant raide, ni à pas lents et comptés, et d'une allure si grave qu'on ait l'air pompeux, comme dans les processions des dignitaires sacerdotaux ; on ne doit pas étaler ses vêtements, et cheminer tout renflé et bombé au point de paraître n'avoir pas assez d'espace dans la rue et dire au peuple, comme ce personnage de Plaute[64] : « Tirez-vous tous de mon chemin, quand je fais onduler ma palandre[65]. » La démarche ne doit pas non plus être trop rapide, ce qui signifie légèreté et dénote chez la personne l'absence de constance, mais il faut que chaque mouvement se rapporte à une retenue ordonnée où l'on respecte sa propre dignité, en prenant toujours la nature pour guide et maîtresse.

---

64  Palmieri « fabrique » une citation en prenant à *Amphitryon*, III, sc. 4, v. 1 et à *Epidicus*, III, sc. 3, v. 435-436.

65  *palandra* : autrefois vêtement féminin, par la suite porté par les hommes uniquement dans la maison. Terme provençal pour « houppelande ».

## VITA CIVILE – [LIBRO SECONDO]

A questi debiti movimenti si richiede agiugnere habito conveniente; per la qual cosa si de' tenere tutto il corpo netto et fugire ogni roza et salvatica brutteza; et non però in modo pulirsi che la sforzata netteza s'asomigli alla dilicateza della donna novella, ma il conveniente ornamento servi la degna auctorità dell'huomo virile. A questo conrispondano i vestimenti condecenti et netti, non di troppa abondanza in modo ornati che meritino riprehensione; et sempre s'abbia riguardo a conservare la degnità propria et gli ornamenti dilicati sieno lasciati alle donne, alle quali, et per natura et per uso, magiormente si convengono. Nulla altro essere temperantia che ordine debito di quello che per ogni tempo magiormente a ciascuno si conviene abbiàno inanzi dimonstrato, quello si convenga abbiàno particularmente diviso; et voi credo pienamente l'abbiate pel parlare nostro conosciuto.

§ 184-190. Ora perché, come admonisce Tullio, alle dispari età et differenti gradi non si confanno i medesimi officii, però che altri ne sono de' giovani, altri de' vechi, altri a varii gradi attribuiti, direno quello gli pare secondo certe distintioni s'apartenga a ciascuno. Sia dunque proprio officio de' giovani riverire quegli che sono nati d'età magiore; di loro eleggere gli optimi et più approvati, col consiglio et auctorità de' quali si governi: l'età giovanile, per se stessa ignorante et debole, ha bisogno d'essere ordinata et recta dalla prudentia de' vechi. Et perché più che niuna altra questa età richiede porre freno alla libidine et dilecti carnali, si vuole con patientia spesso exercitare in opere faticose d'animo et di corpo, acciò che la loro industria acresca et diventi potente et apta negli exercitii delle battaglie et civili. Et quando per rilevare l'animo vorranno darsi a alcuno piacere o dilecto, ubbidiscano a' precepti di temperantia, temano vergogna et abbiano paura d'errare: la qual cosa fia loro agevole quando vi siano presenti gli antichi padri, l'auctorità et iudicio de' quali riverischino et temano. A' vechi s'apartiene minuire le fatiche corporee, et l'exercitationi dell'animo rilevare et acrescere; a' giovani, agli amici, et maximamente alla republica quanto più possono colla loro prudentia et consiglio giovare et prestare favore, sopra ogni cosa guardarsi di non s'affingere in tanto riposo et pigritia che il corpo, per troppa quiete debilitato, manchi et diventi infermo et cascante.

LA VIE CIVILE – LIVRE II      189

À ces mouvements bienséants, il faut ajouter une tenue convenable ; aussi doit-on tenir son corps propre et éviter toute saleté, fruste et grossière, sans toutefois se nettoyer au point que la propreté excessive ressemble au soin délicat d'une jeune épousée, mais un ornement convenable doit conserver la digne autorité de l'homme viril. À cela doivent correspondre des vêtements décents et propres, mais sans une surabondance d'ornements qui mériterait une remontrance ; il faut toujours être attentif à conserver sa dignité et laisser les parures délicates aux femmes auxquelles, par nature et par usage, elles conviennent bien davantage. Nous venons de montrer que la tempérance n'est rien d'autre que l'ordre conforme à ce qui convient le mieux à chacun et en toute circonstance, et nous avons particulièrement distingué ce qui doit convenir : et vous en avez pleinement pris connaissance, je crois, grâce à mon discours.

§ 184-190. Or, dans la mesure où, selon l'avertissement de Tullius, aux différents âges et aux différents rangs ne correspondent pas les mêmes devoirs, car les uns appartiennent aux jeunes, les autres aux vieillards, d'autres sont assignés à des rangs divers, nous dirons ce qu'est son opinion sur ce qui appartient à chacun selon certaines distinctions. Le devoir propre des jeunes gens est de respecter leurs aînés, de choisir parmi eux les meilleurs et les plus approuvés, et de se gouverner grâce à leurs conseils et à leur autorité : le jeune âge, en soi ignorant et faible, a besoin d'être ordonné et dirigé par la prudence des vieillards. Et comme cet âge, plus qu'aucun autre, doit mettre un frein aux passions et aux plaisirs charnels, il lui faut s'exercer souvent, et avec endurance, à des activités, de corps et d'esprit, harassantes, afin que son habileté s'augmente, et se fasse puissante et apte aux exercices civils et militaires. Lorsqu'ils voudront, pour délasser leur esprit, se donner à quelque plaisir ou récréation, il leur faudra obéir aux préceptes de la tempérance, craindre la honte et avoir peur de s'égarer : cela leur sera facilité par la présence de leurs anciens dont ils doivent révérer et craindre l'autorité et le jugement. Il appartient aux vieillards de diminuer les labeurs du corps, et de développer et d'augmenter les exercices de l'esprit, d'être utiles et de prêter leur soutien autant que possible aux jeunes gens, à leurs amis, et surtout à la république, avec leur prudence et leurs conseils, et par-dessus tout se garder de l'immobilité[66] du repos et de la paresse au risque que leur corps, affaibli par trop de tranquillité, défaille et devienne malade et décrépit.

---

66  *s'affingere* : *rimanere fermo* (lat. *adfigere*).

190 VITA CIVILE – [LIBRO SECONDO]

La luxuria in ogni età è brutta, ma in e vechi quanto più può è scelerata, abominanda et bruttissima, et multiplicatamente si radoppia in male: essa vechiaia se ne vitupera et veste d'infame vergogna et per suo exemplo la intemperantia de' giovani allarga et fagli dissoluti et magiormente sfrenati. Chi ne' magistrati siede, inanzi a ogni cosa conosca essere spogliato della propria persona, et ritenere la publica persona di tutto il corpo civile dovere sostenere et difendere la degnità et sommo honore della publica magestà, servare la legge, di buoni ordini provedere, tutta la città conservare, et continuamente ricordarsi la multitudine che è governata avere ogni cosa rimesso nella sua fede. Al privato cittadino si conviene con equale legge parimente vivere con gli altri civili, non si sottomettere, né gittarsi indrieto, né etiandio troppo sanza freno elevarsi, et in ella republica sempre volere pace et cose tranquille et honeste, sempre preporre l'honore, l'utile, et bene della patria alle commodità proprie.

§ 191-197. E forestieri debbono, oltre alle proprie faccende, niuna cosa cercare nelle città altrui, né niuna cura avere nella aliena republica, honesti vivere et a ciascuno rendersi grati et benivoli. In questo modo sono discritti da Tullio gl'ufici di ciascuno, in e quali si de' sempre considerare che sia apto alle persone, a' tempi et all'età di chi in alcuna cosa si travaglia. Nulla è che magiormente si convenga che in tutti nostri detti et facti servare ordine et modo con debita temperantia. Di questa virtù già sono molte cose dette et solo intendo agiugnervi che assai grande operatione di temperantia è quella che rafrena gli appetiti et concupiscentie di nostra carne, vincendo se stessi et, sanza lasciarsi ne' dilecti transcorrere, ubidisce alla natura et propria ragione. Ma inanzi a ogni altra temperantia humana è principalissima et somma quella che per sola virtù patientemente sopporta il dolore et la morte. Difficile opera è certo risistere a dua sì terribili mali; et non di meno molti virtuosi moderatamente gli hanno sopportati quando l'honestà l'ha richiesto o accompagnatolo la gloria. Epaminunda Lacedemonio sentendosi insieme il sangue et la vita mancare, disse:

La luxure est laide à tout âge, mais chez les vieillards elle est encore plus criminelle, abominable et hideuse, et en se multipliant le mal est double : la vieillesse se rabaisse elle-même et se couvre d'une honte infâme, et, par son exemple, donne plus de champ à l'intempérance des jeunes gens et les rend dissolus et encore plus licencieux. Ceux qui siègent dans les magistratures, doivent avant tout savoir qu'ils se dépouillent de leur personne et garder à l'esprit qu'ils doivent soutenir la personne publique de tout le corps civil et défendre la dignité et l'honneur suprême de la majesté publique, sauvegarder la loi, prendre de bonnes dispositions, conserver toute la cité et se rappeler sans cesse que la multitude qui est gouvernée a remis le tout à sa loyauté. Le particulier doit vivre avec ses concitoyens à égalité et parité de loi, ne pas se rabaisser ni se mettre en retrait, ni même s'élever trop haut et sans frein, et dans la république vouloir toujours la paix, la tranquillité et l'honnêteté, préférer toujours l'honneur, l'utilité et le bien de la patrie à ses propres avantages.

§ 191-197. Les étrangers ne doivent, en dehors de leurs propres affaires, ne s'enquérir d'aucune chose dans les cités d'autrui, ne se mêler de rien dans la république qui n'est pas la leur, vivre honnêtement, se montrer agréables et bien disposés envers chacun. Voilà comment Tullius décrit les devoirs de chacun, dans lesquels on doit toujours considérer ce qui est approprié aux personnes, aux circonstances et à l'âge de ceux qui travaillent à quelque chose. Rien n'est plus convenable que d'observer, en toutes nos paroles et tous nos actes, ordre et mesure avec la tempérance voulue[67]. On a déjà dit beaucoup de choses à propos de cette vertu, et j'entends seulement ajouter que c'est une grande fonction de la tempérance de réfréner les appétits et les concupiscences de notre chair, par une victoire sur nous-mêmes, et, sans se laisser entraîner dans les plaisirs, d'obéir à la nature et à notre raison. Mais la principale et plus grande tempérance de l'homme est celle qui supporte patiemment, par la seule vertu, la douleur et la mort. Il est certes bien difficile de résister à deux maux si terribles ; néanmoins, grand nombre d'hommes vertueux les ont endurés avec modération lorsque l'honnêteté l'a requis ou que la gloire les a accompagnés. Le Lacédémonien Épaminondas, sentant qu'il perdait son sang et la vie, dit :

---

67    « aux différents âges... » : CIC., *Off.*, I, XXXIV, 122-125.

« Io tempero il mio dolore et contento permuto mia vita, poich'io lascio imperatrice la patria che io trovai serva ».

Scipione affricano diceva le medesime fatiche non essere parimente gravi al capitano della guerra et agli altri soldati, però che l'honore molto alleviava gli afanni di chi tutto conduceva. Marco Fabio, Lucio Paulo et Marco Catone, a Roma nominatissimi et degni, sendo loro nuntiata la morte di loro riputati et nobili figliuoli, di nulla s'alterorono, né feron segno d'alcuno dolore; poi, da i vicitatori domandati come si poteano in sì gravi danni contenere, riposono non si convenire agl'humini lamentare o dolere d'alcuno caso, dove mancassino di colpa. Altri furono che, avendo non sperata novella della morte de' loro figliuoli, patientemente risposono: « Infino da principio conosciavano avergli generati mortali ». Ma io meco stessi pensando non so che non sia poco negl'huomini virtuosi, quando una femmina nominata Lacena, sendole nuntiato il figliuolo essere per la republica morto, risponde: « Per questo l'avea maximamente generato, acciò che e' fusse chi non dubitasse morire per la patria ». Copiosi sono i buoni et fedelissimi auctori de exempli che dimonstrono i valenti huomini sempre avere temperatamente sopportato i casi adversi et infino all'ultimo spatio di loro vita essere stati acompagnati da constante fermeza d'ordinata modestia, né mai sanza modo perturbatisi fuori di misura, in luogo che fia ne' loro facti mancata virtù. Ma sendo per fama cosa certissima, non fa mestiero seguire in questo.

§ 198-199. Pertanto vengo a ricordarvi uno admaestramento singulare, atto certo, secondo io intendo, ad rafrenare et fare temperato qualunche disordinato appetito di creatura mortale, el quale non dubito molto gioverà ad voi e a qualunche altro disidera contenersi.

LA VIE CIVILE – LIVRE II

« Je tempère ma douleur et je passe, content, à une autre vie, puisque je laisse souveraine la patrie que j'ai trouvée asservie[68]. »

Scipion l'Africain disait que les mêmes peines ne pesaient pas de manière égale sur le chef de guerre et sur les autres soldats, car l'honneur allégeait beaucoup les tribulations de celui qui guidait tout. Marcus Fabius, Lucius Paulus et Marcus Caton[69], dignes Romains et d'un grand renom dans leur cité, à la nouvelle de la mort de leurs nobles fils, ne se troublèrent pas et ne montrèrent aucun signe de douleur ; aux visiteurs qui leur demandaient comment ils pouvaient se contenir devant de si graves pertes, ils répondirent qu'il ne convenait pas aux hommes[70] de se lamenter ou de se plaindre d'aucun accident s'ils n'en étaient pas responsables. D'autres ayant reçu la nouvelle imprévue de la mort de leurs enfants, répondirent, résignés : « Dès leur naissance, nous savions que nous les avions engendrés mortels[71]. » Mais en y réfléchissant, je ne sache pas qu'il y ait beaucoup plus chez les hommes vertueux que chez cette femme, nommée Lacena, qui, à la nouvelle que son fils était mort pour la république, répond : « Je l'avais mis au monde avant tout pour qu'il ne craigne pas de mourir pour sa patrie[72]. » Les bons auteurs fiables abondent en exemples montrant que les hommes vaillants ont toujours supporté les adversités avec tempérance, qu'ils ont été accompagnés jusqu'au dernier jour de leur vie par la constante fermeté d'une modération bien ordonnée, et qu'ils ne se sont jamais troublés à l'excès ni outre mesure, là où dans leurs actions leur vertu eût défailli. Mais comme cela est bien certifié par la renommée, nul besoin de poursuivre sur ce sujet.

§ 198-199. J'en viens donc à vous rappeler un enseignement particulier, certes fort propre, me semble-t-il, à réfréner et à tempérer tout appétit désordonné propre à une créature mortelle, et dont je n'en doute pas qu'il vous sera très utile ainsi qu'à toute autre personne désireuse de se contenir.

---

68  *Cf.* Cornélius Népos, *Vie des capitaines illustres*, *Épaminondas*, IX. Ce capitaine thébain fut mortellement blessé à la bataille de Mantinée (362 av. J.-C.) qu'il venait de remporter sur les Spartiates.

69  Il pourrait s'agir de Fabius Maximus Cunctator qui supporta avec modération la douleur de perdre son fils, de Paul Émile le Macédonien, et de Caton l'Ancien.

70  *humini* : *uomini*. Forme isolée, populaire, que l'on rencontre également chez Piovano Arlotto.

71  Le mot est attribué au philosophe Anaxagore.

72  CIC., *Tusc.*, I, XLIII, 102.

194 VITA CIVILE – [LIBRO SECONDO]

Ritenetelo dunque et fermatelo negli animi vostri per ultimo precepto da dovere ogni persona confondere et ridurre contento ad temperatamente vivere: la qual cosa chi disidera agevolemente fare, consideri et conosca tutti gli appetiti humani essere sanza fine, né mai empiere loro voglia.

§ 200-203. Questo largamente s'intende pe' nostri ingegni. Questo tutti i savi affermano et pruovano. Questo è stato certificato da coloro che sopra a tutti gli altri huomini hanno copiosamente posseduto ciò che si può de' beni mortali. Xerse, re de' Persi, ripieno di tutti i doni dà la fortuna, non contento della signoria di gran parte del mondo, non di innumerabili et grandissimi exerciti, di gran copia di genti, et grande multitudine di navi abondante, non contento in infinito numero d'oro, per tutto il mondo pose grandissimi premii a chi gli trovasse nuovi dilecti; poi, molti provatone, disse non essere contento. Alexandro Magno ubbidito da tutto il mondo dove ire poteva, trovò Diogene poveramente con gran sapientia viversi in piccolissima casa di legno, et volendogli fare grandi doni, a tutti ricusò; allora Alexandro disse: « Molto sè più felice di me che cerco possedere tutto il mondo » – Poi udendo Democrito che dicea essere più mondi, disse: « Ben vego è vana la mia speranza, che credo potere tutto signoregiare ». Salomone, magnificato sopra tutti i re della terra, da Dio più che altro huomo ripieno di somma sapientia et virtù, il cui aspecto era da tutti i signori della terra disiderato et con grandissima admiratione riverito, et di pretiosissimi doni honorato, governatore di tanto popolo che è alla rena del mare nella Sacra Scriptura asimiliato, di tanti servi, muli, cavalli et altri apparati d'oro et pretiose gemme magnifico quanto mai più in terra possedere si vidde, copioso d'edificii singulari, ornatissimi et quanto più potevano magnificentissimi et grandi, servito da più di mille nobilissime et sommamente belle figliuole, in e cui tempi fu tanta abondanza d'oro et di pretiose gemme che si muravano

LA VIE CIVILE – LIVRE II

Retenez-le et fixez-le donc dans votre esprit comme l'ultime précepte qui convaincra toute personne et l'amènera à se satisfaire de vivre avec tempérance : ceux qui désirent y parvenir aisément doivent considérer et savoir que les appétits de l'homme sont infinis et ne comblent jamais ses désirs.

§ 200-203. Cela est grandement compréhensible pour nos intelligences. Cela, tous les sages l'affirment et en donnent la preuve. Cela a été confirmé par ceux qui, plus que tous les autres hommes, ont possédé en abondance tous les biens terrestres possibles. Xerxès, roi des Perses, comblé de toutes les faveurs que donne la Fortune, que ne contentaient ni sa domination sur une grande partie du monde, ni ses armées innombrables et considérables, le grand nombre de ses peuples, la grande multitude de ses navires, ni son or à profusion, offrit de très grandes récompenses dans le monde entier à qui inventerait de nouveaux plaisirs ; puis, en ayant essayé un grand nombre, se déclara insatisfait[73]. Alexandre le Grand, obéi partout où il allait dans le monde, trouva Diogène qui vivait pauvrement, et avec grande sagesse, dans une maisonnette en bois, et désireux de lui faire de grands présents, il se les vit tous refuser ; alors Alexandre lui dit : « Tu es beaucoup plus heureux que moi qui cherche à posséder le monde entier. » Puis, entendant Démocrite affirmer qu'il y avait plusieurs mondes, il dit : « Je vois bien que mon espoir est vain, moi qui crois pouvoir tout dominer. » Salomon, exalté au-dessus de tous les rois de la terre, que Dieu avait rempli, plus que nul autre homme, d'une sagesse et d'une vertu éminentes, que tous les seigneurs de la terre désiraient voir, qui était révéré et très grandement admiré, honoré de présents très précieux, gouvernant un peuple si nombreux que la Sainte Écriture le compare au sable de la mer[74], magnifique en esclaves, en mulets, en chevaux et autres ornements d'or et en pierres précieuses plus qu'on n'en vit jamais posséder sur terre, riche en édifices uniques en leur genre, très bien décorés et on ne peut plus grands et magnifiques, servi par plus de mille jeunes filles d'une grande noblesse et beauté, en des temps où l'or et les gemmes étaient en telle abondance qu'on en couvrait les murs[75],

---

73  « Xerxès, roi… : *Ibid.*, V, VII, 20.
74  1 R 4, 20 : « Judas et Israël étaient nombreux, aussi nombreux que le sable au bord de la mer. »
75  Probable référence au Temple de Jérusalem (1 Rois 6, 20-22).

come oggi i villissimi sassi, et finalmente posto in tutte le magnifi-
cenzie, in ogni amplitudine, honore, abondanzia, copia o maestà che
considerare puossi, ripieno di maravigliosa sapientia et tanto ubbidito
da tutti i signori del mondo quanto egli stessi voleva, ogni diletto
gustato che si può in terra avere, con cordiale voce conchiuse in questo
mondo l'una cosa essere vanità dell'altra, et ogni cosa insieme essere
vana. Considerando dunque l'approvato giudicio di così fatti huomini
et di molti altri simili a·lloro i quali dopo grandissimi facti hanno giudicato non s'appressare alla misura dell'animo loro, né essere in piccola
parte contenti, doviano tutti postporre i disiderii vani et accomodarci
al temperato modo di virtuosamente vivere –.

Finisce il libro secondo della Vita Civile composta da Matteo Palmieri
et comincia il terzo col nome di Dio ad Alexandro degli Alexandri
ottimo cittadino.

comme on fait aujourd'hui avec des pierres de vil prix, Salomon, se trouvant à la fin au milieu de toutes les magnificences, de toutes les grandeurs, de tous les honneurs, de toute l'opulence, de toute la richesse ou la majesté qu'on peut imaginer, tout plein d'une merveilleuse sagesse et obéi par tous les seigneurs du monde comme il le voulait, conclut, après avoir goûté tous les plaisirs qu'on peut avoir sur terre, d'un mot venu du cœur, qu'en ce monde une chose était vanité de l'autre, et que toutes choses prises ensemble étaient vaines[76]. Donc, si nous considérons le jugement approuvé de tels hommes et de beaucoup d'autres comme eux qui, après d'aussi grands faits, ont jugé qu'ils n'étaient pas à la mesure de leur esprit et que rien ne les contentait, nous devons tous mettre au second plan les vains désirs et nous accommoder au mode tempéré d'une vie vertueuse.

Ici prend fin le second livre de la Vie Civile, composée par Matteo Palmieri, et commence le troisième, avec l'aide de Dieu, adressé à Alessandro des Alessandri, excellent citoyen.

---

76  Qo 12, 8. La référence est, bien sûr, au *vanitas vanitatum, et omnia vanitas.*

# [LIBRO TERZO]

§ 1-9. Varie et molte cose nella presente vita si truovano, nostro amicissimo Alexandro, essere state facte dalla natura dilectevoli et carissime agl'huomini. Ma niuna altra carità magiormente ci strigne che l'amore della patria et de' proprii figliuoli. Questo assai agevolmente si conosce, perché ogni altro nostro bene et ogni altro disiderato dilecto insieme colla vita finisce; la patria et figliuoli etiandio dopo la morte appetiamo et vorremo durassino et fussino fortunatissimi et abondanti di vera gloria. Onde e' si venga a sufficientia ridire non puossi, ma certo si conosce negli animi nostri essere fermo un disiderio quasi prenosticativo de' futuri sccoli, il quale ci strigne a disiderare la nostra perpetua gloria, felicissimo stato della nostra patria et continua salute di quegli che nasceranno di noi. Questi beni sempre disiderremo essere perpetui et dopo la nostra morte eternalmente durare. Ogni altra cosa come a noi superflua et vana pare che niente si stimi: solo la patria et i figliuoli ci sono dopo la morte cari; et quanto magiore è lo ingegno et più elevato l'animo, tanto è più fervente in lui tale appetito. La qual cosa tolta fuori dello intellecto nostro, niuno sare' certo di sì poco sale che, per fare pro alla patria et a' figliuoli, volesse in continue fatiche et gravi pericoli vivere et viemeno eleggere la morte per salute di quella. Ma solo perché disiderono dopo la morte essere nobilitati eglino et la loro patria, si sottomettono alle fatiche, a' pericoli et gloriose morti.

# LIVRE III

§ 1-9. Notre très cher ami Alexandre, on trouve, dans la vie présente, un nombre et une variété de choses faites par la nature pour être délicieuses et très chères aux hommes. Mais il n'est pas de charité[1] qui nous lie plus étroitement que l'amour de la patrie et de nos enfants. Cela se connaît très aisément, car tous nos autres biens et tous les autres délices désirables prennent fin avec notre vie ; or nous désirons et voudrions que notre patrie et nos enfants durent, même après la mort, et qu'ils soient favorisés par la fortune et comblés d'une vraie gloire. D'où cela vient-il ? on ne saurait en donner une réponse satisfaisante, mais l'on connaît l'existence certaine, dans notre esprit, d'un fort désir, présageant[2] presque des siècles à venir, qui nous presse à désirer notre gloire perpétuelle, la stabilité de notre patrie et le salut permanent de ceux qui naîtront de nous. Nous désirerions toujours que ces biens fussent perpétuels et qu'ils durassent éternellement après notre mort. Tout le reste semble n'avoir pour nous aucun prix, comme chose superflue et vaine : seuls la patrie et les enfants nous sont chers après la mort, et plus l'esprit est grand et l'âme élevée, plus ce vif désir y est fervent. Si notre entendement était privé de cette prescience, nul ne serait assurément assez sot pour vouloir vivre dans des labeurs continuels et en courant de graves dangers au bénéfice de la patrie et de ses enfants, et encore moins choisir de mourir pour leur salut. Pour le seul désir d'être anoblis après leur mort, eux et leur patrie, les hommes se soumettent aux labeurs, aux dangers et à une mort glorieuse.

---

1   *carità* : il faut entendre le mot au sens d'amour mutuel que se doivent les hommes dans la cadre de la communauté civile. Le substrat chrétien n'en est pas absent, mais Palmieri trouve chez Cicéron, le « *caritas patriae* » qui signifie « attachement » ou « affection pour sa patrie ». Toutefois, on note dans le texte l'emploi souvent conjoint de « charité et amour » (*carità e amore*), différenciant les deux termes.

2   *prenosticativo* : l'ancien français avait « pronosticatif », mais ce n'est pas le sens à retenir ici. Le verbe *prognosticare* appartient au vocabulaire religieux, particulièrement celui des prédicateurs.

Per questo s'aferma di tutte l'opere humane niuna n'essere più prestante, magiore, né più degna, che quella se exercita per acrescimento et salute della patria et optimo stato d'alcuna bene ordinata republica, alla conservatione delle quali maximamente sono atti gl'huomini virtuosi. Et sopra ogni altra virtù a sì facta conservatione è necessaria iustitia, sanza la quale niuna città né alcuno stato o publico reggimento può perdurare, et ella sola ha tanta forza che si truova ferma per stabile fondamento in su il quale sicurissimamente si può fondare ogni gravissimo imperio, et sanza lei ogni forza et qualunche munita et abondante potenzia conviene che in brieve tempo ruini. Solo questa virtù è principale imperadrice d'ogni altra virtù: conserva a ciascuno quello che è suo, a tutto il corpo della republica insieme provede et ministra, ciascuno membro conserva, la pace, unione et concordia della civile multitudine unitamente coniunge et serra, onde insieme sana et bene vigorosa la città non vagilla, ma potente et gagliarda valentemente risiste et difendesi da qualunche accidente nascesse di fuori o drento. Di questo sommo bene civile sarà ogni ragionamento del presente nostro libro, in el quale, quanto più si può, credo manifesto dimonstrarvi che origine et quali principii abbia avuta iustitia, in che parti in generale maximamente se exerciti, come nelle guerre et in che modo nella pace la republica iustamente si governi, che ordine equalmente distribuisca le facultà, gl'honori et graveze publici, et quale sia lo stato, la gloria et fermo stabilimento d'ogni bene ordinata republica. Fermate ora qui, Franco et tu, Luigi, gli animi vostri, se, come avete dimonstrato, disiderate essere optimi cittadini; conoscete i precepti di questo terzo libro et secondo quegli virtuosamente operate, però che, così faccendo, sufficientemente sarete di virtù perfecti et tanto excellenti quanto in terra vivere si possa nella vita civile.

FRANCO. – Noi siàno in tutto disposti a udirti, quanto tu stessi iudicherai ci sia bisogno et utile a interamente admaestrarci di bene vivere; né in alcuno modo ti vogliàno porre legge, et solo essere contenti del tuo iudicio.

LA VIE CIVILE – LIVRE III                                    201

C'est pourquoi l'on affirme que, de toutes les activités humaines, il n'en est pas de plus remarquable, de plus grande ni de plus digne que celle qu'on déploie en vue de l'accroissement et du salut de la patrie, et de la parfaite stabilité d'une république bien ordonnée, lesquels doivent avant tout leur conservation aux hommes vertueux. La vertu la plus nécessaire de toutes à cette conservation est la justice, sans laquelle aucune cité ni aucun état ou gouvernement public ne peut perdurer : elle seule, par sa grande force, a la solidité d'un fondement stable sur lequel asseoir toute domination bien affermie[3], et sans elle, tout pouvoir et toute puissance, fussent-ils fortifiés et prospères, iront à leur ruine en peu de temps. Cette vertu seule a l'empire principal sur toutes les autres : elle conserve à chacun ce qui lui appartient, elle pourvoit et subvient à tout le corps de la république, conserve chacun de ses membres, maintient étroitement et conjointement la paix, l'union et la concorde de la multitude des citoyens : ainsi, la cité, saine et pleine de vigueur à la fois, ne vacille pas, mais, puissante et gaillarde, résiste vaillamment et se défend contre tout accident qui naîtrait du dehors ou du dedans. Ce suprême bien de la cité fera tout le propos de ce présent livre où j'espère, autant que possible, vous montrer clairement quelles ont été l'origine et les principes de la justice, dans quels domaines elle s'exerce généralement le plus, de quelle manière la république se gouverne avec justice dans la guerre et dans la paix, quel sera l'ordre de distribution équitable des richesses, des honneurs et des impôts publics, et quels doivent être la stabilité, la gloire et le ferme établissement de toute république bien ordonnée. À présent, Franco et toi, Luigi, fixez votre attention si, comme vous l'avez montré, vous désirez être d'excellents citoyens ; prenez connaissance des préceptes de ce troisième livre et agissez vertueusement selon ceux-ci, car, ce faisant, vous serez suffisamment parfaits en matière de vertu et aussi excellents qu'on puisse l'être dans la vie civile sur cette terre.

FRANCO : Nous sommes entièrement disposés à t'entendre sur tout ce que toi-même jugeras nécessaire et utile pour nous instruire entièrement à bien vivre ; et nous ne voulons d'aucune manière te dicter notre loi, mais seulement nous en remettre à ton jugement.

---

3   *gravissimo* : *fermissimo.*

Bene ci sare' caro che tu stimassi tanto di noi che non dubitassi se noi vogliàno essere optimi cittadini, poiché infino da principio hai conosciuto che a niuna altra cosa siàno disposti, et per questo solo abbiàno affaticato et affatichiano te, credendo certo ingegnarci che i tuoi precetti non sieno in noi sanza frutto –.

§ 10-36. AGNOLO. – Ogni cosa sia detto con vostra pace per fare più attenti voi et gli altri che m'udiranno, et ritorniano al dire nostro.

Delle quatro parti in elle quali ponemo tutta l'honestà de' civili, resta solo a dire d'una, nominata iustitia. Questa per se stessi è quasi perfecta virtù, et è sufficiente a fare gl'huomini buoni, però che è servandissima delle buone leggi, et iusto è colui che vive secondo quelle. Le leggi provegono alla commune utilità de' prencipi della republica et di ciascuno privato, comandono tutte l'opere virtuose, vietono i vitii et secondo i meriti danno premii o pene. Per questo adviene che il giusto per se stesso sofficiente si truova ad bene et honestamente vivere, però che giusto è colui che serva et ubbidisce alle buone legge. Quelle comandano l'opere di fortezza, come è aldacemente difendere la patria et non perdonare alla propria vita se conosci doverle fare pro; comandono essere temperato et rafrenare le nostre cupidità, come non adulterare, non fare furto né altra scelerateza. Similemente comandono in tutti nostri detti et facti ordine et modo; comandono mansuetudine, benignità, verecundia et ogni altra virtù: pertanto è chiamata iustitia non parte, ma intera virtù, et perfecto è colui che vive giusto. El primo comandamento et singulare dono che si riceve da questa amplissima virtù è che non si nuoca a persona, se non per chi è constituto iudice degl'ingiusti. L'altro servandissimo amaestramento è che tutte le cose publice sieno communi et publicamente usate; le private usi il possessore come sue: per natura niuna cosa è privata, ma è tutto il mondo commune alla humana generatione.

LA VIE CIVILE – LIVRE III

Nous aimerions beaucoup que tu nous estimes assez pour n'avoir aucun doute sur notre désir d'être de parfaits citoyens, puisque – tu le sais depuis le début – nous ne sommes déterminés à rien d'autre et que pour cela seul nous avons pris de la peine et t'en avons donnée, convaincus de mettre ainsi tous nos efforts à profiter de tes préceptes.

§ 10-36. AGNOLO. – Tout cela soit dit sans vous offenser, et pour vous rendre plus attentifs, vous et ceux qui m'écouteront : revenons maintenant à notre propos.

Des quatre parties où nous avons placé toute l'honnêteté des citoyens, il nous reste à parler d'une seule, appelée justice. Par elle-même, c'est une vertu presque parfaite, suffisante pour rendre les hommes bons, car elle est très observatrice[4] des bonnes lois et vivre selon celles-ci, c'est être juste. Les lois pourvoient à l'intérêt commun des premiers personnages de la république et de chaque particulier, elles commandent toutes les activités vertueuses, prohibent les vices et, selon les mérites, dispensent récompenses ou punitions. Il en résulte que l'homme juste, par lui-même, se trouve suffisamment pourvu pour vivre une vie bonne et honnête, car est juste celui qui observe les bonnes lois et leur obéit. Celles-ci commandent toute activité relevant de la force d'âme, comme de défendre audacieusement sa patrie et de ne pas épargner sa vie si l'on sait qu'elle peut lui servir ; elles nous commandent d'être tempérés et de réfréner nos convoitises, comme de ne pas commettre de faux, de vol ou d'autres crimes. De même, elles commandent ordre et mesure dans toutes nos paroles et dans tous nos actes ; elles commandent la mansuétude, la bienveillance, la retenue et toute autre vertu : c'est pourquoi l'on appelle justice non pas la partie, mais le tout d'une vertu, et que vivre selon la justice c'est être parfait. Le premier commandement et le don particulier que l'on reçoit de cette très grande vertu sont – exception faite de ceux qu'on a institués juges des injustes – de ne nuire à personne. L'autre enseignement qu'on doit observer scrupuleusement[5] est que toutes les choses publiques doivent être communes et pour l'usage public ; quant aux choses privées, leur possesseur doit en user comme les siennes propres : par nature, aucune chose n'est privée, le monde tout entier est commun au genre humain.

---

4    Au sens ancien : « qui se conforme à ce qui est prescrit ».
5    *servandissimo* : gérondif qui a perdu sa valeur verbale, comme le montre le suffixe – *issimo*. Ce phénomène est déjà présent dans le latin chrétien : voir *Lateinische Syntax und Stilistik* von J. B. Hofman neubearbeitet von A. Szantyr, München, 1965, p. 371.

Varie et molte sono state poi le cagioni che hanno diviso et dato in privato i beni mondani; prima, antiquissima occupatione, come quegli che in e principii sono venuti ad habitare in luoghi voti et da altri huomini non posseduti. La iusta victoria ancora ha dato poi possediditori alle vincte province. Oltr'a questo, i proprii factori d'alcune cose hanno il dominio di quello hanno facto. Di poi l'ordine delle leggi, i pacti, consuetudini, conditioni et sorti hanno facto private le possessioni che erano per natura communi. Ognuno adunque debbe possedere et tenere quello che secondo l'ordine vero gli è tocco. Chi più possiede, occupa o toglie, sarà rapace violatore dell'ordine della humana coniunctione, la quale, secondo piace a' sapientissimi philosophi, si debbe acrescere et inviolata sempre mantenere, però che il principio, l'origine et nascimenti nostri non sono per noi soli, ma parte alla patria, parte a' nostri parenti, parte agli amici ne debbe essere convenientemente diputato. Et come piacque agli Stoici, quello che nella abondante et fecunda terra è per natura o per arte generato, tutto è creato et fructifica per uso et commune utilità degl'huomini; gl'huomini per loro stessi, cioè per cagione degli altri huomini, sono stati generati et facti acciò che tra loro caritativamente i necessarii uficii commutando possino giovare et fare pro alla propria conservatione. In questo adunque doviàno seguire la natura come guida et duce della humanità nostra, communicare insieme qualunche utilità, dando et ricevendo alternativi beneficii; con opera, studio, industria et commodo, coniungere, crescere et mantenere questo sancto legame et naturale debito dell'unione et convenientia humana. Qualunche, contrafacendo, trapasserà l'ordine di questa sancta legge, certamente sarà iniusto et degno d'odio commune. Dua vituperandi modi sono d'ingiustitia, l'uno di coloro che la fanno et l'altro di quegli non la rimuovono da coloro a' quali ella è fatta, se possono. Questo dimonstrando Pagolo apostolo nella *Epistola a' Romani*, sanctamente ci admonisce dicendo:

Les raisons pour lesquelles, par la suite, les biens de ce monde ont été partagés et attribués à titre privé sont diverses et nombreuses ; la première[6], une très ancienne occupation, comme ceux qui, les premiers, sont venus habiter des contrées désertes que personne d'autre ne possédait ; une juste victoire, aussi, qui a donné ensuite des possesseurs aux provinces vaincues. Outre cela, ceux qui créent des choses ont un droit de propriété sur ce qu'ils ont créé. Par la suite, l'ordre des lois, les pactes, les coutumes, les conditions et les hasards ont rendu personnelles des possessions qui par nature étaient communes. Chacun doit donc posséder et garder ce qui lui est échu selon l'ordre juste. Celui qui possède plus, occupe plus ou prend plus sera un rapace qui viole l'ordre des liens d'humanité, lequel, selon l'opinion des plus sages philosophes, doivent être accrus et maintenus inviolables, toujours, car notre vie, à son principe, à son origine, à sa naissance, n'appartient pas seulement à nous, mais une part doit en être destinée à la patrie, une autre à nos parents, une autre à nos amis. Et selon l'opinion des Stoïciens, tout ce que la nature ou l'art engendre de la terre riche et féconde est créé et fructifie pour le commun usage et l'intérêt commun des hommes ; les hommes ont été engendrés et faits pour eux-mêmes, c'est-à-dire pour les autres hommes, afin qu'en se rendant mutuellement et charitablement les offices nécessaires, ils puissent apporter utilité et avantage à leur propre conservation. En cela, nous devons donc suivre la nature comme guide et conductrice de notre humanité, mettre en commun[7] toute espèce d'intérêt, en accordant et en recevant tour à tour des bienfaits ; par le travail, le zèle, l'application et le moyen opportun, nouer, accroître et maintenir ce lien sacré et ce devoir naturel d'union et de concorde entre les hommes[8]. Quiconque, agissant à l'encontre, outrepassera l'ordre de cette loi sacrée, sera assurément injuste et digne d'une haine commune. Il y a deux manières d'injustice à blâmer : l'une est propre à ceux qui la commettent, et l'autre à ceux qui, pouvant défendre de l'injustice ceux qui en sont victimes, ne le font pas[9]. L'apôtre Paul nous le montre dans l'*Épître aux Romains*[10] en nous avertissant saintement par ces mots :

---

6    *prima* : la traduction restitue l'article, absent.
7    *comunicare* : *avere in comune*.
8    « Le premier commandement… » : CIC., *Off.* I, VII, 20-23.
9    CIC, *Off.*, I, VII, 23.
10   Rm 1, 32.

« Quegli che fanno iniustitia meritono morte et non solo quegli che la fanno, ma ancora coloro che consentono a chi la fa ». Chi dunque, potendo, non risiste alla iniuria, è nel medesimo vitio che se e' fusse primo operatore di tale iniustitia. Ragione et iniuria prima procedono dalla volontà nostra: et allora sono propriamente facte, quando per examinata deliberatione sono electe. La natura d'ogni virtù è procedere dall'animo libero; altrimenti si muta et non è virtù. Per tale cagione chi, constretto dalla potentia d'altri o da timore di pena o da alcuna infamia, rende quello che è del proximo, non è giusto. Similemente chi, constretto, non rende, non è iniusto, però che ragione et giustitia si misurono secondo la volontà di chi n'è operatore. Molte volti adviene che per ignoranza, caso o errore, si commetta alcuna iniustitia, non sappiendo né che, né a chi, né come. Tali errori, quando interamente nascessino sanza alcuna cagione et fussino di cose non pertinenti a sapersi a chi commette l'errore, forse meriterebbono non essere puniti, ma sanza dubio si puniscono gl'ignoranti quello che è scripto nelle leggi perché, sottoposti a quelle, gli s'apparteneva conoscerle et, secondo provedeano, operare. In simile modo adviene nell'altre cose che per nostra negligentia non si sanno, perché potavàno essere diligenti a imparalle et fuggire l'errore del quale per negligentia siàno stati noi stessi cagione. Quando apertamente apparisse vitiosa cagione del malificio ignorantemente commesso, merita il tristo doppia pena. Onde dice Aristotile che gli ebri prima sieno puniti della ignorantia della quale eglino stessi sono stati cagione quando era in loro potestà non diventare ebri; poi sieno puniti del fallo commesso per la voluta ignorantia. In qualunche iniustitia debbe diligentemente essere considerato se per ira o per altra perturbatione d'animo, o con consiglio et apensatamente sia stata facta la ingiuria, però che assai più lieve sono quelle che sanza consideratione vengono di subito, che quelle che, examinate et conosciute, più tempo inanzi s'aparechiono.

LA VIE CIVILE – LIVRE III

« Ceux qui commettent une injustice méritent la mort, et non seulement ceux qui la commettent, mais aussi ceux qui lui donnent leur consentement. » Donc, ceux qui, ayant le pouvoir de le faire, ne s'opposent pas à un tort, sont en faute tout autant que s'ils étaient les premiers exécutants d'une telle injustice. La raison[11] et le tort procèdent d'abord de notre volonté ; et l'on fait proprement raison ou tort alors qu'on en fait le choix par décision réfléchie. La nature de toute vertu est de procéder de l'esprit libre ; sinon elle change et n'est plus vertu. Pour ce motif, ceux qui, contraints par le pouvoir d'autrui ou par la crainte de subir un châtiment ou une infamie, restituent ce qui appartient à leur prochain ne sont pas justes. De même, ceux qui, sous la contrainte, ne le restituent pas, ne sont pas injustes, car la raison et la justice se mesurent selon la volonté des exécutants. Bien des fois, il arrive que par ignorance, hasard ou erreur, l'on commette une injustice, en ne sachant ni ce qu'elle est, ni envers qui, ni de quelle façon on la commet. Si de telles erreurs naissaient absolument sans motif et qu'elles relevaient de choses qu'il ne dépendait pas du fautif de connaître, elles ne mériteraient peut-être pas d'être punies, mais on punit certainement ceux qui ignorent ce qui est inscrit dans les lois : en effet, soumis à celles-ci, il leur appartenait de les connaître et d'agir selon ce qu'elles prescrivaient. Il en advient de même pour les autres choses dont l'ignorance est due à notre négligence, car nous pouvions mettre notre soin à les apprendre et à éviter l'erreur dont nous sommes nous-mêmes responsables par négligence. S'il apparaît clairement que le motif du mal commis par ignorance est vicieux, le méchant mérite une double punition. C'est pourquoi Aristote dit que les ivrognes doivent être punis d'abord pour l'ignorance dont ils sont responsables alors qu'il était en leur pouvoir de ne pas s'enivrer, et ensuite pour la faute commise à cause de leur ignorance volontaire[12]. Dans toute injustice, il faut considérer soigneusement si le tort a été commis sous le coup de la colère ou d'une autre émotion, ou après conseil et réflexion, car les torts commis sans préméditation et à l'improviste sont plus légers que ceux qui se méditent longtemps à l'avance, après examen et en connaissance de cause[13].

---

11 *ragione* : « raison », au sens ancien de « ce qui est conforme à la justice ».
12 *Éthique à Nicomaque*, III, 7, 1113b.
13 CIC. *Off.*, I, VIII, 27.

Molte sono le cagioni che appensatamente ci fanno essere iniusti: spesse volti il timore, quando conosciano che faccendo il dovere ce ne seguita alcuna incommodità. Altre volti ci fa errare la insatiabile cupidità, sperando che egli ci sia utile et fructuoso l'essere iniusti, nel quale vitio largamente apparisce avaritia et manca la fede. Altri sono di lungi dal giusto vivere per disiderio d'honore, d'imperio, signoria o gloria: del quale vitio ancora dura la sententia di Iulio Cesare che diceva: « Se mai si debbe violare la iustitia, violare certo debbesi per regnare ». Suole alle volti la malitiosa interpetratione delle leggie recare seco evidentissima iniuria, onde per vulgato proverbio si dice: « La troppa ragione alle volti divencta grandissima iniuria »; come di quegli che publicamente aveano sicurato i loro debitori per venti dì, et la nocte poi gli gravavano, dicendo che non la nocte ma il dì gli aveano sicuri. Da tale fallacia altri admoniti, presono fede di potere stare sicuri venti dì et venti nocti continue: costoro poi andando erano presi, dicendo che di stare et non d'andare erano liberi. Vituperabili certo sono simili callidità, però che in esse non è fede, ma fallace inganno. Assai è più abhominevole et iniusta la domanda di quegli che, avendo a mezo conquistata grandissima preda de' loro nimici, domandavano che le bestie et gl'huomini pel mezo divise fussino a ciascuno in parte consegnate: pensiero certo crudele, odioso et bestiale, non solo iniusto, ma nefando et impio: et forse secondo i patti parea legittimamente potersi domandare! Sia però sempre fuggita tale sottiglieza da chi cerca essere giusto, ché sanza dubio non cape iustitia in troppa ragione la quale nuoca a chi interviene in essa.

LA VIE CIVILE – LIVRE III 209

Les motifs qui nous rendent délibérément injustes sont nombreux : bien souvent, la crainte, quand nous savons que suivre notre devoir nous vaudrait quelques inconvénients. D'autres fois, c'est l'insatiable cupidité qui nous induit en erreur, dans l'espoir qu'être injustes nous sera utile et profitable, vice dans lequel apparaît largement l'avarice et où fait défaut la loyauté[14]. D'autres hommes s'éloignent d'une vie juste par désir d'honneurs, de domination, de seigneurie ou de gloire, vice dont subsiste la sentence de Jules César qui disait : « Si jamais l'on doit violer la justice, on doit le faire dans le seul but de régner[15]. » Parfois, l'interprétation[16] trompeuse des lois entraîne avec elle un tort manifeste, d'où l'adage populaire : « Le trop de raison, parfois, devient un très grand tort » ; c'est le cas des créanciers qui avaient garanti publiquement une trêve de vingt jours à leurs débiteurs, mais exigeaient leurs créances la nuit, en affirmant que la garantie valait pour les jours, mais non pour les nuits[17]. Avertis d'une telle fourberie, d'autres obtinrent la promesse de pouvoir « demeurer » en sûreté vingt jours et vingt nuits de suite : puis, comme ils se déplaçaient, ils furent capturés, car on leur dit qu'ils étaient libres de « demeurer », mais non de « se déplacer ». De telles ruses sont assurément à condamner, car elles ne comportent aucune loyauté, mais une tromperie fallacieuse. Bien plus abominable et injuste fut la demande faite par ceux qui, ayant obtenu la moitié du butin considérable pris à leurs ennemis, exigeaient que les animaux et les hommes soient partagés par moitié et remis à chacun selon sa part : pensée vraiment cruelle, détestable et bestiale, non seulement injuste mais criminelle et impie, mais qui, peut-être, selon les pactes établis, semblait une demande légitime ! Aussi, celui qui cherche à être juste doit-il toujours fuir de telles subtilités, car il est indubitable que la justice n'entre point là où il y a trop de raison[18], si cette dernière devrait nuire à celui qui y a recours.

---

14 *Ibid.*, I, VII, 24.
15 *Ibid.*, I, VIII, 26.
16 *interpetrazione* : métathèse pour *interpretazione*.
17 CIC., *Off.*, I, X, 33. Palmieri traduit l'adage latin *summum ius summa iniuria*. – *sicurare i loro debitori* : *garantire loro un termine dilatorio*. Le sophisme sur lequel repose l'abus de droit a sa source dans Cicéron qui parle d'un personnage (Cléomène, roi de Sparte, d'après Plutarque) trompant l'ennemi par une interprétation captieuse de la trêve accordée.
18 Cette opposition entre la lettre et l'esprit est présente dans la maxime *ius summum saepe summast malitia* que Térence (*Heautontimorumenos*, v. 796) emprunte à Ménandre ; la littérature religieuse et juridique avait enraciné ce concept à Rome.

In che modo si fa iniuria, et onde, sia detto abastanza. L'abandonare
la difesa et lasciare iniuriare altri suole venire da varie cagioni. Alcuni
sono che per fuggire malivolentia, fatica o spesa abandonono quegli che
caritativamente doverrebbono difendere. Altri sono negligenti, pigri,
et non stimano l'adversità altrui. Alquanti, occupati in loro exercitii
et studiosi in investigare cose d'ingegno elevato, sprezano le faccende
communi degl'huomini et, quasi contenti, si rimangono nel loro honesto
dilecto, solo della libera conscientia operando, virtuosamente in loro et
fuori di loro non faccendo in alcuno iniuria. Costoro in verità mancono
di fare iniuria, ma sanza dubio caggiono nell'altra iniustitia, quando,
troppo occupati negli studii particulari, abbandonono l'universale multitudine la quale erano obligati difendere. Questi, scusando loro errore,
dicono non essere richiesti, et non richiesti non essere obligati, come se,
più tosto constretti che volontarii, dovessimo essere iusti. Ma era certo
meglio il bene volontariamente operare però che, come inanzi abbiàno
decto, giusta è quella cosa che è dirictamente facta, s'ella è volontaria.
Malagevole è però essere sollecito a' ripari delle cose altrui non ostante
che la benivolentia naturale sia inclinata all'universale conservatione di
ciascuna humana creatura; pure, non amando troppo noi medesimi, agevolmente intendereno quello che debitamente si convenga fare in ciascuno.
Naturale è conoscere et sentire magiormente le prosperità et adversità
proprie che l'altrui, però che le nostre ci toccono nel vivo et l'altrui dalla
lungi sono riguardate, aombrate quasi, come la luna fra bigi nugoli. Per
questo altrimenti de' nostri et altrimenti degli altrui facti iudichiamo;
et quinci forse alle volti nasce la tardità nostra ne' facti d'altri, secondo
la sententia di quegli che approvatamente dicevano niuna cosa doversi
fare di che si dubiti se è iusta o iniusta, perché la iustitia splende et per
se stessa si dimonstra et la dubitatione non è sanza sospetto d'ingiuria.
Delle dua parti d'ingiustitia, cioè di coloro che la fanno et di quegli
che non contradicono, se e' possono, basti avere transcorso di sopra.

LA VIE CIVILE – LIVRE III 211

Nous en avons dit assez sur la manière dont on fait un tort et sur l'origine de celui-ci. Renoncer à défendre autrui et laisser commettre un tort à son égard a généralement plusieurs causes. Il en est qui, pour fuir la malveillance, la peine ou la dépense, abandonnent ceux qu'ils devraient charitablement défendre. D'autres sont négligents, paresseux et ne tiennent pour rien l'adversité qui frappe autrui. Plusieurs, occupés par ce à quoi ils s'exercent et appliqués à la recherche de ce qui est de l'ordre d'un esprit élevé, méprisent les affaires courantes des hommes et, pour ainsi dire satisfaits, s'en tiennent à leur plaisir honnête, n'agissant que selon leur conscience, vertueux pour eux seuls et sans faire de tort à personne. Ceux-ci, à vrai dire, s'abstiennent de faire du tort, mais tombent sans aucun doute dans l'autre injustice, lorsque, accaparés par leurs études personnelles, ils abandonnent l'ensemble de la multitude qu'ils étaient tenus de défendre. Pour excuser leur erreur, ils disent qu'ils ne sont pas requis et, n'étant pas requis, n'ont pas d'obligation, comme si nous devions être justes par la contrainte et non volontairement. Mais faire volontairement le bien était assurément préférable, car, comme nous l'avons dit plus haut, la chose juste est celle qui est faite droitement, à condition d'être volontaire[19]. Mais se soucier de remédier aux choses d'autrui est chose difficile, même si la bienveillance naturelle est encline à la conservation universelle de toute créature humaine ; néanmoins, en n'ayant pas trop l'amour de nous-mêmes, nous comprendrons aisément ce qui doit être fait à l'égard de chacun. Il est naturel de connaître et de sentir davantage nos bonnes fortunes et nos adversités que celles des autres, car les nôtres nous touchent au vif et l'on regarde celles d'autrui de loin, dans une sorte d'ombre, telle la lune à travers de grises nuées. C'est pourquoi nous jugeons différemment des affaires qui nous concernent et de celles qui concernent les autres ; et de là, parfois, naît peut-être notre lenteur vis-à-vis des affaires d'autrui, selon cette maxime bien établie qu'il ne faut accomplir aucune chose dont on doute qu'elle soit juste ou injuste, car la justice resplendit d'elle-même et se révèle par elle-même, et le doute n'est pas sans laisser soupçonner le tort[20]. Des deux parties de l'injustice, à savoir la commettre et ne pas s'y opposer alors qu'on le peut, ce qui vient d'en être dit suffit.

---

19 « Renoncer à défendre autrui… » : CIC. *Off.*, I, ix, 28.
20 « Car la justice… » : CIC. *Off.*, I, ix, 30.

Ora mi pare conveniente seguire di certe iniurie che apensatamente alle volti si possono fare sanza essere iniusti: come il rendere a ciascuno quello che è suo è cosa iusta et confassi a ogni buono huomo; niente di meno rendere l'arme al furioso sarebbe iniusto. Similmente servare le cose promesse riguarda alla verità et alla fede et è cosa iusta; non di meno, sendo inutili et dannose a chi le riceve, sarà honesto non observare. Sarà ancora in certo modo honesto non observare le cose promesse, quando recassino più pericolo o danno a chi l'ha promesse che non fusse l'utile di chi le riceve. Onde chi promettesse a certo tempo difendere o dare favore all'amico et in quel mezo il figliuolo gravemente malasse, non sarà contro a dovere lasciare l'amico et sobvenire alla salute del proprio figliuolo; anzi sare' più tosto contro a dovere se colui a chi era promesso si dolesse essere stato abbandonato nel suo bisogno. In simile modo è lecito non observare promesse le quali constretti o fraudolentemente ingannati consentissimo, essendo iniuste, però che ogni cosa si debbe riferire a dua principali fondamenti di giustitia, l'uno che non si nuoca a persona, l'altro che e' si conservi la commune salute di tutti –.

§ 37-52. LUIGI. – Io non so se io erro, ma e' mi pare che infino a qui il parlare tuo sia stato della iustitia in universale, poi della iniustitia et delle sua parti et cagioni, perché si commette, et di questo abbiàno chiaro veduto il parere tuo il quale affermiamo et piaceci: ora se piace a·tte ci sarà caro intendere quello che infino da principio aremo disiderato, cioè che origine abbia giustitia et quali sieno i principali suoi fondamenti a che si riferiscano l'operationi nostre –.

AGNOLO. – Voi avete bene inteso et per l'avenire penso intenderete con più dilecto et meglio, però che la materia sarà più bella et magiore et io stimo non peggio dire. Iustitia essere habito d'animo disposto alla conservatione dell'utilità commune che distribuisce a ciascuno il merito suo abbiamo già monstrato di sopra. El principio suo è derivato dalla natura; poi, divenuta fra gl'uomini, ha dimonstrato l'utile et quello per lunga consuetudine approvato.

À présent, il convient, me semble-t-il, de poursuivre à propos de certains torts que l'on peut commettre parfois de manière préméditée, sans être injustes : si rendre à chacun ce qui lui appartient est juste et convient à tout homme bon, il serait néanmoins injuste de rendre ses armes à un fou furieux. De même, tenir ses promesses relève de la vérité et de la loyauté, et c'est chose juste ; néanmoins, il est honnête de ne pas tenir ces promesses si elles sont inutiles et préjudiciables pour ceux à qui elles sont faites[21]. Il sera également honnête, d'une certaine manière, de ne pas tenir ses promesses si elles devaient être plus dangereuses ou préjudiciables à ceux qui les ont faites qu'utiles à ceux à qui elles sont faites. Ainsi, si quelqu'un promettait, en une occasion donnée, de défendre ou de favoriser son ami et que, sur ces entrefaites, son enfant tombait gravement malade, il ne serait pas contraire au devoir de laisser là l'ami et de pourvoir au salut de son enfant ; en revanche, il serait plutôt contraire au devoir que la personne à qui l'on a promis se plaigne d'avoir été abandonnée dans le besoin. Il est permis de même de ne pas tenir les promesses auxquelles nous consentirions, contraints ou trompés frauduleusement, alors qu'elles sont injustes, car toute chose doit se rapporter à deux fondements principaux de la justice, l'un de ne nuire à personne, l'autre de préserver le salut commun de tous[22].

§ 37-52. LUIGI. – Je ne sais si je me trompe, mais il me semble que, jusqu'à présent, ton propos concernait la justice en général, puis l'injustice, ses parties et ses causes, et pourquoi on la commet, et nous avons clairement entendu ton avis sur ces questions, un avis que nous confirmons et qui nous plaît : à présent, si tu veux bien, nous aurons à cœur d'entendre ce que nous désirions entendre depuis le début, à savoir l'origine de la justice et ses fondements principaux auxquels se rapportent nos actes.

AGNOLO. – Vous avez bien compris et je pense que vous allez mieux comprendre et avec plus de plaisir, car la matière en est plus belle et plus importante, et je ne pense pas en parler plus mal. Nous avons montré précédemment que la justice est un habitus de l'esprit disposé à sauvegarder l'intérêt commun, qui distribue à chacun selon son mérite. Son principe découle de la nature ; puis, reçue parmi les hommes, elle a montré ce qu'est l'utile, et l'a confirmé par une longue coutume.

---

21  « si rendre… » : CIC. *Off.*, I, x, 31.
22  « Ainsi, si quelqu'un… » : CIC. *Off.*, I, x, 32.

Di quinci prima la religione poi la iustitia hanno le divine et humane leggie sanctamente constitute et ferme. Dua sono adunque le leggi alle quali è sottoposta l'humana generatione: la prima et quasi divina è della natura, l'altra a·ssimilitudine di quella, scripta et approvata dagl'uomini. Legge naturale è perfecta ragione nata in ciascuno, diffusa in tutti, vera, constante et sempiterna, la quale in ogni tempo, in ogni luogo et apresso qualunche genti è una sola, perpetua, immutabile et certa. Da questa hanno principio et a questa si riferiscono tutte le leggi scripte; da questa procede la religione, le cerimonie et celebrità de' culti divini, le quali certo non sarebbono nel mondo da ogni natione con tanta efficacia consacrate se e' non fusse insito naturalmente negli animi nostri una superna essentia in divina unione eternalmente perfecta. Da questa sono gli oblighi della patria, la pietà de' parenti, la carità de' figliuoli, la benivolentia de' coniuncti et ultimamente l'universale legame et diffusa dilectione dell'humana multitudine. Quinci dirivano le commodità, e benificii, le rimunerationi et caritativi ministerii de' liberalmente conferiti subsidii. Nel medesimo modo i meriti, gl'honori, i premii, le vendicationi, vituperii et pene hanno avuto la propria origine. Da simile principio si serva la degnità, la riputatione et stima degli antichi, abondanti di virtù et inanzi agli altri excellenti et degni. Indi ancora è la verità et la fede constante, immutata et ferma; et finalmente dalla naturale legge ogni nostro bene è con debito ordine di compiuta misura perfectamente conservato. Questa è donna et imperadrice d'ogni altra virtù, et è colei per cui l'humana spezie excelle a tutte le cose che sono in terra, da Dio nata, et da lui è facta tale che nessuno difecto humano la sperge o macula, ma sanza tempo si conserva in sua essentia perfecta per splendido exemplare al quale si riferiscono tutte l'opere de' mortali. La seconda legge è scripta et composta dagl'huomini secondo è paruto sia equale salute di tutti. A queste, inanzi fussino constitute, non s'era per alcuno sottoposto: et lecito era a ciascuno fare et non fare quello si contiene in esse;

LA VIE CIVILE – LIVRE III

À partir de là, la religion d'abord, la justice ensuite, ont institué et établi saintement les lois divines et humaines[23]. Le genre humain est donc soumis à deux lois : la première, presque divine, participe de la nature, la seconde, à sa ressemblance, est écrite et approuvée par les hommes. La loi naturelle est la raison parfaite innée en chaque homme, répandue chez tous, vraie, constante et éternelle, qui en tout temps, en tout lieu et chez tous les peuples est unique, éternelle, immuable et certaine[24]. C'est d'elle que toutes les lois écrites tirent leur principe et à elle qu'elles se réfèrent toutes ; c'est d'elle que procèdent la religion, les cérémonies et les célébrations des cultes divins, et celles-ci, sûrement, ne seraient pas consacrées par toutes les nations du monde avec autant d'efficace, si la nature n'avait pas implanté dans notre esprit une essence supérieure unie à Dieu et éternellement parfaite. D'elle viennent les obligations envers la patrie, la piété envers les parents, l'amour des enfants, la bienveillance entre époux et, en dernier lieu, le lien universel et l'affection unissant la multitude des hommes. D'elle dérivent les avantages, les bienfaits, les rémunérations et les services charitables qu'offrent des subsides généreusement accordés. Pareillement, les mérites, les honneurs, les récompenses, les vengeances, les blâmes et les punitions en ont tiré leur origine. D'un tel principe, on garde la dignité, la réputation et l'estime des anciens riches en vertus, excellents et dignes plus que les autres. D'elle aussi sont la vérité et la constante loyauté, immuable et ferme ; et, finalement, tout notre bien se trouve parfaitement conservé par la loi naturelle, avec bon ordre et mesure accomplie. Elle est dame et souveraine de toutes les autres vertus, et par elle l'espèce humaine l'emporte sur toutes les choses de cette terre ; elle est née de Dieu qui l'a faite telle qu'aucun défaut humain ne la contamine[25] ni ne la souille, mais qu'elle se conserve toujours dans son essence parfaite, comme le modèle splendide auquel se réfèrent toutes les activités humaines. La seconde loi est écrite et élaborée par les hommes selon ce qui a semblé l'égal salut de tous. Personne ne s'était soumis à ces lois avant qu'elles ne soient constituées, et il était licite pour chacun de faire ou non ce qu'elles contiennent ;

---

23  « la justice est un … » : CIC., *Inv.*, II, LIII, 160.
24  « La loi naturelle… » : CIC., *Rep.* III, XXII, passage transmis par Lactance, *Inst.*, VI, VIII.
25  *sperge* : latinisme (lat. *aspergere*) ; voir COD. JUST., 10. 11. 3. : *nulla macula vel crimine delatoris aspergitur.*

oggi, poi sono state approvate et ferme, tanto è grave l'errore di chi contrafà a quelle, quanto elleno stessi hanno iudicato, le quali, secondo è paruto convenirsi, hanno ordinato le proprie pene. Da così fatte leggi siàno constretti non avere in un tempo più che una sola sposa et non seperare alcuno matrimonio, viventi gli obligati a quello; le quali cose niente portavano, inanzi fussi scripta tale legge oggi, sarebbe cosa abhominevole, nefanda, fuori di religione et contro a legge civile contrafare. Simile a questa innumerabili cautioni sono nelle scripte leggi, tutte diritte a conservare l'amore, l'honestà et il debito di ciascuno vivente, fatte per legame terribile d'ogni vitioso, in favore et conforto de' buoni: il perché si dice questa sentenzia: «E buoni hanno in odio il peccato per amore di virtù, et i tristi se guardono per paura di pena». È ancora altra parte di legge la consuetudine, la quale molte cose non expresse per scripta legge, per lunga approvatione ha più tempo ritenute, et per publico uso laudabilmente in modo servate, che nel conspecto degl'huomini disonesto sare' contraffare. Di questa conditione è che dopo il contratto matrimonio non debba la sposa iaccre col marito per infino al dì delle publiche noze, et similemente che la donna novella dopo dua nocti non continui dormire col marito: e quali costumi infino nel tempo de' gloriosi Romani come approvati s'observavano, et non solo questi, ma molti altri forse più laudabili appresso a·lloro, benché gentili, che e' non sono al presente nel seno della religione cristiana. Appresso a·lloro era in uso andare a marito di nocte a·llume di torchi, da pochi stretti parenti acompagnate et coperte, perché dicevano non convenirsi essere publicamente veduta per Roma la vergine che andava a perdere il nobilissimo grado della propria verginità. Poi giuncta nella camera del marito, rimosso ciascuno, spargevano per casa noci, faccendo con esse quanto poteano romore, acciò che niuna voce fussi udita della sposa spogliantesi della verginità sancta.

## LA VIE CIVILE – LIVRE III

de nos jours, après qu'elles ont été approuvées et établies, elles jugent elles-mêmes la gravité de la faute des contrevenants et ordonnent les peines correspondantes, selon ce qui a semblé approprié. De telles lois nous obligent à n'avoir qu'une seule épouse à la fois et à ne pas rompre les liens du mariage du vivant des conjoints : ces choses n'avaient aucune importance avant que ne fût écrite cette loi, de nos jours où cela serait abominable, sacrilège, irréligieux et serait aller contre la loi civile. Comme celle-ci, il existe d'innombrables garanties dans les lois écrites, ayant toutes pour but de maintenir l'amour, l'honnêteté et le devoir de chaque être vivant, et faites pour être une entrave terrible pour tous les vicieux, en faveur et pour le réconfort des bons, d'où cette sentence : « Les bons haïssent le péché par amour de la vertu, et les méchants s'en gardent par peur de la punition. » Une autre partie de la loi est la coutume qui a conservé longtemps nombre de choses longuement approuvées, non écrites sous forme de loi, mais louablement observées par l'usage public, auxquelles il serait déshonnête de contrevenir devant les hommes. Selon cette coutume, après avoir contracté mariage, l'épouse ne doit point coucher avec son mari avant le jour des noces publiques, et de même la jeune épousée, après deux nuits passées avec lui, ne doit plus dormir avec son mari : mœurs approuvées et observées déjà du temps des glorieux Romains, et non seulement celles-ci, mais beaucoup d'autres, peut-être plus louables chez eux, bien qu'ils fussent païens, qu'elles ne le sont à présent au sein de la religion chrétienne. Chez eux, il était d'usage qu'elles se marient de nuit, à la lueur des flambeaux, accompagnées de quelques proches parents et voilées, car, disaient-ils, il ne convenait pas que la vierge qui allait perdre son très noble état de virginité fût vue publiquement par les rues de Rome. Puis, parvenue dans la chambre du mari, après qu'on eut éloigné toutes les personnes présentes, on répandait dans la maison des noix en faisant le plus de bruit possible afin qu'on n'entendît pas la voix de l'épouse au moment où elle perdait sa sainte virginité[26].

---

26  « Chez eux, il était… » : Servius, *Commentarii in Vergilii Bucolica*, VIII, 29.

Oggi, nel mezo della observanzia cristiana, le vergini publicamente, a cavallo, ornate quanto più possono, et dipincte d'ogni lascivia, colle trombe inanzi chiamando il popolo a vedere la sfrenata audacia del meritricio ardire, ne portano al campo della disiderata giostra; intorniando le piaze et faccendo monstra, ne vanno a non essere più vergini –.

FRANCO. – Noi abbiàno a sufficientia inteso che principio abbia iustitia, quali sieno i suoi membri et che fructi ne seguino. Ora perché abbiàno inteso tutte l'opere de' mortali che dovutamente si fanno essere sottoposte a questa, vorremo che in particulare ci narrassi come c'abbiàno a governare, volendo in ciascuna nostra faccenda essere iusti –.

§ 53-62. AGNOLO. – Le cose occorrono agl'huomini infra la vita terrena sono varie et tante che impossibile sarebbe tractare di tutte a pieno. Ma per sodisfare agl'intelletti vostri in ogni parte che per al presente si può, vi specificherò che observanzia si convenga in alcune cose excellenti et principali a chi vuole con iustitia operare. Infra tutti gli exercitii humani niuno se ne truova magiore né più abondante di gloria che quello de' forti propulsatori delle battaglie. Questi ne' governi delle republiche o veramente tengono il primo grado o e' sono certo pari a ogni altra operatione civile. In ogni republica si debbe adunque non meno considerare con che iustitia si governino le guerre che quale sia nella città il iusto vivere de' proprii cittadini. Dua modi sono di questione, l'uno per disputatione, quando legitimamente si cerca il dovere di ciascuno, l'altro per forza, quando con armi si combatte quale sia la potenzia magiore. El primo modo è proprio degl'huomini, il secondo è in tutto bestiale et crudo; necessario è però ricorrere all'ultimo quando non si può usare il primo. Per questo si de' fare impresa di guerra acciò che sanza iniuria si viva in pace. Nel cominciare le guerre molte considerationi si debbe avere nell'animo, però che temerario et bestiale sare' colui che sanza consiglio venisse all'armi.

En nos temps d'observance chrétienne, les vierges, parées autant que faire se peut, fardées de toute lasciveté, précédées par des trompettes appelant le peuple à voir l'audace effrénée de cette hardiesse putassière, sont amenées[27] à cheval, publiquement, au terrain de la joute tant désirée : elles perdent leur virginité rien qu'en allant de places publiques en places publiques[28] et en paradant.

FRANCO. – Nous en avons suffisamment entendu sur l'origine de la justice, sur ses parties et sur les profits qu'on en retire. Aussi, ayant compris que lui sont soumises toutes les activités des mortels accomplies par devoir, nous voudrions à présent que tu nous dises en détail comment nous gouverner si nous voulons être justes en tout ce que nous faisons.

§ 53-62. AGNOLO. – Les choses dont les hommes ont nécessité dans leur vie sur cette terre sont si diverses et si nombreuses qu'il serait impossible de les traiter toutes à fond. Mais afin de satisfaire à votre entendement aussi complètement qu'il soit possible pour l'heure, je vous spécifierai ce que doit observer, dans les choses majeures et primordiales, celui qui veut œuvrer avec justice. De tous les exercices humains, aucun n'est plus grand ni plus riche de gloire que celui des courageux guerriers dans les combats. Ceux-ci, dans les gouvernements des républiques, ou bien occupent le premier rang, ou bien se rendent assurément capables de toute autre œuvre civique. Dans toute république, il faut donc considérer comment on dirige les guerres avec justice au même degré que l'on considère, dans la cité, le moyen, pour les citoyens, de vivre justement. Il y a deux moyens en question, l'un par la discussion, quand on cherche légitimement le devoir de chacun, l'autre par la force, quand on combat avec des armes pour la suprématie. Le premier moyen est propre aux hommes, le second est tout à fait bestial et cruel ; il est donc nécessaire de recourir au second quand on ne peut user du premier[29]. Pour cela, il faut décider d'une guerre afin de vivre en paix sans injustice. En entreprenant une guerre, on doit avoir à l'esprit plusieurs considérations, car en venir aux armes sans conseil serait téméraire et bestial.

---

27  *ne portano* : Pour éviter l'anacoluthe, nous traduisons par un passif. À propos des femmes pouvant se rendre à cheval à leurs noces, d'après les Statuts de Florence de 1415, *cf. Storia della Toscana compilata ed in sette epoche distribuita dal cav. Francesco Inghirami*, Poligrafia fiesolana, dai torchi dell'autore, 1843, tome IX, p 272.

28  *intorniando le piazze* : la même expression est reprise en IV, § 196-208, pour parler des ambitieux.

29  « Dans toute république… » : CIC., *Off.*, I, XI, 34.

220 VITA CIVILE – [LIBRO TERZO]

Et i nostri sapientissimi padri hanno detto per admonimento di ciascuno ch'egli è agevolissima cosa incominciare le guerre, et ciascuna delle parti il può fare, ma riparare la ruina degli stati et fare la pace solo s'apartiene a chi è vincitore. Diligente examina richiede certo ogni principio di guerra, et inanzi a ogni altra cosa debbe essere giustificata qualunche impresa; di poi vuole essere factibile et recare seco honorato fine. La guerra giusta maximamente si fa per racquistare le cose che iniustamente fussino state occupate da' nostri nimici; fassi ancora per difesa delle nostre cose et per vendicare la iniuria che violentemente ci fusse stata recata, acciò che la publica degnità si conservi. Per qualunche cagione s'eleggesse, debbe prima essere significata che presa, acciò che vogliendo la parte che ha offeso debitamente emendarsi, s'elegga sempre la tranquilla pace inanzi alla tribolante guerra; et per ogni tempo si consigli et elegga quella pace che manca di fraude; et le guerre in tal modo si comincino che niuna altra cosa che pace paia cerco per quelle. Grandissime observantie et religiose solennità erano apresso a' gloriosi Romani nel pigliare delle guerri et similemente nel fare le paci, in iustificatione delle quali cose degnissimi sacerdoti erano diputati, da loro nominati «Feciali». Quando adveniva che il Popolo Romano avessi ricevuto alcuna iniuria, questi tali sacerdoti erano mandati agli offenditori et, venuti dinanzi a·lloro, a alta voce solennemente exponevano dicendo: «Gl'huomini di questo popolo contro al Popolo et Senato Romano iniustamente hanno mancato; per questo noi siàno mandati a dolerci della ricevuta iniuria et domandare la ristitutione de' danni dati. Se voi renderete le cose tolte et gli auctori di tale iniuria darete nelle mani del Popolo et Senato Romano, noi v'arechiano amore et tranquillissima pace; se non farete il dovere, il Popolo Romano v'anuntia guerra, invocando l'altissimo Idio per eterno testimone di quale sia il popolo che prima abbia mossa la iniuria et poi spregiato chi domanda la ristitutione debita, lui ancora divotamente precando che ogni sterminio di questa guerra si volga adosso a coloro che ne sono stati prima cagione». Questo finito, gittava una aste in su i terreni loro dicendo: «In nome del Popolo et Senato Romano io vi significo et do guerra».

LA VIE CIVILE – LIVRE III

Et nos pères très sages ont dit, en guise d'avertissement, qu'il est très facile d'engager les guerres, et chaque partie peut le faire, mais réparer la ruine des états et faire la paix n'appartiennent qu'au vainqueur. Tout engagement dans la guerre requiert assurément un examen diligent et, avant toute autre chose, une telle entreprise doit être justifiée ; ensuite, elle doit être faisable et se rapporter à un but honorable. On mène une guerre juste avant tout pour récupérer ce qu'auraient usurpé nos ennemis ; on la fait aussi pour défendre nos biens et pour venger le tort qui nous aurait été causé avec violence, afin de conserver la dignité publique. Pour quelque raison qu'on choisisse de la faire, la guerre doit être déclarée avant que d'être décidée, afin que si l'offenseur est désireux de s'amender, on préfère toujours la tranquillité de la paix aux tourments de la guerre, qu'en toute circonstance, on conseille et on choisisse une paix où n'entre aucune fraude, et que l'on entreprenne une guerre seulement parce qu'il semble qu'on cherche la paix. Chez les glorieux Romains, il y avait de très grandes règles à observer et des solennités religieuses quand on entreprenait des guerres et de même quand on faisait la paix, et pour les justifier on députait de très dignes prêtres appelés « féciaux ». Quand il arrivait que le Peuple romain subisse quelque tort, ces prêtres étaient envoyés aux offenseurs et, parvenus devant eux, à haute voix, solennellement, ils exposaient leur fait, en disant : « Les hommes de ce peuple ont commis une faute à l'encontre du Peuple et du Sénat Romain ; c'est pourquoi nous sommes envoyés pour nous plaindre du tort qui nous est fait et pour demander réparation des dommages subis. Si vous rendez ce que vous avez pris et remettez entre les mains du Peuple et du Sénat romain les auteurs de ce tort, nous vous apportons amour et paix des plus tranquilles ; si vous ne faites pas ce que vous devez, le Peuple romain vous annonce la guerre, en invoquant le Dieu très haut comme témoin éternel du peuple qui, le premier, a provoqué le tort et, ensuite, a méprisé ceux qui ont demandé la réparation due, en priant Dieu dévotement que toutes les destructions de cette guerre se retournent sur ceux qui en ont été la cause première. » Ayant fini de parler, il jetait une lance sur leur territoire, en disant : « Au nom du Peuple et du Sénat romain, je vous annonce et vous déclare la guerre[30]. »

---

30  « Quand il arrivait que... » : Tite Live, *Ab urbe condita*, I, XXXII, 12-13.

Dopo sì facta dinutiatione dicevano essere giusta la guerra, et permetteano potersi co' loro nimici combattere che inanzi non era permesso.

§ 63-82. Nel conchiudere la pace non era la solennità minore, et a' medesimi sacerdoti s'aparteneva, l'observanzia de' quali nel fare la pace era questa: prima in Senato domandavano l'auctorità in questo modo dicendo: « Piace egli al Senato et Popolo Romano comandare che io conchiugga la pace col Popolo Carthaginese? ». Rispondeva chi n'avea auctorità: « Così piace et così comanda. » Il sacerdote seguia: « Datemi voi publica auctorità et fate ch'io sia commune mandatario et nuntio universale del Popolo et Senato Romano? » Eragli risposto: « Così facciàno, la qual cosa piaccia a Dio sia sanza nostra fraude et sanza infamia di questo popolo ».

Così detto, con sacratissimo iuramento s'obligavano le conscientie di ciascuno strectissimamente. Di poi in competente luogo insieme convenivano i sacerdoti delle parti contrahenti et quivi, secondo l'ordine, leggevano tutti i capitoli a' quali unitamente et d'acordo intendeano obligarsi. Così facto, l'uno prima et poi l'altro usavano queste parole: « Dio omnipotente, benignamente exaudi le parole nostre, et tu mandatario de' Carthaginesi sanctamente intendi, et il Popolo Carthaginese ancora puramente, pie et sanza fraude, oda et intenda tutte quelle cose che per pace et unione commune sono scripte et contengonsi in queste carti, sanza dolo, malo o inganno, ma puramente et con buona fede, secondo che oggi sono state lecte et intese da noi. Alle quali conventioni et leggi el Popolo Romano promette mai primo non contrafare: et se in alcuno tempo per consiglio o inganno prima contrafacesse, allora Idio omnipotente così ferisca il Popolo et Senato Romano come io oggi ferisco questo porco, et tanto più quanto più sa et può ». Questo detto, crudelmente dilacerava un porco con sacratissima solennità, secondo il costume de' sacrificii antichi.

LA VIE CIVILE – LIVRE III

Cette déclaration faite, ils disaient que la guerre était juste, et permettaient que l'on pût combattre avec leurs ennemis, ce qui n'était pas permis auparavant.

§ 63-82. Pour conclure la paix, la solennité n'était pas moindre, et elle incombait aux mêmes prêtres qui, pour faire la paix, suivaient l'observance que voici. D'abord, au Sénat, ils demandaient l'autorité[31] en ces termes : « Plaît-il au Sénat et au Peuple romain d'ordonner que je conclue la paix avec le peuple carthaginois ? ». Ceux qui en avaient l'autorité répondaient : « Ainsi nous plaît-il et ordonnons-nous. » Le prêtre continuait : « Me conférez-vous l'autorité publique et faites-vous de moi le mandataire commun et le messager de tout le Peuple et de tout le Sénat romain ? » Il lui était répondu : « Ainsi faisons-nous, et plaise à Dieu que ce soit sans fraude de notre part et sans infamie pour ce peuple. »

Sur ces mots, les consciences de chacun s'engageaient très strictement par le plus sacré des serments. Puis, les prêtres des parties contractantes se rendaient ensemble en un lieu approprié, et là, selon l'ordre, ils lisaient tous les articles auxquels ils entendaient s'obliger uniment et en accord. Après cela, d'abord l'un, puis l'autre, employait ces mots : « Dieu omnipotent, exauce avec bonté nos paroles, et toi, mandataire des Carthaginois, entends saintement, et que le peuple carthaginois aussi, purement, pieusement et sans tromperie, écoute et entende toutes ces choses qui sont écrites pour la paix et l'union commune et sont contenues dans ces tablettes, sans dol, ni mal ou tromperie, mais purement et de bonne foi, selon qu'elles ont été aujourd'hui lues et entendues par nous. Le Peuple romain promet de ne pas contrevenir le premier à ces conventions et à ces clauses ; et si un jour, par conseil ou tromperie, il y contrevenait le premier, alors, que Dieu omnipotent frappe le Peuple et le Sénat romain comme je frappe aujourd'hui ce porc, et ce d'autant plus fort que sa force et sa puissance sont plus grandes. » À ces mots, il déchirait cruellement les chairs d'un porc avec une solennité sacrée, selon l'us des anciens sacrifices.

---

31 Du lat. *auctoritas* : il s'agit de l'autorité morale du Sénat qui autorise ou valide ici la proposition de paix. Sur cette notion complexe, voir A. Magdelain, « De l'"auctoritas patrum" à l'"auctoritas senatus" », dans *Jus imperium auctoritas. Études de droit romain*, Rome, École Française de Rome, 1990, p. 385-403 (*Publications de l'École française de Rome*, 133).

Così fatto, in simile modo l'altra parte solennemente s'obligava, et a Dio et agl'huomini promettevano sotto sancto iuramento non contrafare. Cotanto piamente et con sì grande religione iustificavano gli antichi ogni exercitio di guerra, immodo che a uno solo milite non era lecito col nimico combattere se prima non era per solenne giuramento in militia consecrato. Et molte volti più aspramente puniti furono coloro che sanza obligo militare combattevano che quegli che, obligati, non volevano i nimici offendere. Et chi, chiamato, era lento a ritrarsi, spesso fu in pegiore grado che chi, per paura timido, rifugiva. Era in ogni cosa tanta l'ubidientia, et sì grande l'ordine de' romani exerciti, che observanti religioni meritamente si potevano chiamare: in quegli non si commetteva furto, none homicidio, none adulterii; quivi non era alcuna perfidia, non lascivia, non dishonesto giuoco, ma tutti exercitii virili et degni; tutti erano d'honesti costumi et continenti di vita, et contra a' nimici valenti et arditi. Della gola tanto erano temperati che per più di mezo mese portavano il cibo; lo scudo, la spada et l'armadura di testa non computavano a magiore peso che le naturali membra et tanto aptamente sanza altri incarichi le portavano, che erano chiamati militi expediti tutti quegli che non usavano altra armadura. Quando il bisogno richiedea, ciascuno ancora portava una stecca, acciò che, con sospecto alloggiando, di tutte che erano insieme con arte et misura commesse facessono steccato: nel quale forzificati et guardati, sanza sospetto alloggiassino. Negli exerciti di Mario non si trovò pure un cuoco, non una femina, non un dishonesto costume, ma ogni debito ordine di giusto vivere. Uno exemplo d'un suo approvato iudicio certo non merita essere in questo luogo postposto ma narrarsi in confusione delle sceleratezze civili. Ne' suoi exerciti un soldato cercò contaminare un ragazzo di sogdomitico vitio: all'honesto giovanetto parve tanto abhominevole il mai più sostenuto vitio che con armi rivolto a colui cercava dishonesto amore, audacemente diè crudele morte; subito preso tale giovanetto et ad Mario condotto, fu gravemente accusato. Il degno iudice diligentemente informato del caso, ragunò il fiore et i più degni di tutto l'exercito et inanzi a·lloro in publico et a alta boce detestabilemente vituperò il sodomitico vitio;

LA VIE CIVILE – LIVRE III

225

Cela fait, l'autre partie s'obligeait solennellement de la même manière, et promettait à Dieu et aux hommes par la sainteté d'un serment de ne pas y contrevenir[32]. Les anciens justifiaient par une piété et un scrupule religieux aussi grands toute activité guerrière, de façon à ce qu'il ne fût permis à un seul soldat de combattre son ennemi s'il n'était auparavant consacré à l'armée par un serment solennel. Et bien souvent ceux qui combattaient sans obligation militaire furent plus durement punis que ceux qui, y étant obligés, ne voulaient pas attaquer l'ennemi. Et ceux qui, y étant appelés, étaient lents à faire retraite, se trouvèrent souvent en plus mauvaise position que ceux qui, saisis de peur, s'enfuyaient. L'obéissance y était si grande et si grand était l'ordre des armées romaines, qu'on pouvait les appeler à juste titre des observateurs de la religion : on n'y commettait ni vol, ni homicide, ni adultère ; il ne s'y trouvait ni mauvaise foi, ni lasciveté, ni jeu déshonnête, mais rien que des activités dignes et viriles ; tous étaient de mœurs honnêtes et vivaient dans la continence, et ils étaient vaillants et hardis contre les ennemis. Ils étaient si tempérants quant à la goinfrerie qu'ils portaient leurs vivres pour plus de quinze jours ; leur bouclier, leur épée et leur casque ne leur pesaient pas plus que leurs membres naturels et ils les portaient si proprement, sans autres charges, que tous ceux qui n'utilisaient pas d'autre armement étaient appelés soldats armés à la légère. Quand le besoin le requérait, chacun aussi portait un pieu : s'ils campaient en un lieu peu sûr, ils faisaient de ces pieux assemblés avec art et mesure une palissade et, ainsi fortifiés et protégés, ils bivouaquaient en toute sécurité. Dans les armées de Marius, on ne trouvait pas de vivandier, ni de femme, ni de mœurs déshonnêtes, mais partout le bon ordre d'une vie selon la justice. Il n'y a pas lieu d'omettre ici un de ses jugements exemplaires, mais bien d'en faire état pour la confusion des scélératesses de la vie civile. Dans ses armées, un soldat chercha à souiller un garçon du vice de sodomie : le jeune homme, ignorant ce vice, le trouva si abominable qu'il tourna son arme contre l'homme qui cherchait un amour déshonnête et, avec audace, lui infligea une mort cruelle ; le jeune homme, dont on s'était aussitôt saisi et qu'on avait conduit devant Marius, fut gravement accusé. Le digne juge s'étant diligemment informé du cas, rassembla la fleur de l'armée et ses plus dignes soldats, et, devant eux, publiquement et à haute voix, exprima sa détestation du vice de sodomie et le blâma ;

---

32  « Dieu omnipotent… » : LIV., *Ab urbe cond.*, I, XXIV, 71.

di poi, narrato il caso presente, il giovanetto grandemente lodò et diegli premio, dicendo che optimamente avea facto a volere più tosto con pericolo operare che bruttamente sostenere tanta sceleratezza. Fermino qui gli animi gli scelerati et guardino che iudicio era negli infedeli soldati; poi si contenghino se e' possono, veggendo nel mezo dell'observanzie cristiane i giovani publicamente divenire femine. Dimonstrasi certo per questo quale fussi l'honestà et quanta la iustitia degli antichi exerciti, et abbiàno veduto con quanto dovere et quanto sanctamente giustificavano le loro imprese. Ora, perché dicemo la impresa non solo volere essere giusta, ma ancora factibile, et recare seco honorato fine, parre' forse che e' si convenisse seguire in questo. Ma perché tale consideratione sare' posta in examinare le forze et l'actitudini di ciascuno, delle quali cose la prima si conosce per le richeze, per l'amicitie, pe' pratici exerciti, pe' valenti conducitori, per le necessarie vectuvaglie et ultimamente per l'unione et concordie civili, la seconda si dimonstra per le commodità et incommodità de' paesi, pe' siti naturali delle forteze, per la dispositione degli habitanti et per la copia et munitioni degli strumenti apti alla guerra, le quali cose tutte sono poste nell'optimo consiglio di chi si truova presente alle varie examine degli occorrenti casi (et questo è proprio della singulare prudentia de' cauti ingegni), meritamente in altro luogo si conviene che nel tractare della iustitia dell'armi. Noi, electo la guerra, inanzi a ogni altra cosa intenderemo quale ella sia et a che fine, però che altrimenti si debbe combattere quando si contende solo la signoria et la gloria della honorata victoria, et altrimenti quando con odio magiore si sforza disfare l'uno l'altro et quasi si battaglia chi debbe rimanere in el mondo. Nel primo modo si cerca la gloria et più degno grado di vivere; nel secondo capitalmente si combatte la vita per chi debba essere o non essere in terra. Molto meno crude et acerbe debbono essere l'armi dell'una che della altra contesa et l'arti della guerra variamente si debbono usare, come nella nostra città tra i Guelfi et Ghibellini

puis, après avoir relaté l'incident, il loua grandement le jeune homme et le récompensa, en disant qu'il avait très bien fait d'agir en risquant sa vie plutôt que d'endurer la honte d'un tel crime[33]. Que les scélérats prêtent ici attention et considèrent quel jugement frappait les soldats déloyaux ; qu'ils se contiennent ensuite s'ils le peuvent, en voyant, au beau milieu de nos pratiques chrétiennes, les jeunes gens devenir publiquement des femmes. Cela montre clairement l'honnêteté et la grande justice régnant dans les armées antiques, et nous avons vu avec quel grand sens du devoir et du sacré elles justifiaient leurs entreprises. Or, comme nous avons dit que l'entreprise doit être non seulement juste, mais encore faisable, et parvenir à une issue honorable, peut-être serait-il à propos de poursuivre sur cette question. Mais comme une telle considération aurait pour objet l'examen des forces et des dispositions de chacun – on connaît les premières d'après les richesses, les alliances, les armées expérimentées, les chefs vaillants, les vivres nécessaires et, en dernier lieu, l'union et la concorde civiles ; les secondes se révèlent dans les commodités et les incommodités des pays, dans les situations naturelles des forteresses, dans la disposition des habitants, dans la grande quantité d'instruments de guerre et dans leur approvisionnement, toutes choses remises à l'excellent conseil des personnes examinant les divers cas qui se présentent (c'est là le propre de la singulière prudence des esprits circonspects), et il convient d'en traiter ailleurs qu'à propos de la justice des armes. Nous, quand nous faisons le choix de la guerre, nous devrons avant tout autre chose comprendre ce qu'elle est et quel est son but, car on combat différemment selon que l'on se bat pour la seule suprématie et la seule gloire d'une honorable victoire, ou que l'on s'efforce, avec une haine profonde, de défaire son ennemi et qu'on lutte comme si un seul des deux devait survivre. Dans le premier cas, on cherche la gloire et une condition de vie plus digne ; dans le second, on engage sa vie dans un combat mortel pour savoir qui doit rester, ou non, sur terre. Dans l'une de ces querelles, les armes doivent être bien moins âpres et cruelles que dans l'autre[34], et on doit user différemment des arts de la guerre, comme lorsque l'on se battait dans notre cité entre Guelfes et Gibelins[35],

---

33  « Dans ses armées… » : CIC., *Mil.*, IV, 9.
34  « car on combat… » : CIC., *Off.*, I, XII, 38.
35  Ces factions entrèrent en lutte au cours des premières décennies du XIIIe siècle. Pour les identifier assez simplement, les Guelfes tenaient pour le pape, et les Gibelins pour l'empire. À Florence, leur alternance au pouvoir entraînait le bannissement ou l'exil des membres du parti adverse.

già per parte si combatteva non chi dovesse signoreggiare ma più tosto chi dovessi essere disperso et chi rimanere in Italia. Per questo molto più crudeli furono tali guerre che quelle si sono poi facte colle vicine città in discernere quale debba rimanere prima et più degna. I Ghibellini crudi et feroci, infidi, con fraude et pieni d'inganni, lacrimabile et sanguinosa rotta dierono in Arbia al fiorentino popolo; onde prosperati dalla fortuna ottennono il dominio della città, la quale poi come capitali nimici con ruina et fuoco s'acordavano infino da' fondamenti disfare, per torre via il nome et memoria di Firenze, la quale dicevano essere casa et fermo habitacolo de' Guelfi: perché certo si vede che non per signoregiargli, ma per spegnergli combatteano. Ma Idio, che quella riserbava a cose magiori, provide che uno solo cittadino la difese et salvò la città al futuro popolo. Et come Fabio Maximo, dimorando, ristituì la republica al popolo romano, così Farinata con magnifica voce la propria città difendendo, insieme ancora la republica ristituì et salva fece al fiorentino popolo. Molte volti poi con minore atrocità s'è combattuto co' Volterrani, Pistolesi et Aretini, solo per discernere coll'armi in mano a chi la fortuna riserbi la signoria, onde poi vincti, sono stati preservati, et i Fiorentini solo contenti riserbarsi il titolo della loro signoria.

LA VIE CIVILE – LIVRE III

non pas pour savoir qui devait dominer, mais qui devait en être chassé et qui devait demeurer en Italie. Pour cette raison, ces guerres furent bien plus cruelles que celles qui furent menées avec les villes voisines[36] pour décider laquelle devait demeurer la première et la plus digne. Les Gibelins cruels et féroces, déloyaux, par leur fraude et leurs tromperies dont ils étaient pleins, infligèrent une déroute sanglante et piteuse au peuple florentin à l'Arbia[37] ; à la suite de cela, favorisés par la Fortune, ils obtinrent la domination sur leur ville, qu'ils décidèrent ensuite, en ennemis mortels, de détruire jusqu'à ses fondements par la ruine et par le feu, pour effacer le nom et la mémoire de Florence[38], qu'ils disaient être demeure et repaire des Guelfes : ainsi, on voit clairement qu'ils combattaient non pour les dominer, mais pour les faire disparaître. Mais Dieu, qui réservait cette ville pour de plus grandes choses, pourvut à ce qu'un seul citoyen la défendît et la sauvât pour le peuple à venir. Et de même que Fabius Maximus, en temporisant, restitua la république au peuple romain, de même Farinata[39], prenant la défense de sa ville avec de magnifiques accents, restitua aussi la république au peuple florentin et la sauva. Depuis, bien souvent, on a combattu, avec moins d'atrocité, les habitants de Volterra, de Pistoia et d'Arezzo, à seule fin de décider, les armes à la main, à qui la Fortune réserverait la seigneurie : vaincus depuis, ils ont été préservés, et les Florentins se sont contentés du titre de leur seigneurie.

---

36   Comme l'auteur l'explique plus loin, il s'agit des conflits qui opposèrent Florence et quelques-unes des autres cités toscanes – Volterra, Pistoia, Arezzo – pour s'assurer une suprématie sur ce territoire.

37   Il s'agit de la bataille de Montaperti, près de Sienne, où les troupes guelfes de Florence furent défaites par les Gibelins (florentins et siennois), le 4 septembre 1260. L'Arbia est un cours d'eau proche du lieu de l'affrontement. Comme l'explique Palmieri dans ce passage, cette victoire ramena au pouvoir, à Florence, les Gibelins précédemment exilés ou bannis.

38   Écho des vers de Dante : « *là dove sofferto / fu per ciascun di tòrre via Fiorenza* » (*Inferno*, X, v. 91-92) : « quand chacun consentit / à ce que Florence fût détruite ». Le sang de l'Arbia et l'allusion à Farinata, plus loin, donnent à ce passage une couleur dantesque.

39   Farinata degli Uberti appartenait à une noble famille florentine. Gibelin, il s'opposa cependant, après Montaperti, à ceux de son parti qui se proposaient de raser au sol Florence et d'extirper ainsi la faction guelfe. Sa rencontre avec Dante occupe la plus grande partie du chant X de l'*Enfer*, en particulier les vers 73-136.

230 VITA CIVILE – [LIBRO TERZO]

§ 83-93. Apresso i Romani molte furono le guerre che con odio minore si facevano solo per honore dello imperio, fra le quali è memorabile et degna per numerati benificii ricevuti et dati la guerra di Pirro re, il quale, essendo Emilio et Fabricio consoli a Roma, con grandi exerciti passò nelle parti di Italia, et im più luoghi prosperamente operate l'armi molte terre vicine a Roma occupò, et i Romani infine strectissimamente oppresse, più tempo in loro obsedione perdurando, intorno alle mura acampato, et infino in su le porti offendendo, in modo che molti di loro avea preso et riteneagli prigioni, fra' quali erano più cittadini famosi et nobili, per ricuperatione de' quali il senato romano, ragunato molta pecunia, solennemente mandò imbasciata a Pirro. Il degno re degnissimamente in questo modo rispose: « Io non vi domando oro, né in alcuno modo mi lascerete prezo, però che io non sono venuto per essere mercatante di guerra, ma per discernere, coll'armi in mano, quale di noi la fortuna dominatrice delle cose humane voglia che ottenga il regno. Quello che gli sia in piacere experimentiallo colle nostre virtù; io certo perdonerò alla libertà di coloro alla virtù de' quali perdonerà la fortuna della battaglia. Andate et menatenegli tutti in dono, ché io ve gli do et libero col nome di Dio ». Sententia certo memorabile et degna di grande ingegno et di virtuoso signore; alla quale liberalmente conrisposono i Romani, dimonstrando volersi difendere con virtù, et non con fraude salvarsi, la quale contro al nimico non capitale non era da iustitia permessa. In e medesimi tempi un governatore di Pirro secreto andò a' consoli romani et promisse loro dare morto Pirro se eglino gli dessino merito prezo. Rimandoronlo i consoli dicendo i·gnum modo volere usare fraude et drieto a lui scrissono al re queste lettere: « Noi alle volti per le ricevute iniurie et alle volti commossi dalle inimicitie nostre, ma continuamente con animo franco, c'ingegnano combattere teco, sempre cercando dare exemplo della nostra servata fede. Per questo adviene che noi ti disideriano essere salvo, acciò che sia chi noi gloriosamente possiano vincere coll'armi.

LA VIE CIVILE – LIVRE III 231

§ 83-93. Chez les Romains, on mena beaucoup de guerres, sans grande haine, pour le seul honneur de dominer : parmi celles-ci, la guerre que mena Pyrrhus est mémorable et digne en raison des nombreux bienfaits rendus et reçus. Du temps où, à Rome, Emilius et Fabricius étaient consuls, Pyrrhus passa en Italie avec une grande armée et, ayant combattu avec bonheur en maints endroits, occupa plusieurs cités voisines de Rome ; il accabla les Romains en les serrant de près, en les assiégeant pendant plusieurs jours, campant à l'entour de leurs murailles, portant ses attaques contre leurs portes, si bien qu'il captura plusieurs d'entre eux et en fit ses prisonniers. Parmi ceux-ci, il y avait plusieurs citoyens nobles et connus, et le sénat romain, pour les récupérer, après avoir réuni une importante somme d'argent, adressa à Pyrrhus une ambassade solennelle. Ce digne roi fit cette réponse très digne : « Je ne vous demande pas de l'or, et vous ne me remettrez aucune rançon, car je ne suis pas venu pour être marchand de guerre, mais pour décider, les armes à la main, qui, de vous ou de moi, doit régner par la volonté de la Fortune, dominatrice des choses humaines. Vérifions avec nos vertus ce qu'il lui plaira de faire ; quant à moi, j'épargnerai certainement la liberté de ceux dont le sort de la bataille aura épargné la vertu. Allez, et emmenez-les tous comme un présent, car je vous les donne et les libère au nom de Dieu[40]. » Sentence assurément mémorable et digne d'un grand esprit et d'un seigneur vertueux ; les Romains y répondirent généreusement, en montrant qu'ils voulaient se défendre avec vertu, et non se sauver par la fraude que la justice ne permettait pas d'user envers celui qui n'était pas leur ennemi mortel. Au même moment, un gouverneur de Pyrrhus se rendit secrètement auprès des consuls romains et leur promit de faire mourir Pyrrhus s'ils lui offraient un juste salaire[41]. Les consuls le renvoyèrent, en disant qu'ils ne voulaient en aucun cas employer la fraude et, dans son dos, ils écrivirent cette lettre au roi : « Nous nous efforçons de te combattre, parfois à cause des torts subis, parfois emportés par nos inimitiés, mais toujours avec franchise, en cherchant toujours à donner un exemple de notre loyauté. Aussi désirons-nous que tu sois sauf, afin que nous ayons quelqu'un que nous puissions vaincre avec gloire et par les armes.

---

40  CIC., *Off.*, I, xii, 38.
41  « Au même moment… » : CIC., *Off.*, I, xii, 40.

Egli è stato a noi Nitio, tuo governatore, et domandatoci prezo se nascosamente t'uccide, noi in tutto gli abbiàno negato volere, acciò ch'egli non aspecti premio di tanto male. Oltre a questo ci è paruto di renderne certo te, acciò che, advenendo alcuna cosa simile, le città vicine non stimino sia facto con nostro consiglio quello che abondantemente ci dispiace; né in alcuno modo consentiano guerregiare fraudolentemente con premio, prezo o vituperoso inganno; tu, se non ti guardi, presto morrai». Simile liberalità moltissime volti usorono, volendo più tosto in tutti loro facti iustamente operare che sanza virtù vincere. Al tempo di Camillo consolo, i Romani valentemente teneano assediati i Falischi: drento era un maestro che avea per discepoli a scuola i loro principali figliuoli. Costui, credendo acquistare grandissimi premii, scelto i più nobili fanciulli, et fignendo menargli a spasso fuori della porta, gli condusse nelle mani de' Romani. Presi che gli ebbono, certo conobono i loro padri essere nella terra tali che agevolemente per riavere i figliuoli si rimetterebbono nella fede de' Romani: non di meno, examinato in senato il fallo et grave delitto commesso, diliberorono che i fanciulli il loro maestro legato et ignudo con verghe battendolo drento alla terra rimenassono. La qual cosa i Falischi veggendo, da tanta iustitia a benivolentia commossi, non potendo mai prima per forza essere stati vinti, solo per questo aprirono le porti et liberamente nella fede de' Romani si rimissono. Non avea misura l'animo de' Romani in e fatti delle battaglie et con mirabile grandezza d'ingegno si governavano nelle loro guerre, intanto che Hanibale, loro potentissimo nimico, diceva non dubitare della potentia romana, ma in tutto della loro grandeza dell'animo sbigottire, la quale in moltissimi luoghi avea conosciuta più che non è credibile grandissima: et maximamente dicea essere memorabile che al tempo di Paulo et Barsone consoli,

LA VIE CIVILE – LIVRE III

Un de tes gouverneurs, Nicias, est venu nous demander un salaire pour te tuer secrètement, et nous avons catégoriquement refusé, pour qu'il n'attende aucune récompense d'un si grand crime. De plus, nous avons cru devoir t'en avertir, pour que les cités voisines ne pensent pas, s'il arrivait pareille chose, que nous ayons conseillé un acte qui nous déplaît grandement ; nous n'acceptons en aucune manière de faire la guerre d'une manière frauduleuse par le moyen d'une récompense, d'un salaire ou d'une tromperie blâmable ; si tu ne prends garde, tu vas mourir bientôt[42]. » Ils usèrent très souvent de cette générosité, préférant agir avec justice, dans tout ce qu'ils faisaient, plutôt que de vaincre sans vertu. Au temps du consulat de Camille, les Romains assiégeaient vaillamment Faléries. À l'intérieur de la ville, il y avait un maître d'école dont les élèves étaient les enfants des plus importants citoyens. Croyant obtenir de grandes récompenses, cet homme, ayant choisi les plus nobles enfants et feignant de les emmener en promenade hors des murs, les remit aux mains des Romains. Ceux-ci eurent la certitude qu'après cette prise, pour ravoir leurs enfants, leurs pères s'en remettraient facilement à la loyauté des Romains. Néanmoins, après avoir examiné au sénat la faute et le grave crime commis, ils décidèrent que les enfants ramèneraient dans leur ville leur maître ligoté et nu, en le frappant de verges. Voyant cela, les Falisques, qu'on n'avait pu vaincre par la force auparavant, poussés à la bienveillance par un tel acte de justice, ouvrirent leurs portes et s'en remirent librement à la loyauté des Romains[43]. Dans les batailles, les Romains faisaient preuve d'un courage démesuré et se comportaient dans leurs guerres avec une grandeur de caractère si admirable qu'Hannibal, leur plus puissant ennemi, disait ne pas craindre la puissance romaine, mais s'étonner tout à fait de la grandeur de leur courage, d'une grandeur au-delà du croyable comme il l'avait éprouvée en maintes circonstances. Il était mémorable, disait-il, qu'au temps des consuls Paul et Barson[44],

---

42  « Nous nous efforçons… » : GELL., *Noct. Att.*, III, VIII, 8.

43  « Au temps du consulat… » : VAL.-MAX., *Fac. ac dict. memor.*, VI, V, 1. – Faléries (aujourd'hui Civita Castellana) était la capitale des Falisques, peuple installé dans le sud-est de l'Étrurie (actuelle région de Viterbo).

44  *Barsone* : il faut lire *Varrone*, car l'anecdote semble bien se référer à l'année de la victoire d'Hannibal à Cannes (216 av. J.-C.), où le sénat refusa de racheter les prisonniers romains. Les consuls étaient Paul-Émile et Gaius Terentius Varro. Voir LIV., *Ab urbe cond.*, XXII, LX.

234 VITA CIVILE – [LIBRO TERZO]

avendo preso otto migliaia di loro huomini et volendogli per piccolissimo prezo rendere, il senato diterminò non gli riscuotere, dicendo voleano che i loro exerciti avessono nell'animo fermo vincere o veramente, honorati, per la patria morire.

§ 94. Exemplo certo del mondo sono l'aprovate arti delle antiche guerre dai potentissimi imperii et virtuosi conducitori operate, le quali doverrebbono con ogni industria essere seguite da tutti gl'huomini che disiderono gloria.

§ 95-101. Poi che saranno cominciate le guerre et fia facta la electione degli exerciti, il diligente capitano sollecitamente examini qualunche cosa può adivenire: veghi, stia desto, aguzi lo ingegno et sia cauto; oda Homero che dice non si convenire dormire tutta la nocte, né stare ocioso all'huomo prudente che ha il governo degli exerciti et delle gran cose. Conosca essere commessa in lui l'universale salute di molti, consideri bene qualunche pericolo et non si sottometta a quegli sanza cagione che meriti essere electa. Tolta la necessità, niuna cagione sarà valida a mettersi nel dubio della varia fortuna, se non quando molto fusse magiore il bene si potesse acquistare, che non fusse il male che, perdendo, ci potesse seguire. Non sia però alcuno tanto temerario né di tanta viltà che per fuggire il pericolo minore incorra in magiore, dove il danno si colmi et diventi più grave.

Ma seguitisi in questo la consuetudine degli approvati medici che le piccole infermità legermente curano et alle infermità mortali spesse volte sono constretti con ferro et fuoco o con pericolose medicine dubiosamente sobvenire. Inconsideratamente, a caso, et sanza consiglio travagliarsi nelle battaglie, et con nimici percuotersi è cosa crudele et bestiale; ma quando l'opportunità et il ventaggio il richieggono, allora si vuole appensatamente eleggere gli assalti de' nimici et virtuosamente combattere con loro. In el tranquillo mare non si debbe per alcuno disiderare contraria tempesta: quando fia venuta, ministrare i ripari et valentemente sobvenire è proprio uficio de' valenti; et se la necessità pure stringnesse, si debbe sempre la morte eleggere inanzi al vituperio et alla misera servitù. Nell'andare a pericoli, cautamente debbe essere considerato se eglino sono universali della republica o particulari di chi si sottomette a quegli. Chi abandonasse l'universale utilità per torre via il particulare pericolo merita pena et odio publico.

alors qu'il avait fait prisonniers huit mille de leurs hommes et qu'il voulait les leur rendre pour une infime rançon, le sénat décida de ne pas les racheter, en disant qu'il voulait que leurs armées aient le ferme courage de vaincre ou bien de mourir honorablement pour leur patrie.

§ 94. Un exemple certain de ce monde, ce sont les arts pratiqués dans les guerres antiques par les tout-puissants empereurs et les chefs valeureux, et que devraient suivre avec application tous les hommes désireux de gloire.

§ 95-101. Une fois les guerres commencées et le choix des armées étant fait, le capitaine diligent devra examiner avec soin tout ce qui peut advenir : il veillera, restera en alerte, aiguisera son intelligence et sera circonspect ; il écoutera Homère affirmant qu'il ne sied pas à l'homme prudent, gouvernant les armées et les grandes choses, de dormir toute la nuit et d'être oisif[45]. Il saura que lui est confié le salut de bon nombre de gens, il considérera tous les dangers et ne les affrontera pas sans avoir une bonne raison de faire ce choix. Hormis les cas de nécessité, il n'y aura nulle raison valable de s'en remettre au hasard d'une Fortune changeante, sinon lorsque le bien que l'on pourrait obtenir serait de beaucoup supérieur au dommage qu'on pourrait subir dans une perte. Toutefois, que nul ne soit assez téméraire ni assez lâche pour s'exposer, en voulant éviter un danger moindre, à un danger plus grand qui aggrave le dommage et le rend plus lourd à supporter.

Mais il faut suivre en cela l'habitude des médecins expérimentés qui soignent légèrement les petites maladies et sont souvent contraints de remédier périlleusement aux maladies mortelles avec le fer et le feu ou avec des médecines dangereuses. Il est cruel et bestial de se lancer dans les batailles à la légère, à l'aventure et sans conseil, mais lorsque l'opportunité et l'avantage le requièrent, il faut alors choisir délibérément d'assaillir les ennemis et de combattre virilement contre eux. Quand la mer est calme, nul ne doit désirer la tempête, mais quand elle survient, le devoir propre aux hommes vaillants est de prendre les dispositions pour s'en protéger et de prêter vaillamment leur secours, mais, sous la contrainte de la nécessité, on doit toujours préférer la mort au blâme et à la misérable servitude. En allant au-devant des dangers, il faut être circonspect en considérant s'ils sont une menace générale pour la République ou s'ils sont particuliers à ceux qui s'y exposent. Quiconque abandonne l'intérêt général pour écarter un danger particulier mérite punition et haine publiques.

---

45   Homère, *Ilias*, II, v. 33-36.

Sia ciascuno prompto a disagi particulari et sottomettasi a ogni pericolo proprio, quando conosce doverne seguire bene commune et universale utilità della sua republica. Quando conoscesse il pericolo del danno publico, i·niuno modo si sottometta a esso, se non constretto, non obstante che particulare utilità gli venisse certissima. L'honore l'utilità et la gloria publica non debbe mai essere postposta pe' privati commodi, né mai sarà utile quello che, giovando a pochi, nocerà a l'universale corpo della città. Molti sono gloriosi perché non solo l'avere, ma ancora gli exili, il sangue et la propria vita hanno sprezato per salute commune della patria.

§ 102-103. La pietà della patria condusse Oratio Clocles, nobilissimo cittadino romano, a sostenere in su il suo glorioso petto tutto l'empito de' potenti nimici, tanto che drieto a lui fussi tagliato il Sublicio ponte, disiderando più tosto in mezo delle taglienti spade rimanere che la sua città dalle strane genti miserabilmente occupata vedere. Per questa civile pietà Curtio con audace animo nella divoratrice voragine a certissima morte si gittò, sperando per questo dovere dare salute al popolo romano secondo s'era da loro idii publicato. Genetio, honoratissimo romano, essendo fuori di Roma, gli fu dagli idii miracolosamente rivelato che ritornando a Roma gli sarebbe dato lo imperio della città; il buono cittadino elesse mai a Roma ritornare, acciò che non gli fusse sottomessa la città propria nella quale conosceva la gloria d'ogni altra repubblica.

§ 104-109. Numma Pompilio, essendo chiamato re dei Romani, mai consentì pigliare il dominio se prima di lui non erano consigliati gli oracoli, acciò che per errore degl'huomini non si elegesse re che fusse inutile al popolo. Codro atheniese, avendo per risponso da Apollo che nella sua morte era la victoria et salute degli exerciti della patria, sconosciuto si fece da' nimici uccidere per lasciare la victoria a' suoi. Nella nostra città fra' gloriosi dura la fama di Vieri de' Cerchi, il quale essendo in Campaldino cavaliere

LA VIE CIVILE – LIVRE III 237

Chacun doit être préparé aux incommodités particulières et s'exposer à tout danger propre, s'il sait qu'en résulteront le bien commun et l'intérêt général de sa république. S'il connaît le danger d'un dommage public, en aucune façon il ne devra s'y exposer, sinon contraint, même s'il avait l'absolue certitude d'une utilité particulière. La gloire, l'intérêt et l'honneur publics ne doivent jamais être négligés au profit d'avantages privés, et ce qui sera utile au petit nombre en nuisant à l'ensemble du corps de la cité ne sera jamais profitable. Beaucoup ont acquis une gloire pour avoir méprisé non seulement leurs possessions, mais aussi les exils, leur sang et leur propre vie, et cela pour le salut commun de leur patrie.

§ 102-103. La piété envers sa patrie conduisit Horatius Coclès, très noble citoyen romain, à soutenir, du glorieux rempart de son corps, le choc d'ennemis puissants, jusqu'à ce que le pont Sublicius fût coupé derrière lui, désirant rester au beau milieu des épées coupantes plutôt que de voir sa cité occupée pour son malheur par des étrangers. Au nom de cette même piété civique, Curtius[46] eut l'audace de se précipiter vers une mort certaine dans le gouffre qui l'avala, espérant par là même sauver le peuple romain, selon ce qu'avaient prononcé leurs dieux. Genucius, romain très honorable, se trouvant hors de Rome, fut miraculeusement averti[47] par les dieux que s'il retournait à Rome, on lui donnerait le pouvoir sur cette cité ; ce bon citoyen choisit de ne jamais retourner à Rome, afin que la cité qu'il savait être la plus glorieuse de toutes les républiques, ne lui fût pas soumise[48].

§ 104-109. Numa Pompilius, acclamé roi des Romains, ne consentit jamais à prendre le pouvoir si l'on ne consultait premièrement les oracles sur son élection, afin que par l'erreur des hommes on n'élût point un roi inutile au peuple. L'Athénien Codros, ayant appris par la réponse d'Apollon que la victoire et le salut des armées de sa patrie dépendaient de sa mort, alla sous un déguisement se faire tuer par les ennemis pour laisser la victoire aux siens. Dans notre ville, parmi les hommes glorieux, subsiste la renommée de Vieri de' Cerchi : chevalier dans les armées

---

46 Palmieri, qui avait d'abord écrit *Curio*, corrigea lui-même l'erreur sur le texte du manuscrit original transcrit par les copistes.

47 *Genetio [...] gli fu dagli idii miracolosamente rivelato* : anacoluthe.

48 Les trois exemples peuvent être tirés de VAL.-MAX., *Fac. ac dict. memor.*, III, 2 (Horatius Coclès) et V, 6, 2-3 (Curtius et Genucius Cipus). *Genetio* se trouve dans la tradition manuscrite de la *Vita Civile*.

negli exerciti fiorentini et avendo a petto i nimici potenti et per divisione di parte crudelissimi, erano i nostri in tanto timore che non si trovava chi nelle prime squadre volesse offendere, né anche all'empito de' nemici risistere; il degno cittadino, postponendo sé et le sua cose alla salute publica, chiamò il proprio figliuolo et un suo nipote et gridando che chi volea la salute della patria il seguisse, insieme co·lloro corse nel mezo de' più multiplicati nimici quasi a certissima morte, dove, seguito da molti che per vergogna diventorono fortissimi, optenne una singulare et honorata victoria in gloria et triompho del fiorentino popolo. Piene sono le greche, latine et barbere historie di memorabili exempli che dimonstrano quanto virilmente i nobili cittadini sprezavano ogni particulare commodo per salute della republica, per le quali opere sono nobilitati con somma gloria et per eterna fama nel mondo immortali i Fabii, i Torquati, i Decii, e Marcelli, Oratii, Portii, Catoni, et quegli singulari splendori de' Cornelii Scipioni, et molte altre famiglie romane, le quali con animi generosi et tanto forti niuna altra cosa aveano nell'animo se non la salute et acrescimento della republica, per la quale multiplicate fatiche, affanni, disagi, pericoli, fedite et crudelissime morti spessissime volti sofferivano; et tanto caldamente erano inanimati alla amplitudine et salute della republica che negli exerciti ogni disagio et qualunche fatica perseverantemente superavano et per continuo uso infino da piccoli s'avezavano a quelle. Non era da loro nella giovanile età cerchi libidinosi diletti, non splendidi né dilicati conviti, ma in armi provate, in bellicosi cavalli et militari hornamenti era ogni disiderio della romana iuventù. Con quelle, sotto le discipline d'experti cavalieri s'ingegnavano divenire maestri di guerre. Quinci advenia che poi a sì facti huomini non erano nuove l'opere faticose, non inusitati né aspri i luoghi montuosi et difficili, non paurosi gli exerciti degli armati nimici, ma tutti questi mali aveano con isperientia domato gli animi virtuosi.

LA VIE CIVILE – LIVRE III

florentines à Campaldino, il se trouvait face à des ennemis puissants que les dissensions partisanes rendaient plus cruels, cependant que les nôtres étaient saisis d'une crainte si forte que, dans nos premières lignes, nul ne voulait combattre ni même résister à l'assaut ennemi. Ce digne citoyen, plaçant sa vie et ses biens après le salut public, appela son propre fils et un sien neveu, et, criant que ceux qui voulaient le salut de la patrie le suivissent, il se jeta avec eux au milieu des nombreux ennemis au risque d'une mort certaine, suivi par plusieurs à qui la honte donnait du courage, et obtint une singulière et honorable victoire pour la gloire et le triomphe du peuple florentin[49]. Les histoires grecques, latines et barbares sont remplies d'exemples mémorables montrant combien les nobles citoyens méprisaient fortement tout avantage particulier pour le salut de la république ; leurs actions ennoblissent d'une suprême gloire et immortalisent pour le monde par une éternelle renommée les Fabius, les Torquatus, les Decius, les Marcellus, les Horaces, les Porcius, les Catons, et ces rares splendeurs que furent les Cornelius Scipions, et maintes autres familles romaines, âmes courageuses et fortes, qui n'avaient d'autre pensée que celle du salut et de l'accroissement de la république, endurant bien souvent pour elle peines, angoisses, incommodités, périls, blessures en nombre et morts très cruelles. De plus, ils étaient si enflammés pour l'accroissement et le salut de la république qu'ils supportaient sous les armes, avec persévérance, toute privation et toute fatigue, et qu'ils s'y habituaient dès leur enfance par une pratique continue. En leur jeune âge, ils ne cherchaient pas les plaisirs de la débauche, ni les banquets somptueux et raffinés, mais la jeunesse romaine portait tous ses désirs vers les armes, les chevaux de bataille et les ornements militaires[50]. Ainsi, sous la discipline de cavaliers experts, ils s'efforçaient de devenir des maîtres de guerre. Il résultait donc que, pour de tels hommes, ensuite, il n'y avait rien d'extraordinaire dans les travaux pénibles, de terrains montueux et escarpés qui leur fussent inhabituels et rudes, ni d'armées ennemies redoutables, mais toutes ces souffrances avaient par l'expérience dompté ces âmes vertueuses.

---

49    La bataille de Campaldino (juin 1289) opposa les Guelfes florentins aux Gibelins regroupant des Florentins et des Arétins, qui furent sévèrement défaits. Vieri de' Cerchi, chef de la faction des Guelfes blancs, sera exilé de Florence en 1302. On le retrouve dans la partie finale du livre IV.

50    « En leur jeune âge… » : SALL., *Cat. Con.*, I, VII, 4-5.

## 240 VITA CIVILE – [LIBRO TERZO]

§ 110-112. Ogni loro gloria era posta in più excellentemente fare et sopra agli altri apparere in virtù. Per questo ciascuno appetiva assaltare i nimici, quegli animosamente ferire, salire alle mura et vincere i luoghi forti et essere veduto mentre che tali facti operava. Questo stimavano essere le richeze, la buona fama, la vera nobilità; et disiderosi di degna loda temperate richeze et grandissima gloria appetivano. Ciascuno cercava assai fare et di sé nulla dire, et i suoi facti lasciare agli altri lodare: la concordia tra loro era grandissima, la spezialità da tutti di lungi; la ragione, il dovere et ogni bene da loro più tosto per naturale virtù che per timore delle leggi erano servate. Ogni contesa, divisione et discordia era co' loro nimici: i cittadini tra loro solo di virtù contendevano, temperati tutti nel vivere, fedeli agli amici, pii tutti et amplissimamente magnifici nelle venerande celebrità de' culti divini. In così facto modo nella città et fuori erano cerchi da loro tutti optimi costumi, infino a tanto che victoriosamente con armi et bataglie ogni altra potentia abbatterono, et infine il loro amplissimo imperio tanto gloriosamente dilatorono, che grandissima parte de' navicabili mari et quasi tutta l'abitata terra divenne loro sottoposta, onde a tutto il mondo posono giustissime leggi, le quali continuamente hanno durato et durono, sanctamente approvate da qualunche generatione.

§ 113-126. Mirabile è la intera fede che in quegli tempi servavano a' loro nimici, come si dimonstra per l'exemplo di Marco Regolo, il quale, preso da' Carthaginesi nella prima guerra ebbono col popolo romano, fu mandato oratore a Roma per commutare i prigioni, et per sola fede s'obligò tornare, in caso la promuta commessagli non venisse a effecto. Regolo, intendendo molti più giovani gagliardi et apti agli exercitii dell'armi essere nelle mani de' Romani, venuto a Roma, quanto più seppe, confortò che promuta non si facesse né in alcuno modo a' Carthaginesi si rendesse gl'huomini che erano attissimi a guerra.

## LA VIE CIVILE – LIVRE III

§ 110-112. Ils mettaient toute leur gloire à agir le plus excellemment possible et à dépasser les autres en vertu. Pour cette raison, chacun aspirait à assaillir les ennemis, à les frapper hardiment, à escalader les murailles, à s'emparer des forteresses et à être vu en train d'accomplir de telles actions. Voilà ce qu'ils estimaient être les richesses, la bonne renommée, la vraie noblesse ; désireux d'une digne louange, ils aspiraient à des richesses modestes et à une très grande gloire[51]. Chacun cherchait à faire beaucoup et à ne rien dire de soi, mais à laisser louer leurs faits par les autres[52] : entre eux, la concorde était très grande, l'esprit de faction[53] éloigné de tous ; ils observaient le droit, le devoir et tout bien par vertu naturelle plus que par crainte des lois. Ils n'avaient de querelle, de dissension et de discorde qu'avec leurs ennemis : les citoyens ne rivalisaient que de vertu, vivant tous dans la tempérance, fidèles à leurs amis, tous pieux et des plus magnifiques dans les vénérables célébrations des cultes divins[54]. En agissant ainsi, tous cherchaient, dans la cité et au dehors, à avoir des mœurs parfaites, jusqu'à ce qu'ils abattent, victorieux par les armes et par les batailles, toute autre puissance ; et, à la fin, ils étendirent si glorieusement leur immense empire qu'une très grande partie des mers navigables et presque toute la terre habitée leur furent soumises : ainsi, ils imposèrent au monde entier de très justes lois, qui ont duré et durent encore, saintement approuvées par toutes les générations.

§ 113-126. Elle est admirable, la loyauté totale qu'ils observaient envers leurs ennemis en ces temps-là, comme le montre l'exemple de Marcus Regulus qui, capturé par les Carthaginois pendant la première guerre qu'ils eurent avec le peuple romain, fut mandé ambassadeur à Rome pour échanger les prisonniers, et qui s'obligea, sur sa seule parole, à revenir, au cas où l'échange dont il était chargé n'aboutirait pas. Regulus, apprenant que nombre d'hommes jeunes, gaillards et aptes au service des armes, étaient entre les mains des Romains, dès son arrivée à Rome, exhorta autant qu'il le put à ne pas faire l'échange et à ne pas rendre aux Carthaginois les hommes les plus propres à la guerre.

---

51 « Aussi, pour de tels hommes… » : SALL., *ibid.*, I, VII, 6.
52 *Ibid.*, I, VIII, 5.
53 *spezialità* : *faziosità*.
54 « le devoir… » : SALL., *ibid.*, I, IX, 1-2.

242 VITA CIVILE – [LIBRO TERZO]

Poi gravato da parenti et amici di non ritornare alle mani de' nimici, mai consentì, et più tosto volle a certissimo supplicio ritornare che mancare del giuramento et promessa fede, la quale in tale caso servata, et a più altre virtù agiunta, il fanno nobilissimo et meritamente riputato, intanto che Agostino nella *Città di Dio* scrive di lui queste parole: « In fra tutti gl'huomini laudabili et ornati di splendide et notabili virtù, niuno n'hanno i Romani migliore che Marco Regolo, il quale per alcuna felicità mai non si corruppe et in somma victoria rimase poverissimo, né poi la infelicità il mosse quando a tante pene ritornò sicurissimo ». Non solo in particulare erano disposti gli animi al servare della fede a' nimici, ma ancora il senato strignea a fare quel medesimo; onde nella seconda guerra de' Cartaginesi Hanibale, volendo commutare i prigioni, mandò dieci romani avea presi, sotto iuramento che, se non impetravano i suoi prigioni si riavessino, eglino con buona fede ritornerebbono nelle sua forze: di questi, non avendo la cosa effetto, tornorono nove: l'altro dicea non essere obligato a tornare, perché, poi erano partiti, come avessi dimenticato alcuna cosa ritornò nel campo d'Anibale. Il senato, veduta la perversa callidità, comandò che, legato, fussi rimenato a Hanibale, dicendo che la fraude strigne et non dissolve il giuramento. Colle raccontate arti spesse volti ottennono victorie singularissime, in elle quali per cosa mirabile si raconta che mai in quegli primi tempi della republica per alcuna prosperità non deviorono dall'ordine vero del iustissimo vivere; né mai quello misurato temperamento de' romani ingegni transcorse in alcuno atto altiero o superbo, come nella prospera fortuna le più volti suole fare l'aroganzia dello ingegno humano: sempre cercorono più tosto con benificii che per paura et acrescere et ritenere lo imperio;

# LA VIE CIVILE – LIVRE III

Puis, pressé instamment par ses parents et par ses amis de ne pas retourner aux mains des ennemis, il ne se rendit pas à leurs instances, et préféra retourner vers un supplice certain que manquer à son serment et à sa parole donnée[55]. Cette parole gardée en pareille circonstance, ajoutée à beaucoup d'autres vertus, le rend très noble et lui fait une réputation méritée, au point que saint Augustin, dans la *Cité de Dieu*, écrit à son sujet ces mots : « Parmi tous les hommes louables et ornés de vertus éclatantes et remarquables, les Romains n'en ont pas de meilleur que Regulus, incorruptible dans toute sa prospérité, pauvre au plus fort de sa victoire, inébranlable dans le malheur quand il revint sans hésiter pour subir de tels tourments[56]. » Non seulement les esprits étaient particulièrement disposés à maintenir leurs engagements envers leurs ennemis, mais le sénat aussi les contraignait à en faire de même. Ainsi, dans la seconde guerre des Carthaginois, Hannibal, voulant échanger des prisonniers, envoya [à Rome] dix Romains qu'il avait capturés, en leur faisant jurer que, s'ils n'obtenaient pas qu'on lui rende ses prisonniers, ils retourneraient très loyalement se mettre en son pouvoir. La demande n'ayant pas abouti, neuf d'entre eux revinrent : le dixième déclara qu'il n'y était pas obligé, car, peu après leur départ, il était revenu dans le camp d'Hannibal sous le prétexte d'y avoir oublié quelque chose. Le sénat, constatant cette ruse perverse, ordonna que l'homme fût enchaîné et ramené à Hannibal, disant que la fraude renforce le serment, mais ne le supprime pas[57]. Les procédés qu'on vient de mentionner leur permirent bien souvent d'obtenir d'exceptionnelles victoires à propos desquelles on relate, comme une chose admirable, que, dans ces premières années de la république, ils ne dévièrent jamais, au profit d'aucune prospérité, de l'ordre vrai d'une vie très juste. Jamais ce tempérament mesuré des esprits romains ne se changea en une attitude altière ou orgueilleuse, comme le fait la plupart du temps, dans la fortune prospère, l'arrogance naturelle à l'homme : ils cherchèrent toujours à accroître et à maintenir leur domination par des bienfaits plus que par la crainte ;

---

55    « Marcus Regulus, qui … » : CIC., *Off.*, I, XIII, 39 et III, XXVII, 100.
56    AUG., *Civ.*, I, XXIV.
57    « Ainsi, dans la seconde guerre… »] : CIC., *Off.*, III, XXXII, 113. – Il est bien revenu dans le camp ennemi selon les termes du serment, dont il s'estime ainsi délié, avant de repartir pour Rome avec les autres. Cicéron avait déjà donné, dans le livre I, 40, ce même exemple de manquement à la parole donnée.

244        VITA CIVILE – [LIBRO TERZO]

per questo le ricevute iniurie più spesso furono dimenticate che perseguitate da loro, dicendo che la signoria agevolemente con lle medesime arti si ritiene colle quali è da principio acquistata, et che non i subditi che per forza si teneano, ma gli amici che per amore et per fede ubbidivano, erano la difesa del regno. In qualunche loro prosperità sempre fuggirono l'essere altieri, arroganti o di fastidiosa grandeza, niuna leggereza monstravano, in ogni fortuna servavano debito modo; erano pii, clementi et equalmente temperati et iusti, come in Roma si dice di Caio Lelio et di Scipione, in Macedonia di Philippo re, il quale, secondo recita Tullio, in gloria et singulari facti fu di certo superato da Alexandro suo figliuolo, ma nella humanità, nella clementia et benignità molto fu inanzi Philippo, in modo che Philippo fu sempre degno et Alexandro spesso vituperabile et vincto. Per questo è vero l'amonimento di coloro che dicono quanto siàno in istato magiore, tanto più temperatamente ci portiano, però che tanto è più publico et più stimato l'errore, quanto chi erra è più conosciuto et magiore. Seguitando adunque noi i precepti et ladabili exempli dati da loro, si debbe dopo qualunche victoria conservare quegli che nella guerra non sono stati crudeli né dispiatati nimici. Altrimenti si de' giudicare di quegli che sono stati per forza vincti, altrimenti di quegli che, poste giù l'armi, si sono dati nelle mani di chi vince. Naturale è a ciascuno la difesa di sé et delle sua cose, ma ciò che si fa dagl'huomini debbe avere in sé debito modo. Per questo la pertinacia di chi ostinatamente si difende, offendendo con arti crudeli o troppo terribili, merita essere punita, et la vendecta crudele alle volti è maestra di bene vivere.

Chi vuole ricorrere alla fede di chi il combatte, sempre debbe essere acceptato, non obstante che con animo franco et gagliardamente si sia difeso. L'animo bene informato dalla natura sempre debbe fortemente combattere per vincere quando si conviene et, se pure la fortuna lo supera et stringe a essere perdente, con patientia sopportare. E nostri antichi padri tanta giustitia seguitavano in questo, che tutti coloro si davano alla loro fede non solo conservavano, ma come padri in qualunche caso gli difendevano, et spesse volti nella propria città gli riceveano et come cittadini nella republica gl'honoravano.

ainsi, les torts subis furent oubliés plus souvent qu'on ne leur donna de suite, car la seigneurie, disaient-ils, se maintient aisément par les mêmes procédés qui l'ont fait acquérir dès le début, et la défense du royaume n'était pas dans les sujets qu'on tient par la force, mais dans les amis qui obéissent par amour et par loyauté. Dans toutes leurs prospérités, ils évitèrent toujours d'être altiers, arrogants ou d'une hauteur dédaigneuse ; ils ne montraient aucune légèreté ; en toute fortune, ils gardaient une juste mesure ; ils étaient pieux, cléments, tempérés autant que justes, comme on le dit de Caius Laelius et de Scipion, de Philippe roi de Macédoine. Selon ce que raconte Tullius, il fut sans aucun doute dépassé en gloire et en exploits par son fils Alexandre, mais Philippe lui fut de beaucoup supérieur en humanité, en clémence et en bonté, de sorte que Philippe fut toujours digne et qu'Alexandre, souvent, fut blâmable et perdant : d'où la vérité de l'avertissement de ceux qui disent que plus nous sommes haut placés, plus nous devons nous comporter de manière tempérée, car plus celui qui se trompe est grand et connu, plus l'erreur est publique et sévèrement jugée. En suivant les préceptes et les exemples louables qu'ils nous ont donnés, on doit donc épargner, après toute victoire, ceux de nos ennemis qui n'ont pas été cruels ni impitoyables dans les combats. On doit juger différemment ceux qui ont été vaincus par la force et ceux qui, ayant déposé les armes, se sont remis entre les mains du vainqueur. Il est naturel que chacun défende sa personne et ses biens, mais les hommes doivent agir avec une juste mesure. C'est pourquoi l'opiniâtreté de ceux qui se défendent obstinément, en attaquant avec des procédés cruels ou trop épouvantables, mérite une punition, et la vengeance cruelle est parfois maîtresse de bonne vie.

Qui veut s'en remettre à la loyauté de ceux qui le combattent doit toujours être accueilli, même s'il s'est défendu avec hardiesse et vigueur. L'âme bien formée par la nature doit toujours combattre avec force pour vaincre quand il le faut : toutefois, si la fortune la surmonte et la contraint à être perdante, elle doit le supporter patiemment. En cela, nos anciens pères appliquaient une si grande justice qu'ils épargnaient tous ceux qui s'en remettaient à leur parole, mais les défendaient en toute circonstance comme des pères, et les accueillaient souvent dans leur propre cité et les honoraient comme citoyens dans leur république.

Così acceptorono i Romani molti vicini, come i Volschi, i Tusculani et i Sabini, et in ella nostra città antiquissimamente furono acceptati i Fiesolani: poi molti anni, gli abitatori del castello di Feghine, essendo strectissimamente assediati, si dierono nelle braccia de' Fiorentini et alla loro fede liberamente ricorsono, onde benignamente ricevuti furono da' Fiorentini per veri cittadini acceptati et in e governi della republica facti partefici di qualunche honorato magistrato.

§ 127-130. Al punire aspramente non si può mai essere tardo, né per alcuno tempo s'arà lunga consideratione: quella sarà messa in examinare il disfacimento et ruina de' subditi. In disfare et mettere in preda le terre si richiede grandissima examina, acciò che per inadvertentia non si faccia alcuna cosa dispiatata et crudele che sia degna d'odio o meriti riprehensione. In e tempi Rhodi fioriva, Demetrio, potente et bellico-sissimo prencipe, et sopra qualunche altro perito di fare strumenti et artificii da offendere, strectissimamente assediava la loro prima terra et infra molti danni ordinava disfare et mettere a fuoco certi edificii publici che, bene fatti ma poco guardati, erano fuori delle mura. In fra quegli era un tempio nel quale era dipincta una imagine di mano di Prothogene, singularissimo dipinctore; et era di tanta fama che di tutto il mondo veniano maestri per vedere la prestante bellezza di tale opera. Demetrio, mosso da tale invidia, più acremente pensava quello tempio distruere. E Rhodiesi per questo mandorono imbasciata et in questo modo disposono: «Niuna vera ragione ti può muovere, Demetrio, a volere tanto celebrata imagine perdere, però che se tu vincerai, la terra colla imagine salva sarà con gloria tua; se tu non ci potrai vincere, noi ti preghiamo che tu consideri non ti sia infamia non avere potuto vincere i Rhodiesi et avere rivolto l'armi contro a Prothogene, dipinctore morto». Per questo, Demetrio, mosso, alla imagine et alla città perdonò.

# LA VIE CIVILE – LIVRE III

Ainsi, les Romains accueillirent beaucoup de leurs voisins, comme les Volsques, les habitants de Tusculum et les Sabins, et, très anciennement, les Fiésolans furent accueillis dans notre cité[58] : de nombreuses années après, les habitants du château de Figline[59], étant étroitement assiégés, se remirent aux mains des Florentins et recoururent librement à leur loyauté, et furent ainsi accueillis avec bonté par les Florentins comme de vrais citoyens et purent participer à toute magistrature honorable dans les gouvernements de la République.

§ 127-130. On ne peut jamais tarder à punir durement et on n'y mettra jamais une longue considération : on réservera celle-ci à examiner la destruction et la ruine des sujets. Détruire et mettre à sac[60] les villes requiert un très grand examen, afin qu'on ne commette par inadvertance nulle cruauté ou impiété qui mériterait la haine et la répréhension. Au temps où florissait Rhodes, Demetrios, prince puissant et très belliqueux, et plus que tout autre expert à fabriquer des engins et des machines pour attaquer l'ennemi, assiégeait étroitement leur principale cité et, entre autres dommages, ordonna de détruire et d'incendier certains édifices publics qui, bien construits mais faiblement gardés, se trouvaient hors des murailles. Parmi ceux-ci, il y avait un temple où était peint un tableau de la main de Protogène, peintre exceptionnel : ce tableau était si renommé que des maîtres venaient du monde entier pour voir la beauté remarquable de cet ouvrage. Demetrios, qu'excitait l'envie, pensait avec d'autant plus d'acharnement à détruire ce temple. Aussi, les Rhodiens envoyèrent-ils une ambassade et lui firent ce discours : « Demetrios, tu n'as pas de véritable motif de vouloir détruire un tableau si célébré, car si tu ne peux nous vaincre, nous te prions de considérer qu'il n'est pas infamant pour toi de n'avoir pu vaincre les Rhodiens et d'avoir tourné tes armes contre Protogène, un peintre mort. » Alors, Demetrios, touché, épargna le tableau et la ville[61].

---

58  Le siège de Fiesole et sa conquête par les Florentins remontent à 1125.

59  *Feghine* : Figline Valdarno. La forme *Feghine* se trouve encore chez Guicciardini (*Storia d'Italia*, Torino, Einaudi, 1972, p. 2023 *sqq.*). Le château fut détruit par les Florentins en 1167.

60  *mettere in preda* : *depredare*.

61  « Au temps où florissait... » : GELL., *Noct. Att.*, XV, XXXI, 1-5.

§ 131-133. Gl'huomini virtuosi, condotte che saranno le guerri, et le gran cose finite, debbono punire chi sarà in colpa, et la multitudine con somma diligentia conservare, sempre avendo fermo nell'animo che la crementia, la mansuetudine et constantia in ogni alteza di stato debbono essere moderatamente ritenute. Et per infino a qui basti avere facto sermone degli exercitii delle battaglie.

Dopo il quale tractato siàno venuti in quella parte dell'opera nostra dove è conveniente ordinare i nostri ragionamenti intorno al iusto governo delle republiche –.

FRANCO. – Molto conveniente sarà tractare di cotesto, acciò che, avendo inteso in che modo di fuori si debbano operare l'armi, intendiamo ancora quali sieno i iusti governi di chi siede negli ufici di drento, però che poco varrebbono l'armi extrinseche, se non fusse l'optimo consiglio di chi governa nella città –.

§ 134-140. AGNOLO. – Ogni buono cittadino che è posto in magistrato dove rapresenti alcuno principale membro civile, inanzi a ogni altra cosa intenda non essere privata persona, ma rapresentare l'universale persona di tutta la città, et essere facta animata republica. Conosca essere commessa in lui la publica degnità, et il bene commune essere lasciato nella sua fede; disideri in sì gran cosa l'aiuto divino et divotamente domandi da Dio gratia, sperando da lui merito d'ogni bene operato in conservatione della civile multitudine. Stando in così fatto proposito, fermi nell'animo suo dua singulari amaestramenti di Platone, sommo di tutti i philosaphi, i quali sono riferiti da Marco Tullio Cicerone in questo modo dicendo: « Coloro che disiderano fare pro alla republica, sopra ogni altra cosa ritenghino dua singulari precepti di Platone, l'uno che l'utilità de' cittadini in tale modo difendano che ciò che fanno si riferisca a quella, dimenticando ogni proprio commodo, l'altro che insieme tutto il corpo della republica conservino, in modo che l'una parte difendendo non s'abandonino l'altre. Come la tutela, così è fatta la republica, nella quale si de' riguardare non alla utilità di coloro che governono, ma di coloro che sono governati ».

LA VIE CIVILE – LIVRE III

§ 131-133. Les hommes vertueux, une fois les guerres menées à bien et les grandes entreprises terminées, doivent punir les coupables et mettre le plus grand soin à épargner la multitude, en ayant toujours bien à l'esprit que la clémence, la mansuétude et la constance, quelle que soit la hauteur de la situation, doivent être observées avec mesure. Nous avons jusqu'ici suffisamment discouru sur les exercices guerriers.

Après en avoir traité, nous en sommes parvenus à cette partie de notre ouvrage où il convient d'appliquer nos propos au juste gouvernement des républiques.

FRANCO. – Il sera fort convenable de traiter ce sujet, afin qu'après avoir entendu de quelle manière on doit combattre au dehors, nous entendions aussi quels sont les justes gouvernements de ceux qui siègent dans les offices du dedans, car les armes vaudraient peu à l'extérieur sans l'excellent conseil de ceux qui gouvernent dans la cité.

§ 134-140. AGNOLO. – Tout bon citoyen exerçant une magistrature où il représente un membre principal de l'état civil[62], doit comprendre, avant toute autre chose, qu'il n'est plus une personne privée, mais qu'il représente la personne universelle de la cité toute entière et qu'il incarne l'âme de la république. Il doit savoir que lui est confiée la dignité publique et que le bien commun est remis à sa loyauté ; en une si grande tâche, il doit désirer l'aide divine et demander dévotement la grâce de Dieu, en espérant qu'Il le récompensera pour tout le bien accompli en vue de la sauvegarde de la multitude des citoyens. Ayant formé un tel propos, il doit avant tout retenir deux enseignements notables de Platon, le plus grand des philosophes, cités par Marcus Tullius Cicéron qui s'exprime[63] en ces termes : « Ceux qui désirent servir avantageusement la république doivent avant tout retenir deux préceptes notables de Platon. L'un veut qu'ils défendent l'intérêt des citoyens de telle sorte que ce qu'ils font se rapporte à cet intérêt, en oubliant tout avantage personnel ; l'autre, qu'ils conservent uni tout le corps de la république, de sorte qu'en défendant une partie ils ne délaissent pas les autres. La république est comme la tutelle, laquelle ne doit pas regarder l'intérêt de ceux qui gouvernent, mais de ceux qui sont gouvernés[64]. »

---

62  *principale membro civile* : nous reprenons ici la traduction de Claude des Rosiers.
63  *dicendo* : le gérondif a ici la valeur d'un participe présent.
64  *Off.*, I, xxv, 85.

Quinci è difficile agl'huomini il bene governare; quinci viene che rarissimi sono gl'ottimi governatori delle republiche, perché, inclinati al bene proprio, difficile è dimenticare sé per conservare altri, et l'uficio solo riguarda ad altri et in commune, lasciando sé. Per questo è preclaro il detto di Biante philosopho, cioè « L'uficio dimonstra l'huomo virtuoso », che s'intende perché nello uficio s'ha a fare quello che è utile agli altri, et chi non per sé, ma per altri virtuosamente se exercita, è optimo; et, per contrario, chi non per sé ma per altri fa male, è pessimo. Lo stato et fermamento d'ogni republica è posto nella unione civile: a conservare questa, è necessaria la compagnia et convenienzia cittadinesca con pari ragione mantenere: chi si disforma da questo et provede alla salute de' particulari cittadini et gli altri abandona, semina nella città scandali et discordie gravissime, donde, spesso divisi i cittadini, nascono divisioni et guerre intrinseche; et bene che alle volti le richeze et potentie delle città a tempo sopportino tali mali, niente di meno il fine reca seco exilii, ribellationi, servitù et ultimi disfacimenti. Et come uno sano, potente et bene disposto corpo a tempo sopporta molti disordini, perché la valente natura regge agl'incarichi datigli, poi pure, vincta dal troppo, non potendo risistere, cade in infermità ch'el purga, et se per l'avenire non si corregge, ricade a morte, così le potenti città a tempo sopportono i disordinati governi, ma in brieve tempo è necessario si purghino; et se sono male riformate ricaggiono, et quando il disordine è troppo valido, ruinano in perdita morte.

§ 141-149. Per queste cagioni i Tebani, i Lacedemoni, gl'Ateniesi et tutte altre città di Grecia vennono in seditioni et discordie gravissime, per le quali, rivolte l'armi in loro medesime, et sanza modo disfaccendosi, mai s'avidono che diminuendosi et debilitando le forze di ciascuna di loro, tutte insieme perivano, se non quando Philippo, re di Macedonia,

De là, la difficulté pour les hommes de bien gouverner ; de là l'extrême rareté d'excellents gouvernants des républiques, car, portés vers leur propre bien, il leur est difficile d'oublier eux-mêmes pour conserver les autres, et l'office n'a en vue que les autres, en commun avec eux, dans l'oubli de soi. C'est pourquoi le mot du philosophe Bias[65] est remarquable : « L'office révèle l'homme vertueux », qui se comprend ainsi, à savoir que dans un office, on doit faire ce qui est utile aux autres, et celui qui s'emploie vertueusement, non pour lui-même mais pour les autres, est très bon ; et, au contraire, celui qui agit mal non pour lui-même mais pour les autres, est très mauvais. La stabilité[66] et l'affermissement de toute république sont placés dans l'union civile ; pour conserver celle-ci, il est nécessaire de maintenir avec une même justice la communauté des citoyens et leur accord : qui s'en éloigne et pourvoit à la sécurité de citoyens particuliers et délaisse les autres, sème dans la cité des dissensions et des discordes très graves, d'où naissent, par la fréquente désunion des citoyens, des divisions et des guerres intestines[67], et, même si les richesses et les puissances des cités supportent parfois, pour quelque temps, de tels maux, la fin n'en engendre pas moins exils, rébellions, asservissements et les plus grandes destructions. Un corps sain, puissant et bien constitué supporte, pendant quelque temps, de nombreux désordres, car sa nature robuste soutient les fardeaux qu'on lui donne, et néanmoins, par la suite, cédant sous le trop, ne pouvant résister, elle tombe malade, cette maladie purge le corps, mais si, à l'avenir, celui-ci ne se corrige pas, il succombe à la mort ; de même, les cités puissantes supportent pendant quelque temps les gouvernements désordonnés, mais il est nécessaire qu'elles se purgent sans tarder, et si elles ont mal réformées, elles rechutent, et quand le désordre a trop de force, elles s'écroulent, mortes, irréparablement.

§ 141-149. Pour ces raisons, les Thébains, les Lacédémoniens, les Athéniens et toutes les autres cités de la Grèce en vinrent à des séditions et à des discordes très graves qui leur firent tourner leurs armes contre elles-mêmes et se détruire complètement, sans s'aviser jamais qu'en se diminuant et en affaiblissant leurs forces, elles allaient périr toutes ensemble, sinon lorsque Philippe, roi de Macédoine,

---

65 Mot rapporté par Aristote, *Éthique à Nicomaque*, V, 3, 1130a : « Le commandement révélera l'homme ».

66 *stato* : *condizione di stabilità politico-istituzionale.*

67 « qui s'en éloigne… » : CIC., *Off.*, I, xxv, 85.

il quale continuamente observava la loro ruina, uscì quasi di messo aguato et la libertà di tutte, che già erano debilitate et stanche, in uno medesimo tempo sottomisse. Il singulare et amplissimo imperio della città di Roma, del quale mai più excellente, magiore, né più splendido gl'huomini vidono, solamente da le discordie civili è stato in extreme afflictioni et miserie condotto; et coloro che il mare et la terra victoriosamente aveano superato, et facta serva, coloro che tutta l'abitabile terra aveano domata, infine quando in loro medesimi le civili armi miserabilemente rivolsono, non potendo mai da l'altrui essere stati superati, dalle proprie forze furono in tutto vincti, et finalmente a tale sterminio dedocti, che quella città, che solea essere terrore del mondo, molte volti è stata superata et messa in preda da potentie vilissime. Sare' forse meglio tacere che racontare l'afflictioni et miserie seguite alla nostra città per le divisioni et discordie cittadinesche; ma per guardarsi de' mali avenire, sempre è utile ritenere nell'animo le passate miserie. Taccio di molte città vicine, le quali per le divisioni sono o serve o lacrimabilemente disfacte; ma io non posso sanza lacrime ricordarmi che gl'ingegni et naturali forze de' Fiorentini sono da Dio tanto optimamente disposte a qualunche cosa excellente che, se le dissensioni et guerre civili non avessino drento dalla città quelle ne' proprii danni conferiti, certo non solo in Italia, ma fuori di quella, erano attissimi a dilatare loro signoria sopra le strane generationi. Ma la detestabile et crudele divisione de' Guelfi et Ghibellini fu quella che anticamente submerse il popolo che abondantemente fioriva. Grave è certo, et merita lucto et lacrimi ricordarsi de' buoni et pacifici cittadini che con somma acerbità furono da e superbi et iniqui abbattuti; grave è ancora recarsi inanzi l'abbandonate vedove et gl'innocenti pupilli, che dagli affamati et rapaci divoratori erano crudelmente stratiati; grave è vedere la pudicitia delle intacte vergini nel conspecto delle proprie madri essere con vergogna corrotta; più grave è ancora rimemorare gli ornatissimi templi et i sacri et reverendi altari essere dall'avaritia degli insatiabili rubatori in preda di male afare transportati.

qui ne cessait d'observer leur ruine, saillit, comme d'un guet-apens qu'il aurait préparé, et qu'il se soumit d'un coup la liberté de toutes ces villes[68] qui étaient déjà affaiblies et épuisées. Le vaste et extraordinaire empire exercé par la cité de Rome, dont il ne s'en est point vu parmi les hommes d'aussi insurpassable, d'aussi grande et d'aussi illustre, n'a été amené à des infortunes et à des malheurs extrêmes que par les discordes civiles : ceux qui avaient dominé victorieusement les mers et les terres qu'ils avaient soumises, ceux qui avaient dompté toute la terre habitable, finirent, pour leur malheur, par retourner contre eux-mêmes les armes de la cité, et, n'ayant jamais pu être dominés par d'autres, furent totalement vaincus par leurs propres forces et conduits à un tel anéantissement que cette cité, qui avait été la terreur du monde, a été bien souvent dominée et mise au pillage par de bien moindres puissances. Il vaudrait peut-être mieux taire que relater les détresses et les malheurs survenus à notre cité à cause des divisions et des discordes entre citoyens ; mais pour se garder des maux à venir, il est toujours utile de garder en mémoire les malheurs passés. Je ne parlerai pas des nombreuses villes voisines qui, à cause de leurs divisions, sont asservies ou dévastées d'une façon déplorable ; mais je ne peux me rappeler, sans verser de larmes, que Dieu a si bien prédisposé les caractères et les forces naturelles des Florentins à toute excellence que, si les dissensions et les guerres civiles ne les avaient pas fait servir, à l'intérieur de leur cité, à leurs propres dommages, il est certain qu'ils eussent été fort capables d'étendre leur seigneurie non seulement en Italie, mais à l'extérieur, sur tous les peuples étrangers. Mais ce fut la détestable et cruelle division entre Guelfes et Gibelins qui, en des temps anciens, fit sombrer le peuple qui était alors en plein épanouissement. Il est dur, assurément, de se souvenir, dans le deuil et les larmes, de ces bons et pacifiques citoyens, abattus, avec une extrême brutalité, par les orgueilleux et les méchants ; dur aussi de se représenter les veuves abandonnées et les orphelins innocents que meurtrissaient cruellement ces dévorateurs affamés et rapaces ; dur de voir la pudeur des jeunes vierges honteusement souillée sous les yeux de leurs mères ; plus dur encore de se remémorer les temples avec leurs ornements et leurs autels sacrés et vénérables dont l'insatiable cupidité des voleurs fit son immonde butin.

---

68 Allusion à la soumission progressive des cités grecques par Philippe II de Macédoine, dont la dernière étape fut sa victoire à Chéronée (338 av. J.-C.) sur la coalition d'Athènes et de Thèbes.

Ma sopra ogni cosa sono gravissime le fedite, gli sparti sangui, le morti, gl'incendii, ruine et publici disfacimenti di grande multitudine di degni cittadini, date et ricevute nella obstinatione di dua sì inimicissime parti, le quali, non contente a quello che per loro medesime potevano fare, externe potentie d'imperadori et re, moltissime volti infino quasi degli stremi del mondo, provocorono in loro difesa nelle parti di Italia, disiderando più tosto servire alle barbere et sfrenate generationi che vivere in ella propria città dove reggessino i loro medesimi cittadini. Questa detestabile et diversissima inimicitia già in tutto sedata et composta, colla più optima parte la città, governata da' Guelfi, si riposava et acresceva sopra ogni altra vicina; et ecco da Pistoia mandato il pessimo et acerbo seme de' Bianchi et Neri. Questo fu principio di non meno dispiatata et bestiale ferocità, la quale nocé infino quasi alla strema consumatione.

§ 150-152. Queste sono le dua divisioni che hanno molti pericoli et afanni dati al popolo fiorentino. Et certo se i facti egregi et le victoriose opere et l'armi gagliardamente operate fra loro si fussino unitamente rivolte contro alle nationi adverse et nimiche, sanza dubio si può credere che da loro sare' superata ogni altra generatione. Ma i fati, disposti ad altro, vollono così, onde più volti loro medesimi sottomissono a pericoli gravissimi; molte migliaia di popolo furono da loro medesimi morti, gran parte del contado disfatto, la città in più luoghi et più volti arsa, et poco fu di lungi da l'essere in tutto dissolata et guasta. La libertà, lo stato et publica maiestà più volti quasi che sottomissono et la signoria per loro rifugio dierono ad altri, come quando accettorono in Firenze Carlo volosiano della stirpe di Francia,

LA VIE CIVILE – LIVRE III

Mais, plus durs que tout le reste, les blessures, le sang versé, les morts, les incendies, les ruines, les désastres publics frappant une multitude de dignes citoyens, infligés et subis dans l'obstination de deux partis, ennemis jurés, qui, non contents de ce qu'ils pouvaient faire par eux-mêmes, appelèrent très souvent en Italie, des extrémités du monde ou presque, des puissances extérieures, rois et empereurs, pour la défense de leur cause, préférant se soumettre à des peuples barbares et déchaînés que de vivre dans leur propre cité où ils eussent gouverné leurs concitoyens. Cette inimitié, détestable et cruelle, s'étant enfin complètement calmée et apaisée, la cité, avec sa meilleure part, était en repos sous le gouvernement des Guelfes[69], et s'accroissait aux dépens de ses voisines, et voilà que fut envoyée de Pistoie la mauvaise semence des Blancs et des Noirs[70], donnant lieu à une férocité non moins bestiale et impitoyable, dont les dommages faillirent conduire au terme de la ruine.

§ 150-152. Ce sont là les deux divisions qui ont apporté au peuple florentin tant de périls et de tourments. Et, certes, si les hauts faits accomplis, les actions victorieuses et les combats vaillamment menés entre eux, s'étaient unis et tournés contre les nations adverses et ennemies, on ne peut douter que tous les autres peuples eussent été vaincus par eux. Mais les destinées, en ayant disposé autrement, le voulurent ainsi, si bien qu'ils succombèrent eux-mêmes, plusieurs fois, à de très graves périls ; ils firent plusieurs milliers de morts parmi le peuple, dévastèrent une grande partie de la campagne environnante, la ville fut incendiée par eux à plusieurs reprises et en plusieurs endroits, et peu s'en fallut qu'elle ne fût entièrement démolie et rasée. Plusieurs fois, ils faillirent assujettir la liberté, l'État et la majesté publique et, pour leur propre sûreté, donnèrent la seigneurie à d'autres comme lorsqu'ils accueillirent à Florence Charles de Valois[71], de la maison de France,

---

69 Après la victoire de Campaldino (1289) sur les Gibelins, les Guelfes sont maîtres à Florence. Ce sont eux que désigne la « meilleure part ».

70 Cette scission, au sein même du parti guelfe, entre Blancs et Noirs, naquit, racontent les chroniqueurs, à Pistoia en 1294. À Florence, les dissensions entre les familles des Donati et Cerchi cristallisèrent la division entre Noirs (Donati) et Blancs (Cerchi).

71 Frère de Philippe le Bel. Le pape Boniface VIII lui demanda d'intervenir pour ramener la paix à Florence entre Blancs et Noirs. Les Noirs, avec l'appui du pape et de Charles de Valois, prirent le pouvoir. Leurs adversaires furent frappés de condamnations à mort et de bannissement. Parmi ces exilés, le poète Dante Alighieri.

256     VITA CIVILE – [LIBRO TERZO]

quando dierono la signoria a Ruberto, re di Cicilia, et dopo lui a Carlo
suo figliuolo, et poi quando in Firenze fu occupata la tirannide da
Gualtieri con falsi titoli duca d'Athene.

§ 153-163. Tutti i raccontati mali da niuna altra cosa ebbono origine
se nonne dalle divisioni civili. Le divisioni civili sono quelle che sempre
hanno disfatto et per l'avenire disfaranno ogni republica. Niuna cosa è
tanto cagione delle discordie et seditioni civili quanto gl'ingiusti governi.
Piglino exemplo coloro che posseggono la dolce libertà, imparino dalle
ruine altrui risistere et riparare alle proprie, ministrino debitamente
il dovere a ciascuno privato et in publico tutta la civile compagnia
insieme conservino, acciò che ne segua l'unito amore della cittadinesca
concordia; le quali cose, secondo gli aprovatissimi philosophi, sono la
vera forteza et principali stabilimenti del politico vivere. Della iustitia et
del suo principio, et quali sieno le parti di quella abbiàno detto prima;
poi agiugnemo come fuori della terra, nelle battaglie, et drento dalle
mura, ne' governi civili, convenientemente si ministri. Ora seguireno
d'una altra parte di iustitia, la quale è posta in distribuire l'humane
commodità infra e mortali. Questa in publico prima gl'honori equalmente conferisce et con simile convenientia domanda i bisogni alla
patria, et l'utilità di quella secondo è dovere con misura divide; in
privato è liberalemente benefica et con benignità diffunde le facultà
proprie, commensurando quelle con vera regola di distributiva virtù. La
degnità di ciascuno è quella secondo la quale debbono essere distribuiti
gl'honori publici. Difficile cosa è in ella republica provare di cui sia la
degnità magiore, però che di quella infra il popolo variamente si dissente:

# LA VIE CIVILE – LIVRE III

qu'ils donnèrent la seigneurie à Robert, roi de Sicile, et après lui à son fils Charles[72], et ensuite lorsque Gautier, sous le titre faux de duc d'Athènes[73], s'empara du pouvoir absolu[74].

§ 153-163. Tous les maux que j'ai relatés n'eurent d'autre origine que les divisions civiles. Ce sont les divisions civiles qui ont toujours détruit et détruiront dans l'avenir toute république. Les gouvernements injustes sont la principale cause des discordes et des séditions civiles. Que ceux qui possèdent la douce liberté en prennent exemple, de la ruine d'autrui qu'ils apprennent à résister et à parer à la leur, qu'ils assurent de manière juste son dû à chaque particulier et qu'ils maintiennent publiquement soudée toute la communauté civile afin qu'il en découle l'union d'amour de la concorde citadine ; choses qui, selon les philosophes les plus reconnus, sont la vraie forteresse et les principales assises de la vie politique[75]. Nous avons parlé précédemment de la justice et de son principe, et de ses parties, puis nous y avons ajouté ce que doit être la bonne administration, dans les guerres, à l'extérieur de la ville, et, à l'intérieur de son enceinte, dans les gouvernements civils. À présent, nous poursuivrons avec une autre partie de la justice, placée dans la distribution, parmi les mortels, des avantages conférés aux hommes. Premièrement, en public, celle-ci confère équitablement les honneurs et, dans une pareille proportion, cherche à savoir ce dont la patrie a besoin, puis répartit avec mesure ce qui lui est utile, selon ce qui se doit ; dans le privé, elle est bienfaisante avec générosité et répand avec bonté ses propres richesses, mesurant celles-ci selon la vraie règle de vertu distributive. Les honneurs publics doivent être distribués à chacun selon sa dignité. Dans la république, il est difficile de prouver à qui revient la plus haute dignité, car on ne trouve pas d'accord à son sujet parmi le peuple :

---

72  Robert d'Anjou, chargé d'apaiser les dissensions entre les deux factions guelfes, mit le siège devant Pistoia en 1305, mais y renonça à la demande du pape Clément V. Son fils Charles, duc de Calabre, accepta en 1326 la seigneurie de Florence, mais ne s'y maintint qu'une année.

73  Gautier de Brienne, qui avait perdu son duché d'Athènes, fut en réalité appelé à la charge de podestat par les dirigeants florentins en 1342, mais, exaspérés par les mesures drastiques qu'il prit pour faire face à la crise économique, les Florentins le chassèrent en juillet 1343.

74  *fu occupata la tirannide* : *fu preso a forza il potere* (*cf.* lat. *occupare regnum*).

75  *politico vivere* : c'est un équivalent du « *vivere civile* », caractérisé par la liberté qu'incarne le régime républicain.

e nobili et potenti dicono la degnità essere posta nelle abondanti facultà et nelle famiglie generose et antiche, i popolari nella humanità et benigna conversatione del libero et pacifico vivere, e savi dicono nella operativa virtù. Coloro che nella città aranno a distribuire gl'honori, seguitando il più approvato consiglio, quegli sempre ne' più virtuosi conferischino, però che, dovendo con quegli alla degnità conrispondere, niuna cosa sarà mai più degna fra gl'huomini che la virtù di chi per publica utilità se exercita. Chi per le virtù de' passati cerca gloria spoglia sé d'ogni merito d'honore, et misero è certo colui che consuma la fama de' padri antichi. Dia exemplo di sé et non de' suoi chi merita honore, preponendo sempre la nobilità, quando sono pari virtù. E sapientissimi antichi che molto dilatorono gl'imperii, spesse volti, forestieri, lavoratori et infime conditioni d'huomini rilevorono a' primi governi, quando in loro conoscevano spectabili excellentie di virtù. Così anticamente i Romani, postponendo tutti i loro cittadini alla iustitia et religione di Numma Pompilio sabino, più tosto lui della città vicina che alcuno proprio cittadino elessono re, e volontariamente a·llui forestiere, con somma pace et stimata riputatione del regno, quarantatrè anni ubidirono. Dopo lui Tullio Hostilio, da piccolo in salvatico luogo lavoratore, et drieto alle pecore vivuto, poi combattendo contro a' Sabini victoriosamente, conosciuto, fu electo re et in modo resse che da giovane più che duplicato fece lo imperio; poi, vechio, ornato di gloria, con sommo honore ritenne la imperiale maiestà dello stato romano. Varrone, in nell'arte del macello a Roma ignobile, per la sua expectata virtù electo consolo, il nome suo fece nominatissimo.

les nobles et les puissants disent que la dignité est placée dans les grandes richesses et dans les familles de bonne race[76] et ancienne, les gens du peuple[77] qu'elle est placée dans l'humanité et dans la société bienveillante d'une vie libre et pacifique, et les sages disent qu'elle se trouve dans la vertu opérative. Ceux qui, dans la cité, devront distribuer les honneurs en suivant le conseil le plus apprécié les conféreront toujours aux plus vertueux, car, ces honneurs devant correspondre à la dignité, rien ne sera jamais plus digne parmi les hommes que la vertu de ceux qui s'emploient pour l'intérêt public. Ceux qui cherchent la gloire dans la vertu de leurs ancêtres se dépouillent de tout mérite d'honneur, et ceux qui dissipent le bon renom de leurs aïeux sont certes des misérables. Que ceux qui méritent honneur en donnent l'exemple de leur personne et non de celles des ancêtres en préférant toujours, à vertus égales, la noblesse de leur sang. Les très sages Anciens qui étendirent beaucoup leurs empires, élevèrent souvent aux principales charges des étrangers, des paysans et des hommes d'infime condition, quand ils reconnaissaient en eux d'insignes perfections de vertu. Ainsi, dans l'Antiquité, les Romains, faisant moins de cas de tous leurs citoyens que de l'esprit de justice et du scrupule religieux[78] de Numa Pompilius le Sabin, choisirent pour roi cet homme originaire de la ville voisine, de préférence à l'un de leurs propres citoyens, et, pendant quarante-trois ans, obéirent de plein gré à cet étranger, dans la plus grande paix et la bonne réputation de ce règne. Après lui, Tullus Hostilius qui, enfant, menait une vie de paysan et faisait paître ses brebis dans un lieu sauvage, puis se fit connaître en combattant victorieusement les Sabins, fut élu roi et gouverna de telle sorte que, dans sa jeunesse, il accrut la domination de Rome de plus du double ; puis, dans sa vieillesse, orné de sa gloire, il maintint dans le plus grand honneur l'impériale majesté de l'État romain[79]. Varron, qui exerçait à Rome le métier ignoble de boucher[80], fut élu consul pour sa vertu remarquable et rendit son nom très renommé.

---

76  *generose* : nous optons ici pour un latinisme (*generosus*).
77  *popolari* : le mot revêt un sens social – la classe constituée pat les marchands et les artisans – et politique, en opposition à l'oligarchie aristocratique.
78  LIV., *Ab urbe cond.*, I, XVIII, 1. – La *religione* doit s'entendre ici dans le sens du latin *religio* (« scrupule religieux », « piété »).
79  VAL.-MAX., *Fac. ac dict. memor.*, III, IV, 1.
80  *Ibid.*, III, IV, 4.

## 260  VITA CIVILE – [LIBRO TERZO]

Ma uscendo degli exempli romani, che si può dire più singulare virtù che quella di Michito servo, del quale certo è memorabile la disciplina del buono governo, ma la grandeza dell'animo nel rifiutare la signoria è in tutto mirabile. Anaxialo, signore di Reggio, in ello stremo di sua vita lasciando figliuoli piccoli, solo fu contento la signoria et i figliuoli alla fede di Michito suo servo commendare. L'optimo servo prese la tutela et sanctamente governò: lo imperio con tanta clementia iustamente mantenne che i cittadini si riputavano gloria essere governati da tale servo. Poi, cresciuti i fanciulli, et i beni paterni et la signoria con migliore benivolentia de' subditi salva ristituì.

§ 164-168. Egli per victo necessario poche cose prese et con quelle se ne andò in Grecia dove, pacificamente in riposo invechiato, finì, sopra ogni servo lodato. Non sia alcuno che sdegni essere governato da' virtuosi benché sieno in infimo luogo et di stirpe ignota nati. Molti sono con virtù divenuti per fama immortali, che in ne' tempi vissono era ignoto di chi nati fussino. Homero non fu infino ne' suoi tempi noto da che parenti né di che patria fusse; et poi sempre ha tenuto il campo della grandiloquentia poetica. Demosthene non seppe mai chi gli fusse padre, et niente di meno fu da gli Atheniesi tanto stimato in e bisogni publici che, scelto in grande necessità della patria, fu a Philippo re di Macedonia per loro salute oratore mandato. Et i Milesiani per loro publice cose mandati a Athene, più stimorono l'auctorità et eloquentia di Demostene che tutto il resto del popolo. Solone, di ignobile stirpe nato, alla sua republica in ella età sua più utilità che altro cittadino compartì, et colla sanctimonia delle sua civili leggi Athene di singulare fama di iustitia ornò,

# LA VIE CIVILE – LIVRE III

Mais, pour laisser les exemples romains, peut-on appeler vertu plus rare que celle de l'esclave Mycithus dont la science du bon gouvernement est certes mémorable, mais dont la grandeur d'âme dans son refus de la seigneurie est tout à fait admirable. Anaxilas, seigneur de Reggio[81], laissant, au moment de mourir, des enfants en bas âge, n'eut que la satisfaction de recommander la seigneurie et ses enfants à la fidélité de Mycithus, son esclave. Cet excellent serviteur en prit la tutelle et gouverna saintement ; il maintint l'empire avec justice et avec une si grande clémence que les citoyens se faisaient gloire d'être gouvernés par un tel esclave. Puis, quand les enfants furent grands, il leur rendit les biens paternels et la seigneurie intacte, avec une plus grande bienveillance de leurs sujets[82].

§ 164-168. Il ne prit que le peu de ressources nécessaires et, avec celles-ci, il se rendit en Grèce où il termina ses jours dans le repos d'une paisible vieillesse, de tous les esclaves le plus loué. Personne ne doit dédaigner d'être gouverné par des gens vertueux même s'ils sont de basse extraction et de famille inconnue. Nombreux sont ceux qui vécurent en ces temps-là, dont on ignorait qui était le père, et que leur vertu a rendus immortels grâce à la renommée. En son temps, on ne sut pas quels furent les parents d'Homère ni sa patrie ; et pourtant il a toujours tenu le premier rang de la sublimité du langage poétique. Démosthène ignora toujours qui était son père, et néanmoins les Athéniens l'estimèrent si fort dans les nécessités publiques que, choisi pour répondre aux grandes urgences de sa patrie, il fut envoyé comme ambassadeur auprès de Philippe de Macédoine[83] pour les sauver. Et les Milésiens envoyés à Athènes[84] pour leurs affaires publiques, estimèrent davantage l'autorité et l'éloquence de Démosthène que tout le reste du peuple. Solon, qui n'était pas d'origine noble[85], apporta en son temps plus d'utilité à sa république que nul autre citoyen, et, avec la sainteté[86] de ses lois civiles, orna Athènes d'une rare renommée de justice :

---

81  Reggio de Calabre.

82  MACR., *Saturn.*, I, XI, 29.

83  « Démosthène ignora… » : VAL.-MAX., *Fac. ac dict. memor.*, III, IV, 2. – Il s'agit probablement de l'ambassade de Démosthène et d'Eschine à Pella, en 347 av. J.-C. pour demander la paix à Philippe.

84  Selon Aulu-Gelle, *Nuits attiques* (XI, IX, 1), ils y furent envoyés pour demander du secours (lors du siège de Milet par Alexandre, en 334 av. J.-C. ?).

85  VAL.-MAX., *Fac. ac dict. memor.*, III, IV, 1.

86  *sanctimonia* : « sanctimonie », bien qu'attesté en ancien français, et jusqu'au XVIe siècle, serait ici par trop savant et précieux.

## VITA CIVILE – [LIBRO TERZO]

donde poi i Romani, preso l'origine delle ordinate leggi, a tutto il mondo, di bene vivere hanno dato doctrina. Lungo sare' racontare in Roma quegli che in basso luogo nati per sola virtù hanno tenuti luoghi honoratissimi et la republica optimamente ornata. Mario, infimo cittadino per natione, molte victorie recò al popolo di Roma, lo imperio colle prospere armi dilatò et di multiplicati et degni magistrati honorò sé per sola loda de' facti egregii. Tullio, nato in Arpino, benché d'honesta stirpe, pure forestiere a Roma il consolato ottenne et in molti exercitii privati et publici fu a' Romani cittadino salutare et utile; et essendo consolo, l'audacia di Catilina in modo sbigottì che tutta la salute et libertà della patria fu salva per lui.

§ 169-172. Conosciuto la degnità essere posta in ella virtù et secondo quella dovere distribuire gl'honori, convenientemente segue dimonstrare in che modo si debbono distribuire le pecunie publici. Unitamente s'acordono i savi civili che, quando l'entrate delle città s'hanno a distribuire, sia iusto assegnare quelle secondo la ragione di chi più pecunie ha in e bisogni della patria conferito. Se le richeze publici avanzassino, poi sarà ristituito a ciascuno quanto avesse conferito, non sieno in massa morta ragunate, dove né utilità né bellezza si vegga di quelle, et la città si priema et sia di danari muncta, ma in magnificentia et utilità di commodi communi sia qualche singulare cosa ordinata, dove gli 'ngegni, l'arti et qualunche forza humana quanto più può se exerciti, et secondo le virtù o facte opere o favori prestati, sieno tali pecunie con ragione et ordinata misura in particulare a ciascuno per premio distribute. Qualunche di queste distributioni di pecunia, perché dopo il ricevuto benificio a chi già ha meritato si fanno, sono meno difficili. Quello in che è posta la somma dificultà delle pecunie è secondo quale ordine o con che misura si debbono a i privati cittadini domandare, quando viene il bisogno publico. Qui è impossibile l'ordine della vera iustitia, perché i privati, coperti, non danno vera regola a chi distribuisce.

et les Romains, s'étant inspirés de ces lois bien ordonnées, ont donné au monde entier la doctrine d'une bonne vie. Il y aurait trop long à dire sur ceux qui, à Rome, nés dans une basse condition, ont occupé par leur seule vertu des places très honorables et ont donné d'excellents ornements à la république. Marius, citoyen très humble par son origine, apporta de nombreuses victoires au peuple de Rome, étendit l'empire avec l'heureuse fortune de ses armes et s'honora lui-même de multiples et dignes magistratures par la seule considération de ses hauts faits. Tullius, né à Arpinum, bien que d'honorable naissance, obtint le consulat à Rome tout en étant un étranger et fut pour les Romains un citoyen salutaire et utile dans nombre de ses activités privées et publiques. Consul, il intimida si bien l'audace de Catilina qu'il préserva le salut et la liberté de la patrie.

§ 169-172. Maintenant que nous savons que la dignité est placée dans cette vertu et que les honneurs doivent être distribués selon cette dernière, poursuivons comme il convient en montrant de quelle manière on doit distribuer l'argent public. Les sages citoyens s'accordent unanimement sur le fait que, lorsqu'on doit distribuer les revenus de la cité, il est juste de les assigner à chacun à raison de leur plus grande contribution aux besoins de la patrie. Si, après avoir restitué à chacun l'équivalent de sa contribution, il y avait un superflu de richesses publiques, on ne devrait pas en faire une masse morte, quand l'on n'en verrait ni l'utilité ni la beauté, mais, sans pressurer la cité et en soutirer des deniers, il faudrait, pour sa magnificence et pour l'intérêt commun qui en résulte avec avantage, que l'on mette en œuvre quelque chose de singulier où les intelligences, les arts et toute force humaine s'exerceraient le plus possible, et que, selon les mérites ou les ouvrages effectués ou les soutiens prêtés, l'on distribue cet argent à chacun en particulier comme une récompense, avec raison et juste mesure. De telles distributions d'argent, parce qu'elles se font, à la suite du service rendu, à ceux qui en ont eu le mérite, posent moins de difficultés. La plus grande difficulté en matière d'argent est de savoir selon quel ordre ou avec quelle mesure on doit en faire la demande aux particuliers, en cas de besoin public. Dans ce cas, l'ordre de la vraie justice est impossible, car les particuliers, en dissimulant leurs revenus, ne donnent pas une règle vraie aux répartiteurs[87].

---

87 *a chi distribuisce* : *distributori* (« detto dei delegati all'amministrazione comunale alle ripartizione dell'estimo », *Tesoro della lingua Italiana delle Origini*). Ils sont chargés de répartir l'imposition.

In ogni administratione civile chi governa sempre si dirizi alle dua principali commodità: l'una, che non si nuoca a persona, l'altra, che egli si serva alla commune utilità di tutto il corpo civile.

§ 173. Impossibile è certo in questa materia giugnere al vero; ma con ogni diligentia debbe essere cerca la meno errante via, perché è una delle principalissime parti a conservare l'unione civile et spesso è diversissima dalla divisione degli honori, in modo che a molti più honore ricevere et meno pecunie pagare con ragione vera si convenga.

§ 174. Come si debbano conferire gl'honori abbiàno detto di sopra. Allo imporre delle pecunie si debbe considerare tre ragioni di beni essere quegli che hanno gl'huomini al mondo: e primi sono dell'animo, e secondi del corpo et i terzi della fortuna. Dell'animo sono tutte virtù d'intellecto o pratica, et tutte scientie per le quali l'uno huomo avanza et chiamasi da più che l'altro.

§ 175. Questi tali beni sono liberi fatti dalla natura, né in alcuno modo debbono essere sottoposti o gravati di cosa perché ritardati abbino a minuire, ma sempre si debbono favoreggiare, acrescere et honorare secondo meritono, acciò che, multiplicati, ne seguiti l'utile et honore della città, che maximamente procedono da quegli. E beni del corpo sono l'atta compositione delle bene sane membra: questi sono ancora da Dio liberi et solo intenti alla propria salute, ma poi per carità d'amore et salute universale della unione civile siàno richiesti a conservarci insieme ragunati in legame di vera dilectione.

§ 176-178. Per questo è obligato ciascuno difendere la patria et per salute di quella eleggere la propria morte. Restano i beni sottoposti alla fortuna, de' quali sono la parte magiore le facultà, le copie, l'abondanzie et le disordinate richeze. Queste, perché sono acresciute, difese, salve et in tutto dalla patria date, tutte sono obligate a quella, et ne' bisogni debbono essere domandate et richieste a' cittadini per difesa publica; ma perché ogni uno con fatica exercitandosi guarda le sue, con vera proportione d'ordine che pigli da ciascuno la rata di quello possiede debbono essere richieste.

LA VIE CIVILE – LIVRE III

Dans toute administration civile, celui qui en a le gouvernement doit toujours viser aux deux principales commodités : l'un, de ne nuire à personne, l'autre, de servir l'intérêt commun de tout le corps civil.

§ 173. S'il est assurément impossible en cette matière de parvenir au vrai, toutefois il faut diligemment chercher la voie la moins flottante, car c'est une des parties essentielles pour maintenir l'union des citoyens, et souvent elle diffère beaucoup du partage des honneurs : aussi, convient-il que par vraie raison[88] certains reçoivent plus d'honneurs et paient moins d'impôts.

§ 174. Nous avons dit plus haut comment conférer les honneurs. Pour imposer les richesses, il faut considérer que les hommes possèdent trois sortes de biens au monde : les premiers sont ceux de l'esprit, les seconds ceux du corps et les troisièmes ceux de la fortune. À l'esprit appartiennent toutes les vertus intellectives ou pratiques, et toutes les sciences par lesquelles un homme en dépasse un autre et estime valoir plus que lui.

§ 175. De tels biens sont librement donnés par la nature, et ne doivent être aucunement soumis à charge pour en être amoindris par des empêchements, mais on doit toujours les favoriser, les accroître et les honorer selon leur mérite afin que, multipliés, il en résulte l'intérêt et l'honneur de la cité, qui procèdent essentiellement de ceux-là. Les biens du corps sont le bon agencement des membres bien sains : Dieu les a faits eux aussi libres et seulement occupés de leur propre santé, mais ensuite, par charité d'amour et pour le salut universel de l'union civile, nous sommes obligés de nous conserver tous ensemble, réunis par un lien de vraie dilection.

§ 176-178. C'est pourquoi chacun a l'obligation de défendre sa patrie et, pour son salut, de préférer la mort. Restent les biens soumis à la fortune, dont la partie principale sont les moyens dont on dispose, l'opulence, l'abondance de biens et les richesses excessives. Parce que celles-ci sont toutes augmentées, défendues, sauvegardées et données par la patrie, toutes lui sont redevables et, en cas de besoin, elles doivent être demandées et requises aux citoyens pour la défense publique ; mais comme chacun, travaillant avec peine, garde les siennes, on doit les requérir dans une juste proportion qui prenne à chacun une part[89] en rapport à ce qu'il possède.

---

88  *con ragione vera* : concept proche de la *recta ratio* des Latins ; « par droite raison » pourrait ici convenir.

89  *rata* : du lat. *rata pars* (« partie calculée »).

La regola che fa ciascuno pagare la rata secondo gli altri, in modo che a ogni tempo le sustanzie di ciascuno privato sieno a un modo consumate, è optima. Naturale è poi, et altrimenti essere non può, che in ella moltitudine civile l'uno inanzi all'altro acresca l'utilità propria secondo che le virtù, le industrie, sollecitudini, commodità et rispiarmi sono di ciascuno. Chi distribuisce, sempre riguardi alla equalità dell'universale corpo del tutto; le membra migliori sempre per loro medesime si conserveranno inanzi alle meno buone, come richiede il bene commune: le membra in questo caso non sono molte.

§ 179-184. Coloro che hanno alcuno naturale difecto d'infermità o d'età non atta a valersi di se medesimo meritono subsidio publico, acciò che della miseria de' primi s'abbia misericordia et della conservatione de' secondi, se sono piccoli, si riceva a tempo utile commodo et acrescimento di bene civile, se sono vechi caritativamente si sovenga a chi ha passato l'età prospera della vita humana et dagli anni è necessitato a non più valersi. Tutti gli altri che secondo le forze naturali possono subministrare alla propria vita, in ne' bisogni publici non debbono ricevere il victo delle sustanze obligate alla patria se prima non s'è subvenuto a' bisogni d'essa, ma in tale caso gli basti essere difeso et mantenutogli l'actitudini libere da potersi valere con exercitii ne' quali possa fare utilità, di che, secondo la propria degnità, secondo i tempi si mantenghi. Chi di questi fusse inerte et sanza alcuna virtù onde cavassi subsidio meritamente caschi et vada fuori della città come inutile. Chi con arti inhoneste inanzi agli altri si valesse, come d'usure o di nocive fraudi, debbe essere corretto, et d'arte prohibita admonito; et non deono essere in ella città tali arti permesse. Quegli che con honeste et buone arti laudabilmente se exercitono, faccendo in commune fructo et in privato più che gli altri avanzando, non debbono per alcuno modo essere invidiati, ma in elle loro virtù conservati et acresciuti; et, se pigliassino ventaggio d'alcuna utilità inanzi agl'altri, meritamente sia loro conservata, come a più utili, migliori et sopra agli altri virtuosi civili.

LA VIE CIVILE – LIVRE III                                        267

C'est une excellente règle de faire payer à chacun sa part à proportion
des autres, de sorte qu'en toute circonstance on prenne à égale proportion sur les ressources de chaque particulier. Puis il est naturel, et il ne
peut en être autrement, que dans la multitude des citoyens, le profit de
l'un augmente plus que celui d'un autre, selon les vertus, les activités,
les sollicitudes, les commodités et les épargnes[90] propres à chacun. Le
répartiteur doit toujours avoir égard à l'égalité du corps universel dans
sa totalité ; les membres les meilleurs se conserveront toujours par eux-
mêmes mieux que les moins bons, comme l'exige le bien commun :
dans ce cas, les membres ne sont pas nombreux.

§ 179-184. Ceux qui ont quelque infirmité naturelle ou ne peuvent
s'employer eux-mêmes en raison de leur âge méritent un subside public afin
qu'on ait de la miséricorde pour la misère des premiers et pour la sauvegarde
des seconds : si ceux-ci sont jeunes, on en recevra en temps utile avantage
et accroissement du bien civil, et s'ils sont vieux, on subviendra charitablement à ceux qui ont dépassé l'âge florissant de la vie humaine et que les ans
contraignent à ne plus s'employer eux-mêmes. Tous les autres, ceux à qui
leurs forces naturelles permettent de se procurer de quoi vivre, ne doivent
recevoir, dans les nécessités publiques, aucun moyen de subsistance auquel
s'oblige la patrie si l'on n'a d'abord subvenu aux besoins de celle-ci, mais,
en ce cas, il leur suffira qu'elle les défende et qu'elle maintienne libres leurs
capacités à pouvoir s'employer dans des activités[91] dont ils puissent tirer profit,
de quoi vivre convenablement selon leur dignité et selon les circonstances.
Parmi ces gens-là, s'il s'en trouve d'inactifs et sans aucune vertu dont ils
tireraient leur subsistance, ils mériteront de déchoir et de sortir de la cité
comme les inutiles qu'ils sont. Ceux qui se serviraient, vis-à-vis d'autrui,
de pratiques malhonnêtes, comme celles de l'usure ou des fraudes qui lui
nuiraient, doivent être repris et admonestés pour pratique prohibée : de
telles pratiques ne doivent pas être permises dans la cité. Ceux qui s'exercent
louablement dans de bonnes et honnêtes pratiques, faisant fruit en commun
et s'enrichissant[92] en privé plus que d'autres, ne doivent en aucune façon être
enviés, mais maintenus et fortifiés dans leurs vertus ; et, s'ils tirent avantage
de quelque utilité par rapport à d'autres, il faut le leur conserver à bon droit,
en tant que citoyens plus utiles, meilleurs et plus vertueux que les autres.

---

90   *rispiarmi* : *risparmi.*
91   *actitudini* : *attività.*
92   *avanzando* : « ottenendo come guadagno ».

Coloro che, contrarii a questi per loro vitii infami, più che gli altri consumano, degnamente sieno in più ruina et in grado peggiore, poiché così eleggono male vivere. Sia insomma quello ordine in distribuire graveze sopra qualunche altro lodato, il quale le particulari sustantie de' cittadini parimente consuma; chi poi per proprio vitio scema o per sua virtù acresce, si stia con quello che l'operationi da lui facte a casa gli recono, conservando sempre chi naturalmente non può subvenirsi –.

FRANCO. – Sofficientemente hai dimonstrato l'ordine delle distributioni publice et ogni tuo detto ci è stato iocondo et caro; et per l'avenire, quando l'età ci farà apti a' governi publici, stimiamo ci fia bene utile averti udito tractare di questo, ma per al presente ci sarà piacere et forse più fructuoso imparare da te con che misura si distribuiscano le private facultà nel dare et ricevere con benignità caritativa diffusa in molti –.

§ 185-187. AGNOLO. – Voi volete ch'io segua della liberalità et benificentia, et io volentieri dirò di queste perché l'ordine nostro il richiede, et da me stesso avea disegnato questo medesimo. Liberalità et benificentia sono poste nell'uso virtuoso delle pecunie o di qualunche altra cosa che con pecunie si misura et stima. Le pecunie in loro né buone sono né triste, ma secondo sono da i possessori usate, loda o vituperio attribuiscono. L'approvato uso d'esse è chiamato liberalità. Questa è posta in mezo di dua extremi vitiosi: l'uno è di coloro che con troppo studio cercono essere richi per vie inhoneste et donde non si conviene, et quello hanno poi acquistato, con miseria conservano, in el quale vitio, manifesto è posto avaritia. In nell'altra parte si diviene prodigo, quando per vitio si consuma il ragunato patrimonio. Questo vitio è sopra molti altri più pessimo però che non è mai solo et sempre è con altri vitii coniuncto, come con luxurie, giuochi, gole, ebriosità e più altre scelerateze che il colmono et fanno peggiore. El liberale sempre virtuosamente exercita le richeze dando et ricevendo come, quando, et da chi si richiede.

Que ceux qui, opposés à ces derniers par leurs vices infâmes, dilapident leur bien, soient avec raison conduits à une plus grande ruine et à un niveau plus bas puisqu'ils choisissent, de la sorte, de mal vivre. En somme, dans la répartition des impôts, le critère le plus louable de tous est de les faire peser de manière égale sur les ressources privées des citoyens ; et qu'ensuite, ceux qui ont amoindri leur bien par leur vice ou l'ont augmenté par leur vertu, vivent avec le fruit de leurs initiatives privées, en préservant toujours ceux qui ne peuvent naturellement subvenir à eux-mêmes.

FRANCO. – Tu nous as suffisamment montré l'ordre des distributions publiques et chacune de tes paroles nous a été agréable et précieuse. Nous estimons que t'entendre traiter de cela nous sera bien utile pour l'avenir, quand l'âge nous rendra propres aux gouvernements publics, mais, pour le présent, nous tirerons plus de plaisir et peut-être plus de profit à apprendre de toi selon quelle mesure on distribuera les ressources privées, en donnant et en recevant avec une bénignité charitable étendue à un grand nombre. –

§ 185-187. AGNOLO. – Vous voulez que je poursuive avec la générosité et la bienfaisance, et j'en parlerai volontiers, parce que l'ordre de notre propos le requiert, et que j'avais eu moi-même le dessein d'en parler. Générosité et bienfaisance sont placées dans l'usage vertueux de l'argent ou de tout autre chose qu'on mesure et qu'on estime avec de l'argent. L'argent en soi n'est ni bon ni mauvais, mais selon l'usage qu'en font ses possesseurs il confère louange ou blâme. Son bon usage s'appelle générosité. Celle-ci est placée entre deux extrêmes vicieux : l'un est le propre des gens qui cherchent, au prix de beaucoup d'efforts, à devenir riches par des voies malhonnêtes et là où il n'est pas convenable, et ce qu'ils ont acquis, le conservent avec lésine, vice dans lequel est manifestement placée l'avarice. Par l'autre extrême, on devient prodigue, quand on dilapide par vice le patrimoine amassé. Ce vice est plus mauvais que beaucoup d'autres, car il n'est jamais seul, mais toujours uni à d'autres vices, comme la luxure, les jeux, la gourmandise, l'ivresse et d'autres scélératesses qui le portent à l'excès et le rendent pire. L'homme généreux utilise toujours ses richesses vertueusement, en donnant et en recevant comme et quand et par qui il est requis.

VITA CIVILE – [LIBRO TERZO]

§ 188-189. La virtù sta più tosto in bene dare che in bene ricevere, ma perché dando et non ricevendo, tosto mancherebbono le sustanzie de' privati et sarebbe questa virtù distructa, è necessario molto ricevere a chi vuole molto dare. Per questo è posta liberalità in dare et ricevere le private sustanze con modo debito. Innanzi a ogni cosa debbe adunque il liberale pigliare donde si conviene; conviensi solo dalle proprie cose, però che altrimenti si sarebbe iniusto: et liberalità non è mai sanza iustitia. Debbesi per questo sempre avere diligente cura delle proprie cose, acciò che i fructi di quelle ci siano sufficienti a dare a chi si conviene, et quando et dove sarà honesto. Chi fusse largo in alcuno di cosa nocesse, certo non sarè liberale, anzi nocivo consentitore del danno d'altri.

§ 190-196. Molti errano per disiderio di gloria vana et a molti tolgono per dare ad altri; stimando essere benefici et più cari agli amici molto donono loro, di qualunque luogo si venga. Costoro tanto si scostono dal iusto vivere, quanto coloro che fanno proprie le cose altrui. Così fatto vitio maximamente appare in e potenti, i quali tolgono a molti per essere benigni et utili agli amici. Coloro che disiderono essere virtuosi usino quella liberalità che giovi a' benivoli et non nuoca a persona; non si seguiti i tiranni che disfanno i bisognosi subditi et le province altrui per arichire et essere largo agli amici. Ogni translatione di richeze che si fa da iusti posseditori a gl'iniusti è tanto contro a virtù che altro non può essere magiormente contrario. La somma liberalità dell'huomo buono non debbe agli altrui commodi nuocere, et ciascuno con simile equità conservare et ne' gravi bisogni sobvenire, secondo l'exemplo dà Arato sicionio del quale molto lodatamente scrive Tullio. « Costui, essendo la sua città già cinquanta anni da tiranni posseduta, da lungi nascosamente tornato, uccise Niclocle loro tiranno et nella città secento usciti rimisse, i quali soleano essere in quella richissimi, et la republica in sua libertà ristituì;

§ 188-189. La vertu consiste plutôt à bien donner et à bien recevoir, mais parce qu'en donnant et en ne recevant pas, les ressources privées viendraient bien vite à manquer et que cette vertu serait détruite, il est nécessaire que celui qui veut beaucoup donner reçoive beaucoup. Ainsi, la générosité consiste à donner et à recevoir les ressources privées selon une juste mesure. Avant toute chose, le généreux doit donc prendre là où il est convenable, c'est-à-dire prendre uniquement sur ses biens propres, sinon ce serait injuste : et la générosité ne va jamais sans la justice. Il faut donc pour cela avoir toujours un soin diligent de ses propres biens, afin que leurs fruits soient suffisants pour donner à qui il convient, et quand et où cela sera honnête. Être généreux en quelque chose qui peut nuire, ce n'est certainement pas être généreux, mais au contraire consentir d'une manière nuisible au dommage d'autrui[93].

§ 190-196. Beaucoup se trompent par désir de vaine gloire, qui enlèvent à plusieurs pour donner à d'autres ; pensant être bienfaisants à l'égard de leurs amis, et plus aimés d'eux, ils leur donnent largement, d'où que provienne cette générosité. Ceux-ci vivent aussi éloignés de la justice que ceux qui s'approprient les biens d'autrui. Un tel vice se manifeste surtout chez les puissants, qui ôtent à plusieurs pour être bienveillants et utiles à leurs amis. Ceux qui désirent être vertueux pratiqueront une générosité qui profite à leurs dévoués et ne nuise à personne ; qu'on n'imite point ces tyrans qui démunissent les sujets nécessiteux et les provinces d'autrui pour enrichir leurs amis et leur faire des largesses. Tout transfert de richesses qu'on opère de leurs légitimes à leurs illégitimes possesseurs ne peut être plus contraire à la vertu[94]. L'extrême générosité de l'homme bon ne doit pas nuire aux avantages d'autrui, mais doit conserver chacun avec la même équité et le secourir dans les graves nécessités, selon l'exemple que donne Aratos de Sicyone dont parle avec éloge Tullius : « Comme sa cité était tenue depuis cinquante ans par des tyrans, celui-ci, revenu secrètement d'un lieu lointain, tua Nicoclès leur tyran et fit rentrer six cents exilés dans la cité où ils avaient été très riches, et il rétablit la liberté de la république.

---

93 « Être généreux… » : CIC., *Off.*, I, xiv, 42.
94 « beaucoup se trompent… » : CIC., *ibid.*, I, xiv, 43.

poi nelle possessioni et beni conoscendo essere difficultà grandissima con molti odii celati et aperti, però che i cittadini erano stati ristituiti dicevano essere iniusto mancare delle possessioni erano state loro tolte et vederle a altri possedere, et non ragionevole era torle a' presenti possessori, però che in cinquanta anni molti possedavano per heredità, molti per dote, altri per facte compere, in modo che sanza iniuria non si potevano torre, l'optimo cittadino iudicò non le dovere alienare da chi possedea, né mancare di sodisfare a coloro di chi erano state; il perché conchiuse essere necessario a acordare questo, gran numero di danari: ragunò il popolo et expose loro per cose grandi et a·lloro utili et buone essergli necessario andare in Alexandria; pregogli, et con solenne iuramento gl'obligò a vivere in concordia et uniti infino alla tornata di lui, promettendo allora a tutto provedere et unitamente concordiagli. Egli, partito, quanto più presto poté, navicò in Alexandria a Tolomeo suo caro amico, che in quel tempo regnava sopra ogni altro richissimo. Giunto a lui, expose come voleva liberare la patria, dimonstrogli tutte le cagioni et perché era venuto, in modo che, essendo conosciuto huomo riputatissimo et buono, agevolemente impetrò da il richissimo re gran numero di pecunia, colla quale ritornato a casa, elesse in sua compagnia quindici de' principali cittadini coi quali examinò tutte le cause di chi domandava; et accordato chi possedeva con chi approvava essergli stato tolto, fe' che, extimate le possessioni, altri d'acordo pigliava la pecunia più tosto che ricomperare il suo et altri aveano caro ripigliarsi i danari et ristituire i beni a coloro di chi anticamente erano stati; et così sanza iniuria et sanza alcuna doglienzia ciascuno unitamente s'acordò et vissono liberi et in civile compagnia, amichevolmente coniunti ».

§ 197-200. Questo scrive Tulio et poi agiugne: « O cittadino excellente et degno d'essere nato nella nostra romana republica, così, così si confà governarsi coi proprii cittadini et non vendere i beni altrui incantati sotto la voce del banditore publico ». Somma liberalità del re et compiuta virtù del cittadino si dimonstra nel presente exemplo.

LA VIE CIVILE – LIVRE III 273

Puis, sachant qu'il y aurait, à propos des possessions et des biens, de très grandes difficultés, avec des haines cachées et ouvertes – car les citoyens nouvellement rétablis[95] disaient qu'il était injuste d'être privé des possessions qu'on leur avait enlevées et de les voir appartenir à d'autres – et qu'il n'était pas raisonnable de les enlever aux propriétaires actuels, car en cinquante ans plusieurs les possédaient par héritage, plusieurs par dot, d'autres à la suite d'achats, de sorte qu'on ne pouvait, sans injustice, les leur enlever, l'excellent citoyen jugea qu'il ne devait pas en priver leurs possesseurs actuels, tout en donnant satisfaction à leurs anciens propriétaires. Aussi conclut-il qu'il fallait beaucoup d'argent pour les mettre d'accord : il rassembla le peuple et leur exposa à tous qu'il lui fallait se rendre à Alexandrie pour des affaires importantes, utiles et bonnes pour eux ; il les pria, en les obligeant par un serment solennel de vivre dans la concorde et dans l'union jusqu'à son retour, promettant alors de pourvoir à tout et de les mettre tous d'accord. Il partit aussi vite qu'il le put, et se rendit par mer jusqu'à Alexandrie auprès de son cher ami Ptolémée qui régnait alors et dépassait tout le monde par sa richesse. Parvenu auprès de lui, Aratus exposa comment il voulait libérer sa patrie, en lui montrant tous les motifs et la raison de sa venue, si bien que, étant connu pour être un homme bon et très réputé, il impétra aisément du richissime roi une grosse somme d'argent avec laquelle il s'en revint chez lui. Il choisit dans son conseil quinze des principaux citoyens avec lesquels il examina tous les cas des demandeurs et, ayant mis d'accord les possesseurs avec ceux qui approuvaient cette privation de leur bien, il aboutit à ce que, après l'estimation des possessions, les uns acceptèrent de recevoir de l'argent plutôt que de racheter leur bien et que les autres préférèrent prendre l'argent et restituer les biens aux anciens propriétaires. Et ainsi, sans injustice et sans aucune doléance, tous se mirent d'accord et vécurent libres et en communauté de citoyens, amicalement unis. »

§ 197-200. Voilà ce qu'écrit Tullius, et il ajoute : « Ô excellent citoyen, digne d'être né dans notre république romaine, c'est ainsi, oui, ainsi, qu'il convient de se comporter avec ses concitoyens et non pas de vendre les biens d'autrui à l'encan par la voix du crieur public[96]. » Cet exemple montre la suprême générosité du roi et la vertu accomplie du citoyen.

---

95  *i cittadini erano* : ellipse, fréquente, du relatif *che*.
96  « Comme sa cité… » : CIC., *Off.*, II, XXIII, 80-83.

274        VITA CIVILE – [LIBRO TERZO]

Noi nelle distributioni private misuriamo le facultà proprie, et quanto quelle patiscono tanto liberalmente si conferisca a altrui. Chi più vorrà dare è necessario pechi et sia iniurioso al proximo in torre onde non si conviene, come molti fanno, che più tosto per obstentatione di gloria vana che per propria volontà cercono aparire liberali, onde con usure et fraude in ogni modo pigliono, per parere liberali negli amici et avere che dare. In el dare sempre s'abbia rispecto alle persone et scelgasi a chi prima et più si conviene; per questo sia considerata la vita et virtù di quegli a' quali si fa il beneficio; che benivolentia et quale amore porti a te; se da lui s'è ricevuto alcuno subsidio o no, che essendo, ingratitudine sarebbe non conrispondere a·llui con simile bonificentia, et ancora magiore, seguitando i buoni terreni che molto più rispondono che non hanno da noi ricevuto. In somma ridotto, a ciascuno s'atribuisca secondo la propria degnità, et tanto magiormente quanto più a·llui siàno obligati secondo i ricevuti benificii et secondo lui conosciano abondare di virtù. In el tribuire i benificii sia servata questa misura, che a colui più ne concediano da cui più siamo amati: tale amore non s'intenda simile a quello de' giovani per ardente desiderio inhonestamente diffuso in loro.

§ 201-203. Il vero amore sia misurato con ferma stabilità di constante virtù, dove sono l'operationi che meritino essere electe et amate, et maximamente donde sono già i benificii ricevuti, imperò che a niuna liberalità siàno magioremente obligati che a quelle si fanno per rimuneratione delle ricevute gratie. Et gravissimo difecto è non corrispondere a' già ricevuti subsidii, però che dovendo naturalemente essere benèfici al proximo, che doviano noi fare invitati da chi ha già sobvenuto a noi, se non rendergli molto più abondanti et migliori che non abbiamo ricevuti? Similemente, se noi non dubitiano essere larghi in coloro dai quali speriamo alcuno fructo, che dobbiano noi fare a chi ha in noi già tale fructo conferito? Dare o no è in nostra potestà: non remunerare il ricevuto benificio non è lecito al virtuoso, quando il può fare sanza iniuria.

LA VIE CIVILE – LIVRE III 275

Dans les distributions, mesurons nos propres ressources et, autant qu'elles le supportent, donnons généreusement aux autres. Qui voudra donner plus, péchera nécessairement et se montrera injuste envers son prochain en prenant là où ce n'est pas convenable, comme beaucoup le font, qui cherchent à paraître généreux plutôt par ostentation de vaine gloire que par volonté propre, et par conséquent trouvent tous les moyens de prendre à usure et par la fraude pour paraître généreux envers leurs amis et avoir de quoi donner. Le donneur doit toujours avoir égard aux personnes et choisir à qui il convient de donner en priorité, et davantage; pour cela il faut considérer la vie et la vertu de ceux à qui l'on rend ce bienfait, la bienveillance et l'amour qu'ils vous portent, si l'on a reçu d'eux quelque secours ou non – car, si cela était, il y aurait de l'ingratitude à ne pas leur répondre par un bienfait analogue, et même supérieur, comme les bons terrains qui rendent beaucoup plus qu'ils n'ont reçu de nous[97]. Tenant compte de tout cela, il faut attribuer à chacun selon sa dignité propre[98], et d'autant plus que nous lui sommes plus obligés par les bienfaits reçus[99] et par la vertu dont nous le savons rempli. En attribuant les bienfaits, on doit observer cette mesure, à savoir que nous en concédons davantage à celui dont nous sommes davantage aimés : un tel amour ne doit pas s'entendre comme celui répandu chez les jeunes gens par l'ardeur d'un désir indécent.

§ 201-203. L'amour vrai doit se mesurer d'après la solidité d'une vertu ferme et constante, en cherchant quelles sont les actions méritant d'être choisies et préférées, et, surtout, d'où viennent les bienfaits déjà reçus, car les générosités auxquelles nous sommes les plus obligés sont celles que l'on accorde pour payer en retour les faveurs reçues. Et c'est un très grave défaut que de ne pas répondre aux secours que nous avons reçus, car, si nous devons être naturellement bienfaisants envers notre prochain, que ne devons-nous faire, invités par ceux qui nous ont déjà secourus, sinon leur rendre bien davantage et bien mieux ce que nous en avons reçu ? De même, si nous ne craignons pas d'être larges envers ceux dont nous espérons quelque fruit, que ne devons-nous faire envers ceux qui nous ont déjà donné ce fruit ? Donner ou non est en notre pouvoir : ne pas payer de retour le bienfait reçu n'est pas permis aux vertueux alors qu'ils peuvent le faire sans causer de tort.

---

97 CIC., *Off.*, I, xiv, 47-48.
98 CIC., *ibid.*, I, xiv, 42.
99 CIC., *ibid.*, I, xiv, 49.

276 VITA CIVILE – [LIBRO TERZO]

Di questa virtù è proprio, quando l'altre cose sono pari, dare a chi ha più bisogno; dai più nientedimeno si fa il contrario et dàssi a quegli da chi più si spera, non obstante siano sanza bisogno, onde già lungo tempo s'è usato dire per proverbio: «Come è male aguagliato che sempre chi ha meno dia a' più richi!».

§ 204-205. Innanzi a ogni altro si sovenga a chi ci è più naturalmente coniunto, poi a' più amici secondo s'apruova degli amici ogni cosa essere commune. Chi più ci sia coniuncto pe' gradi si conosce: innanzi siàno obligati alla patria, poi al padre et alla madre, dopo sono i figliuoli et la propria famiglia, appresso i coniuncti, gli amici, i vicini, et così di grado in grado misurando tutta la città, le province, le lingue; et finalmente tutta la generatione humana è d'un naturale amore insieme collegata; così si debbono i favori del vivere distribuire et secondo detti gradi concedere. Con questi si communichi ogni nostro bene: i dolci parlari, i consigli, i conforti, le consolationi, admonimenti et riprehensioni sieno maximamente usate agli amici et ancora agl'ignoti quando n'hanno bisogno, però che sono di natura che, transferendosi in molti, non minuiscono in chi transferisce, ma sono simili al lume il quale stando fermo moltissimi lumi et magiori può accendere.

§ 206. Sia ciascuno largo di quelle cose che sono utili a chi le riceve et a chi le dà non moleste, dando sempre a chi ha più bisogno et meno può sanza noi, riguardando et donde et quando et a chi si dà in modo che l'ordine di iustitia sempre sia equalmente conservato, acciò che non si nuoca a persona. In che stia liberalità sia abastanza detto.

§ 207-210. Ora, perché magnificentia ancora se exercita in elle conveniente spese, tochereno alcuni membri di quella. Magnificenzia è posta nelle grandi spese dell'opere maravigliose et notabili; per questo tale virtù non può essere operata se non da' richi et potenti; e poveri et mezani non supperiscono a quella, et se si sforzassino in dimonstrarsi in alcune opere magnifici, sarebbe di cose piccole, in elle quali sopraspendere sarebbe matta sciocheza.

Le propre de cette vertu est de donner, à toutes choses égales, à ceux qui en ont le plus besoin ; néanmoins, la plupart font le contraire et l'on donne à ceux dont on espère le plus, bien qu'ils n'aient aucun besoin, d'où ce proverbe en usage depuis longtemps : « Comme il est peu équitable que les moins nantis donnent toujours aux plus riches ! ».

§ 204-205. Il faut avant tout secourir ceux qui nous sont unis par des liens naturels, puis ceux qui nous sont les plus amis, estimant que tout appartient en commun aux amis. On connaît selon leurs degrés nos liens les plus étroits : nous sommes avant tout obligés envers notre patrie, puis envers nos père et mère, ensuite envers nos enfants et notre famille, puis viennent les conjoints, les amis, les voisins, et ainsi, par une mesure graduelle, toute la cité, les provinces, les langues ; et finalement tout le genre humain lié par un amour naturel ; c'est ainsi que l'on doit, selon les degrés susdits, répartir et accorder les faveurs de la vie sociale. C'est avec ceux-ci que nous devons communiquer tout notre bien : les doux propos, les conseils, les réconforts, les consolations, les remontrances et les reproches doivent être réservés aux amis et même aux inconnus qui en ont besoin, car ils sont de telle nature que, transmis à plusieurs personnes, ils ne diminuent pas chez ceux qui les transmettent, mais qu'ils sont semblables à la lampe qui, sans se modifier, peut en allumer un grand nombre en donnant plus de lumière.

§ 206. Que chacun soit large en choses utiles à qui les reçoit, sans désagrément pour le donneur, en donnant toujours à celui qui en a le plus besoin et peut le moins sans notre aide, en regardant où, quand et à qui l'on donne, de sorte que l'ordre de la justice soit toujours également maintenu, pour ne nuire à personne. Nous avons assez dit en quoi consiste la générosité.

§ 207-210. À présent, comme la magnificence s'applique aussi aux dépenses convenables, nous effleurerons le sujet sur quelques points. La magnificence est placée dans les grandes dépenses faites pour des ouvrages merveilleux et notables. C'est pourquoi une telle vertu ne peut être mise en œuvre que par les riches et les puissants : les pauvres et les gens à fortune médiocre ne peuvent y satisfaire, et s'ils s'efforçaient d'en faire montre dans des ouvrages magnifiques, ce serait dans de petites choses, pour lesquelles il serait follement stupide de faire une dépense excessive.

Le spese magnifiche vogliono essere grandi et convenienti in degne opere in modo che l'opera paia mirabile et meriti la facta spesa et ogni cosa sia bene allogato in essa. Le spese del magnifico vogliono essere in cose honorifice et piene di gloria, non private ma publice, come in edificii et ornamenti di templi, theatri, logge, feste publice, giuochi, conviti: et in così facte magnificentie non computare né fare conto di quanto si spenda, ma in che modo sieno quanto più si può maravigliose et bellissime. Della honestà abbiàno particularemente dimonstrato, scrivendo quello che per tutta la vita a qualunche grado di persone si richiegga, in modo che non sarà difficile a chi vorrà essere buono conoscere quello che in ciascuno humano exercitio magiormente si convenga. Noi seguiamo all'ultimo libro dove si tracterà ordinatamente dell'utile –.

Finisce il terzo libro della Vita Civile composta da Matteo Palmieri e comincia il quarto col nome di Dio ad Alessandro degli Alessandri ottimo cittadino.

LA VIE CIVILE – LIVRE III

Les dépenses magnifiques doivent être grandes et propres à des ouvrages dignes, de manière à ce que l'œuvre paraisse admirable et justifie la dépense, et que toute chose y soit bien accommodée. Les dépenses de l'homme magnifique doivent se faire dans des choses honorables et pleines de gloire, non point privées mais publiques, tels que les édifices et les embellissements des temples, les théâtres, les portiques, les fêtes publiques, les jeux, les banquets : et il ne faut pas compter et ne pas regarder à sa dépense pour de telles magnificences, mais à ce qu'elles soient le plus possible merveilleuses et très belles. Nous avons particulièrement montré ce qu'était l'honnêteté, en écrivant sur ce qui est requis tout au long de la vie, quel que soit le rang des personnes : de la sorte, il ne sera pas difficile, pour ceux qui veulent être bons, de connaître ce qui convient le mieux dans toute activité humaine. Nous passons au dernier livre où l'on traitera de manière ordonnée de l'utile.

Ici se termine le troisième livre de la Vie Civile composée par Matteo Palmieri, et commence le quatrième, avec l'aide de Dieu, adressé à Alessandro des Alessandri, excellent citoyen.

# [LIBRO QUARTO]

§ 1-5. E' fu sempre costume degli eruditi antichi, carissimo nostro Alexandro, in fra le mani alcuna opera ritenere in nella quale, essendo ociosi, potessono con loda exercitare et fare magiori i loro naturali ingegni. Tale exercitio non solo per loro feciono, ma per amaestramento di chi dopo loro venia: quello aveano facto lasciorono scripto, acciò che chi disiderava sopra agli altri erudirsi potesse seguire quel medesimo. Io, benché dal governo della famiglia impedito, et dalle graveze publiche più che al dovere constretto, sempre mi sono ingegnato spendere in questo tutto il tempo che da' mia privati et necessarii bisogni ho potuto avanzare. Et per meglio et più commodamente avere in che conferire il concedutomi ocio, seguitando gli antichi precepti ordinai questa opera, in nella quale già per più tempo exercitatomi et a perfectione della magiore parte pervenuto, diliberai quella particularmente communicare con certi studiosi coi quali infino dalla mia tenera età m'era in istudii di liberali arti allevato, stimando molto dovermi giovare sentire il loro iudicio et, secondo quello, ogni nostro detto emendare prima che questi libri si dessino in publico. Quello che io avevo iudicato mi fusse stimolo, dovessemi fare sollecito, et ogni mio scripto come approvato et certo terminare, m'ha ritardato et tenuto più tempo sospeso, però che alquanti intendenti et buoni, et ad me con continuato amore d'honeste arti coniuncti m'amonirono, non però dannando la inventione et opera ordinata da noi, ma me più tosto riprehendendo che così publicamente m'era dato a comporre libri volgari. Dicevonmi essere grave andare al iudicio della moltitudine, la quale è in buona parte ragunata et fassi d'huomini ignoranti et grossi, i quali, usati a riprehendere ciò che none intendono,

# LIVRE IV

§ 1-5. Chez les Anciens, notre cher Alexandre, les érudits ont toujours eu pour habitude d'avoir en main quelque ouvrage où ils pouvaient, dans leur loisir, louablement exercer et faire grandir leur intelligence naturelle. Ils se livrèrent à cet exercice non seulement pour eux-mêmes, mais aussi pour instruire ceux qui viendraient après eux : ils laissèrent par écrit ce qu'ils avaient fait, afin que ceux qui désiraient devenir plus érudits que les autres puissent les imiter. À cela, moi-même, bien qu'empêché par le gouvernement de ma famille et lié par les charges publiques plus que je ne le devais, je me suis toujours efforcé de consacrer tout le temps que j'ai pu gagner sur les nécessités de mes affaires privées[1]. Et pour avoir davantage et plus commodément de quoi employer le loisir qui m'était concédé, en suivant les préceptes des Anciens, je mis en ordre cet ouvrage que je décidai, après y avoir travaillé longuement et en voir achevé la plus grande partie, de communiquer à certains hommes savants avec lesquels j'avais grandi, depuis ma tendre jeunesse, dans les études des arts libéraux, estimant que leur jugement me serait profitable pour amender, avant de donner ces livres au public, tout ce que j'y avais dit. Mais ce qui devait, à mon jugement, me stimuler et m'inciter à mener à leur terme tous mes écrits, une fois sûrs et approuvés, m'a retardé et tenu longtemps en suspens : en effet, quelques bonnes personnes entendues, qui m'étaient liées par un amour constant des arts libéraux[2], me firent des remontrances, non pour condamner l'invention et l'ordre de mon ouvrage, mais pour me reprocher plutôt de m'être consacré à composer pour le public des livres en langue vulgaire. Il est grave, me disaient-elles, de se livrer au jugement de la multitude, laquelle rassemble pour une grande part des hommes ignorants et grossiers, habitués à reprendre ce qu'ils ne comprennent pas,

---

1   *bisogni* : *affari, faccende.*
2   *honeste arti* : cf. lat. *artes honestae* (« arts libéraux »).

VITA CIVILE – [LIBRO QUARTO]

non credono et fannosi beffe di tutti i detti et facti che paiono loro più degni che il loro rozo ingegno non dimonstra potersi fare; et tanto iudicono essere vero, quanto i costumi et opere a che secondo i loro appetiti si danno, gli certificano. Da indi in su, tutte le buone et approvate sententie, tutti i notabili exempli et tutti i gloriosi facti degl'huomini virtuosi credono essere non veri, ma come favole et novelle di vechierelle trovati et fincti per dare a veghia agli otiosi dilecto.

§ 6. Per questo affermavano che io andava ricercando varie riprehensioni d'ignoranti, de' quali altri sanza iudicio i nostri detti biasimerebbono, non conoscendo sono tratti et scelti da approvati philosophi, altri direbbono essere, la mia, prosumptione a volere dare precepti della vita civile, in ella quale, giovane ancora, poco sono vivuto et exercitato meno.

§ 7-8. Molti calunieranno la nostra inventione, il nostro ordine; rivolgeranno le parole, diranno « così voleva ire », « così stava meglio », et alle volti « e' nonne intese questo » di cosa che così è intesa et approvata da' sommi ingegni de' nostri sapientissimi antichi. Et come suole avenire a molti, così dicevano averrebbe a' volumi nostri: che la ignoranza de' volgari scriptori, corrompitrice d'ogni buona opera, sarà imputata all'auctore. Queste cagioni et più altre simili più volte m'hanno inclinato a none scrivere, altre molte continuamente m'hanno detto « scrivi »; infine, admonito da Hieronimo et Tullio,

LA VIE CIVILE – LIVRE IV 283

n'accordant aucun crédit à tout ce que l'on écrit et que l'on fait, du moment qu'ils le trouvent supérieur à la capacité de leur intelligence mal dégrossie ; ils ne jugent vrai que ce dont ils trouvent confirmation dans leurs mœurs et dans leurs activités auxquelles les portent leurs appétits. Au-delà, ils ne jugent pas crédibles toutes les bonnes et louables sentences, tous les exemples notables et tous les faits glorieux des hommes vertueux, mais les prennent pour des fables et des récits de vieilles femmes trouvés et inventés à la veillée[3] pour amuser les oisifs.

§ 6. C'est pourquoi ils affirmaient que j'allais au-devant de divers reproches de la part des ignorants, dont les uns blâmeraient sans jugement mes propos, sans savoir qu'ils sont tirés et choisis à partir de philosophes approuvés, et les autres diraient que j'avais la présomption de donner des préceptes pour la vie civile dans laquelle, en raison de ma jeunesse, j'ai peu vécu et dans laquelle j'ai, moins encore, de pratique.

§ 7-8. Beaucoup calomnieront mon invention et l'ordre suivi, inverseront mes mots, diront « c'est comme cela qu'il fallait écrire[4] » « comme cela, c'était mieux », et parfois, « il n'a pas compris », à propos d'une chose que les esprits éminents de nos anciens, fort savants, ont comprise et approuvée comme telle. Et il en adviendrait à nos volumes, disaient-ils, ce qu'il advient ordinairement à beaucoup, à savoir que l'ignorance des écrivains en langue vulgaire, corrompant tout bon ouvrage, sera imputée à son auteur. Ces raisons et maintes autres semblables m'ont plusieurs fois dissuadé d'écrire, mais beaucoup d'autres m'ont répété : « Écris ». Finalement, averti par Jérôme[5] et Tullius,

---

3    *veghia* : « *veglia* ».

4    *ire* : « *scrivere* ».

5    Saint Jérôme est l'auteur d'une continuation du *Chronicon* d'Eusèbe de Césarée dont il assura également la traduction. Dans sa préface, il déclare ne rien ignorer de la médisance à laquelle s'expose son ouvrage, dans des termes que reprend ici Palmieri (§ 7) : « *Nec ignoro multos fore qui solita libidine omnibus detrahendi huic uolumini genuinum infigant. Quod uitare non potest nisi qui omnino nil scribit. Calumniabuntur in tempora, conuertent ordinem, res arguent, syllabas euentilabunt et, quod accidere plerumque solet, neglegentiam librariorum ad auctores referent.* » : « Je sais que bien des gens, cédant à leur penchant invétéré pour la médisance, vont déchirer à belles dents le présent volume. Mais quiconque écrit un tant soit peu s'expose immanquablement à cet outrage. Ils vont chicaner (*calumniabuntur*) sur les dates, modifier l'ordre des événements (*ordinem*), mettre les faits en accusation, passer au crible les syllabes (*syllabas*) et, comme c'est souvent le cas, imputer aux auteurs la négligence des copistes (*neglegentiam librariorum*). » – La traduction du passage est de B. Jeanjean, *Saint Jérôme, patron des chroniqueurs en langue latine*, in Id., *Saint Jérôme, Chronique : Continuation de la Chronique d'Eusèbe, années 326-378, suivie de quatre études sur Les Chroniques et chronographies dans l'Antiquité tardive* (IVe-VI[e] *siècles*) [en ligne], Rennes,

dua mia singularissimi amici, i quali affermono chi scrive non avere rimedio a non essere ripreso, iudicai non volere sempre tacere, poiché sempre, scrivendo, aveva a essere alle altrui riprehensioni sottoposto.

§ 9-10. Non mi piace adunque che il timoroso silentio sia il rimedio della riprehensione nostra, ma più tosto scrivere per utilità di chi disidera vivere secondo virtù et sopra gli altri huomini farsi degno. Quello m'abbia a scrivere indocto, assai è detto nel prohemio di tutta l'opera. Coloro a chi non piace non leggano. Noi certo in questi libri abbiàno scripto non solo quello è paruto et piace a noi, ma quello è stato detto et approvato dai sommi ingegni degli antichi philosophi et di varie discipline maestri.

§ 11-16. Scripto adunque ne' passati libri dell'honesto, col nome di Dio seguireno dell'utile, del quale secondo nostro iudicio assai commodamente si tracta nel libro seguente. In quella parte dove sotto brieve divisione significamo l'ordine del nostro scrivere, dicemo volere prima tractare dell'honesto et delle parti di quello, et così crediamo avere con sufficientia fatto. Seguita la parte seconda, nella quale si contengono le cose appartenenti al commodo, all'ornamento, amplitudine et belleza di nostra vita, alle facultà, alle richeze, alle abondanze et copie di tutte le cose che sono in uso degl'huomini, dove dicemo essere posto l'utile del quale al presente cominciàno a dire. Non è alieno in questo principio significare essere volgare divisione et consuetudine transcorsa della vera via quella che sepera l'honesto da l'utile, però che la verità approvata da i sommi ingegni et da l'auctorità de' philosophi severi et gravi in alcuno modo non seiugne né divide l'honesto da l'utile; anzi insieme gli coniungono, et vogliono che ciò che è honesto sia utile et ciò che è utile sia honesto, né in alcuno modo patischino essere divisi: la sententia de' quali certo è approvata et vera. Ma altrimenti si iudica quando in disputatione s'asottiglia la verità propria, et altrimenti quando le parole s'adattono alla commune oppenione della magiore moltitudine.

LA VIE CIVILE – LIVRE IV                    285

deux amis à moi très chers[6], que celui qui écrit n'a pas aucun remède contre les reproches, j'estimai ne pas devoir toujours me taire puisqu'en écrivant je serais toujours exposé aux reproches des autres.

§ 9-10. Je ne trouve donc pas bon que le silence inspiré par la crainte soit le remède contre le reproche qu'on nous adressera, mais je préfère écrire pour le profit de ceux qui désirent vivre selon la vertu et se rendre dignes au-dessus des autres hommes. J'ai suffisamment parlé, dans l'avant-propos de cet ouvrage, de ce qui m'a amené à écrire. Que ceux qui ne l'approuvent pas s'abstiennent de le lire : il est certain que nous avons écrit dans ces livres non seulement ce qui nous a semblé bon et ce qui nous a plu, mais ce qui a été dit et approuvé par les philosophes anciens, éminents esprits et maîtres en diverses disciplines.

§ 11-16. Ayant donc écrit, dans les précédents livres, sur l'honnête, avec l'aide de Dieu nous poursuivrons par l'utile dont traite, assez convenablement selon notre jugement, le présent livre. Dans la partie où, en une brève partition, nous avons indiqué l'ordre suivi dans notre écrit, nous avons dit que nous voulions traiter premièrement de l'honnête et de ses parties, et nous pensons l'avoir fait de manière adéquate. Vient ensuite la seconde partie, contenant les choses relevant de ce qui est avantageux, l'ornement, la grandeur et la beauté de notre vie, les ressources, les richesses, l'abondance et la quantité de tout ce dont les hommes font usage, où, comme nous l'avons dit, est placé l'utile dont nous commencerons à parler. Il n'est pas hors de propos, en ce commencement, de dire que la division entre l'honnête et l'utile est ordinaire et que l'habitude de les séparer s'écarte de la vraie voie, car la vérité approuvée par les esprits les plus élevés et par l'autorité des philosophes sérieux et dignes ne distingue ni ne sépare l'honnête de l'utile ; au contraire, ces philosophes les unissent, et veulent que ce qui est honnête soit utile et que ce qui est utile soit honnête[7], et qu'en aucun cas il ne soit permis de les séparer : et leur opinion est, certes, admise pour vraie. Mais on juge différemment selon que, dans une discussion, on subtilise sur la vérité, et selon que les mots s'adaptent à l'opinion commune de la plupart des gens.

---

Presses universitaires de Rennes, 2004, p. 137-178. L'édition de référence est celle de R. Helm, *Eusebii chronicon ; Hieronymi continuatio*, GCS, *Eusebius Werke*, Band 7, Berlin, 1956.

6    *singularissimi* : *carissimi, fraterni*.

7    « car la vérité… » : CIC., *Off.*, II, ɪɪ, 10.

VITA CIVILE – [LIBRO QUARTO]

A noi, che al presente parliano in volgare, è cosa conveniente accommodare le parole secondo la consuetudine de' volgari, et lasciare la limata sotiglieza della assoluta verità. Et come da i più si dice, così noi direno alle volti essere utile quello che non è honesto, et essere honesto quello che non è utile. Sendo adunque il presente nostro trattato dell'utile, doviàno fermare nell'animo che quatro ragioni di cose sono quelle in elle quali è posto ogni utilità che hanno gl'huomini al mondo, et che maximamente sono disiderate et seguite da tutti i viventi. Le prime di queste sono di sì perfecta natura che, bene che abondantemente sieno utili, nientedimeno, non per utilità, ma per la loro excellentia et bontà, sono disiderate, appetite et cerche dagl'huomini et per loro propria natura dispongono et attraggono gl'ingegni al proprio amore, come si vede nelle scientie, nella verità, nelle virtù et in qualunche buona arte; le quali tutte, benché da niuno fussino lodate, di ragione meritono loda; et se none attribuissino alcuna utilità niente dimeno meriterebbono per loro medesime essere electe et cerche: il perché si conosce che l'honestà d'esse è più tosto disiderata che l'utile.

§ 17. Per questo, tractando della honestà abbiàno tractato di quelle in e passati libri, come di cose che più tosto per honestà che per utile si cercano. Di tali scientie et virtù chi vuole ornare sua vita, gli è necessario exercitarsi da giovane nelle buone arti, come ne' nostri principii admonimo.

§ 18-23. Resta dunque a tractare di tre ragioni di cose utili, delle quali alquante sono che per bontà di loro natura et per utile ancora insieme misto sono disiderate da noi. Di questa ragione sono le parentele, l'amicitie, la buona fama, la sanctà, delle quali cose procede la gloria, la degnità, l'amplitudine et degnamente honorato vivere. Altre ne sono cerche per sola utilità sanza altro rispecto sia in loro, come sono maximamente le pecunie, le possessioni, il cultivare, la copia degli animali figlierecci, i servi et mercennarii delle arti mecanice. Altre ne sono che s'eleggono non per utilità né per bontà di propria natura, ma per commodo et degnità,

LA VIE CIVILE – LIVRE IV

Quant à nous qui, pour l'heure, parlons en vulgaire, il nous convient d'accommoder les mots selon l'usage des gens du peuple, et de laisser de côté la subtilité bien limée de la vérité absolue[8]. Et comme le disent la plupart des hommes, nous dirons nous aussi, parfois, que ce qui est utile n'est pas honnête, et que ce qui est honnête n'est pas utile. Puisque nous traitons présentement de l'utile, notre esprit doit retenir qu'il existe quatre sortes de choses où est placée toute utilité que les hommes trouvent en ce monde et que tous les vivants désirent et poursuivent le plus. Les premières sont d'une nature si parfaite que, tout en étant abondamment utiles, néanmoins elles sont désirées, convoitées et recherchées par les hommes non pour leur utilité, mais pour leur excellence et leur valeur, et que, par leur nature propre, elles disposent et attirent les esprits à les aimer, comme on le voit dans les sciences, dans la vérité, dans les vertus et en quelque bonne pratique que ce soit ; toutes, même si personne ne les louaient, méritent avec raison d'être louées ; et quand elles ne procureraient aucune utilité, elles mériteraient néanmoins d'être choisies et recherchées pour elles-mêmes : ainsi, l'on sait que l'honnêteté y est désirée de préférence à l'utile.

§ 17. Pour cette raison, en traitant de l'honnêteté, nous avons traité de ces choses dans les livres précédents, comme de choses recherchées par honnêteté de préférence à l'utile. Qui veut orner sa vie de telles sciences et vertus, doit nécessairement s'exercer dès sa jeunesse dans les bonnes pratiques, ainsi que nous en avons averti au début.

§ 18-23. Il nous reste donc à traiter de trois sortes de choses utiles, que nous désirons pour leur bonté naturelle et aussi pour l'intérêt qui y est mêlé. À cette sorte appartiennent les parentés, les amitiés, la bonne renommée, la santé, d'où procèdent la gloire, la dignité, la grandeur et une vie digne et honorable. D'autres sont recherchées pour leur seule utilité sans y trouver d'autre raison, comment le sont essentiellement l'argent, les possessions, les cultures, l'abondance d'animaux d'élevage[9], les serviteurs et les travailleurs agricoles rétribués[10]. D'autres ne sont choisies ni pour leur utilité ni pour la bonté de leur nature propre, mais pour l'avantage et la dignité qu'elles procurent, car on estime en avoir embellissement et plus grande dignité :

---

8    *Ibid.*, II, X, 35.

9    *animali figlierecci* : *animali da allevamento.*

10   *mercennarii* (lat. *mercennarius* : « ouvrier agricole ») : dans le contexte, il s'agit de brassiers, qui exercent un travail manuel (ou « mécanique ») rétribué.

288 VITA CIVILE – [LIBRO QUARTO]

stimando per quelle abellirsi et farsi più degno, come sono le case magnifice, gl'edificii si fanno in publico, le masseritie pretiose, i famigli, cavalli
et qualunche abondanza di splendido vivere. Le quali cose benché nel
primo aspecto paiono recare spesa più tosto che utile, et forse per questo
non convenirsi tractare nel luogo presente, niente dimeno, perché da
quelle riceve molte utilità nostra vita et la sperientia dimonstra simili
cose essere cerche da gl'ingegni che sono riputati intendenti et savi et
non usi a eleggere cose damnose, stimiamo che qualche coperta utilità
sia in esse, come riputatione, stima, popolare admiratione o altro, onde
alle volti acquistino in privato o in publico tali excercitii che arechino
loro honorato utile; et pertanto iudichiamo non essere inconveniente
scrivere di quelle nel presente luogo. L'ordine dunque di nostro scrivere
sarà prima di quelle cose che insieme sono cerche per utile et per bontà
di loro propria natura, nel secondo luogo di quelle che sono solo utili,
nella parte terza direno di quelle che per commodo et degnità più tosto
che per utile o propria bontà si disiderono. Gl'huomini d'età perfecta,
poi saranno disposti travagliare loro vita in nelle opere honeste con
gli exercitii et arti già conte da noi, non debbono spregiare l'utilità et
commodi proprii, ma quelle sempre honestamente seguire, però che lo
sprezare l'utile il quale iustamente si può conseguitare merita biasimo,
né in alcuno modo si confà a chi è virtuoso. Le richeze et abondanti
facultà sono gli strumenti coi quali i valenti huomini virtuosamente se
exercitono, et non agevolmente si rilievono coloro alle virtù de' quali si
contrapone l'attenuato et povero patrimonio. Le virtù che hanno bisogno
dell'aiuto et subsidio de' beni di fortuna sono molte et sanza quegli si
truovono deboli et manche, sanza essere perfecte.

§ 24. La vera loda di ciascuna virtù è posta nell'operare, et all'operatione
non si viene sanza le facultà atte a quella. Per questo né liberale né
magnifico può essere colui che non ha da spendere, iusto né forte non
sarà mai chi in solitudine viverà, non experimentato né exercitato in
cose che importino et in governi et facti apartenenti a' più. La virtù
non è mai perfecta dove ella non è richiesta; non si conosce la fede in
chi nulla è commesso, ma in chi sono credute le cose grandi.

ce sont les demeures magnifiques, les constructions publiques, les objets précieux, les domestiques, les chevaux et toute l'opulence d'un train splendide. Ces choses paraissent au premier abord donner plus de dépenses que de profit, et il ne semble donc pas convenable d'en traiter en cet endroit ; néanmoins, notre vie en recevant beaucoup d'utilité et l'expérience montrant qu'elles sont recherchées par des esprits entendus et savants qui n'ont pas pour habitude de faire des choix dommageables, nous estimons qu'elles contiennent quelque utilité cachée, telles que la réputation, l'estime, l'admiration populaire ou autre, moyen pour ces gens de se consacrer, parfois, en privé ou en public, à des activités pouvant leur rapporter un honorable profit : nous jugeons donc qu'il n'est pas inconvenant d'en traiter en cet endroit. Nous écrirons donc en suivant cet ordre : d'abord, sur les choses recherchées à la fois pour ce qu'elles ont d'utile et de bon par leur nature propre, en second lieu sur celles qui ne sont qu'utiles, et, dans une troisième partie, nous parlerons de celles que l'on désire en vue de l'avantage et de la dignité de préférence à ce qu'elles ont d'utile et de bon. Les hommes parvenus à l'âge mûr, qui seront disposés à mettre leur vie à la peine pour des travaux honnêtes au moyen des exercices et des pratiques que nous avons déjà exposés, ne doivent pas mépriser leur propre intérêt et leurs propres avantages, mais toujours chercher à les atteindre honnêtement, car mépriser l'utile que l'on peut obtenir d'une manière juste mérite le blâme et ne convient en aucun cas à l'homme vertueux. Les richesses et les biens abondants sont les instruments avec lesquels les hommes vaillants s'exercent vertueusement, et ceux dont le patrimoine amoindri et médiocre s'oppose à leurs vertus s'élèvent malaisément. Les vertus qui ont besoin de l'aide et du soutien des biens de fortune sont nombreuses, et sans eux elles se trouvent faibles et insuffisantes, et sont imparfaites.

§ 24. Le vrai mérite de toute vertu est placé dans l'agir[11] et on ne parvient pas à l'action sans les facultés qui lui sont propres. C'est pourquoi celui qui n'a pas de quoi dépenser ne peut être ni généreux ni magnifique, et celui qui vivra dans la solitude ne sera jamais juste ni fort, ni expérimenté ni exercé dans des choses d'importance, pas plus que dans les gouvernements et dans les affaires qui sont le privilège des meilleurs. La vertu n'est jamais parfaite là où elle n'est pas requise ; on ne connaît pas la loyauté chez ceux à qui l'on ne confie rien, mais chez ceux que l'on croit capables de grandes choses.

---

11  CIC., *Off.*, I, VI, 19.

## 290  VITA CIVILE – [LIBRO QUARTO]

§ 25. La temperantia non è di chi, rimoto, non conversa fra i diletti mondani, ma di chi, travagliandosi fra quegli, si contiene, et non transcorre ne' disordini a' quali da gli altri non si risiste. Da questo procede che a' virtuosi s'apartiene cercare utile, acciò che possino bene vivere: se gli adiviene conseguitare quello, usilo nell'opere virtuose; se non gli adiviene, spregilo come cosa di fortuna, né per acquistare esca del vero ordine di giusto vivere.

§ 26. Vituperabile sare' colui che per amplificare le proprie sustanze nocesse ad altri. Chi, non nocendo a persona, con buone arti acresce suo patrimonio, merita loda. L'utilità sono varie et molte, ma infra tutte nulle ne sono magiori che quelle sono agl'huomini dagl'huomini conferite.

§ 27-28. Molte sono le cose delle quali si riceve utilità et commodo, che se non fussino state fatte con l'arti et industrie degl'huomini sarebbono nulla, come il cultivare, ricorre i fructi maturi ne' debiti tempi et quegli per uso necessario di nostro vivere convertire, conservare et disporre, curare la sanctà et quella inducere ne' corpi infermi, navicare et permutare le cose di che s'abonda, conducendo quelle di che si manca. Le quali cose certo non aremo per nostro uso, se non fussino condocte dagl'huomini per simile modo; se non fussino l'arti varie delle humane industrie, mancheremo di moltissime attitudini utili et in gramparte necessarie al vivere. L'arti sono quelle che il ferro, i metalli, il legname et infino alle pietre hanno cavato degli interiori della terra et quelle lavorate et ridotte in uso et utilità nostre.

§ 29. Con queste poi, edificato le case, non solo in esse rifugiàno le tempeste, i caldi et freddi et nocivi sereni (il perché molta parte del mondo s'abita che sare' diserta), ma in e bisogni risistiano con esse a' nostri nimici, riparianci dagli animali feroci et crudi, ducendo in esse vita ioconda et sicura con ogni commodo di qualunche nostro exercitio.

§ 25. Ceux qui possèdent la tempérance ne sont pas les solitaires ne frayant pas avec les plaisirs mondains, mais ceux qui, travaillant au milieu de ceux-ci, se contiennent et ne se laissent pas aller à des désordres auxquels les autres ne résistent pas. Par conséquent, c'est aux vertueux qu'il appartient de chercher l'utile, afin de pouvoir bien vivre : s'ils parviennent à l'obtenir, ils en useront dans les activités vertueuses ; s'ils n'y parviennent pas, ils le mépriseront comme une chose sujette à la Fortune, et ne s'écarteront pas, pour l'acquérir, de l'ordre vrai de la vie juste.

§ 26. Celui qui, pour accroître ses propres richesses, nuirait aux autres serait blâmable. Celui qui, sans nuire à personne, augmente son patrimoine par de bonnes pratiques, mérite l'éloge. Il existe plusieurs et diverses sortes d'utilités, mais point de plus grandes que celles que des hommes confèrent aux autres hommes.

§ 27-28. Il existe beaucoup de choses dont on reçoit utilité et avantage, lesquelles, si les arts et l'industrie des hommes ne les avaient créées, ne seraient rien, comme de cultiver, de cueillir les fruits mûrs en temps voulu et les employer, les conserver et les préparer pour un usage nécessaire à notre vie, entretenir la santé et la rétablir dans les corps malades, naviguer et échanger les marchandises dont on a grande quantité, en ramenant celles dont on manque. Nous n'aurions pas l'usage de celles-ci si elles n'étaient transportées par les hommes par ce moyen ; sans la diversité des arts dus à l'industrie humaine, nous manquerions de très nombreuses possibilités, utiles et, en grande partie, nécessaires à la vie. Ce sont les arts qui ont tiré de la terre le fer, les métaux, le bois et jusqu'aux pierres, et les ont travaillés et convertis à notre usage et pour notre utilité.

§ 29. Ensuite, après avoir par ces moyens édifié les maisons, nous nous y abritons des tempêtes, de la chaleur et du froid, de la vie malsaine à ciel ouvert (ainsi, une grande partie de la terre est habitée, qui serait déserte), mais en cas de nécessité nous résistons avec nos maisons à nos ennemis, nous nous y protégeons des animaux féroces et cruels, y menant une vie agréable et sûre, avec tout l'avantage que nous tirons de chacune de nos activités.

§ 30-31. Oltr'a questo, gli edificii et strumenti coi quali a varie arti si ministra, e canali et condotti fatti per inacquare et fare fertili i terreni, o per operare et muovere edificii atti a molti exercitii, e ripari et chiusure fatte all'empito delle nocenti acque, e porti fatti per forza et molte altre utilità certo non sarebono sanza la industria et opere degl'huomini et mancherebbesi di molte utilità et varii fructi che si cavano di quelle. Mirabile ancora è considerare l'utilità che gl'huomini cavano degli animali bruti, i quali né alevare né pascere né per nostro utile domare potrebbonsi sanza l'attitudini et operationi nostre. Gl'huomini gli riparono, conducono, mantengono et fanno utili et d'abondante fructo, uccidendo quegli che nuocono et conservando quegli da' quali si cava fructo. Non è necessario numerare la moltitudine degli exercitii et opere humane, ordinate et trovate dagl'huomini, sanza le quali la vita humana sare' vagante, rozza, inculta et simile alla vita bestiale.

§ 32-33. Colle industrie s'è ornato et pulito nostro vivere, sonsi edificate le città et da molti huomini habitate et frequentate, poi in quelle scritte le leggi, approvato le consuetudini et i costumi civili et ordinate tutte le discipline del politico vivere, onde e' seguita la mansuetudine, l'amore et l'unione degli animi insieme ragunati. Il perché certo si conosce essere vera la sententia degli stoici, i quali dicevano ciò che era in terra essere stato da Dio creato et facto per uso et commune commodità degl'huomini, et gl'huomini per utilità et subsidio degli altri huomini essere stati generati, acciò che potessino insieme subvenirsi et prestare l'uno all'altro favore.

§ 34-36. Noi forse abbiàno speso più parole non si richiedeva in dimonstrare quello che era certo, però che le cose certe non hanno bisogno di pruova et a ciascuno è certo che sanza favore et aiuto degl'huomini non si fanno le cose grandi et non si ministrono l'arti che ci prestono ornamento et favore –.

# LA VIE CIVILE – LIVRE IV

§ 30-31. Outre cela, les machines et les instruments qu'on met au service de divers arts, et les canaux et les conduits pour arroser et fertiliser les terrains, ou pour mettre en action et en mouvement les machines adaptées à plusieurs opérations, et les levées et les écluses pour contenir la violence de la crue des eaux, et les ports artificiels, et beaucoup d'autres choses utiles, n'existeraient certainement pas sans l'industrie et les travaux des hommes, et l'on manquerait des nombreuses choses utiles et des fruits variés qu'on en retire. Il est tout aussi admirable de considérer l'utilité que les hommes retirent des bêtes brutes, qu'on ne pourrait élever ni faire paître ni domestiquer pour notre profit sans nos activités et nos opérations. Les hommes les mettent à l'abri, les gouvernent, les nourrissent et en tirent utilité et abondant profit, en tuant les animaux nuisibles et en conservant ceux dont on retire du profit. Il n'est pas besoin d'énumérer la multitude des exercices et des travaux que les hommes ont organisés et inventés, et sans lesquels la vie humaine serait vagabonde, grossière, inculte et semblable à la vie des bêtes.

§ 32-33. Industrieusement, on a orné et poli notre mode de vie, on a édifié les villes, habitées et fréquentées par beaucoup d'hommes qui y ont écrit ensuite les lois, approuvé les usages et les mœurs civils et ont organisé toutes les disciplines de la vie politique[12], d'où se sont ensuivis l'adoucissement, l'amour et l'union des esprits réunis ensemble[13]. C'est pourquoi l'on reconnaît pour certaine la vérité de la sentence des stoïciens disant que ce qui était sur terre avait été créé par Dieu et fait pour l'usage des hommes et leur avantage commun, et que les hommes avaient été engendrés pour l'utilité et le secours des autres hommes, afin qu'ils puissent subvenir les uns aux autres et se prêter mutuelle assistance[14].

§ 34-36. Nous avons peut-être dépensé plus de paroles qu'il n'était nécessaire pour démontrer ce qui était certain, car les choses certaines n'ont pas besoin de preuve et chacun est certain que, sans l'assistance et l'aide des hommes, on n'accomplit pas de grandes choses et qu'on ne met pas en œuvre les arts qui nous procurent ornement et faveur.

---

12 *politico vivere* : la vie selon les principes et les lois qui régissent la communauté organisée de la cité (*polis*).

13 « Ensuite, après avoir… » : CIC., *Off.*, II, IV, 13-15.

14 *Ibid.*, I, VII, 22.

FRANCO. – El parlare tuo non è stato in alcuna parte superflua, et secondo il bisogno nostro era necessario cominciare così, però che sanza principio aremo male inteso il mezo et fine di quello intendi seguire. Ora, poi ci hai aperto come l'utilità si dividono et da che principii procedono, stimiamo ci sarà agevole intendere quello che, secondo l'ordine dato, seguirai di questo. Da' opera adunque a finire l'opera tua; noi per l'avenire diliberiàno con diligentia udirti quanto ti piacerà volere dire, né per alcuna cagione vogliàno interrompere le parole tue: segui tu come maestro, al iudicio del quale sempre siàno stati et sareno contenti –.

§ 37-38. AGNOLO. – Avendo fermo l'ordine di quanto vogliàno dell'utilità dire, credo fia bene tacere, come voi dite. Io, ritornando all'ordine nostro, dico che la prima ragione delle cose utili è di quelle che si cercono perché la loro propria natura è buona et insieme ancora hanno coniunta l'utilità. Fra queste numeramo le parentele, delle quali ora seguirà il nostro tractato. Infra tutti gli amori delle humane dilectioni niuno n'è magiore né più da natura unito che quello delle coniuntioni matrimoniali, delle quali si dice pelle sancte parole dello apostolo che e sono dua in una medesima carne et e' medesimo comanda a ciascuno che ami la donna propria come se medesimo.

§ 39-41. Naturale è prima la coniunctione del maschio colla femina et la dilectione alternativa di loro medesimi; poi l'utilità, i commodi et subsidii scambievolmente da l'uno a l'altro prestati acrescono, coniungono et insieme constringono l'affectione del natio amore. Conoscono non potere essere l'uno sanza l'altro et, mentre che e' sono, dare l'uno all'altro aiuto di bene essere; conoscono la vita dell'huomo in brieve tempo mortale, né potere alcuno huomo molto tempo durare; per questo disiderono, per le successioni de' figliuoli a' nipoti et per quegli che poi nascono di loro, acquistare il sempre essere in seme, poi che non possono sempre essere in vita. Pertanto in elle parentele si richiede essere la prima cura della propria donna.

FRANCO. – Ton discours n'a été en rien superflu et il était nécessaire, pour répondre à nos besoins, de commencer ainsi, car sans ce commencement nous aurions mal compris le milieu et la fin du propos que tu entends tenir. Or, après que tu nous as ouvert la voie avec les divisions de l'utilité et les principes dont elles procèdent, nous pensons qu'il nous sera aisé de comprendre la suite de ton propos, selon le plan exposé. Fais donc en sorte de mener ton œuvre à son terme ; nous sommes décidés dès à présent à écouter diligemment tout ce que tu voudras nous dire, avec la volonté de n'interrompre ton propos sous aucun prétexte : poursuis comme le maître que tu es et dont le jugement nous a comblé et nous comblera toujours –.

§ 37-38. AGNOLO. – Ayant arrêté le plan de ce que nous voulons dire sur l'utilité, je crois qu'il serait bon de se taire, comme vous le dites. Mais moi, revenant à notre plan, je dis que la première raison des choses utiles vient de celles qu'on recherche parce que leur nature propre est bonne et qu'en même temps y est joint l'intérêt. Parmi celles-ci, nous mettons les parentés, dont il sera question à présent dans notre traité. Parmi tous les liens d'amour des dilections[15] humaines, il n'en est pas de plus grand ni de plus naturel que ceux des unions matrimoniales, dont on dit, selon les mots de l'apôtre saint Paul qui lui-même ordonne à chacun d'aimer sa femme comme soi-même, qu'ils sont deux en une même chair[16].

§ 39-41. Premièrement, l'union du mâle à la femelle est naturelle, ainsi que leur dilection réciproque ; ensuite, l'utilité, les avantages et les secours qu'ils se prêtent l'un l'autre accroissent, conjoignent et resserrent l'attachement de l'amour né de nature. Ils connaissent qu'ils ne peuvent être l'un sans l'autre et que, durant leur vie, ils s'entraident pour leur bien-être ; ils savent que la vie de l'homme est brève et mortelle, et qu'aucun homme ne peut durer longtemps ; aussi désirent-ils, par la succession des enfants aux petits-enfants et à travers ceux qui naîtront de ceux-ci, acquérir une semence éternelle, puisqu'ils ne peuvent toujours être en vie. C'est pourquoi, dans les parentés, le premier soin requis est celui qu'on donne à sa propre femme.

---

15  Les « dilections » sont les différentes formes de l'amour humain : amour d'autrui, mais aussi amour de soi.

16  *Eph.* 5, 31-33.

La principalissima cosa che si de' cercare in quella è che in e costumi, quanto più si può, sia assimigliata et bene conveniente al marito, però che nella dissimilitudine de' costumi non si coniunge perfecto amore, et la forza del simile vivere è tanta che non solo fra i buoni, ma ancora fra i dissoluti et tristi coiugne grandissime compagnie.

§ 42. L'ornamento d'ogni valente donna è la modestia et l'onestà della bene composta et ordinata vita. Gli altri ornamenti che sono de' vestiti, portature et aconcimi sieno competenti et confacciansi alle potenzie, alle facultà et conditioni di chi gl'usa, et sieno in modo regolati che manchino di merita riprehensione, della quale sempre mancherà quella che ritiene honestà. El principale utile che dalla donna s'aspecta sono i figliuoli et le successive famiglie.

§ 43-47. La moglie è in luogo della feconda terra, la quale il seme ricevuto nutrica et multiplica in abondante et buono fructo. Se adunque la sperienzia provata de' buoni lavoratori sempre sceglie la terra migliore dalla quale riceva il migliore fructo, non de' l'huomo molto magiormente scegliere la migliore moglie della quale possa migliori figliuoli ricevere? La negligentia spesso nuoce nelle cose magiori però che, come soleva dire Marco Varrone, se la diligentia che dì per dì si mette in provedere che in casa sia fatto buono pane et saporite vivande fusse per la dodecima parte messa in provedere alla bontà della propria famiglia, già buono tempo tutti sareno fatti buoni. Sopra ogni cosa siano cerche le pari bontà di chi si coniunge in matrimonio, et quel medesimo sia detto della donna che disse Themistocle atheniese del marito, il quale, domandato a chi più tosto s'alogasse la figliuola per moglie, o a un povero virtuoso o a uno ricco, poco in costumi lodato et di poca virtù, rispose: «Io voglio inanzi l'huomo sanza danari che i danari sanza huomo». Facto in questo modo la copula et legame del matrimonio sancto, sarà obligato il marito alla moglie et la moglie al marito, et ciascuno fia richiesto observare le matrimoniali leggi.

La principale chose qu'on doit rechercher chez elle est que ses mœurs, autant que possible, soient semblables à celles de son mari et qu'elles lui correspondent, car si les mœurs sont dissemblables on ne peut conjoindre un amour parfait, et la force de la similitude de vie est telle que non seulement entre les êtres bons, mais encore entre les êtres dissolus et mauvais, elle conjoint de très grandes compagnies.

§ 42. La modestie et l'honnêteté d'une vie bien ordonnée et bien réglée sont l'ornement de toute femme méritante. Les autres ornements qui concernent les vêtements, les parures et les atours[17] doivent convenir et s'adapter à la puissance, richesse et condition de celles qui les portent, et être réglés de manière à ne pas faire l'objet d'une critique bien méritée dont ne fera jamais l'objet la femme qui observe l'honnêteté. La principale utilité que l'on attend de la femme, ce sont les enfants et les familles à venir.

§ 43-47. L'épouse tient lieu de terre féconde qui, une fois ensemencée, nourrit et multiplie cette semence en un fruit abondant et bon. Donc, si l'expérience bien établie des bons laboureurs est de choisir toujours la meilleure terre dont ils recevront le meilleur fruit, l'homme ne doit-il pas, plus encore, choisir la meilleure épouse dont il puisse recevoir les meilleurs enfants[18] ? La négligence nuit souvent dans les grandes choses, car, comme le disait Marcus Varron, si la douzième part de la diligence qu'on met chaque jour à faire un bon pain et de savoureuses nourritures était employée à pourvoir à la bonté de sa propre famille, nous serions tous, depuis longtemps, devenus bons[19]. Par-dessus tout, que l'on cherche une même bonne qualité chez ceux qui s'unissent dans le mariage, et qu'on dise la même chose de la femme que ce que Thémistocle, athénien, dit du mari qui, questionné sur l'homme auquel il préférerait donner sa fille pour épouse, ou à un pauvre vertueux ou à un riche peu loué pour ses mœurs et sans grande vertu, répondit : « Je préfère l'homme sans fortune qu'une fortune sans homme[20]. » Une fois que l'on aura, de cette manière, consacré l'union et le lien du sacrement de mariage, le mari sera obligé envers son épouse et l'épouse envers son mari, et chacun d'eux sera tenu d'observer les lois matrimoniales.

---

17 *portature et aconcimi* : « *acconciature ed abbigliamenti* ».
18 « Donc, si l'expérience... » : PSEUDARIST., *Oecon.*, II, 2.
19 « si la douzième part... » : GELL., *Noct. Att.*, XV, 19.
20 « Thémistocle... » : CIC., *Off.*, II, XX, 71.

La maxima et principalissima guardia debbe essere nella donna non solo di non coniugnersi con altro huomo, ma di mancare d'ogni sospecto di sì brutta scelerateza. Questo fallo è il sommo vituperio della honestà, toglie l'amore, disiugne l'unione, reca seco la incertitudine de' figliuoli, fa le famiglie infame et infra loro medesimi varii et odiosi et ogni coniunctione dissolve, né più merita essere chiamata maritata donna, ma corrotta femina et degna di vituperio publico. El marito ancora non sia leggere in portare suo seme altrove, né quello in altra donna spanda, acciò che non si tolga la degnità et infami i figliuoli non legittimamente nati. El parlare et ragionamenti loro sieno amichevoli et honesti et di cose domestice o piacevoli.

§ 48. Quando il debito gli richiede a exercitarsi a famiglia, sia il loro primo rispetto a' figliuoli, servino con temperantia l'ordine che il matrimonio richiede, et fughino ogni giuoco, ogni lascivia, qualunche atto o movimento di publica meritrice; temperino il diletto il quale Idio ha posto nelle coniuntioni, acciò che per la brutteza dell'atto non si perdano le spezie degli animali terreni.

§ 49. Il fine dell'atto generativo è necessario alla salute delle spezie humane, ma in sé è quanto più può vilissimo, misero et brutto et è certo vilipensione et servitù d'ogni animo degno et giuoco bestiale che merita essere lasciato agli asini. L'uficio proprio della donna è l'essere attenta et sollecita al governo di casa, in casa provedere a' bisogni della famiglia, conoscere et intendere tutto quello che in casa si fa; et sempre riguardi et attenda alla salute et conservatione delle familiaresche attitudini, di quelle insieme col marito conferire et da lui intendere la sua volontà: quella seguire sì che in ogni cosa l'ordine, il parere et costume del marito sia la legge che segua la donna.

§ 50-57. Riguardi alle volti et ricerchi le masserizie, acciò le sia noto quali le mancono, quali sieno conservate, et quali abbino bisogno di ristoro. Fuori di casa non cerchi la madre della famiglia quello si faccia, ma di tutto lasci il governo al marito a cui s'aspecta ogni provvedimento extrinseco.

La femme doit se garder surtout et principalement non seulement de ne pas s'unir avec un autre homme, mais aussi ne pas être soupçonnée d'un crime aussi laid. Cette faute est ce qui entache le plus l'honnêteté, elle supprime l'amour, défait l'union, entraîne l'incertitude sur les enfants[21], jette l'infamie sur les familles et fait naître en elles dissensions et haines, elle dissout toute union, et l'épouse ne mérite plus ce nom, mais celui de femme corrompue et digne du blâme public. Que le mari non plus ne montre trop de légèreté en portant sa semence ailleurs et qu'il ne répande pas celle-ci dans une autre femme, afin que la dignité soit maintenue et que les enfants illégitimes ne soient pas entachés d'infamie[22]. Leurs propos et leurs conversations doivent être amicaux et honnêtes et s'en tenir à des sujets domestiques et plaisants.

§ 48. Quand le devoir les appelle à fonder une famille, qu'ils aient égard d'abord aux enfants, qu'ils observent l'ordre requis par le mariage avec tempérance, et qu'ils fuient tout jeu, toute lasciveté, tout acte ou mouvement de paillardise publique ; qu'ils tempèrent le plaisir que Dieu a mis dans les unions afin que les espèces des animaux terrestres ne se perdent à cause de la laideur de l'acte.

§ 49. La fin de l'acte génératif est nécessaire à la sauvegarde des espèces humaines, mais en soi il est on ne peut plus vil, misérable et laid, et c'est assurément, pour un esprit digne, un acte méprisable et un asservissement, un jeu bestial qui mérite d'être laissé aux ânes. Le devoir propre de la femme est d'être attentive et empressée à gouverner sa maison, de pourvoir chez elle aux besoins de sa famille, de connaître et d'entendre tout ce qui se fait dans sa maison ; et elle doit toujours veiller et être attentive à la sauvegarde et au maintien des activités de la famille, discuter de celles-ci avec son mari et entendre sa volonté, et la suivre en sorte que l'ordre, l'avis et la conduite de son mari soient la loi qu'observe la femme.

§ 50-57. Qu'elle ait quelquefois l'œil aux choses de son ménage et qu'elle s'en préoccupe afin de savoir ce qui lui manque, ce qui doit être conservé et ce qui a besoin d'être réparé[23]. La mère de famille ne s'enquerra pas de ce qui se fait hors de la maison, mais elle en laissera tout le gouvernement à son mari auquel il appartient de pourvoir pour l'extérieur.

---

21 C'est-à-dire sur la légitimité de leur filiation.
22 § 47 : PSEUDARIST., *Oecon.*, I, 4.
23 *ristoro* : *restauro*.

VITA CIVILE – [LIBRO QUARTO]

Così ordinati in unito volere di carità et d'amore, menino la vita ioconda, disposti et obligati insieme godere la prosperità et il felice bene dell'optimo loro stato et similemente la miseria della adversa fortuna quanto più possono l'uno l'altro confortando sopportare, però che così si richiede essere insieme sottoposti et stare al bene et al male che la instabile et varia fortuna aparechia. Commune disiderio di tutti i civili è d'avere l'optima donna, honesta et di buoni costumi; ma perché alle volti i voleri non riescono et abbattesi a femmine crucciose, superbe, vane, ritrose et piene di rimbrottosi rimorchi, s'agiugne per consiglio de' savi che il vitio della moglie s'emendi quanto è possibile, et quando emandare non si potesse secretamente si sopporti. Socrate, domandato come potea mai patire la moglie che era molto bizarra rispose: «Io imparo in casa a sopportare le iniurie che si ricevono fuori». Poi che abiamo in brieve racolto quale observanza si convenga fra la moglie et il marito acciò che nella casa sia dato principio alla domestica utilità, seguita a dire de' figliuoli, ne' quali si stima fructo sì copioso et grande che niuna altra cosa magiormente si disidera da' mortali et, questi tolti, sarebe disiuncto et scemo ogni amore di matrimonio, né in alcuno modo riputato utile, quando in esso non fussi l'honestà della perpetua salute. In nel tractare de' figliuoli sare' la materia abondante et copiosa, ma perché in el principio dell'opera è molto scripto di quegli, tolgasi quindi la parte magiore di quello s'apartiene al luogo presente. Qui solo basti adiugnere che i figliuoli, sobvenuti da' paterni subsidii nel tempo erano impotenti et deboli a sustentarsi, sono obligati piamente ministrare a qualunche bisogno de' padri et maximamente a quegli subvenire in ella età senile et impotente allo aiuto proprio. El frutto grande il quale si riceve da i figliuoli procede dalla bontà loro; onde la principale cura de' padri vuole essere in fare i figliuoli buoni. Per questo sempre dieno loro buoni exempli. Però che i costumi tristi di casa molto corrompono la famiglia che non fanno quegli di fuori, et ciascuno padre debbe essere cauto et guardare che i sua vitii non sieno palesi a' figliuoli, acciò che l'exemplo paterno non gli disponga et asicuri a seguire quel medesimo.

Ainsi accordés dans une volonté unie de charité et d'amour, qu'ils mènent une vie agréable, en une commune disposition et obligation de jouir de leur prospérité et du bonheur de leur heureuse existence, et, pareillement, de supporter le malheur de la mauvaise Fortune en se confortant l'un l'autre autant que possible, car c'est ainsi qu'ensemble il faut s'assujettir et accepter le bien comme le mal que nous destine la Fortune instable et changeante. Le commun désir de tous les citoyens est d'avoir une femme parfaite, honnête et de bonnes mœurs ; mais comme, parfois, nos désirs n'aboutissent pas et que l'on tombe sur des femmes coléreuses, orgueilleuses, vaniteuses, rétives, toujours à faire des reproches[24] et à gronder, on ajoute que le conseil des sages est d'amender le plus possible le défaut des épouses, et, si l'on ne peut l'amender, de le supporter patiemment. Socrate, à qui l'on demandait comment il pouvait endurer son épouse si coléreuse, répondit : « J'apprends à supporter chez moi les injures qu'on reçoit au dehors. » Après avoir résumé brièvement les règles à observer entre mari et femme afin de donner commencement dans leur maison à l'utilité domestique, il nous reste à parler des enfants, fruit qu'on estime si riche et si grand qu'il n'en est pas de plus désiré parmi les mortels, dont la privation désunirait et diminuerait tout amour matrimonial, lequel ne serait jugé nullement profitable s'il manquait à l'honnête fin de la perpétuation de la vie[25]. Traiter des enfants offrirait une matière abondante et copieuse, mais comme nous avons beaucoup écrit sur ce sujet au début de cet ouvrage, on en prendra donc la principale partie de ce qui appartient à notre propos présent. Il nous suffira ici d'ajouter que les enfants, assistés par les secours paternels à l'âge où ils étaient impuissants et trop faibles pour subvenir à eux-mêmes, ont la pieuse obligation de servir leurs pères dans toutes leurs nécessités et surtout d'aider leur vieillesse impuissante à se soutenir elle-même. Le grand fruit qu'on reçoit des enfants procède de leur bonté ; aussi, le principal soin des pères doit-il être de rendre bons leurs enfants. C'est pourquoi ils leur donneront toujours de bons exemples. Car les mauvaises mœurs dans la maison corrompent bien plus la famille que ne font celles du dehors, et chaque père doit être circonspect et se garder de manifester ses vices à ses enfants, afin que l'exemple paternel ne les dispose ni ne les encourage à suivre celui-ci.

---

24  *rimorchi* : *rimproveri, biasimi.*
25  *della perpetua salute* : *del perpetuarsi della vita umana.*

302 VITA CIVILE – [LIBRO QUARTO]

El purgare et nettare la casa di vitii è la magiore utilità che venga alla famiglia, ma in fare questo communemente si pone poca cura; et, come Juvanale scrive, quando s'aspecta forestieri tutta la casa è in opera: chi spaza i pavimenti, chi netta i palchi, chi le mura; le colonne, i capitelli et gli archi degli spaziosi edificii tutti si spazano et nettono; a' ragnateli con tutta la tela è dato lo sgombero; l'argentiere si puliscono; i vasi d'ottone et di rame si forbono; el padrone della casa grida, provede et sta presente acciò che ogni cosa paia bene splendida all'amico che viene; ma che i figliuoli abbino la casa buona et netta di vitii non s'afatica persona.

§ 58-67. Utile cosa è avere generato figliuoli, cresciuto il popolo et dato cittadini alla patria, quando si provede che eglino sieno accommodati a bene vivere, utili di fuori et drento della città et in elle guerre et paci atti alla commune salute. Dopo i figliuoli, si stimano et debbono essere utili i nipoti et qualunche altro nato di nostro sangue; complendesi in questi prima tutta la casa; poi, multiplicati et non attamente in una medesima casa ricevuti, si diffundono le schiatte, le consorterie et copiose famiglie, le quali, dando et ricevendo legittime noze, con parentadi et amore comprehendono buona parte della città, onde poi per parentela coniuncti, caritativamente si sobvengono et fra loro medesimi conferiscono consigli, favori et aiuti, i quali nella vita recono attitudini, commodità et abondanti fructi. Detto delle parentele, seguita a dire delle amicitie, le quali sono tanto necessarie et di tanto commodo nella vita che sanza quelle niuno eleggerebbe di volere vivere, però che niuna sarebbe sì grande prosperità che facesse pro, non avendo con chi la godere, et in elle adversità et miserie solo s'aspecta rifrigerio dalle amicitie, i quali teco dolendosi et sobvenendo a' bisogni nostri, allievono gramparte del nostro dolore. Et molte sono state l'amicitie più strette, fedeli et migliori che i parentadi, el legame delle quali è tanto che in alcune cose si truova essere più strecto che le coniunctioni de' parenti,

# LA VIE CIVILE – LIVRE IV

Purger la maison et la nettoyer des vices est la plus grande utilité qui vienne de la famille, mais on met communément peu de soin à le faire ; et, comme l'écrit Juvénal, quand on attend des hôtes étrangers, toute la maison est à l'œuvre : qui balaie le sol, qui lave les pavements, qui les murs ; colonnes, chapiteaux et arcs des spacieux édifices, tout est balayé et nettoyé ; on décroche toutes les toiles d'araignées ; on nettoie les argenteries, on astique les vases de laiton et de cuivre ; le maître de maison crie, pourvoie et veille en personne à ce que tout paraisse resplendir pour l'ami qui arrive, mais personne ne se donne de peine pour que les enfants aient une bonne maison, propre de tout vice[26].

§ 58-67. Avoir engendré des enfants, augmenté le peuple et donné des citoyens à la patrie est chose utile, lorsqu'on pourvoie à ce qu'ils soient préparés à bien vivre, à être utiles au-dehors et au-dedans de la cité et propres au salut commun dans la guerre et dans la paix. Après les enfants, on estime que doivent être utiles les neveux et tout autre parent né de notre sang ; ceux-ci constituent d'abord toute la maison ; ensuite, comme ils se multiplient et ne peuvent point être proprement accueillis dans une même maison, les lignées, les clans[27] et les familles étendues s'élargissent et, par des mariages légitimes qu'elles contractent entre elles, comprennent, avec les liens du sang et de l'amour, une bonne partie de la cité, si bien qu'ensuite, leurs membres, unis par la parenté, subviennent les uns aux autres charitablement et se donnent mutuellement conseils, faveurs et aides, lesquels apportent dans la vie facilités[28], avantages et profits abondants. Après les parentés, il faut parler des amitiés, si nécessaires et si avantageuses dans notre vie que nul ne voudrait vivre sans elles, car aucune prospérité, si grande fût-elle, ne profiterait, s'il n'est personne avec qui en jouir, et, dans les adversités et les malheurs, on n'attend d'autre consolation que celle des amis qui, souffrant avec nous et subvenant à nos besoins, soulagent bonne part de notre douleur[29]. Et maintes amitiés ont été plus étroites, plus fidèles et meilleures que les parentés, et leur lien est si fort qu'il est plus étroit, en certaines choses, que les unions entre parents,

---

26  « quand on attend… » : JUV., *Sat.*, XIV, v. 60-69.
27  *consorterie* : associations de familles nobles, issues ou non d'une même souche, soudées par des liens de solidarité parentale et matrimoniale ; clan.
28  *attitudini* : ici, et infra, *agevolazioni*.
29  CIC., *Lae.*, VI, 22.

però che la benivolentia et amore non può essere tolta della amicitia, et le coniuntioni del sangue sanza amore stanno ferme tra i capitali nimici; l'amicitia è solo il legame che mantiene le città, né può non solo una città, ma una piccola compagnia durare sanza questa; et donde è tolta, disgrega et guasta ogni unione; per questo si dice che i componitori delle leggi più tosto debbono riguardare alla unione et concordia che alla iustitia, però che la vera amicitia sempre è per se stessa iusta. Questa, per excellente dono, prima è data dalla natura, la quale infra tutta la generatione humana coiunse amichevole affectione di similiata compagnia, in modo che tutti, inclinati al sobvenire delle altrui miserie, siàno da natura mossi a prestare aiuto a chi più ha bisogno, nonobstante che ignoto et molto strano sia da noi; da chi è poi stato liberalmente servito debbono essere le rimunerationi, se per lui non si manca in virtù. Quinci seguono le commodità, le quali molte volti, fra i buoni date et tolte, acrescono et insieme serrono sì unita amicitia che ha forza d'amare altrui quanto sé proprio, onde molte volte si sono trovati degli amici che hanno eletto la propria morte solo per salvare l'amico, fra i quali sono di fama immortali Damone et Phitia de' quali, preso l'uno da Dionisio siracusano tiranno et condannato alla morte, domandò da lui tanto tempo andasse a rivedere la propria famiglia et ordinare certe sua cose, et non dubitò promettere l'altro per mallevadore della vita. Impetrato il partirsi, lasciò l'amico et andò assai di lungi. Dionisio et tutti gli altri maravigliandosi di sì grande et inaudita fede, dubbiosamente expectavano il fine; poi, appressandosi il dì del termine, ciascuno si faceva beffe di sì sciocca promessa; il mallevadore continuamente affermava niente dubitare; infine l'ultimo dì del termine ecco tornato il principale alla morte. Dionisio, vedendo tanto constante fede, tutto commosso, la sua crudelità mutò in mansuetudine, l'odio in amore, et la pena rimunerò con premio, precandogli piacesse loro riceverlo terzo in tale amicitia. In simile effecto Pillade et Oreste, non conosciuti dal re che voleva uccidere Oreste, efficacemente affermavano ciascuno essere Oreste, volendo piutosto ciascuno di loro la propria morte consentire che quella dello amico vedere.

car sans la bienveillance et l'amour il n'y a plus d'amitié et les liens du sang subsistent sans l'amour entre des ennemis capitaux[30] ; l'amitié est le seul lien qui maintienne la cité, et non seulement une cité, mais une petite compagnie ne peut durer sans amitié ; et là où l'on la supprime, toute union se défait et se gâte ; pour cette raison, on dit que les législateurs doivent plutôt regarder à l'union et à la concorde qu'à la justice, car l'amitié vraie est par elle-même toujours juste. Celle-ci, don excellent, est d'abord donnée par la nature qui, chez tous les êtres humains, a noué un sentiment d'amitié pour la compagnie de leurs semblables, de sorte que tous, enclins à subvenir aux malheurs d'autrui, soient poussés par nature à prêter leur aide à ceux qui en ont le plus besoin, même s'ils sont pour nous des inconnus et des étrangers ; ensuite, celui qui a reçu généreusement un bienfait doit le payer de retour, si la vertu de la reconnaissance ne lui fait pas défaut. S'ensuivent les avantages qui, bien souvent, donnés et reçus entre les hommes de bien, augmentent et resserrent en même temps les liens si forts de l'amitié qu'elle trouve la force d'aimer un ami autant que soi-même : ainsi, il y a eu des amis qui ont choisi de mourir dans le seul but de sauver leur ami. Parmi ceux-ci, Damon et Phintias jouissent d'une renommée immortelle : le tyran Denys de Syracuse avait fait prisonnier l'un d'eux et l'avait condamné à mort, et celui-ci lui avait demandé un sursis pour aller revoir sa famille et donner ordre à ses affaires, et il ne craignit pas de promettre que son ami serait garant de sa propre vie. Ayant demandé son congé, il laissa son ami et s'en alla très loin. Denys et tous les autres, émerveillés de voir une fidélité si grande et si inouïe, étaient dans le doute quant à son issue ; puis, à l'approche du jour fixé, chacun se moquait d'une aussi sotte promesse ; le garant affirmait sans cesse qu'il n'avait pas de crainte ; enfin, au jour dit, voilà que le premier ami s'en retourna pour mourir. Denys, voyant une fidélité si constante, s'en émut, et passa de la cruauté à la mansuétude, de la haine à l'amour, et récompensa leur peine par des présents, en les priant de l'admettre en tiers dans une telle amitié[31]. Pareillement, Pylade et Oreste, inconnus du roi qui voulait mettre à mort Oreste, affirmaient chacun avec force qu'il était Oreste, l'un comme l'autre préférant mourir plutôt que voir son ami mort[32].

---

30    « car sans la bienveillance… » : CIC., *Ibid.*, V, 19.
31    « Parmi ceux-ci, Damon… » : CIC., *Off.*, III, x, 45. L'épisode est également rapporté par Valère Maxime, *Facta et dicta memorabilia*, IV, vii, ext., 1.
32    CIC., *Lae.*, VII, 24.

## VITA CIVILE – [LIBRO QUARTO]

§ 68. Grandissima forza è quella della amicitia, quando la sperientia monstra ch'ella fa gl'huomini sprezare la morte, che quando è con consiglio non è sanza excellente virtù, et la virtù è il legame dell'amicitia vera, la quale, come approvatamente si dice, non può essere se non fra buoni, però che da Dio è stata ordinata per aiuto delle virtù et non per compagnia de' vitii, et solo si conviene et sta bene con coloro in e quali risplende alcuna virtù degna d'essere amata.

§ 69-70. Quando in fra tali huomini è coniuncta la carità della scambievole dilectione, mirabili sono l'actitudini et i fructi seguono da quella: prima è cosa conveniente a nostra natura, attissima a godere ogni prosperità, consolatrice delle miserie nostre et sicuro refugio d'ogni nostro detto et facto, però che nulla è nella vita più dolce che avere con chi ogni cosa conferire come teco medesimo. Dovunche vai l'amicitia t'acompagna, t'asicura et honora; sempre ti giova, sempre ti dilecta et non è mai molesta o grave; in ogni luogo si disidera, s'usa et è necessaria et utile; tutte le prosperità acresce, falle abondanti et splendide; l'aversità communica, divide et falle a sopportare più leggeri; in qualunche infermità sempre è presente, conforta et sobviene; mantiene l'unione, la memoria di chi è absente, et fa presenti quegli che sono di lungi ricordandosene et seguitandogli col disiderio dell'animo come se fussino presenti.

§ 71-73. Sopra ogni altra cosa l'amicitia mantiene le commodità et ornamenti del mondo, però che, tolta di terra, niuna famiglia si truova sì stabile, né sì potente et ferma republica che non fusse brevissimamente con ruina in ultimo sterminio disfacta, però che per la concordia le cose piccole sempre crescono et per la discordia le grandissime si distruggono. Sapientissimi sono stati molti philosophi i quali hanno tenuto che ciò che si truova fra tutte le cose dallo universo comprese sia mantenuto et condotto per la convenientia della loro bene ordinata amicitia, et per la divisione et discordia siano dissipate et mortali,

LA VIE CIVILE – LIVRE IV                    307

§ 68. La force de l'amitié est très grande quand l'expérience montre qu'à cause d'elle les hommes méprisent la mort, car, lorsqu'elle est accompagnée de sagesse, elle ne manque pas d'excellente vertu, et la vertu est le lien de l'amitié vraie : celle-ci, comme on le dit justement, ne peut exister qu'entre les hommes bons, car elle a été ordonnée par Dieu pour venir en aide à la vertu et non pour accompagner les vices, et elle ne convient et ne sied qu'avec ceux en qui resplendit quelque vertu digne d'être aimée.

§ 69-70. Lorsque la charité de l'affection réciproque unit de tels hommes, il en découle des facilités et des fruits admirables : d'abord, elle est propre à notre nature, particulièrement apte à jouir de toute prospérité, consolatrice de nos malheurs et refuge sûr pour tout ce que nous disons et faisons, car il n'est rien de plus doux dans la vie que d'avoir quelqu'un à qui parler de tout comme à soi-même. Où que l'on aille, l'amitié vous accompagne, vous rend sûrs et vous honore ; elle vous secourt toujours, et toujours elle vous réjouit et n'est jamais fâcheuse ni pesante ; en tout lieu on la désire, et l'on en use, et elle est nécessaire et utile ; elle augmente toutes les prospérités, elle les rend abondantes et splendides ; elle met en commun les adversités, les partage et les rend plus légères à supporter ; elle est toujours présente pour réconforter et secourir toute infirmité ; elle maintient l'union, la mémoire de l'absent, et rend présents ceux qui sont éloignés, par le souvenir et par le désir de les suivre en esprit comme s'ils étaient présents.

§ 71-73. Plus que toute autre chose, l'amitié maintient les avantages et les agréments du monde, car, si on l'ôtait de la terre, il ne se trouverait nulle famille si stable, ni république si puissante et si solide qui ne seraient, en très peu de temps, défaites, et conduites, par leur ruine, à leur ultime destruction : car, par la concorde, les petites choses s'augmentent toujours, et par la discorde les très grandes se détruisent[33]. De nombreux philosophes, dans leur grande science, ont estimé que toutes les choses comprises dans l'univers sont maintenues et dirigées par la correspondance[34] de leur amitié bien ordonnée, mais que la division et la discorde les dispersent et les rendent mortelles :

---

33  « car, par la concorde... » : *Ibid.*, VII, 23.

34  *convenientia* : « convenance, rapport, correspondance ». C'est le terme qu'utilise Cicéron dans le *De divinatione* (II, LX, 124), traduction de l'idée que les Stoïciens se font de la solidarité, ou sympathie, des éléments constitutifs de l'univers.

come la sperientia monstra tutte le cose unite tanto conservarsi quanto dura loro unione et, quella mancata, si disfanno; onde le cose superne, non ricevendo per alcuno tempo disordine di che si discordino, sempre durono et sono eterne; sotto i cieli, perché ogni cosa disordina et è mutabile, per inimicitia ogni cosa discorda et fassi mortale. Non si può trattare apieno di tutte l'utilità che dalla amicitia procedono, perché abonda tanta materia che, volendo competentemente dirne, sarebbe un'altra opera in el suo tractato medesimo. Questa è sopra tutte le cose attissima a conservare et mantenere le richeze, né niuna cosa è più contraria alla stabilità de' tesori et stati grandi che l'odio; né mai s'è trovata alcuna sì elevata potentia che all'odio di molti abbia potuto risistere.

§ 74-80. Sempre l'odio s'è trovato essere attissimo strumento a combattere et gittare per terra qualunche bene fermo stato, et l'amicitia è il presidio, la difesa et fermo stabilimento d'ogni regno. Tremolante fondamento degli stati poco durabili è l'odio: l'amicitia, pel contrario, è attissima a molto tempo perpetuare et difendere i regni. Niuna cosa più vale alla propria difesa che l'essere amato; l'essere temuto genera odio, né può nelle città libere avere alcuno cittadino offesa peggiore che essere temuto; et non obstante le leggi a tempo si riposino et stiano chete contro a alcuno potente, pure alle volte si rilievono con segreti iudicii o occulti pareri da cittadini in secreto renduti, onde alle volte più crudelmente si cade. Creda ciascuno in qualunche privata cosa et similemente publica, per amore più sicuramente che per paura ottenere. Coloro che vogliono essere temuti è necessario temano chi teme loro, come ne' tiranni manifesto si vede, de' quali moltissimi sono stati crudelmente morti. Agevolemente pe' freschi mali di tutta Italia si dimonsterrebbe quanto le discordie abbiàno de' danni et incomodità aparechiati alle città et paesi vicini;

LA VIE CIVILE – LIVRE IV

de même, l'expérience montre que toutes les choses unies se maintiennent autant que dure leur union et que, si celle-ci vient à manquer, elles se défont[35] ; c'est pourquoi les choses supérieures, ne recevant jamais aucun désordre qui les mettent en désaccord, durent toujours et sont éternelles ; sous les cieux, vu que toute chose y est sujette au désordre et au changement, toute chose, à cause de l'inimitié, y est en désaccord et devient mortelle. On ne peut traiter amplement de tous les avantages qui procèdent de l'amitié, car la matière est si abondante que, si l'on voulait en parler avec compétence, il faudrait un autre ouvrage à part entière. Elle est, sur toutes choses, très propre à conserver et à maintenir les richesses, et rien n'est si contraire à la stabilité des trésors et des grands États que la haine, et il ne s'est jamais trouvé de puissance si élevée qui ait pu résister à la haine du grand nombre.

§ 74-80. La haine a toujours été l'instrument propre à combattre et abattre tout État, aussi solide soit-il, et l'amitié est la protection, la défense et l'établissement solide de tout royaume. Les États fondés sur la haine sont vacillants et durent peu : l'amitié, au contraire, est très propre à perpétuer et à défendre durablement les royaumes. Rien ne vaut, pour sa propre défense, que d'être aimé ; la crainte engendre la haine, et dans les cités libres nul citoyen ne peut subir pire offense que d'être craint ; et même si les lois sont pendant quelque temps en repos et se taisent face à un puissant, cependant elles se relèvent parfois au moyen de jugements tenus secrets ou d'opinions cachées exprimés en privé par les citoyens : aussi, la chute est-elle parfois plus cruelle pour ce puissant. Chacun doit être persuadé qu'en toute affaire privée et même publique, on obtient plus sûrement par amour que par peur. Ceux qui veulent être craints doivent nécessairement craindre ceux qui les craignent, comme on le voit de manière évidente chez les tyrans dont un grand nombre ont été cruellement mis à mort[36]. Par les malheurs de fraîche date survenus dans toute l'Italie[37], on montrerait aisément combien les discordes ont causé de dommages et d'incommodités aux villes et aux pays circonvoisins ;

---

35 CIC., *Lae.*, VII, 24.
36 « La haine a toujours été… » : CIC., *Off.*, II, VII, 23.
37 Dans les années 1430, pour s'en tenir aux malheurs « de fraîche date », un conflit oppose Florence à Milan et à son seigneur, Filippo Maria Visconti. Florence déclarera aussi la guerre à Lucques, subissant une lourde défaite en décembre 1430 (bataille du Serchio), tandis que Venise mène également une longue guerre contre Milan.

ma in questo caso molto è meglio racontare le miserie antiche et d'altri che le nuove et proprie. Mai non fu imperio tanto florido né mai alcuni popoli furono sì stabiliti et fermi che per le discordie intrinseche et civili non sieno abbassate et con isterminio et ruina miseramente condotte. Piene sono l'antiche historie de exempli; tutto il mondo sempre l'ha dimonstrato et i fatti da noi veduti il certificono. Apresso i Greci, Latini et barberi, moltissimi et grandi imperii sono per le civili discordie cascati: a noi per non essere lunghi solo l'exemplo di Roma al presente basti, il cui imperio fu tanto sopra ogni altro prestante che mai magiore, più florido né più excellente fu in terra veduto: et solamente per le discordie civili è stato infino dalle extreme radici lacrimabilemente disfacto et in miseria condotto; et coloro che, in amicitia uniti, tutto il mondo aveano domato et a tutte le nationi poste leggi, per le proprie discordie loro medesimi in tutto distrussono. Veduto essere tanti i fructi della amicitia, debbe con diligentia essere cerca et conservata fra gl'huomini. Una benivolentia universale di carità diffusa in tutti è utilissima a ritenere con ogni persona con chi conversi o che per alcuno modo ti sono note. Non però tutti abbiàno bisogno di questa, ma secondo a che vita ci siàno dati; et pertanto nello ordinare la vita doviàno conoscere se e' ci è necessario essere amati da molti o se da pochi ci basta: et secondo la commodità della ordinata vita richiede, più et meno cercare l'universale benivolentia di molti. L'amicitia vera è tanto ristretta che solo fra dua o fra pochi si sta, né mai a molti s'alarga.

§ 81-88. In elegere l'amico prima s'abbia riguardo a' costumi et, se mancasse in alcuno, si cerchi emendarlo; quando emendare non potesonsi, a poco a poco si divida da lui, non *ex aructo*, ma con tempo debito, però che dove i costumi non corrispondono non sarà mai ferma amicitia. Il primo segno dà speranza d'emendatione è la dispositione d'udire gli amonimenti, consentire al vero et seguire il bene. Chi non apre gli orechi alla verità non dà speranza di sua salute.

mais en ce cas il vaut beaucoup mieux raconter les malheurs anciens advenus aux autres que les siens survenus récemment[38]. Il n'y eut jamais d'empire si florissant ni de peuples si fermement établis que les discordes intestines et civiles n'aient abaissés et menés misérablement à l'extinction et à la ruine. Les histoires anciennes sont pleines d'exemples ; le monde entier l'a toujours montré et les faits que nous avons vus de nos yeux le certifient. Chez les Grecs, les Latins et les barbares, de nombreux et grands empires se sont écroulés en raison des discordes civiles : pour ne pas être trop long, contentons-nous présentement de l'exemple de Rome, dont l'empire fut tellement supérieur à tout autre qu'on n'en vit jamais sur terre de plus grand, de plus florissant et de plus excellent : et c'est par les seules guerres civiles qu'il a été lamentablement ruiné jusqu'en ses plus profondes racines et conduit au malheur ; et ceux qui, unis dans l'amitié, avaient dompté le monde entier et imposé leurs lois à toutes les nations, furent, par leurs discordes, les artisans de leur propre destruction. À voir les nombreux fruits de l'amitié, c'est elle qu'il faut chercher avec diligence et maintenir entre les hommes. Une bienveillance universelle et charitable répandue chez tous est très utile à nous maintenir unis avec toutes les personnes que l'on fréquente ou dont on a quelque connaissance. Toutefois, nous n'avons pas tous besoin de cette bienveillance, mais c'est selon le mode de vie que nous avons choisi ; et donc, pour bien régler notre vie, nous devons savoir s'il nous est nécessaire d'être aimés de beaucoup d'hommes ou s'il nous suffit de l'être de quelques-uns[39] : et selon ce que requiert la commodité d'une vie bien réglée, nous devons rechercher plus et moins la bienveillance universelle. L'amitié vraie est si étroite qu'elle n'existe qu'entre deux personnes ou guère plus, et ne s'élargit jamais au grand nombre[40].

§ 81-88. Dans le choix d'un ami, il faut d'abord regarder les mœurs et, s'il en avait de mauvaises, chercher à le corriger ; si l'on ne peut le corriger, il faut se séparer de lui peu à peu, et non *ex abrupto*, mais en temps voulu, car là où les mœurs ne sont pas en correspondance, il n'y aura jamais d'amitié solide. Le premier signe qui fait espérer une correction est la disposition à écouter les avertissements, à approuver la vérité et à suivre le bien. Qui n'ouvre pas ses oreilles à la vérité ne donne pas espérance de son salut.

---

38  CIC., *Off.*, II, VIII, 26.
39  *Ibid.*, II, VIII, 30.
40  « L'amitié vraie… » : CIC., *Lael.*, II, V, 20.

312        VITA CIVILE – [LIBRO QUARTO]

In nella amicitia sia prima legge cose honeste domandare et con honestà per l'amico operare. Cattiva scusa è del peccato a dire averlo fatto per amore dell'amico, et brutta cosa è l'amicitia, ordinata in aiuto del bene, usare con vitio; et tale compagnia non merita né puossi chiamare amicitia, ma factione et coniura di tristi. L'amore et l'honesto dilecto vuole essere la prima cagione della amicitia, solo per se stessa electa et non seguitata né cerca per alcuna utilità attribuisca, ma più tosto sempre disposta a bene meritare che a bene ricevere; l'utilità poi, che nell'usare l'amicitia pervenisse, strano et inhumano sare' rifiutarla; et continuamente, secondo l'opportunità richiegono, vogliono essere ricevuti et dati amichevoli benificii, in modo però che più tosto non rifiutati poi, che cerchi paiano essere stati prima che si coniugnesse tale amicitia. Né in alcuno modo si dimonstri l'amicitia seguire drieto all'utile, ma più tosto l'utile seguire drieto alla usata amicitia. Niuna cosa fra gli amici vuole essere ficta, dissimulata o nascosa: ogni cosa sia aperta, specificata et chiara in modo paiano dua in una medesima volontà. Chi per apiacere non ragionevolemente all'amico consentisse, cade in gravissimo errore, et molto più giovano i nimici riprehendenti, et sono in questo caso più utili, che gli amici assentatori et disposti a consentire ogni cosa. Nulla altro è amicitia che vero consentimento di tutte le cose divine et humane con carità et amore in optimo fine diritto. El consentimento vero si conosce nelle cose dificili et dubiose, dove, per riparare all'honore et propria degnità dell'amico, si porta pericolo di stimato danno; onde per antico proverbio si dice: «L'amico certo in nella cosa incerta si conosce». Chi segue il bene et poi nel male abandona è contrario all'amico; et è sommo vitio abandonare colui da chi hai ricevuto benificio, et è quello vitio in el quale largamente aparisce ingratitudine, che mai non si truova tra i virtuosi. La virtù concilia et conserva l'amicitie: in quella è il medesimo volere delle cose honeste, in quella si convengono gli animi de' buoni con istabilità et constantia,

LA VIE CIVILE – LIVRE IV                313

La première loi, en amitié, doit être de demander des choses honnêtes et de s'employer honnêtement pour son ami. C'est mal excuser sa faute que d'affirmer l'avoir commise par amour pour son ami, et c'est une vilaine chose que d'user vicieusement de l'amitié ordonnée en vue du bien ; et une telle compagnie ne mérite pas d'être appelée amitié, mais faction et conjuration de méchants. L'amour et l'honnête plaisir doivent être la raison première de l'amitié, choisie seulement pour elle-même et non pas poursuivie ni recherchée pour quelque utilité qu'elle pourrait conférer, mais plutôt disposée à bien mériter qu'à bien recevoir ; toutefois, refuser l'utilité qu'on pourrait obtenir en usant de l'amitié, serait chose étrange et inhumaine ; et, selon ce que requièrent les circonstances, l'amitié doit sans cesse recevoir et donner ses bienfaits, mais de sorte qu'ils paraissent plutôt acceptés après que cette amitié a été nouée, et non pas recherchés avant qu'elle l'ait été. L'amitié ne doit en aucune manière apparaître comme la suite d'un intérêt, mais montrer plutôt qu'un intérêt fait suite à la pratique de l'amitié. Entre amis, rien ne doit être feint, ni dissimulé ou caché : que tout soit ouvert, spécifié et déclaré de sorte qu'il paraisse y avoir deux amis unis par une seule volonté. Celui qui approuverait son ami contre la raison pour lui faire plaisir commet une grave erreur, et les ennemis aident davantage et, dans ce cas, sont plus utiles par leurs critiques que les amis adulateurs et disposés à approuver toute chose. L'amitié n'est rien d'autre qu'un accord vrai sur toutes les choses divines et humaines joint à la charité et à l'amour dirigés vers la meilleure fin[41]. L'accord vrai se reconnaît dans les situations difficiles et risquées où, pour protéger l'honneur et la dignité de son ami, on s'expose au risque d'un dommage évaluable ; d'où ce proverbe ancien qui dit : « Un ami certain se reconnaît dans les situations incertaines[42] ». Suivre son ami quand tout va bien et puis l'abandonner dans le malheur, ce n'est pas être ami ; et le pire vice est d'abandonner celui dont on a reçu un bienfait, et c'est à ce vice que l'on connaît l'ingratitude qu'on ne trouve jamais chez les êtres vertueux. La vertu concilie et conserve les amitiés ; il y a en elle un même vouloir de choses honnêtes, en elle se conforment les volontés des hommes de bien d'une manière stable et constante :

---

41  « L'amitié… » : CIC., *Lael.*, VI, 20.
42  Pour la citation : *Ibid.*, XVII, 64.

onde dimonstrando la sua libera volontà, pura et vera, et conoscendo il medesimo volere in altri, scambievolemente si genera amore unito in perfecta amicitia, la quale è tanto accommodata alla nostra vita che nulla altro si truova magiormente convenirsi a nostra natura né a sovenire a' prosperi et adversi casi che la fragilità nostra aparechia. Per la qual cosa sommamente vi conforto a seguire et cercare la benivolentia, carità et amicitia sopra tutte le cose humane, però che non richeze, non sanità, non potentia, non honore né alcuno altro honesto dilecto si può godere sanza quella. Seguite dunque con sommo studio virtù, acciò che, mediante quella, possiate coniugnere et ritenere tali amicitie che sieno utili ad voi, fructuose alla patria et care a tutti i buoni.

§ 89-91. Poi che sareno in amicitia et benivolentia di molti fia conveniente cosa cercare grado più degno, cioè d'essere con virtù gloriosi fra tutti; et pertanto iudichiamo nel luogo presente non immeritamente doversi tractare della gloria, la quale è fama universale di molti, data con loda prima da gli amici che hanno maraviglia et molto stimono gli egregii facti et dirictamente iudicono della excellente virtù d'alcuno, poi da' benivoli et ogni altre persone che hanno notitia de' medesimi facti et virtù. Per tanto bisogna che la vera gloria sia accompagnata dall'opere egregie, et non debbe essere spregiata da' buoni; ma quello di che si richiede avere diligente cura è di non essere ingannato dalla fama popolare, la quale appare seguitatrice et molto simile alla gloria vera, et il suo effecto le più volti è inconsiderato et sanza iudicio, laudatrice de' vitii et sotto honesta spezie exaltante gli altrui peccati i quali, simulati et ficti, corrompono et obscurono l'honestà et bellezza della gloria vera. Da questa apparenza ignorante molti huomini lusingati, cercando divenire grandi et nobili, si sono condotti in pericoli gravissimi, dove altri hanno gravemente nociuto alle proprie città et altri loro medesimi con sterminio delle loro proprie cose hanno perduto; et così con loda corrotta cercando il bene, non per propria volontà, ma per errore si sono trovati miseri.

LA VIE CIVILE – LIVRE IV    315

ainsi, en montrant sa volonté libre, pure et vraie, et en connaissant le même vouloir chez l'autre, naît l'amour réciproque conjoint à l'amitié parfaite, laquelle est si conforme à notre vie qu'on ne trouve rien de plus propre à notre nature ni à subvenir aux prospérités et aux adversités auxquelles nous destine notre fragilité. C'est pourquoi je vous exhorte grandement à poursuivre et à rechercher la bienveillance, la charité et l'amitié plus que toutes choses humaines, car sans elles on ne peut jouir ni de richesses, ni de santé, ni de puissance, ni d'honneur, ni d'aucun autre honnête plaisir. Poursuivez donc avec le plus grand zèle la vertu pour pouvoir, par son moyen, unir et conserver telles amitiés qui vous seront utiles, fructueuses pour la patrie et chères à tous les hommes de bien.

§ 89-91. Une fois que nous serons dans l'amitié et dans la bienveillance d'un grand nombre, il conviendra de rechercher un degré plus digne, à savoir, de nous acquérir par notre vertu un titre de gloire entre tous ; aussi, estimons-nous devoir ici à bon droit traiter de la gloire qui est une renommée universelle auprès de beaucoup de gens, répandue élogieusement d'abord par les amis qui admirent et estiment fort les actions remarquables et jugent droitement de l'excellente vertu d'une personne, ensuite par les gens bienveillants et par toute autre personne ayant connaissance des mêmes actes et des mêmes vertus. Il faut donc que la vraie gloire s'accompagne d'œuvres remarquables et qu'elle ne soit pas méprisée par les gens de bien ; mais il faut attentivement se garder de n'être pas trompé par la renommée populaire qui semble avoir beaucoup de ressemblance avec la vraie gloire et en être la sectatrice, mais dont l'effet est le plus souvent inconsidéré et sans jugement, louant les vices et sous espèce d'honnêteté exaltant les péchés d'autrui qui, simulés et feints, corrompent et obscurcissent l'honnêteté et la beauté de la vraie gloire. Beaucoup d'hommes, flattés par cette fausse apparence, en cherchant à devenir grands et nobles, ont été conduits en d'extrêmes périls, les uns ayant nui gravement à leur cité, les autres s'étant perdus eux-mêmes avec la ruine de leurs biens ; et ainsi, en cherchant le bien avec une louange usurpée, ils se sont retrouvés malheureux, non par leur propre volonté, mais par erreur[43].

---

43   « qu'elle ne soit pas méprisée… » : CIC., *Tusc.*, III, II, 4.

§ 92-99. La somma et perfecta gloria è posta in tre cose, secondo recita Tullio, cioè in essere amato dal popolo, in essere et essere creduto et riputato buono et fedele, et in essere più che gli altri con amiratione stimato valente et degno d'honore. Di queste tre cose si danno molti precepti, i quali seguireno nel luogo presente: et prima della benivolentia. Questa maximamente s'acquista con dare molti benificii quando le facultà conrispondono. Se quelle mancano, si de' largamente dimonstrare la volontà benifica, liberale et disposta a servire. Niuna cosa è che tanto muova la moltitudine a amare quanto la speranza de' benificii; e benificii in elle libere città maximamente s'aspectono dalle persone mansuete, benigne, costumate et d'honesta vita perché da·lloro non si teme inganno né iniuria. L'honestà ancora et la virtù molto inclinano a amare et per loro natura ci dispongono et commuovono in modo che, quasi constretti, consentiamo amare l'excellenti virtù di chi noi non conosciamo: che adunque doviàno fare di chi ci è presente et per conversatione notissimo? Altri non poco stimati dicono che molto di benivolentia s'acquista nel convitare et maximamente nel ricevere forestieri, però che è cosa molto honorevole vedere le case degl'huomini degni, patenti et larghe ai degni forestieri, et procede da questo utilità a chi disidera essere noto et molto potere apresso alle nationi externe, et alla città certo ne segue ornamento. L'ordine del convito dicono essere che a·ssedere non sieno meno di tre, né più di nove, però che nel piccolissimo numero non si può communicare la convivale coniunctione et nel grande non si può insieme convenire alle medesime intentioni et uniti ragionamenti onde, tra loro divisi varii parlari et dilecti, si genera confusione. Cinque parti richiede ogni approvato convito, cioè debito numero, apparenti et bene convenienti persone, atto luogo, commodo tempo et non riprehensibile apparechio. E convivanti non sieno parabolani né etiandio mutoli, ma moderati ragionatori. In questo tempo dicono non convenirsi parlare di cose sottili, dubiose o difficili, anzi ioconde, piacevoli et con dilecto fructuose et utili.

## LA VIE CIVILE – LIVRE IV

§ 92-99. Le sommet et la perfection de la gloire sont placés en trois choses, selon ce qu'écrit Cicéron, à savoir : être aimé par le peuple, être bon et fidèle et être tenu et réputé pour tel, et être estimé plus que les autres vaillant et digne d'honneur. Sur ces trois choses, on donne de nombreux préceptes, que nous suivrons présentement ici : et tout d'abord, la bienveillance. Celle-ci s'acquiert principalement en accordant de nombreux bienfaits quand les richesses le permettent. À défaut de celles-ci, on doit manifester largement cette intention de bienfaisance, généreuse et disposée à bien servir. Rien ne pousse autant la foule à aimer que l'espoir des bienfaits ; et, dans les libres cités, les bienfaits sont principalement attendus des personnes douces, bienveillantes, aux bonnes mœurs et à la vie honnête[44], car on ne craint de leur part ni tromperie ni injustice. L'honnêteté aussi et la vertu inclinent beaucoup à aimer et par leur nature nous disposent et nous émeuvent de sorte que, presque contraints, nous consentons à aimer les excellentes vertus de ceux que nous ne connaissons pas : que ne devons-nous faire de ceux que nous connaissons fort bien parce qu'ils sont présents et que nous les fréquentons ? Certains, fort estimés, disent que l'on acquiert une grande bienveillance en invitant et surtout en recevant des étrangers, car c'est chose fort honorable de voir les demeures des hommes dignes largement ouvertes aux dignes étrangers, et il en découle utilité pour ceux qui désirent être connus et grand crédit auprès des nations étrangères, et la cité en reçoit assurément de l'ornement. Ils disent que, pour l'ordonnance du banquet, il doit y avoir au moins trois convives, mais pas plus de neuf, car en trop petit nombre on ne peut communier à l'union conviviale, et en trop grand nombre on ne peut s'accorder aux mêmes intentions et à une même unité de propos : aussi, de la diversité des conversations et des plaisirs naît la confusion. Tout banquet convenable requiert cinq parties, à savoir le nombre voulu, des personnes en vue et bien convenables, un lieu adapté, un moment approprié, et un apparat irréprochable. Les convives ne doivent être ni bavards ni muets, mais discourir avec mesure. En cette circonstance, il ne convient pas, dit-on, de parler de choses subtiles, douteuses ou difficiles, mais au contraire joyeuses, plaisantes, agréables et délicieusement profitables et utiles[45].

---

44  CIC., *Off.*, II, ix, 31-32.
45  GELL., *Noct. Att.*, XIII, xi, 3-5.

318 VITA CIVILE – [LIBRO QUARTO]

La parte seconda che si richiede a chi disidera gloria è l'essere riputato degno di fede. Questo agevolmente adiverrà se la vita et i costumi fiano tali che meritamente siàno riputati intendenti et buoni. La fede sempre si pone in coloro i quali noi stimiamo intendere più che noi medesimi et sopra agli altri conoscere essere prudenti et provedere a' casi futuri et, secondo l'opportunità richiegono, elegere il consiglio migliore. Alla fede di così fatti huomini, quando sono in modo riputati buoni che niuno sospecto d'iniuria o fraude s'abbia di loro, non si dubita commettere l'avere, la persona, la propria famiglia et la salute universale di tutta la patria. Per adverso, quando la callidità, lo 'ngegno, l'astutia sono stimati in alcuno non buono, niuna cosa è più contraria a avere fede né più atta all'odio et sospecto del popolo. Chi appetisce fede fugga l'astutia se non quando, experimentato, fusse conosciuto di bontà perfecto.

§ 100-112. El terzo luogo nel quale ponemo la vera gloria stava nell'essere con admiratione stimato valente et degno d'honore. Con admiratione sono stimati coloro che fanno o dicono cose inusitate, grandi et fuori dell'opinione commune degli altri huomini. E facti egregii et singulari molto inalzono la stimata riputatione et fanno mirabili et gloriosi gl'huomini; et pel contrario sono sprezati quegli in e quali non è animo, non virtù, né vigore, anzi più tosto feminile decimagine, sanza exercitio, sanza industria, sanza sollecitudine legati et mogi, che, come si dice, non sono buoni né per loro né per altri. Mirabili sono coloro che si contengono et avanzono in virtù et più che gli altri mancono di vitii, risistono a' diletti et a' piaceri in e quali la magiore parte degl'huomini con vitio transcorrono et diventonne servi, nonne sbigottiscono nel dolore né negli honesti pericoli. Con ragione spregiano la vita, la morte, le richeze, la povertà, gli stati, gli exilii, l'ira, l'amicitia, l'odio et simili passioni che molto commuovono gli altri huomini; constanti et fermi, ministrono dovere a ciascuno, sono benivoli, liberali et benefici sopra l'opinione di ciascuno.

LA VIE CIVILE – LIVRE IV                    319

La seconde chose requise pour ceux qui sont désireux de gloire est d'être
tenus pour dignes de confiance : chose facile à obtenir si notre vie et nos
mœurs seront telles qu'elles nous feront tenir méritoirement pour des
gens de bien et des hommes entendus. On met toujours sa confiance
dans ceux que nous estimons capables d'entendre mieux que nous et
que nous savons être plus que les autres prudents et prévoyants quant
à l'avenir[46] et, selon ce qu'exigent les circonstances, sachant prendre
le meilleur conseil. C'est à la loyauté de tels hommes, quand ils sont
réputés si bons qu'on ne peut les soupçonner ni d'injustice ni de fraude,
qu'il faut remettre son avoir, sa personne, sa propre famille et le salut
universel de la patrie toute entière. À l'inverse, quand on constate de la
finesse, de l'intelligence, de l'astuce chez quelqu'un qui n'est pas bon,
rien n'est plus contraire à susciter la confiance, ni plus propre à éveiller
la haine et la suspicion du peuple. Qui aspire à la confiance doit fuir
l'astuce, à moins qu'il n'ait donné la preuve d'une parfaite bonté.

§ 100-112. En troisième lieu, nous avons placé la vraie gloire dans
le fait d'être estimé vaillant et digne d'honneur, et pour cela admiré.
Sont ainsi estimés et admirés ceux qui font ou disent des choses inusi-
tées, grandes et hors l'opinion commune des autres hommes. Les faits
remarquables et singuliers élèvent grandement la réputation d'estime
et rendent les hommes admirables et dignes de gloire ; et à l'inverse,
on méprise ceux qui n'ont ni courage, ni vertu, ni énergie, mais au
contraire une obtusité[47] de femme, nullement actifs, nullement indus-
trieux, nullement assidus, qui sont engourdis et mous et ne sont, comme
l'on dit, bons ni pour eux-mêmes ni pour les autres. Admirables sont
ceux qui se réfrènent et progressent en vertu et ont moins de vices que
les autres, qui résistent aux délices et aux plaisirs auxquels la plupart
des hommes se laissent aller par vice et dont ils deviennent esclaves,
et ne s'effraient ni dans la douleur ni dans les périls où l'on s'honore.
Ils méprisent avec raison la vie, la mort, les richesses, la pauvreté,
les positions acquises, les exils, la colère, l'amitié, la haine et autres
passions de ce type qui émeuvent grandement les autres hommes[48] ;
constants et fermes, ils font leur devoir envers chacun, ils sont bienveillants, généreux et bienfaisants au-delà de l'opinion commune.

---

46  CIC., *Off.*, II, ix, 33.
47  *decimagine* : « *ottusità* », de l'adjectif « *decimo* » (« *sciocco* », « *inetto* »).
48  « Et à l'inverse… » : CIC., *Off.*, II, x, 36-37.

Socrate diceva essere attissima via a acquistare gloria fare quello per che tu fussi tale quale tu volevi parere. Chi con fitta apparenza, simulate parole et obstentatione non vera stima acquistare stabile gloria è in errore, però che niuna cosa simulata o ficta può essere durabile. Molti exempli in nella gloria dimonstrono questo, come si vede negli inlustri antichi, in molti philosophi, imperadori et civili i quali, virtuosamente operato in cose degnissime, hanno lasciato di loro gloriosa fama, la quale dura et durerà insieme col mondo. Altri molti sotto fitta spezie cercando gloria, in brieve tempo hanno trovato quella essere vana et convertitasi in vituperabile infamia. Coloro adunque che disiderono gloria vera cerchinla con buone arti, exercitino iustitia, vivano modesti et temperati immodo che meritamente possano acquistare benivolentia et pari amicitia. E parlari sieno ordinati et bene convenienti, disposti sempre a difendere et scusare gl'altrui errori et quegli in migliore parte giudicare, dimonstrandosi più volontario a difendere che al condannare; et quando pure accadesse avere a punire, dimonstrisi venirvi constretto et con dispiacere, increscendo del commesso errore. Sopra ogni cosa è attissimo a gloria l'essere buono et per buono conosciuto; molto poi giova l'essere eloquente et bello parlatore et operarsi nel difendere la patria et gli amici; di così facto huomo si maravigliono gl'uditori, gl'amici ne sperano favore, i difesi gli portono gratia, et ciascuno spera fructo di tale huomo, pure che s'ingegni usare il parlare in modo che meritamente giovi a' più et non nuoca a persona. Sommo difecto sarebbe la eloquentia, data da natura per conservatione et salute degl'huomini, usarla in loro mancamento et danno. La vera gloria in effecto si cerchi con optimi facti et buoni et bene usati detti, acciò che meritamente s'acquisti benivolentia, stima et riputatione di cose honeste et che paiano mirabili alla popolare moltitudine. Nel primo luogo, dove ponemo le cose che sono di loro propria natura buone et insieme danno utile, resta solo a trattare della sanctà.

## LA VIE CIVILE – LIVRE IV

Socrate disait que la voie la plus propre pour acquérir de la gloire était de faire en sorte d'être tel que l'on veut paraître. Ceux qui pensent acquérir une gloire solide au moyen de faux-semblants, de paroles déguisées et d'une exhibition mensongère se trompent, car nulle chose déguisée ou feinte ne peut être durable[49]. Maints exemples de gloire le montrent, ainsi qu'on le voit chez les Anciens illustres, chez de nombreux philosophes, empereurs et citoyens qui, ayant vertueusement travaillé à des choses très dignes, ont laissé d'eux une glorieuse réputation, laquelle dure et durera autant que le monde. D'autres, nombreux, recherchant la gloire sous de faux-semblants, l'ont bien vite trouvée vaine et muée en une mauvaise et blâmable réputation[50]. Ceux, donc, qui désirent la vraie gloire la doivent rechercher par les bonnes pratiques, exercer la justice, montrer mesure et tempérance dans leur mode de vie de manière à pouvoir méritoirement acquérir la bienveillance et pareillement l'amitié. Leurs propos seront ordonnés et bien convenables, toujours prêts à défendre et à excuser les erreurs d'autrui, et à les juger en meilleure part, en montrant plus de volonté à défendre qu'à condamner ; et adviendrait-il que l'on dût punir, il faut montrer que l'on s'y résout par contrainte et avec regret, parce que l'erreur commise nous déplaît fort. Par-dessus tout, être bon et connu pour tel est très propre à donner de la gloire ; puis, on gagne beaucoup à être éloquent et beau parleur, et à s'employer pour la défense de sa patrie et de ses amis ; les auditeurs s'émerveillent d'un tel homme, les amis en attendent la faveur, ceux qu'il défend lui rendent grâce, et chacun espère un profit de cet homme, pourvu qu'il s'efforce d'user de sa parole pour être méritoirement utile au plus grand nombre sans nuire à personne. Ce serait un très grand défaut que d'employer l'éloquence, donnée par la nature pour la conservation et le salut des hommes, à leur détriment et à leur dommage[51]. On doit, en effet, rechercher la vraie gloire par d'éminentes actions et par de bonnes paroles bien employées, afin de mériter la bienveillance, l'estime et la réputation donnée aux choses honnêtes qui paraissent admirables à la masse du peuple. Du premier lieu où nous avons mis les choses qui, de leur nature propre, sont tout à la fois bonnes et utiles, il ne nous reste à traiter que de la santé.

---

49  « Socrate... » : CIC., *Ibid.*, II, XII, 43.
50  *infamia* : au sens étymologique, ici, de « mauvaise renommée », le contraire de la *fama*.
51  CIC., *Off.*, II, XIV, 51.

Di questa basta trattato brevissimo, con ciò sia cosa che a ciascuno è certissimo quella essere et buona et utile; et ciascuno, pure che sia di sana mente, debbe per experientia conoscere che cose gli nuocano et che lo conservi sano: conoscendo, gli tocca infino nel vivo provedere. Chi per suo difecto, non provedendo, fa contro a sé, gli sarebbe soprabondante ogni precepto che per noi dare si potesse. La prima diligentia di chi vuole essere sano sta in conoscere la sua natura et in e suoi exercitii observare quali sieno le cose gli nuocano et guardarsi da esse, usare i cibi et l'ordine della vita che più il conserva sano, travagliarsi, posare et dormire a' debiti tempi, guardarsi che i diletti, gli appetiti et voglie non ci facciano transcorrere in disordine che ci nuoca et pel quale corrompiano nostra natura, diventando deboli et infermi di corpo et insieme, per habito facto, corrotti et vitiosi dell'animo, come si vede molti, et maximamente per luxuria et gola. Faccendo da noi il dovere, si speri da Dio gratia conservatrice, cercando ancora ne' nostri bisogni l'aiuto, favore et consiglio de' medici, alla scientia de' quali s'apartiene ridurre et conservare la sanctà.

§ 113-128. Seguita l'ordine nostro solo l'utilità, cioè che si convenga seguire nelle cose che per solo utile si cercano. Di queste sono, per principale cagione d'utile, cerche le pecunie, in nelle quali dua modi si richiede maximamente observare: prima virtuosamente acquistarle, poi con modo et ordine debito in uso conferille. Vane et di niuno valore sono le richeze che, morte, si nascondono sanza usarle per commodità et bene di nostro vivere. Et peggio è ancora usarle in exercitii et arti servili, secondo l'uso di molti che, essendo richi, con tanto rispiarmo usono quelle ne' loro bisogni che più tosto paiano nati per acrescere richeze che per sovenirsi con esse ne' commodi proprii. Costoro rispiarmando l'avere, il quale moderatamente usare potrebbono, in una abondante copia sono miseri et mancono del necessario nutrimento di loro natura, et da altro lato tanto sollicitamente attendono a acquistare che possono sanza errore essere chiamati servi delle richeze.

LA VIE CIVILE – LIVRE IV

Il suffira d'en traiter fort brièvement puisque chacun est convaincu qu'il s'agit d'une chose bonne et utile ; et chacun, s'il est sain d'esprit, doit savoir par expérience ce qui lui est nuisible et ce qui le conserve en santé : le sachant, il doit y pourvoir jusqu'en ses plus vives parties. Celui qui, faute d'y pourvoir, se fait du mal à lui-même, trouverait superflu tout précepte que nous pourrions lui donner. Celui qui veut être en bonne santé doit avant tout s'appliquer à connaître sa nature et observer dans ses activités ce qui lui est nuisible et s'en garder, user des aliments et d'une règle de vie les plus propres à le conserver en santé, se donner de la peine, se reposer et dormir en temps voulu, prendre garde que les plaisirs, les appétits et les désirs ne nous[52] amènent à un désordre qui nous nuirait[53] et serait cause que nous corrompions notre nature, devenant faibles et malades de corps, et, en même temps, l'habitude prise, corrompus et vicieux dans l'âme, comme on en voit beaucoup, principalement par luxure et gourmandise. En faisant pour notre part notre devoir, il nous faut espérer de Dieu la grâce de nous conserver, en recherchant néanmoins, dans nos besoins, l'aide, la faveur et le conseil des médecins dont la science a pour but de ramener et de conserver la santé.

§ 113-128. Dans l'ordre que nous suivons, il ne reste que l'utilité, c'est-à-dire ce à quoi il convient de s'attacher dans les choses recherchées pour le seul profit. Parmi celles-ci, on recherche, première occasion de profit, l'argent, lequel exige d'observer principalement deux comportements : en premier lieu, il faut l'acquérir vertueusement, et ensuite en faire usage avec modération et bonne règle. Les richesses que l'on tient cachées, comme mortes, sans les employer en choses profitables et pour notre bien-être, sont vaines et sans valeur. Il est pire encore de les employer dans des activités et dans des arts serviles, selon l'habitude de ces nombreux riches qui s'en servent pour leurs besoins avec une telle économie qu'ils semblent nés plus pour accumuler des richesses que pour les faire servir à leurs propres commodités. Ces gens, en épargnant leur avoir dont ils pourraient user modérément, sont malheureux au sein de leur opulence et sont d'une nature à se priver de la nourriture nécessaire, et, d'un autre côté, ils se donnent tant de mal pour acquérir qu'on peut les dire, sans se tromper, esclaves de leurs richesses.

---

52  Nous respectons, comme en d'autres endroits, la rupture de construction (ici, passage de « celui qui » à « nous »).

53  CIC., *Off.*, II, xxiv, 86.

324 VITA CIVILE – [LIBRO QUARTO]

Questi ne' loro facti particulari sono in tutto avari et servi de' loro exercitii. In commune, quando per violentia non nuocono, sono utili, però che nel travagliarsi danno utile a molti et ragunono richeze, delle quali ne' suoi bisogni riceve la patria subsidio. Le pecunie in loro non hanno alcuna utilità né in alcuno bisogno di vita assolutamente s'adoperono, ma solo sono trovate per attissimo mezo a commutare tutte le cose delle quali s'ha nella vita bisogno, però che, se la varietà et multitudine delle cose sono usate da noi fussino equali, superflue certo sarebbono le pecunie. Ma la inequalità delle cose ha fatto trovare il danaio, acciò che con quelle s'aguagli la diferentia che hanno le cose di che s'ha bisogno. Antiquissimamente per tutto il mondo et in Italia, da Iano indrieto, cioè inanzi che Saturno in nella nostra regione navicando s'agiugnesse con lui, non era in uso danari: et gl'huomini, di pochissime cose contenti, sanza leggi vivevano di pomi et altri fructi, spontaneamente dalla abondante terra prodocti. Niuno avea proprie possessioni, niuno seminava né faceva exercitii che porgessono dilicateza di vita, ma solo alla necessità naturale contenti, di pochissime cose aveano bisogno. In così semplice vita, non indocti a pensare che cosa si fusse danari, contenti et in buona pace si riposavano. Se alle volti accadeva loro bisogno d'alcuna cosa fusse d'altrui, ché erano pochissime quelle che a sì fatta vita mancavano o che fussono da alcuno in privato possedute, quello di che aveano bisogno domandavano, et era loro in dono amichevolmente conceduto, o veramente l'una cosa coll'altra commutavano, non molto stimando che fusse un poco meglio o peggio, come persone dalle quali era rimosso ogni pensare d'utile et ogni tenace avaritia. Ad sì pacifico et contento vivere sopravenne Saturno, il quale di Creta in Italia navicando, s'agiunse con Iano che in quello tempo più tosto come buono volontariamente da e paesani eletto governava, che e' non signoregiava in Italia. Saturno, huomo prudente et in varie operationi virtuosamente exercitato, sì per appiacere et divenire caro a Iano et sì per l'utilità di ridurre la loro vita a modo più ornato, dié loro varii et molti admaestramenti: insegnò seminare et ricorre, dimesticare i fructi et ritenere i paesi abondanti et culti.

LA VIE CIVILE – LIVRE IV                                325

Dans leur particulier, ils sont totalement cupides et esclaves de leurs pratiques. Dans le commun, lorsqu'ils ne nuisent pas par la violence, ils sont utiles, car la peine qu'ils se donnent profite à un grand nombre et ils amassent des richesses qui sont une ressource pour la patrie en cas de besoin. L'argent en soi n'a aucune utilité et ne sert absolument à aucun besoin vital, mais il se trouve être le moyen le plus propre à échanger tout ce dont nous avons besoin dans notre vie, car, si la diversité et la multitude des choses dont nous usons étaient égales, l'argent serait certainement superflu. Mais leur inégalité a fait trouver l'argent comme moyen d'ajuster la différence qu'ont entre elles les choses dont nous avons besoin. Très anciennement, dans le monde entier et en Italie, avant Janus, c'est-à-dire avant que Saturne, naviguant dans notre région, ne s'alliât à lui, l'argent n'était pas en usage : et les hommes, contents de très peu de choses, sans lois, vivaient de pommes et autres fruits que le sol produisait spontanément et à profusion. Nul n'avait de possessions propres, nul ne semait ni ne pratiquait des activités qui rendissent la vie plus délicate, mais se limitant à la nécessité naturelle, ils avaient besoin de très peu de choses. Dans cette vie si simple, nullement amenés à penser ce que pouvait être l'argent, ils prenaient du repos contents et paisibles. S'il arrivait parfois qu'ils aient besoin de choses appartenant à autrui – bien peu étaient celles qui manquaient à un tel genre de vie ou qui étaient possédées par un particulier – ils demandaient ce dont ils avaient besoin et cela leur était aimablement donné, ou bien ils échangeaient une chose avec une autre, sans regarder trop si l'une valait plus ou moins que l'autre, comme des personnes chez qui toute pensée de profit et toute cupidité opiniâtre étaient absentes. On vivait, pacifique et content[54], quand survint Saturne, lequel, naviguant de Crète en Italie, s'allia à Janus qui, en ce temps-là, ne dominait pas l'Italie, mais la gouvernait en homme bon, choisi par la volonté de ses habitants. Saturne, homme prudent qui s'était vertueusement exercé en diverses œuvres, donna à ces habitants des enseignements variés et nombreux, tant pour complaire à Janus et se le rendre agréable que pour l'utilité de donner plus d'ornement à leur mode de vie : il leur enseigna à semer et à récolter, à rendre les plantes cultivables et à maintenir le rendement et la culture des terres.

---

54    *Ad sì* [...] *vivere* : à l'imitation, peut-être, du *a così bello / viver di cittadini* de Cacciaguida (Dante, *Paradis*, XV, v. 130-131).

Da il quale tempo inanzi cominciorono a usare l'arti del cuocere, condire le vivande, fare pane et vivere come huomini; presono insieme conversatione pe' fructi coloro che insieme s'erano afaticati a ricôrre. Per questo, prima edificate le piccole case, poi acresciute et insieme ragunate, ebbono principio le villate, in nelle quali, fatte le consegnationi de' proprii campi che ciascuno per sé lavorava, et conosciuto la commodità dell'ordinato vivere, nacque il disiderio di volere alle volti quello ch'era d'altri. L'arti cominciorono a crescere et chi s'afaticava voleva l'utile fusse suo; pertanto non larghi come prima al donare, quando erano richiesti, et avendo di più cose che prima bisogno, spesso ricevevano incomodi non solo nelle grandi ma ancora nelle piccole cose. Se voleano cambiare, considerando ciascuno l'utile proprio, non sanza disagio et fatica aguagliavano in unita concordia, però che il calzolaio, volendo la cioppa, non trovava chi avesse bisogno di tante scarpette; chi al calzaiuolo voleva vendere la terra o la casa non avea bisogno di tante calze; per questo fu trovato il danaio, acciò che fusse misura a qualunche cosa si cambiasse et fusse attissimo mezo a commutare le cose grandi colle piccole. La prima moneta che mai fusse in Italia fe' in questi tempi battere Saturno; et, secondo per certa memoria dura, fu improntata da l'uno lato la testa di Giano et da l'altro una nave in similitudine di quella colla quale Saturno era in Italia navicato. In questo mi pare per cosa mirabile da notare che i giuochi, gli exercitii et costumi degl'huomini sempre furono in gran parte simili, intanto che con questa prima moneta cominciorono i fanciulli a giucare et quella in alti frullando gridavano capo et nave, non altrimenti che in e nostri dì giglio et sancto in Firenze si chiegga. In molti luoghi si conosce apresso agli antichi essere in uso i medesimi giuochi, motti, consuetudini et costumi che ne' tempi presenti si ritengono:

LA VIE CIVILE – LIVRE IV    327

Depuis lors, ils commencèrent à pratiquer l'art de faire cuire et d'assaisonner les mets, de faire du pain et de vivre comme des hommes ; ceux qui avaient peiné ensemble pour la récolte des fruits établirent entre eux des rapports familiers. C'est ainsi qu'après avoir d'abord construit de petites maisons et les avoir ensuite agrandies et rapprochées, prirent naissance les premières bourgades où, après que chacun eut obtenu la reconnaissance[55] de ses droits sur les champs qu'il travaillerait pour lui-même et qu'on eut connu l'avantage d'une vie organisée, naquit le désir de vouloir, parfois, ce qui appartenait à autrui. Les arts commencèrent à se développer et celui qui prenait de la peine voulait le profit pour lui seul ; aussi, ne donnant plus aussi largement, quand ils en étaient requis, et ayant plus de besoins qu'auparavant, subissaient-ils souvent des inconvénients dans les grandes comme dans les petites choses. S'ils voulaient échanger, chacun considérant son propre profit, ils avaient de la difficulté et de la peine à trouver un accord sur la valeur des choses, car le cordonnier, voulant une cotte, ne trouvait pas de client qui eût besoin d'autant de souliers ; celui qui voulait vendre de la terre ou une maison au cordonnier n'avait pas besoin d'autant de chausses, raison pour laquelle on inventa l'argent pour servir de mesure d'échange et de moyen propre à troquer les grandes choses pour les petites. Saturne fit battre la première monnaie qui ait jamais existé en Italie en ces temps-là ; et, d'après la mémoire qu'on en garde, on y imprima sur une face la tête de Janus et sur l'autre un navire à l'image de celui sur lequel avait navigué Saturne, de Crète en Italie. Il y a, en cela, une chose admirable à noter, me semble-t-il, à savoir que les jeux, les exercices et les mœurs des hommes ont toujours été en grande partie semblables, vu que les enfants commencèrent à jouer avec cette première monnaie et en la faisant tournoyer en l'air ils criaient chef ou nef[56], tout comme de nos jours, à Florence, on demande le lys ou le saint[57]. On sait par de nombreux textes que les Anciens avaient les mêmes jeux, formules, habitudes et mœurs conservés de nos jours :

---

55  *consegnationi* : *autenticazioni* (lat. *consignatio* : « authentification », « preuve écrite »).

56  « on y imprima… » : MACR., *Saturn.*, I, VII, 21-23. ¾ *capo et nave* : lat. *caput aut navia*, jeu de pile ou face, les pièces de monnaie, comme il est dit plus haut, portant d'un côté la tête de Janus et, de l'autre, la proue d'un vaisseau.

57  *giglio e sancto* : le florin portait sur l'avers saint Jean-Baptiste, patron de Florence, et sur le revers, une fleur de lys, symbole de la ville.

in Oratio si getta la sorte al duro et al molle; Plauto, antico sopra tutti gli scrittori che in latino si truovono, risponde a chi dice non avere danari: « Va vendi dell'olio ». Alle noci, alle corna, a dicci, a pari in più luoghi si truova anticamente giucarsi. In Persio si dipingono i serpenti nei chiassi per fare paura a' fanciulli che vanno non solo a votare la vescica, ma il ventre. Al presente non sare', questa, nostra materia; et però, dove lasciamo, ritorni il dire nostro.

§ 129-130. Per tante commodità ricevute parve in quegli tempi Saturno mandato da cielo per ringentilire et nobilitare la vita humana; il perché, persona divina riputato, dopo la morte per molti secoli è stato nel mondo per padre celeste adorato. Seguirono i tempi ne' quali dì per dì, riducendosi gl'huomini insieme, dierono principio al disiderio, alla avaritia et appetiti non ragionevoli; per questo iniuriando l'uno l'altro, prima le castella, poi le città, per difesa et salute sono state edificate. In quelle, innumerabili arti si sono trovate per ministrare, parte alla necessità, et parte grandissima agli appetiti humani. In queste, cresciuto sempre il disiderio del danaio, s'è corrotto l'uso, onde con avaritia et iniuria si cerca et aopera. Noi, intendendo in tutta la vita civile significare che cosa si convenga, significhiamo che le pecunie si debbono pigliare maximamente de' frutti che sono ordinati dalla natura et vengono dalle tue proprie sustantie, però che, così faccendo, si manca di fare iniuria.

LA VIE CIVILE – LIVRE IV 329

chez Horace, on jette le sort à tôt ou tard[58] ; Plaute, l'un des plus anciens écrivains en langue latine, répond à celui qui dit n'avoir pas d'argent : « Va vendre de l'huile[59]. » On voit en maints passages que les Anciens jouaient aux noix, aux cornes, à la fossette, à pair impair[60]. Chez Perse, on peint des serpents dans les venelles pour faire peur aux enfants qui vont y vider leur vessie[61], mais aussi décharger leur ventre. Ce n'est pas là, présentement, notre sujet : revenons-en donc à notre propos, là où nous l'avons laissé.

§ 129-130. Du fait de tant d'avantages reçus, Saturne, en ce temps-là, parut envoyé du ciel pour ennoblir et anoblir la vie humaine ; aussi, tenu pour une personne divine, l'a-t-on adoré dans le monde après sa mort, pendant de nombreux siècles, comme père céleste. Ensuite vinrent les temps où, jour après jour, les hommes, s'étant regroupés, donnèrent commencement au désir, à la cupidité et aux appétits non raisonnables ; c'est pourquoi, se faisant du tort les uns aux autres, ils édifièrent d'abord des places fortes, puis des villes pour leur défense et leur salut. Dans les premières, on inventa d'innombrables arts pour satisfaire en partie à la nécessité et en plus grande partie aux appétits humains. Dans les secondes, le désir de l'argent s'étant sans cesse accru, l'usage qu'on en fait s'est corrompu, et on le recherche et on l'utilise avec cupidité et injustice. Nous qui avons pour dessein de faire comprendre ce qui convient dans toute vie civile, nous donnons à entendre qu'il faut tirer l'argent principalement des fruits qui sont dans l'ordre de la nature et proviennent de nos ressources propres, car, ce faisant, on évite de faire du tort.

---

58    Horace (*Odes*, II, III, v. 26-27) évoque le sort, caillou ou tablette, que l'on jette dans l'urne et qui sortira « tôt ou tard », *serius ocius*.

59    *Va vendi* : PL., *Pseudolus*, I, III, v. 301. Double impératif en juxtaposition, en usage dans la langue ancienne et, largement, au XVe siècle.

60    Dans la Rome antique, il existe divers jeux de noix pratiqués par les enfants : voir l'élégie attribuée à Ovide, *Nux* (*Le noyer*), v. 73-74 et v. 75-76, ou Perse, *Satires*, I, v. 10 (« *nucibus facimus* »). La fossette en fait partie : on doit faire tenir le plus de noix possibles dans une petite fosse. Le jeu des cornes correspond à la mourre. Le jeu « à pair impair » est cité dans Horace, *Satires*, II, III, v, v. 248. Notons qu'au chapitre 22 de *Gargantua*, figurent plusieurs de ces jeux : « à pair ou non », « à croix ou pille », « à la corne », « à la foussette », « à la mourre ».

61    Perse, *Satires*, I, v. 113-114 : « *Pinge duos angues : Pueri, sacer est locus : extra/meiete.* » (« Peignez deux serpents : Enfants, ce lieu est sacré, allez pisser ailleurs »).

§ 131-147. L'amplificare et acrescere le proprie sustantie con exercitii et arti che non nuochino a alcuno è sanza biasiamo, ma sempre si debbe fuggire l'avaritia, la quale è di sì maligna natura che spesse volti inferma et fa effeminati et servi gli animi che sanza quella sarebbono potenti et atti a somme virtù; né per alcuna abondanza mai si sazia, ma tanto di continuo cresce, quanto sono le sustanzie magiori. L'avaro che tosto si vuole fare rico è necessario pigli donde non si conviene et per modo non debito, né può alcuna riverentia, verecundia o timore essere nello avaro che s'afrecta arichire, però che di qualunche cosa può, cerca guadagno, dicendo per proverbio: « Il facto sta a avere, ché donde tu abbia non cerca persona ». In cotale modo gli avari acquistando sempre, vivono servi et miseri per morire richi. Per questo si verifica la sententia di coloro che dicono essere più richi quegli che, temperatamente usando il poco, si contentono, che i richi, i quali, vincti dal disiderio, sollecitamente s'afaticono per multiplicare loro richeze. Alexandro magno imperadore, trovando Diogene philosopho poverissimo, gli volle donare molte sustanze. Diogene a tutte rinutiò, ringratiando Idio il quale l'aveva facto di tale animo che le cose di che non avea bisogno egli, erano tante quante quelle di che tutti gli altri huomini dicevano avere bisogno eglino. Alexandro rispose: « Molto sè più felice di me che cerco lo imperio del mondo ». Sia l'apetito delle richeze temperato et da quelle cose si cerchino dalle quali manca vitio et brutteza; conservinsi poi et acrescansi con diligentia et rispiarmo delle spese non necessarie, delle quali parti è commodamente trattato dove dicemo della liberalità. Lasciando dunque di queste passereno al tractato delle immobili possessioni, delle quali abbiàno dua spezie: l'una drento dalla città in case, botteghe et altri luoghi che si concedono in uso ad altri per cavarne utile.

LA VIE CIVILE – LIVRE IV                331

§ 131-147. Augmenter et accroître ses propres biens par des activités et des pratiques qui ne nuisent à personne n'est pas blâmable[62], mais on doit toujours fuir la cupidité[63], si naturellement mauvaise que, bien souvent, elle gâte et qu'elle effémine et asservit les cœurs qui, sans elle, seraient puissants et aptes aux plus hautes vertus, et elle ne s'assouvit jamais, quelque abondance qu'elle ait, mais croît sans cesse d'autant que les biens sont plus grands. Le cupide qui veut rapidement s'enrichir doit nécessairement prendre à ce qui n'est pas convenable et par un moyen indu, et il ne peut y avoir chez le cupide pressé de s'enrichir, nul respect, nulle pudeur ni crainte, car il cherche à gagner sur tout ce qu'il peut, disant en manière de proverbe : « Ce qui compte c'est d'avoir, car personne ne cherche à savoir d'où tu l'as eu. » De cette manière, les hommes cupides, qui acquièrent sans cesse, vivent esclaves et malheureux pour mourir riches. Ainsi se vérifie la sentence de ceux qui affirment que se contenter d'user du peu avec tempérance, c'est être plus riche que les riches qui, victimes de leur désir, mettent leur soin et leurs efforts à multiplier leurs richesses. L'empereur Alexandre le Grand, trouvant très pauvre le philosophe Diogène, voulut lui donner beaucoup de biens. Diogène renonça[64] à tous, remerciant Dieu de lui avoir donné un esprit tel que les choses dont il n'avait pas besoin étaient égales à celles dont tous les autres hommes disaient avoir besoin. Alexandre répondit : « Tu es plus heureux que moi qui cherche à obtenir l'empire du monde. » L'appétit des richesses doit être tempéré et celles-ci recherchées dans les choses d'où sont absents vice et laideur ; ensuite, on doit les conserver et les accroître avec diligence et en épargnant sur les dépenses non nécessaires dont nous avons convenablement traité à propos de la générosité. Nous les laisserons donc pour traiter des possessions immeubles[65], dont nous avons deux sortes : la première, à l'intérieur de la ville, consistant en maisons, boutiques et autres lieux que l'on donne à bail à d'autres pour en retirer du profit.

---

62  *biasiamo* : *biasimo*.

63  *avaritia* : comme plus haut, nous traduisons ce mot par « cupidité » (employé dans ce sens par Cicéron dans le *De off.*), *avaro* par « cupide », *miseria* par « avarice » (ou *ladrerie*). Machiavel, au chap. XV du *Prince*, emploie le mot *misero*, un toscanisme, comme l'antonyme de « généreux », et *avaro* pour qualifier un homme « avide » ou « cupide ».

64  *rinutiò* : *rinunciò*. Voir infra : *rinuntiò*.

65  *immobili possessioni* : ces deux sortes relèvent d'une catégorie logique liée à un concept d'économie publique et civile. Il y a celles qui n'augmentent pas la richesse réelle, et celles qui proviennent d'un revenu agricole et, donc, d'une augmentation réelle due à la force travail (voir *infra* : « possessions fructueuses »).

Questi tali beni rispondono di fructi non naturalmente prodotti, sanza privare et torre quegli da altri; onde non sono fructi di nuovo acquistati, ma per patto solo da altri a noi legiptimamente promutati. Tali fructi non fanno in nella città acrescimento né più abondanti le facultà universali di tutto il corpo civile, ma solo promutono le possedute pecunie et quelle a possessori varii transferiscono. A queste non acade precepti, perché solo sono sottoposte alle leggi, consuetudini et statuti della città. Restano le possessioni fructuose, abondanti et piene d'ogni necessaria copia, le quali fertilemente et multiplicate producono fructi dalla feconda terra, dalla quale procede ogni nutrimento et qualunche ornato dell'humana generatione, et è solo quella da cui gl'huomini tragono ogni necessario subsidio di loro vivere. Per questo è detta la terra madre di tutti i viventi, però che, come la madre lacta et nutrisce i figliuoli, così la terra nutrisce et governa ogni cosa che vive. Infra tutti gli exercitii degl'huomini niuno se ne prepone alla agricultura, il quale pare certo recato seco dalla natura: sanza violentia o iniuria et sanza torre ad altri, abondantemente conrisponde et è tanto utile agl'huomini che, sanza quella, qualunche altra arte sare' nulla et la vita humana sarebbe roza, inculta et bestiale. Di sì lodata, degna, fructuosa, innocente et benifica arte non si potrebbe essere lungo in dire, però che né tanto lodare per humana voce si potrebbe quanto richiede, né i suoi precepti si potrebbono con buona copia di carti finire. Et noi, seguendo in questo, meritamente saremo ripresi se, tractando della vita civile, procedessimo in dimonstrare gli exercitii villatici. Lasciàno dunque in che modo s'elegano et conoscano i campi migliori, come et in che tempi si lavorino le terre, in che siti, sotto che regioni et in che spezie di terre più si convenghino le biade, i legumi, gl'orti, le vigne, ulivi et altri arbori che in varii luoghi più commodamente si producono. Lasciamo in che modo s'edifichino le case atte al bestiame, alle biade, al vino, all'olio et che famiglie si richiegga, in che modo i pecugli migliori si conoscano, governino et sieno fructuosi, et molte altre discipline di villa;

LA VIE CIVILE – LIVRE IV 333

De tels biens donnent des fruits qui ne sont pas produits naturellement, sans en priver autrui ni les lui enlever ; ce ne sont donc pas des fruits nouvellement acquis, mais qui, par pure convention, passent légitimement des autres à nous. De tels fruits ne prospèrent pas dans la cité et n'augmentent pas les ressources de l'ensemble du corps civil, mais ne font que permuter les richesses possédées et les transférer à divers possesseurs. Nul besoin de préceptes pour ces dernières, car elles sont uniquement soumises aux lois, usages et statuts de la cité. Restent les possessions fructueuses, d'un bon rapport et riches de toute l'abondance nécessaire, et qui, avec fertilité et accroissement, produisent des fruits que donne la terre féconde d'où provient toute la nourriture et tout l'ornement du genre humain, car c'est d'elle seule que les hommes tirent toute la ressource nécessaire à leur vie. Aussi, la terre est-elle appelée mère de tous les vivants, car, de même que la mère allaite et nourrit ses enfants, de même la terre nourrit et gouverne tout ce qui vit. De toutes les activités des hommes, nulle ne peut être placée avant l'agriculture, que la nature semble de toute évidence avoir apportée d'elle-même : sans faire violence ni tort, et sans ôter à autrui, elle produit en abondance et elle est si utile aux hommes que, sans elle, tout autre art serait nul et que la vie humaine serait grossière, inculte et bestiale. On ne saurait trop parler d'un art aussi louable, aussi digne, aussi fructueux, aussi innocent et bénéfique, car on ne pourrait de vive voix le louer comme il le faudrait, et même en écrivant d'abondance, on n'épuiserait pas ses préceptes. Et nous-mêmes, en continuant sur ce sujet, nous serions repris à juste titre si, traitant de la vie civile, nous poursuivions l'exposé des activités champêtres. Laissons donc de côté comment choisir et connaître les champs les plus fertiles, comment et à quel moment on travaille les terres, quels sites, quelles régions et quels types de terres conviennent le mieux aux blés, aux légumes, aux plantes potagères[66], aux vignes, aux oliviers et autres arbres qu'on produit le plus facilement en des endroits différents. Laissons de côté comment construire les bâtiments pour le bétail, pour le blé, pour le vin et l'huile et quelles sont les espèces requises, comment connaître les meilleurs troupeaux, les gouverner et les faire prospérer, et bien d'autres disciplines relatives à un domaine à la campagne ;

---

66  *orti* : « potagers », par métonymie « produits du potager », comme dans Horace, *Satires*, II, IV, v. 16.

## VITA CIVILE – [LIBRO QUARTO]

et solo admoniamo i nostri civili che di tutti i fructi vengono agl'huomini niuni ne sono più naturali, magiori, migliori o più honesti, sanza violentia et iniuria che quegli produce la villa, nella quale il cittadino prima cerchi avere buoni lavoratori con competente famiglia secondo la grandeza del luogo. Anticamente dice Marco Varrone che i cittadini aveano consuetudine lavorare i loro terreni con servi et serve et coi loro figliuoli. Oggi in Italia è in tutto tale consuetudine perduta et a dua modi di lavorare s'è ridocto, cioè con lavoratori liberi che tragono la loro parte de' fructi, o veramente con mercennarii condotti con prezo, i quali dì per dì si pagono delle loro opere. In questi si de' guardare che la spesa non consumi l'utile dell'opera facta, secondo si dice doversi tagliare le vigne che non rispondono certa quantità di vino per opera, però che, faccendo meno, divorono colle spese ogni loro fructo. E lavoratori si vogliono eleggere bene pratichi a lavorare ne' luoghi dove si mettono, et nella famiglia vuole essere il padre antico per sperientia, callido degli exercitii et arti di villa: chi giovane et potente di continuo lavori, chi attenda al bestiame et chi sia maestro d'ogni strumento di legno che è necessario o in uso d'agricultura. Sopra chi lavora sempre vuole essere chi provega, però che da natura ciascuno è tardo a' governi d'altri, né alcuno si truova che le faccende altrui curi et solleciti come le proprie: però, il signore de' terreni stia presente et provegga alla sollecitudine et ordine di chi lavora. Se fusse dato a tale vita che non attamente potesse attendere a questo, metta in suo luogo altri da chi stimi provedimento, ricordandosi però che Libio, domandato che cosa maximamente ingrassava i campi, rispose: «Le pedate del signore».

LA VIE CIVILE – LIVRE IV

et nous avertissons nos citoyens que, de tous les fruits dont profitent les hommes, les plus naturels, les plus grands, les meilleurs ou les plus honnêtes sont ceux que, sans faire violence ni tort, produit le domaine à la campagne, où le citadin doit avant tout s'efforcer d'avoir de bons travailleurs, avec une maisonnée[67] correspondant à l'étendue du domaine. Marcus Varron dit qu'anciennement les citoyens avaient l'habitude de travailler leurs terres avec des esclaves mâles et femelles, et leurs enfants[68]. De nos jours, en Italie, cette habitude s'est entièrement perdue, et on se limite à deux modes de travail, à savoir avec des travailleurs libres qui tirent leur part des produits, ou bien avec des tâcherons engagés par contrat[69] et qu'on paie à la journée pour leur travail. Avec ceux-ci, on doit prendre garde à ce que la dépense ne mange pas le profit du travail accompli, comme on le dit des vignes qu'il faut arracher si elles ne rendent pas une certaine quantité de vin correspondant au travail fourni[70], car, avec moins de rendement, elles dévorent tout le profit avec les dépenses. On doit choisir des travailleurs qui sachent bien travailler dans les lieux où on les emploie, et dans la maisonnée, il faut un père qui ait l'ancienneté de l'expérience et s'entende aux activités et aux métiers de la campagne : qui est jeune et fort sera assidu au travail, un autre aura soin du bétail, un autre saura maîtriser tous les outils en bois dont l'usage est nécessaire à l'agriculture. Au-dessus des travailleurs, il doit toujours y avoir une personne qui veille, car chacun a une négligence naturelle pour les intérêts d'autrui, et nul ne se soucie ni ne se presse autant pour les affaires d'autrui que pour les siennes ; aussi, le maître du domaine doit-il être présent pour veiller au zèle et à l'ordre de ceux qui travaillent. Si la vie qu'il mène ne lui permet pas de s'y consacrer convenablement, il se fera remplacer par quelqu'un qu'il estime capable d'y pourvoir, en se souvenant qu'un Lybien, à qui l'on demandait quel était le meilleur engrais pour les champs, répondit : « Les pas du maître ».

---

67 Nous hasardons ce terme (anciennement « maisnie ») qui correspond exactement à la *famiglia* de Palmieri : ensemble des personnes, y compris les serviteurs qui travaillent, ici, sur le domaine.

68 VARR., *Res rusticae*, I, XVII, 2.

69 *mercennarii condotti* : ouvriers payés à la tâche, journaliers.

70 *per opera* : nous privilégions cette interprétation sur celles, possibles, d'« ouvrier » et de « journée de travail ».

Et in simile modo Persiano, domandato che teneva bene grasso il cavallo, rispose: «Gli ochi di chi il possiede». Sempre i principali padroni delle cose debbono essere diligenti et solleciti, però che i tardi non fanno mai buoni né solleciti servi, et sanza il provedimento del signore non saranno mai bene culte le possessioni.

§ 148-157. Per vulgato et grosso proverbio si dice tristo a quello avere che il suo signore non vede. Del governo delle possessioni era a Roma in modo proveduto che chi lasciava i campi sodi o non seminati et similemente le vigne, ulivi et altri pomi, se non era da giusta cagione impedito, era sottoposto a' censori et da loro meritamente condannato et constretto a conservare i luoghi fructiferi: la qual cosa non adveniva se non perché sopra ogni altra honesta utilità stimavano questa lauldabile, fructuosa et piena d'ogni dilecto. La villa exercita gl'uomini, multiplica i fructi, dà copiose le biade, la vendemia abondante, e pecugli generosi, empie la casa d'olio, di legne, di fructe, di mele, dà il porco, il caveretto, l'agnello, i polli, lacte, cacio et pure coll'orto condisce tutta la casa et fa la famiglia abondante d'ogni necessario bene. La villa è tutta buona, fertile, copiosa, dilectevole, honesta, naturale et degna d'ogni huomo da bene et libero. A quella molti huomini degnissimi sono dopo molti egregii facti et gloriose opere humane rifugiti. Ad questa vita Marco Curio, dopo dua singulari triomphi avuti, l'uno de' Sanniti et l'altro di Pirro re, si ridusse; et volontariamente molte richeze et oro rinuntiò, dicendo che asai gli era avere da giovane con virtù per la sua republica vincto i possessori dell'oro, ora in ella privata vechieza gli bastava la sua possessione ad bene et honestamente vivere.

LA VIE CIVILE – LIVRE IV                                                337

Pareillement, un Perse, à qui l'on demandait ce qui engraissait bien
le cheval, répondit : « Les yeux de son propriétaire[71] ». Les maîtres et
propriétaires des biens doivent toujours être diligents et zélés, car ceux
qui sont négligents ne font jamais de bons et zélés serviteurs, et si le
maître n'y pourvoit pas, ses propriétés ne seront jamais bien entretenues.
   § 148-157. Un proverbe répandu et grossier dit : « C'est un méchant
avoir celui que le maître ne voit pas. » À Rome, on pourvoyait à
l'administration des propriétés de manière à ce que celui qui laissait
ses champs incultes ou ne les ensemençait pas – et cela valait aussi pour
les vignes, les oliviers et autres arbres fruitiers – sans en être empêché
par une bonne raison, était soumis aux censeurs et justement condamné
par eux, et contraint de maintenir les lieux en état de produire : et cela
avait lieu uniquement parce qu'ils estimaient qu'il y avait là une utilité
honnête, plus que toutes les autres louable, fructueuse et fort plaisante.
Le domaine fait travailler les hommes sans relâche, multiplie les fruits,
donne profusion de céréales, abondance de vendanges, et augmente les
troupeaux, emplit la maison d'huile, de bois, de fruits, de pommes,
donne porcs, chevreaux, agneaux[72], poulets, lait, fromage et, avec son
potager, enrichit toute la maison et fournit abondamment la famille de
tous les biens indispensables. Le domaine, en tout, est bon, fertile, riche,
délectable, honnête, naturel et digne de tout homme de bien et libre.
Bien des hommes très dignes, après nombre de hauts faits et d'actions
glorieuses, y ont trouvé refuge. Marcus Curius, après deux triomphes
remarquables, l'un sur les Samnites et l'autre sur Pyrrhus, se consacra
à cette vie ; et il renonça volontairement à beaucoup de richesses et d'or,
en disant qu'il lui suffisait, dans sa jeunesse, d'avoir, pour la république,
vaincu par sa vertu ceux qui possédaient l'or, et qu'à présent, dans sa
vieillesse privée, ce qu'il possédait lui suffisait pour vivre heureusement
et honnêtement[73].

---

71  [« un Lybien… »] § 146 : Pseudo-Aristote, *Économique*, I, VI, 1345a.
72  CIC., *De senect.*, XVI, 56. L'emprunt est confirmé par la reprise que fait Palmieri du sin-
    gulier des noms d'animaux avec un sens collectif dans le passage cité de Cicéron (*porco*,
    *haedo*).
73  « Marcus Curius… » : *Ibid.*, XVI, 55. Palmieri écrit fautivement *Marcus* au lieu de
    *Manius*. M. Curius Dentatus (« né avec les dents »), se distingua par ses victoires et son
    désintéressement.

Per non prolungare nostro sermone intorno a questa materia lascereno di Cincinnato, di Marco Valerio Corvino et di più altri privati, i quali, valentissimi et nobili, di dictature et consolati a Roma honoratissimi et degni, se exercitavano nell'opere villatice et per riposo del publico governo di Roma rifugivano al cultivare della terra. Ma certo lasciare non si debbe Cyro, re de' Persi, d'ingegno et potentia prestante, il quale tanta iocondità cavava de' campi bene culti che spesso, spogliandosi le porpore et ornamenti regali, secondo il costume persico, d'oro et di gemme splendidi et nobili, se exercitava a cultivare i suoi orti; et in modo se exercitava che, venendo a lui Lysandro lacedomonio, uomo virtuoso, savio et d'auctorità compiuta et donando Cyro di publici doni, a·llui da i Lacedemoniesi mandati, fu sommamente honorato et con molte gratie ricevuto. Poi, monstratogli molte cose pretiose et nobili, il menò in uno orto diligentemente composto et copioso di fructi bene culti et con ordine mirabile posti. Lysandro, maravigliandosi della grandeza et rigoglioso vigore degli alberi, con diritta misura ordinati et inserti di dilectevole varietà di piacevoli pomi et, oltr'a questo, del cultivato et bene disposto terreno et della ioconda soavità di mille odori spirante di varii fiori, domandò chi con tanto ordine conducea tali orti, dicendo che la diligentia di tale lavoratore era meritamente laudabile. Cyro rispose: « Tutto questo ordine è composto da me et gramparte di questi fructi colle mia mani sono stati seminati, transpiantati, inestati et condotti ». Lysandro gli disse: « Meritamente, Cyro, se' riputato beato, poiché alla virtù, allo imperio et gloria tua, la fortuna ha coniuncto la libertà de' suoi honesti dilecti ». Se l'utile adunque della terra è tanto naturale, grande, honesto et a ogni età dilectevole et degno d'ogni honorato huomo, si de' lodare, mantenere et inanzi a ogni altro fructo eleggere, acciò che si manchi di fare iniuria, che è cosa dificile in qualunche altro exercitio si faccia a fine d'utile.

Pour ne pas allonger notre discours sur cette matière, nous laisserons de côté Cincinnatus, Marcus Valerius Corvinus et autres particuliers qui, très vaillants et nobles, dignement honorés de dictatures et de consulats à Rome, s'exerçaient aux travaux champêtres, et pour se reposer de leur gouvernement public à Rome, se retiraient à la campagne pour cultiver la terre. Mais on ne doit certainement pas délaisser[74] Cyrus, roi des Perses, d'une intelligence et d'une puissance remarquables, qui retirait une telle joie à voir des champs bien cultivés que, souvent, quittant la pourpre et les ornements royaux, nobles et resplendissants d'or et de gemmes selon la coutume perse, il s'exerçait à cultiver ses jardins ; et ce, de telle manière que le Lacédémonien Lysandre, homme vertueux, sage et d'une autorité parfaite, venu lui offrir des présents publics envoyés par les Lacédémoniens, fut reçu avec les plus grands honneurs et avec beaucoup de grâce. Ensuite, Cyrus, lui ayant montré plusieurs choses nobles et précieuses, le mena dans un jardin aménagé avec soin, et rempli d'arbres fruitiers bien cultivés et disposés en un ordre admirable. Lysandre, s'émerveillant de la grandeur, de la vigueur et de la luxuriance des arbres, alignés avec régularité et alternant, dans une délectable variété, des fruits délicieux, mais aussi d'un terrain si bien cultivé et organisé, et de l'agréable suavité de mille parfums exhalés par des fleurs variées, demanda qui mettait en si bon ordre ces jardins, disant que le soin de ce travailleur méritait d'être loué. Cyrus répondit : « C'est moi qui ai tout ordonné, et de mes propres mains j'ai semé, transplanté, greffé et fait pousser une grande partie de ces arbres. » Lysandre lui dit : « Cyrus, on a raison de te dire heureux, puisqu'à ta vertu, à ton empire et à ta gloire, la fortune a uni la liberté de ses honnêtes plaisirs[75]. » Donc, si l'utilité tirée de la terre est si naturelle, si grande, si honnête et si délectable à tout âge et digne de tout homme honorable, on doit la louer, la maintenir et la choisir de préférence à tout autre fruit, afin de ne faire aucun tort, ce qui est bien difficile à éviter dans toute autre activité tendant au profit.

---

74 *Ibid.*, XVII, 59, auquel Palmieri emprunte l'anecdote de Cyrus, en y ajoutant du sien. – Lysandre, général spartiate, héros de la guerre du Péloponnèse, entretint en effet des liens étroits avec Cyrus le Jeune.

75 « Mais on ne doit… » : *Ibid.*, XVII, 59.

340 VITA CIVILE – [LIBRO QUARTO]

§ 158-159. Resta a fare mentione de' servi et mercenarii delle arti meccanice i quali, in ella città et fuori, sono fra·lle civili utilità non immeritatamente computati. Apresso gli antichi Romani gramparte delle richeze stava ne' servi, però che l'uso loro era molti comperarne, et tanto valevano quanto l'arte di che erano maestri meritava; poi aveano certi chiostri murati in e quali chiudevano detti servi et di varie arti gli facevano lavorare, dando loro solo le spese magre; de' lavorii facti facevano poi mercatantìa con multiplicata utilità. Oggi è superfluo ammonire di loro, perché non sono apresso i cristiani in uso. Ne' tempi nostri si paga con prezo l'opere et tempo di chi per noi se exercita. In negli operarii s'observi modo giusto, comandando tali cose sieno iuste et convenienti alla persona che serve. Ricordici che la iustitia è tanto diffusa in ciascuno che infino nelle ultime conditioni de' servi vuole essere servata.

§ 160-162. Delle tre parti in nelle quali dividemo nostro utile, parlando in privato solo resterebbe a dire d'una, inanzi tractassino dell'utile publico. Questa sarebbe posta in narrare del commodo et ornamento dello splendido vivere, dove si complende le case magnifice, gli edificii in publico facti, le masserizie abondanti, e famigli, cavagli et altre cose che più tosto per belleza di vita che per nostro bisogno s'appetiscono, cercano et tengono. Tali cose, benché da i particulari sieno fatte, nientedimeno perché sono attissime all'universale ornamento della città et fanno la belleza civile, della quale seguita grandeza, stima et utile civile, più tosto si convengono tractare in fra l'utilità commune che infra e privati commodi. Fareno dunque fine a' privati commodi et direno di quegli essere a bastanza detto; et per l'avenire direno delle utilità communi, cioè di quelle che all'universale corpo della città et a tutta la republica s'apartengono.

## LA VIE CIVILE – LIVRE IV

§ 158-159. Il nous reste à mentionner les serviteurs et les salariés des arts mécaniques qui, en ville et au-dehors, sont comptés, non sans bonne raison, au nombre des choses civilement utiles. Chez les anciens Romains, une grande partie des richesses consistait dans les esclaves, car ils avaient pour usage d'en acheter beaucoup, et ceux-ci valaient autant que le méritait l'art dont ils étaient maîtres. Puis, ils avaient des enclos murés où ils enfermaient ces esclaves qu'ils faisaient travailler à divers métiers, en ne leur donnant qu'un maigre salaire ; ils faisaient ensuite commerce des travaux exécutés en multipliant leur profit. Il est superflu aujourd'hui de donner des instructions à leur sujet, car l'usage s'en est perdu chez les chrétiens. De notre temps, on rémunère l'ouvrage et le temps de ceux qui travaillent pour nous. À l'égard des ouvriers, il faut observer une juste mesure, en donnant des ordres pour des choses qui soient justes et convenables pour la personne qui est à notre service. Il faut se rappeler que la justice s'étend à chacun de nous et doit être observée jusqu'aux serviteurs de la plus basse condition.

§ 160-162. Des trois parties en lesquelles nous avons divisé notre utile, il ne resterait à parler, pour ce qui est du privé, que d'une seule, avant de traiter de l'intérêt public. Elle consisterait à exposer l'avantage et l'ornement d'un train de vie splendide, comprenant les demeures somptueuses, les bâtiments édifiés dans l'espace public, les riches mobiliers, les serviteurs, les chevaux[76] et ces autres choses que nous désirons, recherchons et gardons pour embellir la vie plus que pour le besoin que nous en avons. Bien que ces choses soient le fait de particuliers, néanmoins, comme elles sont fort appropriées à l'ornement général de la cité et qu'elles en font la beauté dont découlent grandeur, estime et utilité pour ses citoyens, il convient d'en traiter à propos de l'utilité commune plutôt qu'à propos des avantages privés. Nous cesserons de parler des avantages privés, estimant en avoir assez dit, et nous parlerons désormais des choses d'une commune utilité, c'est-à-dire de celles qui appartiennent à l'ensemble du corps de la cité et à la république tout entière.

---

76 *cavagli* : pluriel avec palatisation, attesté en Toscane depuis l'époque la plus ancienne et largement au XVe siècle dans divers textes d'Alberti, de Piovano Arlotto, de Léonard de Vinci.

§ 163-168. Dua principali commodità sono quelle alle quali e magistrati et i privati cittadini che rapresentono gli stati d'alcuna libera città debbono dirizare ogni loro opera, cioè prima alla universale utilità et nel secondo luogo all'ornamento et amplitudine delle magnificentie civili. L'utilità dua parti contiene in sé, cioè la vera libertà, non in alcuna parte sottoposta né inferma, et con essa s'agiugne l'abondante potentia. Queste procedono, acrescono et sono conservate da più parti di fuori et drento. Fuori delle mura sieno ritenuti i terreni abondanti et fertili, et quando l'attitudini conrispondono, si provega al miglioramento di quegli, acciò che diventino copiosi et fecondi. Per provedere a questo, sono amoniti i civili di conservare gli afaticanti et duri lavoratori delle terre, come loro necessario et principale membro. E porti marittimi, o almeno di navicabili fiumi, tanta utilità subministrono che quasi impossibile si dice potere divenire degnissima alcuna città che sia di lungi da quegli, imperò che·lle utilità extrinseche delle città in gramparte si conferiscono dagli exercitii mercatantili et la mercatura incommodamente sanza parti si può fare; et dove mancono quegli, con dificultà et legere guadagno si transportono le cose di che s'abonda, et quelle di che si manca con disagio et care si conducono da lungi: et in questo modo né utile né universalmente copiosa può essere quella città che è sanza porto. Se postposto l'utile, si cercasse la grandeza, la fama et amplitudine, chi non conosce che ogni egregio facto et ogni transcorso del mondo è chiuso et per la insuperabile longitudine in brievi confini terminato, quando mancono i porti? La sperientia, madre di tutte le cose, in multiplicata lungheza di tempo ha dimonstrato che mai non fu nobilissima alcuna città dove non fussi porto vicino, et molti popoli sono stati che manualmente, con industria et arte, hanno con canali, con isboccare laghi o volgere fiumi adattato porti vicini, o veramente di potere a' porti con minori navilii navicare. E porti sono molto utili quando sono molto flequentati; per questo l'abondanza de' navilii et la moltitudine di chi navichi debbono essere sollecitamente preparati, acciò che per tale commodità s'aumenti et faccia magiore l'universale utile di tutto il corpo civile.

LA VIE CIVILE – LIVRE IV

§ 163-168. Il existe deux avantages principaux vers lesquels les magistrats et les simples citoyens[77] représentant les institutions[78] d'une cité libre doivent orienter toute leur activité : en premier lieu, l'utilité générale et, en second lieu, la beauté et l'ampleur données aux magnificences de la cité. L'utilité comprend deux parties, à savoir la vraie liberté, où il n'y a ni sujétion ni faiblesse, à quoi s'ajoute la toute-puissance. L'une et l'autre résultent tant du dehors que du dedans, où elles trouvent leur croissance et leur conservation. Hors des murs, il faut garder des terrains riches et fertiles, et quand leur nature s'y prête, pourvoir à leur amendement, pour les rendre plus riches et productifs. Pour y pourvoir, les citoyens sont avertis d'avoir à y garder des travailleurs qui soient durs à l'ouvrage, car ils en sont le membre principal et indispensable. Les ports de mer ou, pour le moins, de fleuves navigables, procurent un telle utilité qu'il est presque impossible, dit-on, pour une ville de devenir très digne si elle est éloignée de ces ports, car les profits extérieurs des villes viennent en grande partie des activités marchandes et le commerce ne peut se faire commodément sans ports ; et là où ils manquent, on transporte avec difficulté et avec un faible gain les marchandises dont on abonde, et on fait venir de loin, à grand peine et chèrement, celles dont on manque : de ce fait, dans une ville privée de port il n'est ni profit ni opulence générale. Si l'on mettait l'intérêt au second plan et que l'on cherchât la grandeur, la renommée et l'ampleur, personne n'ignore que, lorsque manquent les ports, toute action d'éclat et tout événement d'importance de ce monde sont renfermés et restreints en d'étroites limites en raison des distances infranchissables. L'expérience, mère de toutes choses, a montré, sur une très longue durée, qu'il n'y a jamais eu de très noble cité sans un port à proximité, et il s'est trouvé plusieurs peuples qui ont aménagé, à la main, avec leur ingéniosité et leur savoir-faire, des ports à proximité des villes, par le moyen de canaux, en ouvrant des lacs ou en détournant des fleuves, ou en faisant en sorte de pouvoir naviguer jusqu'aux ports avec des bateaux plus petits. Les ports sont très utiles quand ils sont très fréquentés ; c'est pourquoi on doit préparer avec soin la grande quantité de navires et le grand nombre de marins, afin d'augmenter et d'accroître par un tel avantage l'intérêt général du corps civil tout entier.

---

77 *privati cittadini* : ceux que, par opposition à des personnes publiques, on qualifie de simples citoyens, ou particuliers.

78 *stati* : *ordinamenti politico-istituzionali*.

# VITA CIVILE – [LIBRO QUARTO]

§ 169-177. Per stabile fermeza et commune quiete di chi se exercita et fa fructo agli altri, si computano in fra le utilità civili le compagnie, benivolentie et coniunctioni delle signorie et potentie vicine et longinque, le quali con ogni industria si debbono cercare et inviolate mantenere. Gl'exerciti ancora et huomini dati agli exercitii dell'armi per questo medesimo sono utilissimi et necessarii; et sempre si debbe avere chi dia opera all'arti della militia, acciò si conservi la riputatione publica et non si riceva iniuria. Quali debbano essere, abbiamo in gran parte detto nel passato libro dove parlamo degli exercitii delle battaglie. Solo mi piace in questo luogo toccare quella vulgare quistione in ella quale si domanda quali exerciti sieno migliori, o di soldati mercennarii et per prezo condotti, o veramente di proprii cittadini ragunati. Per l'una et per l'altra parte sarebbono varie difese, ma l'effecto è che in tutti i passati secoli non si truova alcuna città essere divenuta degnissima se non con la virtù et colle proprie mani de' suoi cittadini. I cittadini sono quegli che disiderono l'honore, la gloria, la riputatione et abondante imperio della città. I cittadini appetiscono la conservatione, la salute, lo stato et mantenimento d'ogni loro bene et, quando che sia, cercano la pace, tranquillità et riposo di loro, de' loro figliuoli et di tutte loro cose. I soldati condotti, contro l'honore proprio antepongono et sopra ogni cosa il prezo amano et vogliono: i terreni amici poco meglio stimano che de' nimici; fuggono i pericoli proprii, non curando della salute di chi gli paga; spesso abandonano quando truovono soldo migliore; se perdono l'amico cercano d'un altro; et finalmente, perché di guerra guadagnono et fannosi riputati et degni, sempre appetiscono et cercono guerra. Rade volti l'antiche potentie conducevano soldati, se non necessitati da gravi danni ricevuti o da timore di pericolo gravissimo, et colle proprie persone fecioni acquisti grandissimi, come si vede de' Romani, Cartaginesi, Ateniesi et molti altri. Et similemente nella nostra città, quasi tutto quello si possiede fu colle proprie mani de' nostri antichi padri conquistato.

§ 169-177. Parce qu'elles donnent stabilité et tranquillité commune à ceux qui sont actifs et produisent du fruit pour les autres, on met au nombre des intérêts civils les alliances, les bonnes dispositions et les liens avec les seigneuries et les puissances voisines, qu'on doit activement rechercher et maintenir inviolablement. Les armées et les hommes qui se donnent à l'exercice des armes sont, pour cela même, également très utiles et nécessaires ; et il faut toujours avoir des gens qui se consacrent à l'art militaire, afin de maintenir la considération publique et ne pas recevoir d'offenses. Ce que doivent être ces armées, nous en avons parlé en grande partie dans le livre précédent à propos des exercices guerriers. Ici, j'aimerais seulement aborder cette question couramment débattue sur les meilleures armées, si ce sont celles de soldats mercenaires et engagés par contrat, ou bien celles qui rassemblent les citoyens. L'une et l'autre position est défendable pour diverses raisons, mais le fait est que dans tous les siècles passés, on ne trouve aucune ville qui soit devenue digne si ce n'est par la vertu de ses citoyens et par leurs propres mains. Ce sont les citoyens qui désirent l'honneur, la gloire, la réputation et la pleine souveraineté de leur cité. Les citoyens aspirent à la conservation, au salut, à la stabilité et au maintien de tous leurs biens et, en tout temps, recherchent la paix, la tranquillité et le repos pour eux-mêmes, pour leurs enfants et pour l'ensemble de leurs biens. Les soldats engagés par contrat[79] préfèrent à leur propre honneur leur solde, qu'ils aiment et désirent plus que tout : ils n'estiment guère plus les territoires amis que ceux des ennemis ; ils fuient les dangers, insoucieux du salut de ceux qui les paient ; ils désertent souvent lorsqu'ils trouvent une solde meilleure ; s'ils perdent leur allié, ils en cherchent un autre ; et enfin, parce que la guerre est leur gain et qu'elle fait leur réputation et leur dignité, ils désirent et recherchent toujours la guerre. Les antiques puissances engageaient rarement des soldats, à moins d'y être contraintes par les graves dommages subis ou par crainte d'un très grave danger, et firent de grandes conquêtes avec leurs propres gens, comme on le voit chez les Romains, les Carthaginois, les Athéniens et beaucoup d'autres. De même, dans notre ville, presque tout ce qu'on possède fut conquis de main propre par nos anciens.

---

79  *soldati condotti* : *cf.* lat. *conducere milites* (« soudoyer des gens de guerre »). Le condottiere était le chef d'une compagnie de mercenaires (*condotta*, le terme signifiant aussi le contrat qui l'engageait à fournir des troupes moyennant une solde).

346      VITA CIVILE – [LIBRO QUARTO]

Dicesi essere pericoloso avere i cittadini potenti et in armi exercitati. Tale sententia pare verisimile alla multitudine de' deboli ingegni, i quali non considerono che la natura di tutte le cose humane è essere tanto variamente ordinate et a tanti casi sottoposte che i facti grandi et di memoria degni mai si ferono né faranno sanza pericolo. Solo in questo si debbe ricorrere all'aiuto divino et pregare Idio che tanto tempo conceda la potentia ne' buoni, quanto tempo noi disiderremo che la città durasse felice, sappiendo che quantunche volti fia la potenzia ne' tristi, a qualunche exercitio fiono dati, sempre saranno sanza riparo pericolosi et nocivi. In ne' soldati sempre sieno conservati quegli che a tempo di pace sieno in qualche parte fructuosi agli altri civili. A queste extrinsiche utilità debbono molte altre drento da le mura conrispondere, alle quali cautamente si debbe attendere per chi disidera l'utile publico: prima, che il popolo sia abondante et diffusamente con amore et benivolentia di popolare dilectione insieme coniuncto; oltre a questo, che gli exercitii et arti meccanice sieno in modo multiplicate et sparte che tutto il volgo et la meno scelta parte del popolo s'afatichi et faccia pro commune della republica.

§ 178-182. Chi fusse ocioso et inerte in modo nocesse et desse danno nella città, se non è da giusta cagione impedito, sia constructo all'opera o veramente mandato di fuori, acciò che la città si purghi della nociva plebe. Agl'ingegni elevati et bene informati dalla natura, in qualunche luogo o di qualunche conditione nascessino, sia sempre riserbato il favore publico, acciò che possino divenire degnissimi. In nell'arti sono inhoneste quelle che nuocono et sono inutili a costumi degl'huomini et ministre di non necessario dilecto, come taverne, cuochi, venditori di liscio, scuole di balli o d'altre lascivie et qualunche giuoco di dadi. Vituperonsi ancora l'arti che sono odiose agl'uomini et maxime quelle che appetiscono troppo l'altrui, come l'usure, comperatori d'entrate publiche, exactori, spie et simili, in tutto exprobabili et tristi. Servili sono tutte l'arti mercennarie di chi vende l'opera et non la industria dell'arte et per merce vile vende la libertà propria.

LA VIE CIVILE – LIVRE IV          347

On dit qu'il est dangereux d'avoir des citoyens puissants et entraînés aux armes. Un tel avis paraît vraisemblable aux faibles intelligences, qui ne considèrent pas que toutes les choses humaines sont par nature diversement constituées et soumises à tant de cas que les hauts faits mémorables ne s'accomplirent et ne s'accompliront jamais sans péril. En cela seulement l'on doit recourir à l'aide divine et prier Dieu qu'il conserve la puissance chez les bons aussi longtemps que nous désirerons le bonheur de la cité, sachant que chaque fois que la puissance sera aux mains des méchants, ils seront toujours, à quelque activité qu'ils se livrent, dangereux et nuisibles, sans qu'on puisse s'en protéger. Il faut garder ceux des soldats qui en temps de paix seront quelque part profitables aux autres citoyens. À ces intérêts extérieurs doivent répondre, à l'intérieur des murs, plusieurs autres pour lesquels il faut avoir une attention circonspecte si l'on désire l'intérêt public : en premier lieu, à ce que le peuple, par son nombre et son étendue, soit uni dans l'amour et dans la bienveillance d'une dilection populaire ; et en outre, à ce que les activités exercées et les arts mécaniques soient développés et répandus de telle sorte que tout le commun et la partie du peuple la moins choisie se donne de la peine pour le profit commun de la république.

§ 178-182. S'il se trouvait quelque oisif et inactif qui nuise et porte préjudice à la cité, il doit être contraint, s'il n'y est empêché par quelque juste motif, à travailler ou bien être expulsé, afin de purger la cité de la plèbe nuisible. La faveur publique doit toujours être réservée aux esprits élevés et naturellement bien formés, quel que soit le lieu ou la condition de leur naissance, pour qu'ils puissent devenir très dignes. Les pratiques malhonnêtes sont celles qui sont nuisibles et inutiles aux bonnes mœurs, et qui servent à un plaisir non indispensable, tels que tavernes, cuisiniers, vendeurs de fard, écoles de danse ou autres lascivetés et tous les jeux de dés. On blâme aussi les activités odieuses aux hommes, et surtout ceux qui convoitent excessivement le bien d'autrui, comme l'usure, les acquéreurs de rentes publiques[80], les collecteurs, les espions et leurs semblables, gens totalement répréhensibles et mauvais. Toutes les pratiques mercenaires de ceux qui vendent l'ouvrage et non l'habileté de l'art, et qui vendent leur propre liberté pour une vile marchandise, sont serviles.

---

80  *comperatori d'entrate publiche* : *acquirenti di titoli del prestito publico*. Au livre III, seules « l'usure ou les activités frauduleuses et nuisibles » étaient considérées comme « malhonnêtes ».

Vili sono ancora l'arti di coloro che comperono da' mercatanti per subito con guadagno vendere, dove largamente apparisce avaritia. La mercatantìa, quando è povera et piccola certo è inliberale et vile; quando fusse grande et copiosa, mandante et conducente di molti luoghi, con abondanza di varie cose, le quali poi sanza avaritia liberalmente venda, certo merita loda, se a tempo satiata d'utile, l'avanzate pecunie con virtù in altro conferisce. Ma sopra tutte l'arti sono lodate quelle dove la industria, la prudentia, et acume sono maximamente operate et in elle quali è pasciuto l'animo d'honesto dilecto, come la medicina, la legge, l'architectura, scultori et qualunche doctrina di cose laudabili et honeste. El fine però è che sopra tutte l'arti delle quali si cava alcuno fructo niuna n'è più naturale, più necessaria né migliore che l'agricultura, della quale poco inanzi abbiàno detto.

§ 183-190. Le richeze particulari prima debbono essere cerche per sobvenire all'uso necessario del vivere, poi acresciute per pigliare con esse commodità d'honesti dilecti. Coloro in e quali sarà l'animo magiore disidcrino le facultà più abondanti per potere essere liberali, benefici, et di quelle conferire per acquistare benivolentia et loda; il perché sono cerchi gli apparati magnifici et la vita splendida con abondanza et copia. Le quali cose fanno che sanza fine sia la cupidigia et disiderio delle richeze, le quali, quando si cercono in modo che non nuochino né in privato né in publico, meritono favore et subsidio infino a debita misura civile; ma quando in singulare excedessino il modo privato, debono essere depresse et più tosto in publico conferite che in privato lasciate, tali che de' fructi si nutrissono gli exerciti. In nella infima plebe basti solo il victo necessario che dì per dì co' loro exercitii s'acquistano; in nella più scelta parte del popolo le molte richeze fanno abondante et copiosa la città et per varii modi conducono utilità grandissima. In fra questi provedimenti, de' quali la magiore parte debbono essere callidamente in segreto condotti, sono mescolate altre utilità, le quali, in palese si debbono operare per quegli che hanno il governo publico;

LA VIE CIVILE – LIVRE IV                    349

Viles sont aussi les pratiques de ceux qui achètent aux marchands pour revendre aussitôt avec profit, ce qui laisse voir amplement leur cupidité. Le commerce, quand il est pauvre et petit est certes méprisable et indigne d'hommes libres ; lorsqu'il serait grand et opulent, par l'expédition et le transport en plusieurs contrées d'une abondante variété de marchandises que l'on vend ensuite généreusement, sans appât du gain, il mérite certainement la louange si, rassasié de profit avec le temps, il emploie vertueusement à autre chose ses richesses accumulées. Mais les pratiques louées au-dessus de toutes les autres sont celles où l'on met principalement en œuvre l'industrie, la prudence et la finesse et où l'esprit se repaît d'un honnête plaisir, tels la médecine, la jurisprudence, l'architecture, les sculpteurs et toute doctrine de choses louables et honnêtes. Toutefois, pour finir, au-dessus de toutes les activités dont on retire quelque fruit, il n'en est aucune de plus naturelle, de plus nécessaire ni de meilleure que l'agriculture, dont nous avons parlé plus haut.

§ 183-190. Les richesses particulières doivent être d'abord recherchées pour subvenir aux besoins indispensables à l'existence, puis accrues pour se donner grâce à elles les avantages d'honnêtes plaisirs. Ceux qui ont l'âme plus grande désireront des ressources plus abondantes pour pouvoir être généreux, bienfaisants et les employer à acquérir bienveillance et louange : raison pour laquelle on recherche les apparats magnifiques et une vie fastueuse dans l'abondance et l'opulence. Cela fait qu'il n'y a pas de terme à la cupidité et au désir des richesses[81], lesquelles, étant recherchées de manière à ne nuire ni au privé ni au public, méritent faveur et soutien en restant dans une mesure civilement convenable ; mais dans le cas singulier où les richesses privées excèderaient la mesure, il faut les diminuer[82] et les attribuer au public plutôt que les laisser au privé, de manière à pouvoir alimenter les armées avec leurs profits. Dans le bas peuple, la nourriture nécessaire qu'ils gagnent au jour le jour avec leurs travaux sera suffisante ; dans la partie la plus choisie du peuple, les grandes richesses donnent à la cité abondance et opulence, et apportent avec elles, par divers moyens, une très grande utilité. À ces mesures, dont la plupart doivent être prises secrètement et habilement, se mêlent d'autres choses utiles que doivent mettre en œuvre, au grand jour, ceux qui détiennent le gouvernement public ;

---
81  « Les richesses particulières... » : CIC., *Off.*, I, VIII, 25.
82  En les taxant.

et questo è maximamente intorno allo observare delle leggi, le quali si debbono in tale modo observare che si conosca i buoni essere più accetti et meritare et ricevere premio, et i tristi essere in odio et meritamente puniti. Et come il premio non si debbe conferire per amicitia, anzi per la operata virtù, così la pena sia data a' tristi non per odio, ma per cagione del peccato. Ogni ammonimento, castigatione o tormento vuole essere sanza iniuria et solo riferita alla conservatione della utilità publica; et vuolsi con buona examina riguardare che la pena non sia magiore che il peccato commesso, et maxime si debbe avere cura che per le medesime cagioni non sieno altri aspramente puniti et altri non pure in iudicio chiamati, in nelle quali cose spesso s'erra nel vivere civile. Onde per proverbio si dice: «Le leggi sono facte per chi poco può»; et più antico detto fu: «Le leggi sono i legami degl'huomini, ma i giganti le spezano». In punire sempre sia fugito l'ira, l'odio, l'amicitia et qualunche altra passione, però che chi passionato andrà a giudicare non observerà mai quella mediocrità che è posta fra il troppo et il poco, la quale maximamente è approvata da i peripatetici philosophi. Come sono le leggi, così deono essere facti i governatori delle republiche, cioè non per passione, ma per equità et dovere, essere condotti a punire. Dua sono le cagioni per le quali dice Platone doversi punire i peccati: la prima, per emendare chi ha errato, acciò che per l'avenire sia cauto et guardisi di fare il simile; la seconda, acciò che gli altri per exemplo di tale pena si guardino dal peccato et non faccino agli altri iniuria. Tullio poi, seguitando Platone, confermò dicendo: «E' non basta a colui che ha offeso pentersi della facta iniuria, ma debbe essere punito acciò che per l'avenire e' non faccia il simile e gli altri sieno al fare iniuria più tardi». L'observare delle leggi in ciascuna città è la prima utilità et fermo stabilimento di qualunche stato, et da quelle si riguarda alla conservatione commune di tutta la generatione humana.

et cela concerne principalement l'observance des lois, qu'on a le devoir de bien observer en connaissant ainsi que les bons sont bien vus et qu'ils méritent d'être récompensés, et que les méchants sont détestés et justement punis. Et de même que la récompense ne doit pas être attribuée par amitié, mais au contraire pour la vertu opérée, de même la peine doit être infligée aux méchants non par haine, mais au motif de leur faute. Toute admonestation, châtiment ou torture doivent être infligés sans commettre un tort et rapportés uniquement à la conservation de l'utilité publique ; et il faut se garder, en examinant bien la chose, à ce que la peine ne soit pas plus grande que la faute commise, et surtout il faut veiller à ce que, pour les mêmes motifs, certains soient durement punis tandis que d'autres ne seront même pas appelés en jugement : en quoi souvent, dans la vie civile, on se trompe. Aussi dit-on proverbialement : « Les lois sont faites pour ceux qui peuvent peu » ; et un mot plus ancien disait : « Les lois sont les liens des hommes, mais les géants les brisent. » Dans la punition, il faut éviter la colère, la haine, l'amitié et toute autre passion, car, sous le coup de la passion, le juge n'observera jamais ce juste milieu, placé entre le trop et le peu, qu'approuvent avant tout les philosophes péripatéticiens. Ceux qui gouvernent les républiques doivent être faits comme le sont les lois, à savoir être amenés à punir non par passion, mais par équité et devoir[83]. Platon dit que l'on doit punir les fautes pour deux raisons : la première, pour corriger celui qui s'est égaré, afin qu'à l'avenir il soit prudent et se garde de refaire rien de semblable ; la seconde, pour qu'avec l'exemple d'une telle peine, les autres se gardent de cette faute et ce tort commis envers les autres. Tullius ensuite, suivant Platon, le confirma, en disant : « Il ne suffit pas que l'offenseur se repente de l'injustice qu'il a commise, mais il doit être puni afin qu'à l'avenir lui-même ne refasse rien de semblable et que les autres soient moins prompts à faire tort[84]. » L'observance des lois dans chaque cité est la première utilité et la ferme assise de tout État, et c'est par elles qu'on veille à la conservation commune du genre humain.

---

83 « ce juste milieu… » : CIC., *Off*, I, xxv, 89. Cicéron se réfère aux passages de Platon dans *Les Lois*, IV, 715b ; *La République*, IV, 420b-c.
84 « Il ne suffit… : *Ibid.*, I, xi, 34. La référence est au *Gorgias*, 525b.

§ 191-194. Ver è che a' governatori delle republiche non solo basta secondo quelle ministrare ragione, però che spesse volti adviene che la conditione de' tempi, l'attitudini et siti de' luoghi et le popolari consuetudini abbiano bisogno di particulari ragioni; per questo è necessario in utilità della propria città provedere di statuti et ordini civili. Spesso bisogna coregere o mutare gl'ordinamenti preteriti, altra volta quegli innovare, et a le volti in tutto anullare et torre come inutili. La naturale legge sempre è una ferma et immutabile legge commune: per salute universale degl'huomini è stata solennemente comprobata, né in alcuno modo si può né debbe mutare. Legge privata civile solo riguarda al proprio utile di coloro da chi è stata ordinata et puossi et debbesi spesse volti, secondo l'opportunità richiegono, commutare. I civili che disiderono l'utile publico, in nel discrivere et comporre le ragioni et ordinamenti communi et simile nel riformare quegli, sempre riguardino alla diffusa utilità della magiore moltitudine, postponendo il bene proprio et ogni particulare commodo. Non è certo piccolo l'errore di quegli i quali, posti ne' sommi magistrati come più degni et migliori cittadini, per examinare et discernere il dovere di ciascuno sottoposto, alle volti per gratificare et piacere agli amici o a alcuno potente, et simile per fugire odio o altra incomodità, consentono le cose iniuste, dicendo: « Il giudicio del popolo dal quale ha a essere approvato questo medesimo non consentirà, et io m'arò tolto il carico proprio et gratificato all'amico »: prima manca della fede che publicamente gl'è stata data dal popolo, exalta gl'ingiusti domandatori che meriterebbono essere rafrenati et depressi, nuoce al comune bene, fassi tenere iniusto et dà exemplo nocivo et tristo, toglie la fede che il popolo debbe prestare a' magistrati; il perché ne manca la degnità publica.

LA VIE CIVILE – LIVRE IV                    353

§ 191-194. Il est vrai que, dans les républiques, les gouvernants n'ont pas seulement à administrer la justice[85] selon ces lois, car il arrive souvent que la conjoncture, la configuration des lieux, leur situation et les coutumes populaires nécessitent des normes juridiques particulières ; aussi est-il nécessaire, dans l'intérêt de sa propre cité, de la pourvoir de statuts et d'ordres civils. Il faut souvent corriger ou changer les ordonnances passées, d'autres fois les innover, et parfois les annuler complètement et les supprimer comme étant inutiles. La loi naturelle est toujours une loi commune, ferme et immuable : pour le salut universel des hommes, elle a été solennellement approuvée, et on ne peut ni ne doit la changer de quelque façon. La loi civile privée ne concerne que l'intérêt propre de ceux par qui elle a été ordonnée, et elle peut, et doit être, selon ce qu'exigent les circonstances, souvent changée. Les citoyens désireux de l'intérêt public veilleront toujours, en écrivant et en composant les lois et les ordonnances communes, et de même en les réformant, à l'intérêt étendu au plus grand nombre, en mettant au second plan leur bien propre et tout avantage personnel. C'est certainement une grande erreur chez ceux qui, placés aux magistratures suprêmes comme les citoyens les meilleurs et les plus dignes, pour examiner et discerner le mérite de chacun de ceux qui sont au-dessous d'eux, parfois pour faire plaisir et complaire à leurs amis ou à quelque puissant, et aussi pour éviter la haine ou une autre incommodité, consentent à des choses injustes, en disant : « Le jugement du peuple qui doit l'approuver ne l'acceptera pas, et quant à moi, je me serai déchargé et j'aurai obligé un ami » ; premièrement, il trahit[86] la confiance que le peuple lui a donnée publiquement, il place haut les solliciteurs injustes qui mériteraient d'être réfrénés et abaissés, nuit au bien commun, se fait une réputation d'homme injuste, et donne un exemple nuisible et mauvais, ôte la confiance que le peuple doit mettre dans les magistrats ; aussi, la dignité publique en est-elle amoindrie.

---

85  *ragione* : « droit », « justice ». Le mot appartient au langage juridique et existe en ancien français avec ce même sens. Plusieurs villes italiennes ont conservé leur *Palazzo della Ragione* (« Palais de Justice »), celui de Padoue étant l'un des plus célèbres. Quelques lignes plus loin, *ragioni* désigne les lois.

86  *manca* : le sujet (« ceux qui ») a perdu la marque du pluriel, par attraction du singulier de la citation.

In nel popolo poi, ragunato di moltitudine varia et in parte di vulgo ignorante, per diverse cagioni, a caso più tosto che con prudentia, s'apruova et vieta le cose proposte, onde spesso s'acepta quello che forse sarebbe rimaso tra via se i primi examinatori avessino così creduto.

§ 195. El carico però della facta iniustitia tutto rimane ne' primi ordinatori, però che, secondo l'approvata sententia de' savii, in nel vulgo non è consiglio, non auctorità, non iudicio, et le cose facte da quello si convengono sempre observare, ma non sempre lodare.

§ 196-208. Virgilio dice che il vulgo sempre si volge al peggio. Da questo nasce la inferma stabilità, il poco durare et la infinita multitudine degli ordini, i quali spesso nelle città si truovono tanto diversi che più tosto confusione che ordine possono meritamente essere chiamati. La cagione certo procede da i principali governatori, i quali alle attitudini proprie o alle private di coloro da chi sono richiesti più tosto che a tutto il corpo della republica inconsideratamente si dirizono. Per questo adviene che la moltitudine civile, tracto però di quella sempre l'ultima plebe della città, rendono il iudicio migliore che non fanno i piccoli numeri degl'intendenti, non perché, essendo buoni cittadini, e pochi non fussino sufficienti a ogni governo, ma perché i cittadini coi quali in nel mondo le più volti si vive, spesso rivolti alla utilità propria, abandonono de' principali membri della città et forse alle volti tutta l'università publica quando sono pessimi. La multitudine comprende ogni membro et qualunche civile particularità; et non obstante che ciascuno sia disposto a l'utile proprio et secondo quello iudichi, ne segue di necessità che della magiore parte delle singularità si fa uno universale che è utile commune di tutto il corpo della republica; la quale commodità non può procedere delle spezialità de' numeri piccoli. Questa è la nascosa cagione donde per sperientia si vede che i governi de gli ignoranti popoli a tempo paiano buoni come quegli de' prudenti cittadini, ma di rado lungheza di tempo gli prospera.

Et puis, dans le peuple, assemblage de multitude inconstante et, en partie, de populace ignorante, pour différentes raisons, on approuve et on refuse, au hasard plus que par prudence, les choses proposées, et souvent l'on accepte ce qui eût pu être entravé si les premiers examinateurs en avaient jugé.

§ 195. Aussi la responsabilité de l'injustice commise dépend-elle entièrement des premiers législateurs, car, selon la sentence approuvée par les sages, il n'y a pas d'esprit de conseil[87] dans le commun des hommes, ni autorité, ni jugement, et il convient de toujours observer les choses qu'il fait, mais non de les louer toujours.

§ 196-208. Virgile dit que le commun des hommes se tourne toujours vers le pire[88]. De là naissent la faible stabilité, le peu de durée et la multitude infinie des ordres qui, souvent, dans les cités, sont si divers qu'on peut les appeler à juste titre confusion plutôt qu'ordre. Les responsables en sont certainement ceux qui sont à la tête du gouvernement et se tournent inconsidérément vers leurs avantages personnels ou vers ceux des particuliers qui les sollicitent plutôt que vers le corps entier de la république. De là vient que l'ensemble des citoyens, si l'on en ôte toutefois toujours la lie du peuple, juge mieux que le petit nombre d'entendants, non que ceux-ci, s'ils sont bons citoyens et peu nombreux, ne suffisent à tout gouvernement[89], mais parce que les citoyens avec lesquels on vit la plupart du temps dans le monde, souvent tournés vers leur propre intérêt, négligent, quand ils sont très mauvais, celui des membres principaux de la cité et, parfois, de toute la collectivité. Cet ensemble comprend chaque membre et tout ce qui est particulier dans la cité ; et bien que chacun soit porté vers son intérêt propre et juge selon celui-ci, il s'ensuit nécessairement que, de la plus grande partie des individualités, on réalise une universalité qui est l'intérêt commun de tout le corps de la république, avantage qui ne peut procéder des particularismes des minorités. C'est là la raison cachée pour laquelle on voit par expérience les gouvernements des peuples ignorants paraître, pour un temps, aussi bons que ceux des citoyens prudents, mais profiter rarement d'une longue durée.

---

87  *consiglio* : lat. *consilium* (« capacité à réfléchir, à donner un avis judicieux ») ; ailleurs dans le texte : « sagesse ».

88  *En.*, I, v. 149-150.

89  Mode de gouverner, comme infra (« les gouvernements »).

Le cagioni che tolgono assai utilità del mezo delle republiche sogliono essere molte, fra le quali sono pessime le pregherie che si fanno per le contentioni degli honori, per le quali spesse volti adviene che a' meno optimi sieno conferite le magiori degnità. L'honore certo, come dice Aristotile, è premio della virtù et debbesi concedere a' buoni; ma le più volti adviene che per cagione che i buoni non sono ambitiosi né assentatori, non volendo intorniare le piaze et mormorare i prieghi negli orechi de' cittadini, sono abiecti et rilasciati adrieto; et eglino, contenti solo alla conscientia del bene fare, che è in verità il premio in sé di ciascuno virtuoso, pacificamente in privato si riposono. Vengono innanzi i rapaci abaiatori, et per importuna audacia sollecitando gli orechi del popolo se ne portono gli onori, forse con tali arti et con si facte intentioni che meriterebbono infamia et vituperio gravissimo. Questi sono quegli che sempre antepongono i simili a·lloro a' cittadini virtuosi; questi sono quegli che tengono adrieto gl'intendenti et buoni perché hanno bisogno d'essere conservati dagli ignoranti et tristi. La natura di chi regge è avere sempre magiore sospecto de' buoni che de' tristi et avere paura della virtù altrui, perché teme non sia cagione di tirallo inanzi a più honorato grado di lui. Governandosi in cotal modo co' tristi, gli pare sicuramente potere exercitare la malivola intentione sua, sanza expectare pena da chi è in simile errore. Da tali cagioni sono le ruberie, le rapine et storsioni de' subditi; da questo sono l'ire et i passionati giudicii; per questo è tolta ogni misericordia de' miseri sottoposti; quinci sono tutti i mali governi pe' quali sono con isterminio disfacte le nobili et potenti città; e quali pericoli, coloro che vogliono fuggire (tutti certo il doviàno volere), conferischino sempre gli onori ne' virtuosi, più optimi et meglio vivuti cittadini: quegli spontaneamente rilievino; gli altri che immeritamente si fanno inanzi, sieno rilasciati et postposti a' migliori. Seguitisi il sancto precepto evangelico che exalta gl'umili et i superbi confonde.

LA VIE CIVILE – LIVRE IV          357

Ce qui est très préjudiciable à l'utilité au sein des républiques a d'ordinaire des causes nombreuses, parmi lesquelles les recommandations, quand on se dispute les honneurs, sont très mauvaises, car elles font que les plus hautes dignités sont souvent attribuées aux moins bons. L'honneur est certainement, comme le dit Aristote[90], la récompense de la vertu et doit être concédé aux bons, mais la plupart du temps il arrive que les bons, qui ne sont ni ambitieux ni adulateurs, refusant de courir les places publiques et de murmurer des recommandations à l'oreille des citoyens, sont rejetés et laissés pour compte ; et eux, se contentant de la seule conscience de bien faire, laquelle, en vérité, est en soi la récompense de tout homme vertueux, se reposent paisiblement en leur privé. Ce sont les aboyeurs rapaces qui se présentent, et qui, sollicitant les oreilles du peuple par leur audace importune, emportent les honneurs, probablement avec de tels procédés et de telles intentions qu'ils mériteraient infamie et flétrissure gravissime. Ce sont des gens qui préfèrent leurs semblables aux citoyens vertueux, des gens qui mettent en retrait les entendants et les hommes de bien, car ils ont besoin d'être maintenus par les ignorants et les méchants. La nature des dirigeants est d'avoir toujours plus de suspicion envers les bons qu'envers les mauvais et d'avoir peur de la vertu des autres, car ils craignent que ce ne soit un motif pour faire avancer ceux-ci vers une position plus honorable que la leur. En se conduisant ainsi avec les méchants, ils pensent pouvoir exercer en toute sûreté leur malveillante intention, sans attendre de châtiment de ceux qui sont dans la même erreur qu'eux. Voilà les causes des vols, des rapines et des extorsions sur les sujets, les causes des colères et des jugements passionnés ; à cause de cela, toute miséricorde est déniée aux malheureux qui leur sont soumis ; de là procèdent tous les mauvais gouvernements qui causent la ruine des nobles et puissantes cités jusqu'à leur totale destruction ; et ceux qui veulent éviter de tels périls (tous, certainement, nous devons le vouloir), devront toujours conférer les honneurs aux citoyens vertueux, aux meilleurs d'entre eux et à ceux qui vivent selon le mieux : ce sont eux qu'ils relèveront volontairement ; quant à ceux qui se mettent en avant sans l'avoir mérité, on les délaissera et on les mettra après les meilleurs. Il faut suivre le saint précepte évangélique qui exalte les humbles et confond les superbes[91].

---

90  *Eth. Nic.*, IV, 7, 1123b.
91  Allusion aux versets du *Magnificat*, Lc 1, 51-52.

Così, exaltando i buoni, sia levato ogni contesa d'onore, se già non fusse, per utile publico contendendo per chi meglio et più salutiferamente governasse, come si dice essere stato a Roma, sanza alcuna iniuria, contesa tra Publio Affricano et Quinto Metello. Dice Platone che similemente fanno coloro che contendono chi più tosto ministri alla republica come se i navicanti contendessino chi prima governasse la nave, che non sarebe sanza grave pericolo di tutti. Fuggasi dunque qualunche contesa d'honori civili, unitamente sempre tribuendo quegli a' più virtuosi et migliori cittadini. Infra e cittadineschi mali è ancora miserrima et abondantemente dannosa la ardente invidia. Questa disecca et consuma in privato et in publico qualunche bene civile, et alle volti è sì grave furore che consente alle adversità proprie per vedere la infamia et i danni di chi gli è in odio. Da questa sono anullati gli ottimi consigli per torre l'honore di chi n'è stato auctore. E fatti egregii et singulari spesse volti sono con publico danno per invidia impediti, per torre la gloria di chi conduce et dà effecto a quegli. Le virtuose opere non rade volti sono con infamia extenuate et derise da chi invidia a chi dà opera et exercitasi in esse. Questa passione volentieri s'ingegneranno levare da l'animo coloro che conosceranno molte più molestie continuamente ricevere chi invidia che chi è da altri invidiato: lo invidiato non è mai sanza quello bene che s'invidia in lui; chi invidia ha infiniti dolori et spesso nuove passioni, continuo vorebbe essere tolto il bene a chi egli invidia; sempre dice male, duolsi, scoppia, lamentasi, adirasi, sta sollecito, afflicto et malivolo et pieno d'ogni simile miseria con merita pena di tale vitio.

§ 209-212. In ne' primi governatori della republica è sommamente pessima l'avaritia, et molto riprehensibile è exercitarsi nella repubblica per guadagno. Appresso a' Greci fu già religiosamente per divina voce dello oracolo d'Apollo confermato dovere brevissimamente terminare lo stato di quella città in ella quale per avaritia di publico guadagno si governava. Niuna cosa a tanto amore muove i popoli quanto l'astinentia di chi governa.

LA VIE CIVILE – LIVRE IV

Ainsi, en exaltant les bons, qu'on supprime toute rivalité pour les honneurs, si elle ne l'était déjà, en rivalisant, dans l'intérêt public, pour savoir qui gouvernera le mieux et de la manière la plus salutaire, comme le firent à Rome, dit-on, sans injustice aucune, Scipion l'Africain et Quintus Metellus. Platon dit que les rivaux, luttant pour être le premier à administrer la république, sont comparables aux matelots qui rivaliseraient pour savoir qui d'entre eux piloterait le navire, ce qui ne serait pas sans grave danger pour tous[92]. Il faut donc éviter toute rivalité pour les honneurs civils, en les attribuant toujours conjointement aux plus vertueux et aux meilleurs citoyens. Parmi les maux de la cité, l'ardente envie, aussi, est lamentable et grandement dommageable. Elle met à sec et consume tout bien civil, en privé comme en public, et c'est parfois une fureur assez violente pour consentir à ses propres malheurs à seule fin de voir le discrédit et les dommages de ceux qu'elle hait. Elle annule les excellents conseils pour en enlever l'honneur à leurs auteurs. L'envie entrave souvent, au grand dam public, les actions remarquables et hors du commun pour en ôter la gloire à ceux qui les entreprennent et les accomplissent. Les activités vertueuses sont bien souvent, et de manière infâme, rabaissées et tournées en dérision par les gens envieux de ceux qui y donnent leur peine et s'y exercent. Ceux qui sauront combien les envieux subissent en permanence plus de tourments que les personnes enviées s'efforceront spontanément d'ôter cette passion de leur cœur : qui est envié n'est jamais privé du bien qu'on envie en lui ; l'envieux a des douleurs infinies et, souvent, des passions nouvelles, il voudrait en permanence que le bien fût ôté à celui qu'il envie ; il médit toujours, toujours il se plaint, s'emporte, se lamente, s'irrite, toujours inquiet, accablé, malveillant et plein de ces mêmes malheurs, subissant la peine méritée par un tel vice.

§ 209-212. Chez ceux qui sont à la tête du gouvernement de la république, la cupidité est mauvaise au plus haut point, et s'employer dans la république en vue d'un gain est très répréhensible. Chez les Grecs, jadis, il fut confirmé religieusement, par la voix divine de l'oracle d'Apollon, que l'existence d'une cité où l'on gouvernait par avidité de gain public arrivait très rapidement à son terme. Il n'est rien qui pousse autant les peuples à l'amour que le désintéressement de ceux qui gouvernent[93].

---

92 « en rivalisant… » : CIC., *Off.*, I, xxv, 87. *Cf.* Platon, *République*, VI, 488b.
93 « Chez ceux qui sont à la tête… » : *Ibid.*, II, xxii, 77 (chez Cicéron, l'exemple de l'oracle pythien s'applique à Sparte).

360 VITA CIVILE – [LIBRO QUARTO]

L'avaritia et molto di publico valersi muove odio donde alle volti seguitono danni et extreme ruine. Per questo in Grecia, nella città d'Egina, furono morti i primi governatori, onde poi, ruinato lo stato, tante discordie seguirono che fu occupata la città da' tiranni, da' quali a tempo tutti i nobili cittadini cacciati, disfacti o morti ne seguì in perpetuo lo stremo disfacimento della republica che prima molto tempo preclara et degna era durata. Né solo sé stessa disfé, ma fu cagione di subvertere tutta la Grecia però che, seguiti poi dai Lacedemoni, et dilatati grandissimi mali, per tutta la Grecia sopravennono scandoli che sottomissono la libertà di molte nobili et bene constitute republiche. La pruova monstra gli effecti della avaritia, della quale ogni buono cittadino debbe mancare, sì perché è cosa brutta et molto nociva nella republica, et sì ancora perché toglie la fede da chi governa. Né mai s'arà avuto feda dal popolo in chi fia stimato avaro et attendere all'utile proprio. Fatti oggi mai cauti in che stia l'utile della città et che cose maximamente nuochino, dua soli ammonimenti seguireno et poi porreno fine alla presente materia: l'uno è che pe' falsi raporti de' maledichi non si porti odio né nuoca ad alcuno; l'altro, che le lusinghe degli assentatori che apensatamente cercano piacere, non occupino in modo gli animi di chi governa che si divìeno dalle ministrationi giuste. Et sia a·ssufficientia trattato dell'utile civile.

§ 213-216. In nel luogo seguente pognamo quelle cose che in nella città sono meno necessarie, ma contengono apparato magiore et amplitudine splendida degli ornamenti civili. Di queste, parte ne sono poste nella insigne magnificentia degli spaziosi edificii, parte in nella veneranda degnità et somma excellentia della servata maiestà de' publici magistrati, parte nelle reverendissime celebrità de' magnificentissimi apparati delle solennità de' culti divini, parte ancora in negli ornamenti particulari et nello splendido vivere de' privati cittadini. La belleza et singulare ornamento degli edificii prima è posto in ne muramenti publici: contiene la continuata extensione delle alte et fortissime mura della città, con arte singulare attissimamente composte et forzificate con torri et merli d'ogni necessaria et piacevole belleza;

La cupidité et l'appropriation du bien public poussent à la haine, entraînant parfois les pires dommages et destructions. Pour cette raison, en Grèce, dans la ville d'Égine, on mit à mort les chefs du gouvernement, d'où, après la ruine de l'État, s'ensuivirent tant de discordes que la cité fut occupée par des tyrans et, après que ceux-ci eurent pour un temps chassé, défait ou mis à mort tous les nobles citoyens, il en résulta pour toujours la décomposition totale de cette république qui, auparavant, avait perduré, illustre et digne. Non seulement elle se décomposa, mais elle causa le bouleversement de toute la Grèce, car, après les Lacédémoniens qui l'avaient suivie et les très grands maux qui s'étaient répandus, dans toute la Grèce survinrent des désordres qui assujettirent la liberté de plusieurs républiques nobles et bien instituées. L'expérience montre les effets de la cupidité dont tout bon citoyen doit s'abstenir, car c'est chose laide et nuisible dans la république et elle ôte également la confiance dans ceux qui gouvernent. Ceux que l'on estime cupides et attentifs à leur propre intérêt n'auront jamais la confiance du peuple. Devenus à présent circonspects en ce qui concerne l'intérêt de la cité et sur les choses les plus nuisibles, nous ajouterons deux seuls avertissements avant de terminer sur ce sujet : le premier est de ne pas avoir de haine envers quelqu'un ni lui faire du tort sur les faux rapports des médisants ; l'autre, que les flatteries des adulateurs qui cherchent à plaire de manière préméditée n'occupent pas les esprits des gouvernants au point qu'ils dévient d'une juste administration. Et en voilà assez dit sur l'intérêt civil.

§ 213-216. Dans ce qui suit, nous mettons les choses qui, dans la cité, sont les moins nécessaires, mais qui comprennent l'important apparat et la grande splendeur donnés aux ornements civils. Parmi ces choses, une partie est placée dans la magnificence insigne des édifices spacieux, une autre partie dans l'honorable dignité et dans l'excellence suprême de la majesté observée dans les magistratures publiques, une autre dans les très vénérables célébrations des magnifiques apparats donnés aux solennités des cultes divins, une partie également dans les ornements particuliers aux citoyens et dans la splendeur de leur train de vie privé. La beauté et l'ornement exceptionnel des édifices sont placés premièrement dans les constructions publiques : celles-ci incluent l'extension continue des murailles, hautes et très fortes, de la ville, agencées fort proprement avec un art sans pareil et fortifiées par des tours et des créneaux avec toute la beauté plaisante qu'ils nécessitent ;

contiene gli elevati et superbi palagi, per insigne gloria de' magistrati; contiene la sublimità et notabile magnificentia de' sacrati templi, la conveniente compositione et attissima belleza de' privati habituri pe' quali la degnità dell'uomo appaia meritamente ornata et non in tutto dalla casa cerca, però che non il signore per la casa, ma la casa pel signore si vuole et debbe honorare; et infamia sarebbe se da chi passa si dicesse: «O degna casa, quanto se' da indegno signore habitata». Chi seguitasse et volesse assimigliare le magnifiche case de' nobili cittadini merita biasimo se prima non ha agiunte o superate le loro virtù. Con questi ornamenti si contengono le piaze, i mercati, i ponti, e portici, le vie et ogni altra parte degnamente magnifica et ampla.

§ 217. Lo splendore et ornamento de' reputatissimi magistrati maximamente è posto nell'observare la maiestà della republica, contenere la degnità, l'amplitudine, l'auctorità et reputata stima dello stato civile, avere i publici apparati maravigliosi et nobili, gli ordini delle minori degnità et degli altri egregii et stimati cittadini amplissimi et degnamente con riputatione collocati, e ministri et servi copiosi, ornati et bene atti et con honorati segni honoratamente notabili. Le persone de' sommi padri, quanto più si richiede, sieno ornatissime et grave, et in ogni observantia publica sieno le pompe solemne et di riverentia degne.

§ 218-219. La religione rende la città più magnifica quando con mirabile observantia è solemnemente celebrata. Questa richiede la veneranda auctorità de' sacerdoti continenti et inanzi agli altri prestanti et buoni, e vestiti et sacri ornamenti di purpure varie, di gemme et oro pretiosi et splendidi, in modo che non solo magnifici, ma quanto più gl'huomini possono, celesti et divini appariscano. L'ecresiastiche solemnità et le cerimonie sacre et qualunche sacerdotale pompa sieno di tanta riverentia degne di quanta se ne può infra e mortali observare.

elles incluent les hauts et superbes palais, pour la gloire insigne des magistratures ; la sublimité et la magnificence remarquable des temples sacrés, l'agencement convenable et la beauté parfaitement appropriée des habitations privées grâce auxquels la dignité de l'homme paraisse ornée par le mérite de celui-ci et non pas recherchée dans sa seule maison, car on ne doit pas honorer le maître pour sa maison, mais la maison pour son maître, et il serait déshonorant que les passants disent : « Ô digne maison, tu es habitée par un maître bien indigne. » Ceux qui chercheraient à rendre leur maison aussi magnifique que celles des citoyens nobles méritent le blâme s'ils n'ont d'abord atteint et surpassé les vertus de ceux-ci. Dans ces ornements, on inclut les places, les marchés, les ponts, les portiques, les rues et toute autre partie d'une imposante et magnifique dignité.

§ 217. La splendeur et l'ornement des magistratures grandement réputées consistent principalement à respecter la majesté de la république, à maintenir la dignité, la grandeur, l'autorité, l'estime et la réputation de la puissance civile, à avoir un noble et merveilleux appareil public, à faire une place très honorable et digne de réputation aux ordres des dignités mineures et des autres citoyens éminents et estimables, à avoir en grand nombre ministres et serviteurs, équipés[94], bien mis et avec des insignes honorables qui les fassent honorablement remarquer. Les personnes des éminents pères[95] seront, comme elles le requièrent, distinguées et imposantes, et les pompes, dans tout cérémonial public, seront solennelles et dignes de révérence.

§ 218-219. La religion, lorsqu'elle est célébrée solennellement avec un admirable cérémonial, rend la cité plus magnifique. Elle réclame l'autorité vénérable de prêtres continents, dépassant les autres hommes en excellence et en bonté, des habits et des ornements sacrés aux pourpres chatoyantes, aux gemmes et aux ors précieux et resplendissants, de sorte qu'ils aient non seulement une apparence magnifique, mais, autant qu'il est possible pour des hommes, céleste et divine. Les solennités ecclésiastiques et les cérémonies sacrées et toute la pompe sacerdotale seront dignes de toute la révérence qu'on peut observer parmi les mortels.

---

94  *ornati* : du lat. *ornare* (« équiper »).
95  *sommi padri* : les « pères » au sens que l'on peut donner aux personnes les plus éminentes de la cité par leur autorité morale ou sociale.

364 VITA CIVILE – [LIBRO QUARTO]

§ 220-221. E cittadini privati sommamente fanno le città gloriose, quando non solo drento dalle mura delle cose private et domestiche, non solo nella propria città l'amplificatione, la degnità et difesa subministrono, ma diffusamente sparsi pel mondo, la industria, e costumi et la vita avanzono di tutti gli altri. El vivere di questi non debbe essere né dilicato né splendido, né anche in modo stracurato o vile che si manchi della degnità propria, ma in ogni parte si conformi all'aprovato costume degli altri, servando l'uso de' pari a·llui che insieme liberalmente vivono nella propria città.

§ 222-227. E' mi pare, prudentissimi giovani, avere con sufficientia decto quanto m'è occorso all'animo potersi commodamente dire della vita civile. Pertanto se in tutto è al disiderio vostro sodisfacto, m'è gratissimo, et con licentia di voi, a cui da principio liberalmente promissi, porrò fine al mio dire. Se più oltre da me volete ancora, di nuovo seguirò quanto mi dimonsterrete sia utile et convengasi alla presente materia –.

FRANCO. – In ogni tuo dire ci hai quanto più si può satisfacto et con dilecto de' nostri orechi ci hai in grandissima parte contenti di quanto l'animo nostro appetiva; et certo se la timidità non fusse vitio, se e' ti piacesse, noi cederemo alla auctorità tua, et constretti dalla riverentia che portiamo a te consentiremo essere a sufficientia detto come tu stessi ammonisti. Ma conoscendo lo ingegno, la doctrina et somma prudentia tua, siamo certissimi che non sanza optimo consiglio ci amonisci del fine, non per volere lasciare imperfecta l'opera tua, ma per rafermare et fare più attenti gli animi nostri a udirti, et per conoscere se diligentemente intendiamo l'ordine tuo et caviamo fructo di quanto hai detto. Questo intendemo da te stesso dimonstrassi quando dicesti: « Se più oltre da me volete ». Pertanto segui et dacci il fine di quanto hai pel passato detto, ché altrimenti sare' rimanersi tra via et, dopo molte dificultà et virtuose opere con fatica et disagio condocte, rimanere sanza fructo, né altro premio ricevere che chi, dato a' dilecti del corpo, fusse bestialmente vivuto;

LA VIE CIVILE – LIVRE IV                                    365

§ 220-221. Les citoyens, en tant que particuliers, apportent énor-mément de gloire à leur cité, non seulement quand, à l'intérieur de ses murs, dans leur propre cité, ils procurent accroissement, dignité et protection aux biens privés et domestiques, mais aussi lorsque, répandus un peu partout dans le monde, ils surpassent par leur industrie, leurs mœurs et leur vie celles de tous les autres hommes. Ils ne doivent pas avoir un mode de vie voluptueux et splendide, ni même si négligé[96] ou si mesquin qu'ils en perdent leur dignité, mais se conformer en tout point à la coutume respectée par les autres, en conservant l'usage de leurs pareils qui vivent ensemble, librement, dans leur cité.

§ 222-227. Il me semble, jeunes gens bien avisés, avoir dit tout ce qu'il m'est venu à l'esprit de pouvoir vous dire d'avantageux sur la vie civile. Donc, si tout a pleinement répondu à votre attente, j'en ai grand plaisir, et si vous, à qui j'ai généreusement promis en commençant, m'en donnez la permission, je mettrai fin à mon discours. Si vous voulez de moi quelque chose de plus, je poursuivrai à propos de tout ce que vous jugerez utile et approprié à la matière présente. –

FRANCO. – Dans tout ce que tu as dit, tu nous as comblés au-delà du possible et, délectant nos oreilles, tu as satisfait à une bonne part de ce que notre esprit désirait savoir ; et, certes, si la crainte n'était un vice et que cela te plût, nous céderions à ton autorité et, contraints par le respect que nous te portons, nous admettrions que tu en as suffisamment dit, comme tu nous en as avertis. Mais connaissant ton intelligence, ta doctrine et ton éminente prudence, ce n'est pas sans un excellent conseil, nous en sommes bien certains, que tu nous avertis d'en avoir terminé, non pour laisser volontairement ton œuvre inachevée, mais pour raffermir notre esprit et le rendre plus attentif à t'écouter, et pour savoir si nous comprenons exactement l'ordre que tu suis et si nous faisons notre fruit de tes propos. C'est ainsi que nous comprenons ce que tu as voulu dire par ces mots : « Si vous voulez de moi quelque chose de plus. » Poursuis donc et donne-nous la fin de ton discours, sinon ce serait comme demeurer à mi-chemin et, après beaucoup de difficultés et de vertueux travaux menés péniblement et malaisément, n'en retirer aucun fruit et n'en recevoir pas plus de récompense qu'un homme adonné aux plaisirs du corps, qui aurait vécu comme une bête ;

---

96  *stracurato* : *trascurato* ; métathèse dont la forme est répandue au XV<sup>e</sup> siècle.

et se questo fusse, da me sono certo et da ciascuno altro credo che più tosto sare' seguita la piacevole et bene piana et larga via de' dilecti, che·lla difficile et aspra erta delle virtù. Da' dunque opera a dimonstrarci se chi è con virtù vivuto viene in vechieza migliore et che premio s'aspecti dell'operata virtù –.

AGNOLO. – Quanto più ragiono con voi tanto più mi cresce l'oppenione dello elevato ingegno et bene disposta intelligentia vostra; et continuo truovo superata et vincta qualunche speranza o stima in nel mio concepto fermi di voi; et in ogni tempo vi conosco attissimi et bene disposti a ricevere qualunche documento d'excellente doctrina. Al presente è certo necessario seguire come voi dite, però che, avendo bene ordinato et discripto qualunche altra parte di nostra vita, non sare' conveniente la parte ultima rilasciare.

§ 228-231. Resta dunque a dire della senectù et extrema parte della vita humana. Tale età di sua natura è tediosa et grave, et quando s'agiugne a' vitiosi è molesta, brutta et piena di languore. Solo la virtù la fa lieve et che con dilecto honorata si sopporti. Gli exercitii di questa età non sono altri che quegli de' quali abbiamo parlato inanzi, intendendo per quelle virtù et buone arti che sono proprie dell'animo. L'altre fatiche et exercitii che sono del corpo debbono essere rilasciati et non al vechio richiesti. Quello che maximamente presta favore, dà dilecto et conforto alla senile età sono l'arti et exercitationi virtuose, le quali, in ogni età bene ritenute, operate et pratiche, quanto più si vive, tanto più acrescono et fanno fructo magiore. Tali operationi mai non abandonano, sempre sono presenti et teco dilectono, confortono, rendono la coscientia libera et fannoti d'ogni cosa bene disposti et contenenti a quanto la necessità della natura aparechia. Niuna cosa può in nella vecchieza essere più dilectevole e ioconda che la conscientia della bene passata vita; niuna cosa ti può essere più accetta et cara che la memoria de' tuoi buoni et virtuosi facti; nulla ti può dare più conforto et attribuire speranza magiore d'eterna salute che l'essere iustamente vivuto. Ogni altra vita che honesta è di certo scarsa et contraria al vero riposo.

LA VIE CIVILE – LIVRE IV                            367

et si c'était le cas, je serais certain de suivre – et, je crois, tous les autres
aussi – la voie agréable, large et bien aplanie des plaisirs plutôt que le
chemin escarpé, difficile et âpre de la vertu. Montre-nous donc si celui
qui a vécu vertueusement devient meilleur dans sa vieillesse et quelle
récompense il peut attendre de la vertu qu'il a mise en pratique.

AGNOLO. – Plus je devise avec vous et plus augmente la bonne opinion
que j'ai de votre esprit élevé et de votre intelligence bien disposée ; je
vous trouve continuellement bien au-dessus de toute l'espérance ou de
toute l'estime que j'avais pu concevoir à votre sujet, et à tout moment
je vous sais parfaitement aptes et bien disposés à recevoir tout enseignement[97] d'excellente doctrine. Présentement, il est certes nécessaire
de poursuivre comme vous le dites, car, après avoir bien ordonné et
décrit toutes les autres parties de notre vie, il ne serait pas convenable
de délaisser la dernière.

§ 228-231. Il nous reste donc à parler de la vieillesse et de l'extrême
partie de la vie humaine. Cet âge est, par sa nature, fâcheux et pesant,
et, quand il s'unit au vice, pénible à supporter, laid et languissant. Seule
la vertu le rend léger, supportable et honoré avec plaisir. Les activités de
cet âge ne diffèrent pas de celles dont nous avons précédemment parlé,
à savoir les vertus et les bonnes pratiques propres à l'esprit. Les autres
fatigues et exercices corporels doivent être délaissés et ne conviennent
pas au vieillard. Ce qui procure faveur, donne plaisir et réconfort au
vieil âge, ce sont principalement les pratiques et les occupations vertueuses qui, ayant été dans tous les âges de la vie bien retenues, bien
exercées et pratiquées, augmentent et apportent, plus l'on vit, plus
grand fruit. De tels travaux ne t'abandonnent jamais, sont toujours
présents et délectent, réconfortent, rendent la conscience libre et font
de toi un homme bien disposé à toute chose et content[98] de ce que la
nécessité de la nature te présente. Rien, dans la vieillesse ne peut être
plus délectable et joyeux que la conscience d'une vie bien passée ; rien
ne peut t'être plus agréable et cher que la mémoire de tes bonnes et
vertueuses actions ; rien ne peut t'apporter plus de réconfort et te donner espérance de salut éternel que d'avoir vécu selon la justice. Toute
vie autre qu'honnête est assurément pauvre et contraire au vrai repos.

---

97  *documento* : enseignement (latinisme).
98  *contenti* : l'accord au pluriel est dû au passage logique et implicite du « tu » au « vous ».

368 VITA CIVILE – [LIBRO QUARTO]

Questa una sola noi in noi stessi contenta; questa di fuori ci onora; questa spande universale utile a molti et è vera conservatrice d'ogni bene et sopra ogni altra conveniente a nostra natura.

§ 232-236. Ma ritornando alla senile età, quanta degnità a·sse stessa s'atribuisce per l'essere secondo virtù vivuto! Che parlari sono in tali vechi! Che precepti! Quanta doctrina, quanta memoria et notitia delle cose antiche, scientia di varie buone arti, lectere, exempli, consigli et qualunche altra opportunità si richiede a' bisogni de' suoi, degli amici, della patria et di qualunche altro ricorre al consiglio di così fatto vechio! Lui, non molto disiderando le forze del corpo, exercita l'animo et affatica lo 'ngegno in considerationi di cose electe et vere; ciò che ha facto et detto racoglie et le cose meritono nome scrive et fa con lettere immortali.

In così facte arti consumando la stremità della vita, honorato et d'auctorità riverente, finisce concedendo alla natura la necessità sua. A' figliuoli et chi di lui discende lascia optima fama et sopra a ogni altro patrimonio, prestante et nobile heredità, cioè la gloria di sua virtù et la memoria de' suoi egregii facti, onde in futuro per lunghissimi tempi la sua schiatta si nobilita et divienne honoratissima et degna. Noi abbiamo oggi mai il fine dello intendimento nostro et, secondo nostro iudicio, con ordine dimonstrato quelle che in ella approvata vita de' civili a ciascuna età in qualunche tempo in privato o publico più si convenga. In nella quale vita niuna cosa magiormente si conviene che l'opere di iustitia, però che sopra qualunche altra virtù in ogni vita iustitia optiene il primo grado di bene vivere, et è tanto accepta allo omnipotente Idio che per tutto il corpo della Scriptura Sancta sono sanza diferentia da Dio nominati i giusti beati et i beati giusti. Solo iustitia qualunche altra virtù contiene in sé et è sufficiente ad bene et beatamente vivere; et sanza questa, non che la civile moltitudine, ma una piccola compagnia non può perdurare. Ad operare secondo iustitia ci chiama la natura, le divine et humane leggi ci stringono, la commune utilità di tutti gl'huomini ce ne sforza, et tutte le scripture et sacre et di morali ci richiegono questo.

LA VIE CIVILE – LIVRE IV 369

Celle-là seule nous rend contents au fond de nous-mêmes, nous honore au dehors ; celle-là seule dispense ce qui est universellement utile à un grand nombre, est vraie conservatrice de tout bien et, plus que toute autre, est conforme à notre nature.

§ 232-236. Mais pour en revenir au vieil âge, quelle dignité ne s'attribue-t-il pas pour avoir vécu selon la vertu ! Quels propos chez de tels vieillards ! Quels préceptes ! Que de doctrine, que de mémoire et de connaissance des choses anciennes, de science des diverses bonnes pratiques, de lettres[99], d'exemples, de conseils et de toute autre opportunité qui répondent aux nécessités des siens, de ses amis, de sa patrie et de toute autre personne qui recourt à l'avis judicieux d'un tel vieillard ! Lui, peu désireux des forces corporelles, exerce son esprit et fait effort de son intelligence en considérations de choses vraies et choisies ; il rassemble ce qu'il a fait et dit, écrit les choses qui méritent renommée et les immortalise par les lettres.

Consumant l'extrémité de sa vie dans de telles pratiques, honoré et respecté pour son autorité, il termine sa vie en concédant à la nature la nécessité dernière. Il laisse à ses enfants et à ses descendants une éminente renommée et, plus que tout autre patrimoine, un héritage remarquable et noble, à savoir la gloire de sa vertu et la mémoire de ses actes éminents dont, à l'avenir et pour très longtemps, sa lignée s'ennoblira et deviendra digne et très honorée. Nous avons désormais le but de notre propos et nous jugeons avoir démontré avec bon ordre ce qui convient le plus dans la vie des citoyens, à chaque âge, en tout temps, en privé et en public. Dans une telle vie, rien ne convient mieux que les œuvres de justice, car au-dessus de toute autre vertu, en toute vie, la justice possède le premier degré du bien vivre, et elle est si agréable à Dieu Tout Puissant que, dans tout le corps des Saintes Écritures, Dieu nomme indifféremment les justes bienheureux et les bienheureux justes. Seule la justice contient en elle-même toute autre vertu et suffit à une vie bonne et heureuse ; et sans elle, non seulement la multitude des citoyens, mais une petite compagnie ne peut durer longtemps. La nature nous appelle à œuvrer selon la justice, les lois humaines et divines nous y pressent, l'intérêt commun de tous les hommes nous y force, et toutes les écritures saintes et morales nous le demandent.

---

99 *lectere* : au sens de « avoir des lettres ».

§ 237-246. Questa virtù in ne' privati commodi ci conserva et ne' governi publici sopra ogni altro bene humano è necessaria et utile. Per questo s'è da noi in el vivere civile più copiosamente tractato della iustitia che d'altra virtù, colla quale chi viverà in terra, et maximamente governando le republiche, non mancherà di prudentia, non di forteza, non di temperantia o modestia, et in el mondo fia conservatore de' popoli et multitudini degl'huomini che sono con civile unione insieme ragunati. La qual cosa è a Dio più accepta che nulla altro si faccia in terra. Et per certo tenga ciascuno fedele che in e facti privati et publici viverà secondo la vita discripta o veramente voluta discrivere da noi (che più oltre non siamo potuti ire che lo ingegno et le forze, fra mille private occupationi, ci consentino), dovere in cielo ricevere eterna beatitudine, che tanto fia magiore a' iusti governatori delle republiche quanto è magiore il bene che conserva molti che uno. Di cielo venire et in cielo ritornare tutti i giusti governatori delle republice per tutti e secoli del mondo è stato da' sommi ingegni certissimamente approvato. Platone in fine della sua quasi divina *Republica* all'anime spogliate de' corpi degli optimi civili consegna luogo fra i corpi celesti coi quali in eterno si vive beato. El nostro Tullio similmente in nella conclusione de' suoi libri *De Republica*, per Scipione dimonstra essere in cielo determinato luogo per l'anime de' conservatori delle republiche. Al quale esso Scipione Magiore dopo la morte pervenuto, appare a Scipione suo minore et lui conforta a degnamente operare per la republica, acciò che il fine suo sia pervenire in quello luogo felicissimo dove contenti godere gli monstra i suoi antichi, et più altri cittadini che niuna altra cosa cercavano che la salute et acrescimento della republica.

LA VIE CIVILE – LIVRE IV

§ 237-246. Cette vertu nous conserve dans les commodités de notre vie privée et elle est, dans les gouvernements publics, plus nécessaire et plus utile que tout autre bien humain. C'est pourquoi, en parlant de la vie civile, nous avons plus abondamment traité de la justice que d'une autre vertu : qui vivra avec elle sur terre, et principalement en gouvernant les républiques, ne manquera ni de prudence, ni de force d'âme, ni de tempérance ou de mesure, et dans le monde il sera le conservateur des peuples et des multitudes des hommes rassemblés dans une union civile. De tout ce qui se fait sur terre, rien n'est plus agréable à Dieu que celle-ci. Et chaque fidèle doit être assuré qu'en menant, dans ses actions privées et publiques, la vie que nous avons décrite ou que nous avons voulu décrire (car nous n'avons pu aller plus loin que ne nous le permettent notre esprit et nos forces, parmi mille occupations privées), il recevra au ciel la béatitude éternelle, et celle-ci sera plus grande pour les gouvernants justes des républiques, comme est plus grand le bien qui conserve un grand nombre plutôt qu'un seul homme. Dans tous les siècles, les intelligences les plus éminentes ont soutenu sans hésitation que tous ceux qui ont gouverné les républiques avec justice viennent du ciel et retournent au ciel. Platon, à la fin[100] de sa *République* presque divine, place les âmes des meilleurs citoyens dépouillées de leurs corps parmi les corps célestes avec lesquels on vit éternellement bienheureux. Notre Tullius, pareillement, dans la conclusion[101] de ses livres *De la république*, montre, à travers Scipion, qu'il y a dans le ciel un lieu déterminé pour les âmes des conservateurs des républiques. Scipion l'Aîné, parvenu après sa mort en ce lieu, apparaît à Scipion le Jeune et le conforte à œuvrer dignement pour la république, afin que son but soit de parvenir en ce lieu bienheureux où il lui montre ses ancêtres jouissant de cette vie, ainsi que beaucoup d'autres citoyens qui ne cherchaient que le salut et l'accroissement de la République.

---

100 § 239 : il s'agit du mythe d'Er le Pamphylien, qui clôt le livre X (614a-621d) de la *République*, où il est question de la destinée des âmes dans l'autre monde.

101 C'est le célèbre songe de Scipion, au livre VI (IX-XXVI) de la *République*. Scipion Émilien (le Jeune), qui ruina Carthage, raconte sa rencontre avec Scipion l'Africain (l'Aîné), son grand-père par l'adoption, qui le transporte dans les régions de l'éther et lui révèle les secrets de la destinée des grands hommes après leur mort.

Delle quali cose ricordandomi, mi torna a memoria un caso che più volte ho udito essere miracolosamente adivenuto a Dante, nostro poeta, dopo quella singulare victoria che ebbono i fiorentini in Campaldino; onde per conforto di chi se exercita ne' facti publici intendo narrare quanto ho di quello caso inteso, acciò che certo possiate et vedere et conoscere quanto sia optimo il fine de' buoni governatori delle republiche: et poi sia fine dell'opera nostra. Dante, poeta giovane et disideroso di gloria, apparechiandosi in Casentino grave battaglia fra gli Aretini et gli exerciti fiorentini, electo un suo fedelissimo compagno studioso di philosophia et, secondo que' tempi, de' primi eruditi di lettere et di studi di buone arti, se n'andò in el campo de' suoi. Ivi più tempo fermatisi, con optimi consigli molto giovorono a' conducitori degli exerciti. Et finalmente venuto il dì della battaglia et da ogni parte audacemente ordinato le schiere, con dubiosa sorte più hore si combatté. Infine la fortuna benivola, inclinata la victoria a' fiorentini, tutti i nimici missono in fuga, et non sanza sangue et morte de' nostri ci concedette di tutto victoria. In quella battaglia Dante, quanto più fortemente poté, s'aoperò; et perseguitando gli sparti et fugitivi nimici, pochissimi scampare poterono le loro mani victoriose, et con quello empito Bibiena et più altre castella del contado d'Arezo acquistorono. In questi facti occupati per dua dì, si dilungorono dal luogo della prima battaglia; il terzo dì, ritornati dove erano state le crudeli offese, infra e nimici molti de' loro trovorono morti.

LA VIE CIVILE – LIVRE IV 373

Me souvenant de ces choses, il me revient en mémoire un cas que j'ai plusieurs fois entendu dire, miraculeusement advenu à Dante, notre poète, après la singulière victoire obtenue par les Florentins à Campaldino[102] ; et, pour le réconfort de ceux qui s'exercent dans les affaires publiques, j'entends raconter ce que j'ai entendu dire sur ce cas, afin que vous puissiez voir et connaître avec certitude combien est excellent le but de ceux qui gouvernent bien les républiques : puis nous mettrons fin à notre ouvrage. Alors que se préparait dans le Casentin une grande bataille entre les Arétins et les armées florentines, Dante, jeune poète et désireux de gloire, ayant choisi un de ses très fidèles compagnons qui étudiait la philosophie et était, selon ce temps-là, l'un des premiers érudits dans les lettres et dans les études des bonnes disciplines, se rendit avec lui dans le camp des siens. Ayant séjourné là quelque temps, ils aidèrent beaucoup les chefs des armées par leurs excellents conseils. Et le jour de la bataille étant finalement venu et les troupes ayant été hardiment alignées de part et d'autre, on combattit durant plusieurs heures avec un sort incertain. À la fin, la Fortune bienveillante ayant fait pencher la victoire du côté des Florentins, ceux-ci mirent en fuite[103] leurs ennemis, et elle nous concéda la pleine victoire, non sans effusion de sang et des morts chez les nôtres. Dans cette bataille, Dante s'employa aussi courageusement qu'il le put ; et lancés à la poursuite des ennemis dispersés et fugitifs dont bien peu échappèrent à leurs mains victorieuses, dans leur lancée ils conquirent Bibbiena et plusieurs autres forteresses du plat pays d'Arezzo. Occupés pendant deux jours par cette poursuite, ils s'éloignèrent du lieu où avait débuté la bataille ; le troisième jour, revenus à l'endroit où il y avait eu les plus cruels affrontements, ils trouvèrent, parmi les cadavres ennemis, nombre des leurs qui étaient morts.

---

102 Le 11 juin 1289, les Guelfes florentins remportent une victoire sur les Gibelins, Arétins pour la plupart. Le jeune Dante Alighieri participa à cette bataille aux côtés de ses concitoyens florentins. Campaldino est une localité du Casentino (Casentin), la haute vallée de l'Arno, entre Florence et Arezzo. – Le passage qui suit insère, dans un récit fidèle au regard des informations qui nous sont fournies sur Campaldino, l'histoire fabuleuse qui clôt le dialogue. Le récit de Giovanni Villani dans sa *Nuova Cronica* (lib. VIII, cap. 131) comportait par ailleurs quelque chose de mystérieux : alors qu'à Florence les prieurs dorment, ils sont réveillés par une voix qui annonce la victoire, mais que n'entend aucun autre de leurs familiers présents ; de plus, ayant ouvert la porte de la chambre, ils ne voient personne. Le même Villani confirme la présence, aux côtés de Vieri de' Cerchi, de son fils et de son neveu.

103 *missono* : anacoluthe que nous conservons, car l'ablatif absolu (« *inclinata* ») en début de période, permet à « *fortuna* » d'être sujet de « *concedette* ».

In el medesimo tempo adunque, mescolata insieme la victoriosa letitia col dolore de' perduti amici, gravemente sopportando il danno chi del parente et chi dello amico si consolavano et riconciliavano insieme, dolendosi del caso di chi era finito. Poi, per alquanto tempo discredutisi insieme et in gramparte mitigato il dolore colla gloriosa morte et consolati dalla victoria, si dirizorono al provedere delle sepulture, maximamente d'alcuni più scelti et nobili cittadini. Per questo occupati nel ritrovare i corpi, Dante per più tempo avea cerco del suo caro compagno che per più ricevute fedite era spogliato della mortale vita. Finalmente, venendo dove il corpo giaceva, subito quegli che era lacerato et fedito, o risuscitato o non morto che fusse m'è incerto, ma che inanzi a Dante si levò in piè et simile a vivo m'è per fama certissimo.

§ 247-268. Dante fuori di sua speranza vedendolo rizare, di maraviglia pieno, quasi tutto tremò et per buono pezo perdé la favella, infino che, favellando, il fedito gli disse: « Ferma l'animo et lascia ire ogni sospetto, però che non sanza cagione sono per speziale grazia mandato da un lume dello universo solo per narrare a te quello che in fra le dua vite ho in questi tre dì veduto: siché ferma lo ingegno et recati a memoria ciò ch'io dirò, però che per te è ordinato che il mio veduto segreto sia manifesto alla humana generatione ». Dante, udito questo, in sé riavuto, postpose il terrore et cominciò a parlare et disse: « E' mi fia bene caro ogni tuo dire; ma se non t'è grave, sodisfammi prima di tuo stato, acciò ch'io intenda che gratia t'abbia questi tre dì con tante fedite mortali sanza nutrimento o subsidia conservato con tanto valore ». Rispuose lui: « Assai mi pesa non potere in tutto sodisfare alla tua domanda et volentieri mi t'apirrei tutto, potendo, ma piglia da me quel ch'io posso, ché più non m'è lecito promettere. In nello ordinare le nostre schiere, sentendo i nimici forti et bene in punto, mi prese al cuore tanto terrore che pauroso et timido in me stesso stimava eleggere il fuggire et abandonare il campo de' nostri.

LA VIE CIVILE – LIVRE IV 375

En un même temps, mêlant dans leur joie pour la victoire la douleur pour leurs amis disparus, endurant les uns la perte d'un parent et les autres celle d'un ami, ils se consolaient et se retrouvaient donc ensemble, en déplorant le sort de ceux qui avaient péri. Puis, après s'être épanchés quelque temps et avoir adouci une bonne part de leur douleur par cette mort glorieuse, consolés par la victoire, ils s'occupèrent de pourvoir aux sépultures, principalement celles de quelques citoyens parmi les plus nobles et les plus distingués. Occupés qu'ils étaient à retrouver les corps, Dante avait longuement cherché son cher compagnon auquel de nombreuses blessures avait ôté la vie. Finalement parvenu à l'endroit où gisait le corps, celui-ci, lacéré et blessé, ressuscité ou encore en vie – je ne saurais dire – se dressa soudain devant Dante[104], tel un vivant, ce qui m'a été confirmé par la voix publique.

§ 247-268. Dante, le voyant se lever contre toute espérance, rempli d'émerveillement, trembla pour ainsi dire de tout son corps et en perdit la parole pendant un long moment, jusqu'à ce que le blessé lui parle et lui dise : « Ressaisis-toi et abandonne toute peur, car ce n'est point sans raison que je suis envoyé, par grâce spéciale, par un astre[105] de l'univers uniquement pour te raconter ce que j'ai vu durant ces trois jours entre ces deux vies : fixe donc ton esprit sur ce que je vais te dire et grave-le dans ta mémoire, car il est ordonné que le secret que j'ai vu sera révélé par toi au genre humain. » Dante, à ces mots, revenu à lui, fit taire son épouvante et commença à parler de la sorte : « Tout ce que tu me dis m'est cher ; mais si cela ne t'ennuie, renseigne-moi d'abord sur ton état, afin que je comprenne quelle grâce t'a conservé si vaillant durant ces trois jours, avec tant de plaies mortelles, sans nourriture ni secours. » L'autre répondit : « Il m'est fort pénible de ne pouvoir satisfaire pleinement à ta demande et je m'ouvrirais volontiers à toi, si je le pouvais, mais prends de moi ce qui est possible, car il ne m'est pas permis de te promettre davantage. Alors qu'on ordonnait nos rangs, comme je savais les ennemis puissants et prêts au combat, je sentis une telle terreur étreindre mon cœur que, pris de peur et de crainte, je songeais à fuir et à déserter notre camp.

---

104 *subito quegli* […] *certissimo* : anacoluthe, dû probablement à la superposition de deux propositions, l'une concessive, l'autre déclarative que nous rendons par l'incise.
105 La lune, comme il est expliqué plus loin.

In questo proposito perdurai infino che Vieri de' Cerchi, in cui quello dì fu la salute de' nostri exerciti, spronando inverso i più multiplicati nimici, gridò: "Chi vuole salva la patria mi seguiti". Queste parole da me udite, et vedendo lui, sopra gli altri cittadini nostri richissimo et riputato, per carità della patria insieme col nipote et con un suo proprio figliuolo correre a tanto pericolo et quasi certissima morte, mi ripresono tanto che in me medesimo gravemente condennai il mio errore; et riavuto l'animo, di timido diventai fortissimo ed disposimi a audacemente combattere, et la vita con qualunche altro mio proprio bene postporre per salute della carissima patria. Con così fatto proposito insieme con molti altri segui' l'ardire et la francheza del nostro Vieri et valentemente combattendo contro l'audace empito de' nimici che con sommo ardire francamente si difendevano, buon pezo demo et ricevemo fedite et morti, infino che noi vincitori avano in tutto spezzate le dua prime schiere. Et essendo già stanchi, ecco Guiglielmino, presidente et capo della parte nimica, con fresca et bene pratica compagnia si misse in battaglia con tanto ardire et atterrare de' nostri che la victoria certo rinclinava a·lloro; se non che io tutto da tanti danni commosso, domandando a Dio riparo de' nostri mali, con empito spronai pel mezo de' più spessi mimici, ritto a Guglielmino, capo di tutti: et come a Dio piacque, lui con mortale fedita aterrai. Ivi, subito da tutta sua gente acerchiato, per buono pezo mi difesi; infine, mancando alle mia membra vigore, forato come tu mi vedi, lasciai loro di me sanguinosa et bene vendicata vittoria. Qui comincio io ora a inombrare in me medesimo, né so bene alla tua domanda sodisfare, se io rimasi nel corpo o se fuori del corpo viveva in altro, ma vivo era certo et dalle gravi membra mi sentia intrigato come colui che aiutare non puossi quando di suo pericolo sogna. Et ecco, sanza sapere come, mi ritrovai al confine d'una lucida rotondità fuori d'ogni misura da e mia ochi prima compresa.

LA VIE CIVILE – LIVRE IV 377

Ce dessein ne me quitta pas jusqu'à ce que Vieri de' Cerchi[106] qui fut, ce jour-là, le sauveur de nos armées, piquant droit sur la plus grosse presse des ennemis, cria : "Qui veut sauver la patrie me suive." À la vue de cet homme, dont la richesse et le renom surpassaient tous nos autres concitoyens, courant au-devant d'un si grand danger et d'une mort certaine pour l'amour de sa patrie, avec son neveu et un sien fils, je sentis dans ces mots que je venais d'entendre un reproche assez fort pour me faire condamner sévèrement au fond de moi mon erreur ; ayant donc repris courage, de craintif que j'étais je devins très courageux et me disposai à combattre hardiment et à abandonner ma vie et tout autre bien pour le salut de ma patrie bien aimée. Animé d'un tel dessein, je suivis avec beaucoup d'autres la hardiesse et la bravoure de notre Vieri et, luttant vaillamment contre l'impétueuse audace des ennemis qui se défendaient courageusement avec une grande hardiesse, nous donnâmes et reçûmes plusieurs blessures et fîmes plusieurs morts jusqu'à ce que, vainqueurs, nous eûmes rompu les deux premiers rangs. Et comme nous étions déjà fatigués, voici que Guglielmino[107], commandant en chef des ennemis, s'engagea dans la bataille avec une fraîche compagnie de soldats expérimentés et mit une telle ardeur à abattre les nôtres que la victoire penchait de leur côté ; mais moi, ému de colère à la vue de tels dommages et demandant à Dieu de nous protéger de tels malheurs, je piquai impétueusement au plus fort de nos ennemis, en allant droit à Guglielmino, leur chef à tous ; et comme il plut à Dieu, je le jetai à terre en le blessant mortellement. Là, aussitôt encerclé par ses gens, je me défendis longtemps ; finalement, l'énergie de mes membres me fit défaut et je leur accordai, comme tu le vois par mes plaies, une victoire sanglante et bien vengée. Ici, ma mémoire s'assombrit et je ne puis bien satisfaire à ta question, à savoir si je demeurais dans mon corps ou si je vivais en un autre corps que le mien, mais j'étais certainement vivant et je me sentais empêché par la lourdeur de mes membres, comme celui qui, en rêve, se voit en danger sans pouvoir s'aider soi-même. Et voilà que je me retrouvai, sans savoir comment, tout proche d'une sphère lumineuse d'une dimension dépassant toutes celles que j'avais embrassées du regard auparavant.

---

106 Homme politique et banquier florentin, chef de file du parti guelfe, dont il a déjà été question.

107 Guglielmino degli Ubertini, évêque d'Arezzo, était à la tête de l'armée gibeline à la bataille de Campaldino où il fut tué.

Questa mi parea che d'altrui lume s'ornasse di tanto splendore che a tutta la terra porgesse luce; io, disideroso di salire in quella, era in me medesimo chiuso, né mio valore expediva. Et ecco un vechio di riverente auctorità m'aparve, in vita simile a una imperatoria maiestà, da me più volte veduta dipinta. Come io il vidi, tutto tremai; et egli, presa la mia destra, disse: «Sta forte et ferma l'animo tuo et quello che io dirò ti reca a memoria». Pe' suoi conforti io in parte riavuto, tremolantemente cominciai: «Optimo padre, se t'è lecito et se a me nonn-è vietato tale dono, per gratia non ti sia grave dirmi chi tu se' prima entri in più lungo sermone». Benignamente rispose: «Carlo Magno fu' io nominato in terra». «Troppa gratia m'è vederti» dissi io, «Imperadore sancto»; et chinato religiosamente gli posi la bocca a' piedi; poi rilevato sogiunsi: «Carlo, non solo la grandeza et la gloria de' tuoi egregii facti, ma l'excellentia ancora di molte tue virtù, la mansuetudine, la clementia, la somma giustitia et ordinato modo di tutti i tuoi detti et facti, adiuncti et ornati dalla doctrina et studii delle divine et humane lettere, fanno che meritamente tu sia magno nominato: et certo la fama tua et la tua gloria, come è degno, dura et durerà sempre col mondo infino alle stelle notissima. Tu per la fede cristiana contro a molte nationi combatesti; la Spagna, la Fiandria, Gallia et infino nell'ultima terra, Brictania et Hybernia superasti et facesti fedeli; poi, rivolto a riparare alle miserie di Italia, prima quella già per cinquecento anni serva de' barberi, delle mani di Disiderio tiranno liberasti, ponendo freno all'empito et furore de' dannosissimi Longobardi. El sommo pontefice iniuriato, et per molti anni fuori di sua degnità, nello antico honore et suo pristino stato, nella apostolica sedia ristituisti. Lo 'mperio, per molti secoli abandonato, alla sua degnità rilevasti, et in te uno si riebbe la salute de' Cristiani et gran parte del mondo fu da te riparata et libera».

## LA VIE CIVILE – LIVRE IV

Elle s'ornait, me semblait-il, d'une lumière extérieure avec un tel éclat qu'elle illuminait toute la terre ; moi, j'étais désireux de monter jusqu'à elle, mais, enfermé en moi-même, ma valeur n'y suffisait pas. Et voici qu'un vieillard d'une vénérable autorité m'apparut, portrait vivant d'une majesté impériale que j'avais déjà vue plusieurs fois en peinture. À sa vue, je tremblai de tous mes membres ; et lui, prenant ma main droite, me dit : "Sois fort et ressaisis-toi, et grave dans ta mémoire ce que je vais te dire." Ayant un peu retrouvé mes esprits grâce à ses mots de réconfort, je lui dis en tremblant : "Excellent père, si tu le permets et si une telle faveur ne m'est pas interdite, de grâce, sans que cela t'importune, dis-moi qui tu es avant d'entrer en un plus long discours." Il me répondit avec bienveillance : "Sur la terre, on m'appela Charlemagne." "Ce m'est grande grâce de te voir, saint empereur", dis-je, et, religieusement age-nouillé, je baisai ses pieds ; puis, me relevant, j'ajoutai : "Charles, non seulement la grandeur et la gloire de tes actions remarquables, mais aussi l'excellence de tes nombreuses vertus, la mansuétude, la clémence, l'éminente justice et la modération et la mesure dans toutes tes paroles et actions, complétées et ornées par la science et les études des lettres divines et humaines, te font méritoirement appeler 'le Grand' : et certes ta renommée et ta gloire, comme il est digne qu'elles le soient, durent et dureront autant que le monde, et seront grandement connues jusqu'aux étoiles. Pour la foi chrétienne, tu as combattu de nombreuses nations ; tu as vaincu et ramené à la foi l'Espagne, les Flandres[108], la Gaule et jusqu'à l'extrémité de la terre, la Bretagne et l'Hybernie ; puis, occupé à réparer les malheurs de l'Italie, qui était depuis cinq cents ans esclave des barbares, tu la libéras d'abord de la tyrannie de Didier[109], en mettant un frein à l'assaut et à la fureur des Lombards dévastateurs. Tu rétablis dans son antique honneur, dans son état premier et sur son siège apostolique le souverain pontife[110] outragé, expulsé de sa dignité durant de nombreuses années. Tu relevas dans sa dignité l'Empire, abandonné depuis des siècles, et en toi seul on retrouva le salut des Chrétiens et par toi une grande partie du monde fut défendue et libérée."

---

108 Occupées alors par les Saxons contre lesquels Charlemagne mena plusieurs campagnes qui aboutirent souvent à des conversions forcées.

109 Didier (Desiderius), dernier roi des Lombards d'Italie, vaincu par Charlemagne et ses Francs, dut capituler en 774.

110 Il s'agit d'Adrien Ier, pape de 772 à 795. Menacé dans ses États par Didier, il fit appel à Charlemagne.

Volendo io seguire, il padre sancto m'interruppe dicendo: « Tu parli meco superfluo et ritardi quello che ti farà contento: ferma l'animo tuo et conosci che tu se' nel mezo dello universo. Tutti quegli immensurabili corpi che sopra te tanta luce diffondono et per elevatione d'ingegno contemplare si possono, sono eterni et prime cagioni che immutabili si conservano. La parte che è da te in giù, tutta è mutabile et per necessità impostagli dalle stabilità superne di continuo patisce et variasi. Ciò che questo è, tutto insieme operando per virtù che sé di sua vita nutrica, con eterno moto di tutto l'universo genera le prime cagioni. Da questo sono facti tutti gli animali che sono in terra, ciò che vola per l'aria et tutte le maraviglie che il diffuso mare fra le sua onde nasconde; le membra fragili et tutto il corpo mortale sono da quella inferiore parte, che io t'ho detto essere mutabile, sustentate da ardente vigore che con sua misura si diffunde in esse. Agl'uomini solo è dato l'animo di quegli corpi eterni e quali, luminosi et tanto splendidi, di divina mente animati, mirabilmente si conducono. Ciò che è in noi da quegli inferiori et corruptibili corpi è servile, mortale, et ècci commune colle bestie; onde sottoposti alle passioni terrene, in tutto saremo occecati, superati et vincti; et sanza alcuno riguardo d'onestà, dati a' dilecti de' sensi, saremo simili a bestie; ma l'animo di divina natura per necessità stabile, da parte di Dio impera et pone legge agli appetiti. Chi, none ubidendo, prosumme da sé et segue sua volontà, spregia il comandamento fattogli da quello Idio di chi sono questi cieli et ciò che tu vedi. Per questo come servo infedele et della sua legge ribello, gli chiude queste porti per le quali io venni a te, né vuole che per lui in sua città si ritorni, onde egli in quella parte dove s'è più dilectato in eterno si rimane. Questa voi in terra et noi similemente in cielo, con medesima voce chiamiamo inferno. Dovunche inchiuse, l'anime, in fra gl' infernali confini sono in morte perché rimosse sono da il semplice et individuo fonte di loro natura. Per così facta cagione la vostra che in terra si chiama vita è certa morte; et solo vivono quegli che ubbidenti a Dio, poi che sono sciolti dai legami corporei, sono sopra questi cieli transferiti.

Comme je voulais poursuivre, le père saint m'interrompit en disant : "Tes paroles sont pour moi superflues et tu retardes ce qui doit te combler : ressaisis-toi et sache que tu es au milieu de l'univers. Tous ces corps incommensurables qui diffusent au-dessus de toi une si grande lumière et qu'on peut contempler en élevant son intelligence, sont les causes premières et éternelles qui se maintiennent immuables. Toute la partie au-dessous de toi est mutable et, par la nécessité que lui imposent les stabilités d'en haut[111], subit passivement et varie continuellement. Ce qui est ici, agissant tout ensemble par une énergie qui se nourrit de sa vie, engendre les premières causes dans l'éternel mouvement de tout l'univers. C'est par cela que sont créés tous les êtres vivants sur la terre, ce qui vole dans les airs et toutes les merveilles que la vaste mer cache parmi ses ondes ; nos membres fragiles et tout notre corps mortel sont de cette partie inférieure, dont je t'ai dit qu'elle était mutable, soutenus par une vigueur ardente qui se répand en eux à proportion. Aux hommes seuls est donné l'esprit de ces corps éternels qui, lumineux et si resplendissants, animés par un esprit divin, se gouvernent admirablement. Ce qui appartient en nous à ces corps inférieurs et corruptibles est servile, mortel, et nous est commun aux bêtes ; aussi, soumis aux passions terrestres, serons-nous totalement aveuglés, subjugués et vaincus ; et sans aucun égard à l'honnêteté, adonnés aux plaisirs des sens, nous serons semblables aux bêtes ; mais l'esprit de nature divine, stable par nécessité, commande de par Dieu et impose sa loi aux appétits. Ceux qui, refusant d'obéir, présument d'eux-mêmes et suivent leur volonté, méprisent le commandement de ce Dieu auquel appartiennent ces cieux et ce que tu vois. Pour cette raison, parce qu'ils sont serviteurs infidèles et rebelles à sa loi, Dieu leur ferme ces portes par lesquelles je suis venu jusqu'à toi, et ne veut pas qu'ils s'en retournent dans leur cité, et ceux-ci demeurent éternellement dans la partie où ils ont trouvé le plus de plaisir. C'est ce que vous, sur terre, et nous aussi, dans le ciel, nous appelons d'un même mot, "enfer". Dans tous les lieux des régions infernales où elles sont enfermées, les âmes sont dans la mort parce qu'elles sont éloignées de la source simple et unique de leur nature. Pour cette raison même, ce que sur la terre vous appelez votre vie est une mort certaine ; et seuls vivent ceux qui, obéissant à Dieu, après avoir été déliés de leurs liens corporels, sont transportés dans ces cieux.

---

111 Les corps stables du monde supralunaire.

Questo gran lume infino al quale tu sè da te stesso salito è la luna che vedi dello altrui lume s'orna, come voi dite in terra». A questo ti prometto ch'io diventai per maraviglia stupido, né mai l'arei riconosciuta, tanto mi parea disforme da quella che di terra si vede, et di grandeza vinceva ogni nostra misura. Io per riverentia non interruppi, et egli seguiva: «Questa è il confine tra la vita et la morte: da qui in su ogni cosa è eterna letitia et immortale gaudio; di sotto sono tutti i mali, i tormenti et le pene che sostenere si possono; cotesto è il cieco mondo dove è Lete et Acheronte, Stige, Coccito et Flegetonte; costagiù servano le leggi Radamanto et Minos, sotto il giudicio de' quali niuno nocente s'asolve; costagiù sono gli avoltoi che pascono i non consumabili cuori; quello è il luogo dove fra le dilicate vivande si muore di fame; ivi è la ruota che strigne co' denti rivolti et acuti: chi per forza di poppa vi voltola massi et chi, pauroso, teme che gli sporti de' gravissimi massi, sotto il pericolo de' quali di continuo si vede, non dieno sopra 'l suo capo ruina: et a una parola quello è il centro dove ogni tormento cuoce. Caronc tutto mena et Plutone et Cerbero ogni cosa divorano. L'anima, serrata ne' lacci corporei, agevolmente in questo inferno per aperta porta ruina; l'opera faticosa è poi rivolgere in su et salire alle superne stelle, però che per via contraria conviene che t'agrappi agli scogli che lucono. Per questa via è la prima salute ritenere gli appetiti sotto la custodia dell'animo, acciò che non paia che noi spregiamo la ragione da Dio per nostra salute consegnataci. Niuna cosa si fa in terra a Dio più accepta che amare la iustitia, la clemenzia et la pietà: le quali cose, benché grandi sieno in ciascuno, in nella patria sono sopra ogni altre grandissime.

LA VIE CIVILE – LIVRE IV     383

Cette grande lumière jusqu'où tu es parvenu de toi-même est la lune que tu vois parée de la lumière d'un autre, comme vous dites sur terre." À ce récit, je t'assure que je fus stupéfait d'étonnement, et je n'aurais jamais reconnu cette lune tant elle me paraissait de forme différente de celle qu'on voit depuis la terre et d'une grandeur qui dépassait toutes nos mesures. Par respect, je ne l'interrompis pas, et il continua : "Cet astre est la frontière entre la vie et la mort : d'ici jusqu'en haut, toute chose est liesse éternelle et joie immortelle ; au-dessous, se trouvent tous les maux, les tourments et les peines que l'on peut endurer ; c'est là le monde aveugle où sont le Léthé et l'Achéron, le Styx, le Cocyte et le Phlégéton[112] ; là-bas, les gardiens des lois sont Radamante et Minos[113], et aucun coupable n'échappe à leur jugement ; là-bas, sont les vautours qui se repaissent des cœurs inconsomptibles ; c'est le lieu où l'on meurt de faim parmi les nourritures délicates ; là est la roue qui broie avec ses dents recourbées et pointues : ceux qui roulent des blocs de pierre à la force de leur poitrine et ceux qui, peureux, craignent que les saillies de ces blocs très lourds qui les surplombent et dont il se voient continuellement menacés, ne leur tombent sur la tête et ne les écrasent : en un mot, c'est le centre où tout tourment est cuisant[114]. Charon conduit le tout, et Pluton et Cerbère[115] dévorent tout. L'âme, enserrée dans ces liens corporels, se précipite aisément dans cet enfer par la porte ouverte ; le travail épuisant consiste ensuite à se tourner vers le haut et à monter vers les étoiles supérieures, car par voie contraire tu dois t'agripper aux rochers qui brillent. Par cette voie, le premier salut est de maintenir les appétits sous la garde de l'esprit, afin de ne pas sembler mépriser la raison que Dieu nous a confiée pour notre salut. Rien de ce qui se fait sur terre n'est plus agréable à Dieu que d'aimer la justice, la clémence et la piété[116] : ces choses, grandes en chacun, sont néanmoins les plus grandes de toutes dans la patrie.

---

112  Ces fleuves des Enfers païens font partie de la géographie de l'enfer dantesque dans la *Divine Comédie*.

113  Juges des Enfers. Minos est présent, comme Charon et Cerbère plus bas, dans l'*Enfer* de Dante.

114  Parmi ces supplices, on reconnaît ceux de Tityos dont deux vautours mangent éternellement le foie « inconsomptible » (impossible à consumer), de Tantale, de Sisyphe.

115  Charon est le nocher qui assure, contre une obole, la traversée du Styx aux âmes des défunts ayant reçu une sépulture. Pluton est le dieu du monde souterrain, celui des Enfers dont Cerbère, le chien tricéphale, garde l'entrée.

116  *pietà* : plutôt que « pitié », le terme paraît proche, dans ce contexte, de la *pietas* latine, sens du devoir et de dévotion envers les dieux, les parents, la patrie.

384 VITA CIVILE – [LIBRO QUARTO]

A' conservatori di quella, largamente è aperta la via a andare in cielo in quegli sempiterni luoghi che tu quinci vedi ».

§ 269-270. Udito questo, con timore et reverentia domandai se e' m'era lecito passare per quelle luci eterne. Rispose lui: « Solo l'ardente amore che ti fe' per carità della patria in Campaldino fortemente combattere ti fa degno a questo; né a niuno altro comanda Idio che tanto liberalmente s'aprino queste porti quanto a' governatori delle republiche che conservano la moltitudine de' cittadini insieme legittimamente ragunati in unione di coniunta dilectione. Questa diffusa carità intorno all'universale salute sempre fu mia guida in terra; ora in cielo di molto magiore bene co' beati mi contenta; et tanto mi piace ancora la virtù che questo giù fra i mortali cura, che per unito volere me gli fo amico; per questo mosso, et veduto che per carità del mio Firenze, il quale io già riposi in terra, eri morto, infino ad te discesi per monstrarti la gloria s'aspecta da ciascuno che in vostra vita a questo intende ».

§ 271-275. Così dicendo mi cavò d'un'ombra come se un lume cavassi di lanterna, et lieve et spedito mi trovai come cosa sanza membra; poi s'aviò et drieto a sé mi misse nel primo de' lumi eterni. Ivi mi disse: « Riguarda mentre noi andiamo, che di nove rotundità è insieme collegato l'universo: l'infima che nel mezo è ferma, per centro al quale ricascano tutte le circunstanti graveze, ti dee omai essere bene nota; vedi in quella la vostra terra quanto già ti pare scema et di cielo ti parrà quasi un puncto. Questa in che noi siamo è la minima delle sancte luci, più che niuna altra di lungi dal cielo et vicina alla terra. Vedi come de' razi del sole s'accende et orna. Mercurio poi s'agiugne a questa et con mirabile celerità si rivolge. Venere splendida è ora questa che nel terzo grado intorno al sole si vageggia.

LA VIE CIVILE – LIVRE IV                                385

Aux hommes conservateurs de celle-ci, la voie pour aller au ciel, dans ces lieux éternels que tu vois ici, est largement ouverte."

§ 269-270. Ayant entendu ces mots, je demandai, rempli de crainte et de respect, s'il m'était permis de passer par de telles lumières éternelles. Il me répondit : "Seul l'ardent amour qui, par charité pour ta patrie, t'a fait courageusement combattre à Campaldino, t'en rend digne ; et Dieu ordonne que ces portes soient ouvertes généreusement à ceux-là seuls qui, gouvernant les républiques, maintiennent la multitude des citoyens légalement rassemblés en une union de commune dilection. Cette charité étendue au salut universel a toujours été mon guide sur la terre ; à présent, dans le ciel, elle me comble d'un bien beaucoup plus grand en compagnie des bienheureux ; et mon amour pour la vertu est si fort que je me fais l'ami, par union de volontés, de ceux qui la cultivent là-bas, parmi les mortels ; c'est pourquoi, ayant vu que tu étais mort par amour de charité pour ma Florence que j'ai autrefois reconstruite[117], je suis descendu jusqu'à toi pour te montrer la gloire attendue par chaque homme qui s'emploie à cela dans sa vie."

§ 271-275. Ce disant, il me dégagea d'une ombre, comme on extrairait une lumière d'une lanterne, et je me retrouvai, léger et délié, comme privé de mes membres ; puis, il se mit en chemin et me mit à sa suite dans la première de ces lumières éternelles. Là, il me dit : "Pendant que nous avançons, remarque que neuf sphères relient l'ensemble de l'univers[118] ; la plus basse, immobile au milieu, centre où retombent toutes les pesanteurs environnantes, doit désormais t'être bien connue ; tu vois là votre terre qui te paraît déjà bien diminuée et te paraîtra, du haut du ciel, pareille à un point. Celle où nous sommes est la plus petite des saintes lumières, la plus éloignée du ciel et la plus proche de la terre. Vois comme elle s'éclaire et se pare des rayons du soleil. Mercure, ensuite, suit celle-ci et accomplit son tour avec une rapidité étonnante. La brillante Vénus, à présent, est celle qui tourne autour du soleil sur le troisième cercle.

---

117  Le mythe de la reconstruction de Florence par Charlemagne, après sa destruction par Totila au VIᵉ siècle, fait partie de la tradition civique florentine.

118  Cette description, qui suit en partie celle de la *République* de Cicéron (VI, XVII), se fonde sur la représentation traditionnelle de l'univers sphérique, les *rotundità* pouvant être interprétées comme les « sphères » ou « cercles » du système de Ptolémée formant la structure du cosmos. Dans les pages précédentes, Charlemagne distingue dans sa description le monde sublunaire, muable, et le monde céleste, immuable, selon la représentation aristotélicienne du monde.

VITA CIVILE – [LIBRO QUARTO]

Ecco il sole ch'è in ordine posto mezo di tutti come guida et prencipe degli altri lumi, illustrando colla sua luce, ogni cosa riempie in tanto che perché solo in terra fra i lumi celesti appare è sole nominato. Questo altro che più rosseggia et pare horribile è Marte. Benigno et splendido ora si sale in Iove. Et Saturno è l'ultimo che col cielo s'agiugne. Quivi giunto, mirabile contemplatione mi prese perché vidi innumerabili istelle da me non mai di terra vedute, et la grandeza loro ogni concepto d'huomo avanzava. Il cielo di tanti et sì varii segni si monstrava ornato che tutto vago bene pareva da buono maestro facto per puncto. Di dua volti cinque segni in diverse regioni era distinto: uno di questi assai più che altro appariva di splendida candideza fulgurante; infra rutilanti luci di vampeggianti fiamme; dua porti in diverse regioni aparivano in esso: l'una per segno avea il Granchio et l'altra, in più alto sito, Capricorno. El sole col sommo grado montato infino a esse segnava le sua orme. «Drento a quelle porti», disse mia guida «Sono i beati»; poi, amonitomi che a huomo per la suprema entrare non lece, mi misse drento per la porta del Granchio.

§ 276-277. Invano direi, se io pure dire potessi, il numero grande et la sancta gesta delle eterne creature che in quello cielo sanza termine si godono; ma bene crederrei io dire il vero se io dicessi che per ogni huomo mai visse al mondo, ivi sono migliaia di celeste creature. Quivi vid'io l'anime di tutti i cittadini che hanno nel mondo con giustitia governato le loro republiche, fra quali conobbi Fabricio, Curio, Fabio, Scipione et Metello et molti altri che, per salute della patria, loro et le loro cose postposono, de' quali narrare i nomi sare' sanza fructo. Carlo, tutto lieto, a me rivolto disse: «Ben puoi hora certo vedere che e' non sono mortali gl'huomini, ma è la carne quella che muore in loro; non è l'huomo quello che la sua forma monstra, ma come è la mente tale è l'huomo: la quale, se bene nutrica l'anima, si congiugne a Dio, et come cosa eterna eternalmente perdura.

LA VIE CIVILE – LIVRE IV

Voici le soleil, placé en bon ordre au milieu de tous comme guide et prince des autres luminaires, éclairant toute chose qu'il remplit de sa lumière, de sorte qu'il est appelé soleil parce qu'il est le seul[119] à apparaître sur la terre parmi les célestes lumières. Cet autre, le plus rougeoyant, à l'aspect horrible, est Mars. À présent, nous montons vers Jupiter, bienveillant et resplendissant. Et le dernier est Saturne, qui se réunit au ciel." Parvenu là, je fus pris dans une étonnante contemplation, car je vis d'innombrables étoiles que je n'avais jamais vues depuis la terre, et leur grandeur dépassait tout ce que l'homme peut concevoir. Le ciel apparaissait orné de constellations si nombreuses et si diverses que, dans son attrayante beauté, il semblait avoir été fait à la perfection par un excellent maître. Il était séparé en différentes régions par deux fois cinq constellations : l'une d'elles paraissait resplendir plus que les autres d'une éclatante blancheur, parmi des lueurs étincelantes de flammes ardentes ; deux portes y apparaissaient, ouvrant sur deux régions différentes : l'une avait pour signe le Cancer et l'autre, située plus haut, le Capricorne. Le soleil monté à son zénith marquait jusqu'à elles son chemin. "À l'intérieur de ces portes", me dit mon guide, "se trouvent les bienheureux" ; puis, m'ayant averti qu'il n'est pas permis à un homme d'entrer par la plus haute, il me fit entrer par celle du Cancer.

§ 276-277. Je parlerais en vain, si toutefois je pouvais parler, du grand nombre et de la sainte cohorte[120] des créatures éternelles qui s'éjouissent sans fin dans ce ciel ; mais je crois être dans le vrai en disant que pour chaque homme qui vécut dans le monde, il y a en ce lieu des milliers de créatures célestes. Là, je vis les âmes de tous les citoyens qui dans le monde ont gouverné leur république avec justice, et parmi eux je reconnus Fabricius, Curius, Fabius, Scipion et Metellus[121] et beaucoup d'autres qui, pour le salut de leur patrie, mirent leur vie et leurs biens au second plan, mais citer leurs noms serait inutile. Charles, tout joyeux, se tournant vers moi, me dit : "Tu peux bien voir à présent que les hommes ne sont pas mortels, mais c'est la chair qui meurt en eux ; l'homme n'est pas ce que sa forme montre, mais tel est l'esprit, tel est l'homme : s'il nourrit bien l'âme, il s'unit à Dieu, et dure éternellement comme chose éternelle.

---

119 Cette étymologie remonte à Isidore de Séville, *Étymologies*, l. VIII, XI, 53 où il est dit qu'Apollo, était également « le soleil [*solem*], pour ainsi dire le seul [*solum*] ».
120 *gesta* : *torma* (« troupe »).
121 Tous ces personnages ont déjà été cités en exemple précédemment.

§ 278-279. Niuna cosa nel mondo è più prestante che exercitarla con buone arti negli optimi facti. Nulla opera fra gl'huomini può essere più optima che provedere alla salute della patria, conservare le città et mantenere l'unione et concordia delle bene ragunate multitudini: in nelle quali cose chi se exercita, inanzi a ogni altro, in queste divine sedie come in loro propria cosa, eternalmente con gli altri beati contenti viveranno, però che questo è il luogo donde sono venuti i conservatori delle republiche in terra, et al quale debbono infine ritornare ». Dante inteso con maraviglia tutte queste cose volle rispondere: « Poi che tu m'hai significato tanto excellente premio, con ogni diligentia io mi sforzerò seguire in questo ». Ma il cominciare et cadere il corpo del suo amico morto fu in un tempo. Onde, poi ebbe assai invano aspectato si rilevasse, provide alla sepultura et ritornossi allo exercito –.

Deo gratias in eternum.

Finisce il quarto libro e ultimo della Vita Civile composto da Matteo Palmieri fiorentino e finito col nome di Dio ad Alessandro degli Alessandri ottimo cittadino. –

§ 278-279. En ce monde, la chose la plus remarquable est celle qu'on réalise, par de bonnes pratiques, dans les meilleures actions. Parmi les hommes, il n'est d'œuvre meilleure que de pourvoir au salut de la patrie, de conserver les cités et de maintenir l'union et la concorde de la multitude bien rassemblée : ceux qui s'exercent dans ces choses avant tout le reste, vivront éternellement comblés en compagnie des autres bienheureux, dans ces divins sièges comme dans leur propre demeure, car c'est de ce lieu que sont venus les conservateurs des républiques et auquel ils doivent à la fin revenir." » Dante, après avoir entendu toutes ces choses avec émerveillement, voulut répondre : « Puisque tu m'as laissé entendre une récompense si excellente, je m'efforcerai scrupuleusement de la rechercher. » Mais commencer à parler et voir le corps de son ami mort retomber, tout se passa en un même instant. Alors, après avoir longtemps attendu, en vain, qu'il se relevât, il pourvut à sa sépulture et s'en retourna à l'armée.

*Deo gratias in eternum.*

Ici finit le quatrième et dernier livre de la *Vie Civile*, composé par Matteo Palmieri, florentin, terminé avec l'aide de Dieu, et adressé à Alessandro des Alessandri, excellent citoyen.

# BIBLIOGRAPHIE SÉLECTIVE

## ÉCRITS DE MATTEO PALMIERI

PALMIERI, Matteo, *La Vie civile* par Mathieu Palmier Gentilhomme Florentin Traduit par Claude des Rosiers, Et depuis reveu & corrigé par Claude Gruget. Avec privilège du Roy. À Paris, Par Estienne Groulleau libraire [...], 1557.

PALMIERI, Matteo, *Liber de Temporibus*, (aa. 1-1448), a cura di G. Scaramella, dans *Rerum Italicarum Scriptores*, t. 26, parte 1, Città di Castello, S. Lapi, 1906-1915.

PALMIERI, Matteo, *Ricordi fiscali (1427-1474)*, con due appendici relative al 1474-1495, a cura di E. Conti, Roma, Istituto Storico per il Medioevo, 1983.

PALMIERI, Matteo, *La presa di Pisa*, a cura di A. Mita Ferraro, Bologna, Il Mulino, 1995.

PALMIERI, Matteo, *La vita di Niccolò Acciaioli*, a cura di A. Mita Ferraro, Bologna, Il Mulino, 2001.

## ÉTUDES SUR MATTEO PALMIERI
## ET L'ÉTHIQUE CIVILE

BARON, Hans, « La rinascita dell'etica statale romana nell'umanesimo fiorentino del quattrocento », *Civiltà moderna*, 7, 1935, p. 21-49.

BASSI, Domenico, « Il primo libro della "Vita civile" di Matteo Palmieri e l'"Institutio Oratoria" di Quintiliano », *Giornale storico della letteratura italiana, XXIII*, 1894, p. 182-207.

BELLONI, Gino, « Intorno alla datazione della "Vita civile" di Matteo Palmieri », *Studi e problemi di critica testuale*, XVI, 1978, p. 49-62.

BELLONI, Gino, « Il *Protesto* di Matteo Palmieri », *Studi e problemi di critica testuale*, XVI, 1978, P. 27-48.

392 LA VIE CIVILE

BELLONI, Gino, Introduzione alla *Vita civile*, Firenze, Sansoni, 1982, p. VIII-LXXXVIII.

BIANCHI BENSIMON, Nella, « Une ou plusieurs voix ? La construction dialogique dans la *Vita civile* de Matteo Palmieri », *Arzanà*, 9, 2003, p. 195-241.

BRAGHINA, Lydia M., « Il pensiero etico-sociale di M. P. nella "Vita civile" », dans *Filosofia e cultura. Per Eugenio Garin*, a cura di M. Ciliberto – C. Vasoli, Roma, Editori Riuniti, 1991, p. 153-171.

CARPETTO, George M., *The Humanism of Matteo Palmieri*, Roma, Bulzoni, 1984.

CURCIO, Carlo, *La politica italiana del' 400*, Firenze, Novissima editrice, 1932.

FINZI, Claudio, *Matteo Palmieri dalla "Vita civile" alla "Città di Vita"*, Varese, Giuffrè editore, 1984.

FUBINI, Riccardo, « Cultura umanistica e tradizione cittadina nella storiografia fiorentina del '400 », dans *La storiografia umanistica. Convegno internazionale di studi (Messina 22-25 ottobre 1987)*, Messine, Sicania, 1992, vol. 1, p. 399-443.

GARIN, Eugenio, *L'umanesimo italiano. Filosofia e vita civile nel Rinascimento*, Bari, Laterza, 1964, p. 80-83.

KRISTELLER, Paul Oskar, *Renaissance Thought and the Arts. Collected Essays*, Princeton University Press, Princeton, New Jersey, 1990.

MITA FERRARO, Alessandra, *Matteo Palmieri. Una biografia intellettuale*, prefazione di C. Vasoli, Genova, Name edizioni, 2005.

PECCHIOLI, Renzo, « "Umanesimo civile" e interpretazione "civile" dell'umanesimo », *Studi storici*, 1, 1972, p. 3-33.

STOLF, Serge, « Brèves considérations sur la justice dans la *Vita civile* de Matteo Palmieri », dans *Langages, politique, histoire, avec Jean-Claude Zancarini*, Lyon, ENS Éditions, p. 37-46.

TANTURLI, Giuliano, « Tradizione di un testo in presenza dell'autore. Il caso della "Vita civile" di Matteo Palmieri », *Studi medievali*, s. 3, XXIX (1988), p. 277-315.

TANTURLI, Giuliano, « Sulla data e la genesi della *"Vita civile"* di Matteo Palmieri », *Rinascimento*, XXXVI, 1996, p. 3-48.

# INDEX DES NOMS PROPRES DE PERSONNES
## CITÉS DANS LA *VITA CIVILE*[1]

ADRIEN I<sup>er</sup> : 379

ALBERTI, Leon Battista : 8, 13-14, 16, 55, 341

ALESSANDRI, Alessandro : 13, 31, 123, 197, 279, 389

ALEXANDRE LE GRAND : 65, 91, 143, 195, 245, 261, 331

ANAXILAS, seigneur de Reggio : 261

ARATOS DE SICYONE : 271

ARGANTHONIUS : 75

ARISTOTE : 11, 16, 20, 24, 65, 67, 91, 99, 109, 137, 157, 207, 251, 357, 385

AUGUSTE : 59, 75

AUGUSTIN, saint : 243

AULU-GELLE : 53, 55, 65, 67, 69, 75, 121, 167, 175, 179, 233, 247, 261, 297, 317

BERNARD, saint : 79

BIAS : 251

BOCCACE : 13, 20, 35, 97

BONIFACE VIII : 255

BRUNI, Leonardo : 8, 11, 13, 16, 20, 33, 35, 97

CAIUS LELIUS : 245

CAMILLE, consul : 233

CATILINA : 151-152, 262-263

CATON D'UTIQUE : 149, 175, 239

CATON L'ANCIEN : 193, 239

CERBÈRE : 383

CHARLEMAGNE : 20, 379, 385

CHARLES, duc de Calabre : 257

CHARLES DE VALOIS : 255

CHARON : 383

CHRYSOSTOME, Jean : 36

CICÉRON (TULLIUS) : 12-13, 16-17, 20-21, 31, 33, 43, 75, 85, 107, 109, 121, 125, 131, 133, 139, 165, 191, 193, 199, 205, 207, 209, 211, 213, 215, 227, 231, 243, 249, 251, 271, 273, 275, 281, 285, 297, 303, 305, 307, 309, 311, 313, 315, 317, 319, 321, 323, 331, 337, 349, 351, 359, 385

CIMABUE : 97

CLÉMENT V : 257

CODROS : 237

CORNÉLIE, mère des Gracques : 59

CORNÉLIUS NÉPOS : 193

CURIUS, Dentatus : 337, 387

CURTIUS, Marcus : 237

CYRUS : 91, 339

DAMON : 305

DANIEL : 115

DANTE : 11-13, 20, 33, 35, 55, 61, 77, 79, 97, 101, 149, 183, 229, 255, 325, 373, 375, 383, 389

DARIUS : 65, 91

DECIUS : 239

DEMETRIOS I<sup>er</sup> POLYORCÈTE : 247

DÉMOCRITE : 181, 195

DÉMOSTHÈNE : 261

DENYS, tyran de Syracuse : 305

DIAGORAS : 157

---

1    Dans le corps du texte et les notes de bas de page.

DIDIER, roi des Lombards : 379
DIOGÈNE : 181, 195, 331
DIOGÈNE LAËRCE : 11
DISAIRE : 169

ÉNÉE : 77, 87, 153
ÉPAMINONDAS : 191, 193
EUSÈBE DE CÉSARÉE : 283

FABRICIUS, Luscinus : 231, 387
FABIUS MAXIMUS (CUNCTATOR) : 193, 229, 239, 387
FARINATA DEGLI UBERTI : 228-229

GAUTIER DE BRIENNE : 257
GENUCIUS CIPUS : 237
GHIBERTI, sculpteur : 8, 97
GIOTTO : 33, 96-97
GUICCIARDINI, Francesco : 11, 247
GUICCIARDINI, Luigi : 12, 14, 37, 41

HANNIBAL : 91, 157, 233, 243
HÉLÈNE DE SPARTE : 183
HERCULE : 89, 107, 159
HÉSIODE : 109
HOMÈRE : 235, 261
HORACE : 329, 333
HORACES, les : 239
HORATIUS COCLÈS : 237

ISIDORE DE SÉVILLE : 387

JEAN-BAPTISTE, saint : 97, 327
JÉRÔME, saint : 13, 283
JULES CÉSAR : 85, 91, 149, 209
JUSTIN, saint : 45
JUVÉNAL : 303

LACTANCE : 77, 215
LYCURGUE : 85, 179

MACROBE : 15-16, 85, 111, 115, 169, 179, 261, 327
MARCUS AGRIPPA : 59

MARCUS REGULUS : 241, 243
MARIUS : 91, 225, 263
MATTHIEU, saint : 159
MÉNANDRE : 209
METELLUS NUMIDICUS : 91, 173, 175, 359, 387
MINOS : 382-383
MONTAIGNE : 105
MUSONIUS : 175
MYCITHUS : 261

NICOCLÈS, tyran de Sicyone : 271
NUMA POMPILIUS : 237, 259

OVIDE : 329

PANDOLFINI, Agnolo : 12, 14-16, 24, 37, 43, 105
PAUL, saint : 159, 205, 295
PAUL ÉMILE : 193, 233
PERSE : 329
PÉTRARQUE : 13, 20, 35, 101, 107, 111, 113
PHIDIAS : 91
PHILIPPE DE MACÉDOINE : 65, 245, 251, 253, 261
PHINTIAS : 305
PLATON : 11, 20, 37, 77, 91, 99, 249, 351, 359, 371
PLAUTE : 187, 329
PLINE L'ANCIEN : 59
PLUTON : 383
POLYCLÈTE : 91
POLYCRITE : 157
PRODICOS : 107
PROTÉE (PÉRÉGRINOS) : 175
PROTOGÈNE : 247
PSEUDO-ARISTOTE : 297, 299, 337
PUBLIUS DECIUS : 239
PYRRHUS : 231, 337
PYTHAGORE : 69, 75, 77

QUINTILIEN : 15, 51, 55, 61, 63, 65, 67, 69, 71, 81, 143
QUINTUS MAXIMUS : 91

# INDEX DES NOMS PROPRES DE PERSONNES

RADAMANTE : 383
ROBERT D'ANJOU : 257
ROSIERS, Claude des : 21-24, 85, 167, 249

SACCHETTI, Franco : 12, 14, 37, 41
SALLUSTE : 145, 151, 239, 241
SALOMON : 195, 197
SAMSON : 159
SCIPION ÉMILIEN : 15-16, 20, 371
SCIPION L'AFRICAIN : 59, 91, 193, 239, 359, 371, 387
SERVIUS, commentateur de Virgile : 77, 217
SILIUS ITALICUS : 75
SOCRATE : 90-91, 180-181, 300-301, 320-321
SOLON : 261
SOZOMENO, Giovanni : 11, 84-85

TÉRENCE : 59, 167, 169, 173, 209
TITE-LIVE : 33, 221
TORQUATUS : 239

TOTILA : 385
TRAVERSARI, Ambrogio : 11, 41
TULLUS HOSTILIUS : 259

UBERTINI, Guglielmino : 377

VALÈRE MAXIME : 233, 237, 259, 261, 305
VARCHI, Benedetto : 57
VARRON G. Terentius : 233, 259
VARRON, Marcus : 297, 335
VASARI, Giorgio : 97
VESPASIANO DA BISTICCI : 7, 9, 13-14, 85
VIERI DE' CERCHI : 237, 239, 373, 377
VILLANI, Giovanni : 373
VIRGILE : 33, 77, 87, 153, 355
VISCONTI, Filippo Maria : 309

XÉNOPHON : 107
XERXÈS : 195

ZEMBINO DA PISTOIA : 85
ZEUXIS : 183

# TABLE DES MATIÈRES

INTRODUCTION . . . . . . . . . . . . . . . . . . . . . . . . . . . . . . . . . 7
 Études et formation . . . . . . . . . . . . . . . . . . . . . . . . . . . . . 9
 Le choix de la langue vulgaire . . . . . . . . . . . . . . . . . . . . . 12
 Le dédicataire et les personnages du dialogue . . . . . . . . . . . 13
 Division de l'ouvrage et contenus des livres . . . . . . . . . . . . 15
 Traduction française . . . . . . . . . . . . . . . . . . . . . . . . . . . . 21
 Établissement du texte italien . . . . . . . . . . . . . . . . . . . . . 26

## LA VIE CIVILE

AVANT-PROPOS . . . . . . . . . . . . . . . . . . . . . . . . . . . . . . . . 31

LIVRE I . . . . . . . . . . . . . . . . . . . . . . . . . . . . . . . . . . . . . . 41

LIVRE II . . . . . . . . . . . . . . . . . . . . . . . . . . . . . . . . . . . . . 125

LIVRE III . . . . . . . . . . . . . . . . . . . . . . . . . . . . . . . . . . . . 199

LIVRE IV . . . . . . . . . . . . . . . . . . . . . . . . . . . . . . . . . . . . 281

BIBLIOGRAPHIE SÉLECTIVE . . . . . . . . . . . . . . . . . . . . . . . . 391

INDEX DES NOMS PROPRES DE PERSONNES
CITÉS DANS LA *VITA CIVILE* . . . . . . . . . . . . . . . . . . . . . . . 393

Achevé d'imprimer par Corlet,
Condé-en-Normandie (Calvados),
en Octobre 2022
N° d'impression : 177974 - dépôt légal : Octobre 2022
Imprimé en France